Eingriffsnormen und Schiedsvereinbarungen

Schriftenreihe der August Maria Berges Stiftung für Arbitrales Recht

Herausgegeben von Hubertus W. Labes

Band 31

*Zur Qualitätssicherung und Peer Review der vorliegenden Publikation*

Die Qualität der in dieser Reihe erscheinenden Arbeiten wird vor der Publikation durch den Herausgeber der Reihe geprüft.

*Notes on the quality assurance and peer review of this publication*

Prior to publication, the quality of the work published in this series is reviewed by the editor of the series.

Stephan Biehl

# Eingriffsnormen und Schiedsvereinbarungen

## Eine Untersuchung der Auswirkungen von Eingriffsnormen auf die Anerkennung einer internationalen Schiedsvereinbarung in der Einredesituation

PETER LANG

**Bibliografische Information der Deutschen Nationalbibliothek**
Die Deutsche Nationalbibliothek verzeichnet diese Publikation in der Deutschen Nationalbibliografie; detaillierte bibliografische Daten sind im Internet über http://dnb.d-nb.de abrufbar.

Zugl.: Mainz, Univ., Diss., 2018

Umschlaggestaltung: © Olaf Gloeckler, Atelier Platen, Friedberg

D 77
ISSN 1435-4748
ISBN 978-3-631-78828-8 (Print)
E-ISBN 978-3-631-78829-5 (E-PDF)
E-ISBN 978-3-631-78830-1 (EPUB)
E-ISBN 978-3-631-78831-8 (MOBI)
DOI 10.3726/b15646



Peter Lang – Berlin · Bern · Bruxelles · New York ·
Oxford · Warszawa · Wien



Diese Publikation wurde begutachtet.

www.peterlang.com

# Vorwort

Die vorliegende Arbeit wurde im Sommersemester 2018 vom Fachbereich Rechts- und Wirtschaftswissenschaften der Johannes Gutenberg-Universität Mainz als Dissertation angenommen. Rechtsprechung und Literatur sind auf dem Stand Juli 2018.

All denjenigen, die mich während der Promotion begleitet und unterstützt haben – sei es in fachlicher Hinsicht oder durch die notwendige zeitweise Ablenkung –, möchte ich an dieser Stelle ein herzliches Dankeschön aussprechen.

Besonderer Dank gebührt meinem Doktorvater Herrn Prof. Dr. Peter Huber. Er war es, der bereits während meines Studiums mein Interesse an der Schiedsgerichtsbarkeit und am Internationalen Privatrecht geweckt hat. Bei der Erstellung dieser Arbeit stand er mir stets als Diskussionspartner mit konstruktiven Anregungen zur Verfügung.

Ebenso bedanke ich mich bei Herrn Prof. Dr. Urs Peter Gruber, an dessen Lehrstuhl ich über drei Jahre lang tätig sein durfte und der mir neben der universitären Arbeit den notwendigen Freiraum für die Fertigstellung der Dissertation gelassen hat. Ihm danke ich auch für die zügige Erstellung des Zweitgutachtens.

Der August Maria Berges Stiftung für Arbitrales Recht danke ich für die Aufnahme meiner Arbeit in ihre Schriftenreihe und den großzügigen Druckkostenzuschuss.

Mein größter Dank gilt schließlich meinen Eltern, Rita und Reimer Biehl, die mich immer unterstützt und mir diesen Werdegang ermöglicht haben – ohne dabei je infrage zu stellen, was ich tue. Meiner Mutter danke ich zudem für die große Hilfe beim Korrekturlesen des Manuskripts.

Mainz, im Januar 2019

*Stephan Biehl*

# Inhaltsverzeichnis

# Teil I Einleitung und Grundlagen

# § 1 Einleitung

## A. Einführung in den Gegenstand der Untersuchung

Trotz der zunehmenden öffentlichen Kritik[1] ist die Schiedsgerichtsbarkeit aus dem heutigen grenzüberschreitenden Wirtschaftsverkehr nicht mehr wegzudenken. Ein fortdauernder Grund für die stetig steigende Zahl[2] internationaler Schiedsverfahren ist die staatliche Förderung der Schiedsgerichtsbarkeit.[3] Insbesondere die schrittweise Liberalisierung des staatlichen Rechtsprechungsmonopols und die Anerkennung weitreichender Gestaltungsbefugnisse der Parteien haben zu einer erheblichen Stärkung der Privatautonomie im Bereich der Konfliktlösung geführt. Dem gegenüber steht eine wachsende staatliche Intervention im Bereich der materiellrechtlichen Privat- und kollisionsrechtlichen Parteiautonomie. Mit der Entwicklung des modernen Sozialstaats und der zunehmenden Globalisierung des Wirtschaftsverkehrs haben staatliche Eingriffe in die Rechtsbeziehungen Privater immer weiter zugenommen.[4] Regelungen, die im Eigeninteresse des Erlassstaats oder im Interesse bestimmter Personengruppen in die Vertragsfreiheit eingreifen, finden sich heute in nahezu allen Rechtsbereichen. Gerade im für die Schiedsgerichtbarkeit besonders bedeutsamen Bereich des Wirtschaftsrechts sprießen solche Reglementierungen „wie Pilze aus der Erde".[5]

---

1 Die zunächst gegen die Investitionsschiedsgerichtsbarkeit gerichtete Skepsis hat im Laufe der Zeit auch immer mehr den Bereich der Handelsschiedsgerichtsbarkeit erfasst. Dazu ausführlich und dem entgegentretend insbesondere *Risse*, SchiedsVZ 2014, 265 ff.; vgl. auch BeckOK-ZPO/*Wolf/Eslami*, § 1025 Rn. 27a ff.; *Gottwald*, FS Coester-Waltjen, S. 389, 398 ff.

2 Vgl. etwa die Entwicklung der Zahl neu eingeleiteter Schiedsverfahren bei der ICC in den letzten Jahren: 767 (2013), 791 (2014), 801 (2015), 966 (2016); dazu *Wilske/Markert/Bräuninger*, SchiedsVZ 2015, 49, 52 f.; *dies.*, SchiedsVZ 2016, 127, 130; *dies.*, SchiedsVZ 2017, 49, 51 f.; jeweils m.w.N. In einer Studie der QMU London aus dem Jahr 2015 gaben 90% der befragten Unternehmen die Schiedsgerichtsbarkeit als bevorzugte Streitbeilegungsmethode in grenzüberschreitenden Rechtsstreitigkeiten an, wobei 56% auf die Schiedsgerichtsbarkeit allein und 34% auf eine Kombination mit anderen Mechanismen alternativer Streitbeilegung setzten, vgl. QMU, International Arbitration Survey 2015, S. 5.

3 In Deutschland v.a. durch das Gesetz zur Neuregelung des Schiedsverfahrensrechts vom 22.12.1997, BGBl. I 1997, 3224 ff.; vgl. auch BT-Drucks. 13/5274, S. 22 ff.

4 *Beulker*, Eingriffsnormenproblematik, S. 2 f.; *Juenger*, FS Rittner, S. 233, 241.

5 *Freitag*, in: Grünbuch zum Internationalen Vertragsrecht, S. 167, 168; vgl. auch *Juenger*, FS Rittner, S. 233, 240; jeweils mit zahlreichen weiteren Beispielen.

Neben den klassischen Bestimmungen des Außenhandels- oder Devisenrechts gehören dazu beispielsweise auch Wettbewerbsregeln und handelsrechtliche Vorschriften, ebenso wie Teile des Arbeitsrechts oder des Verbraucherschutzes. Trotz ihres oft unterschiedlichen rechtspolitischen Schutzzwecks ist diesen sog. Eingriffsnormen gemeinsam, dass sie der Parteidisposition entzogen sind und sogar unabhängig von dem an sich auf ein Rechtsverhältnis anwendbaren Recht Geltung beanspruchen.[6]

Dieses Spannungsverhältnis zwischen privatautonomer Gestaltung und der Wahrung öffentlicher Interessen wird im Zusammenhang mit einem Schiedsverfahren in verschiedenen Konstellationen und Stadien relevant. Vor einem Schiedsgericht spitzt es sich in der Frage zu, welche Bedeutung dem Eingriffsrecht in der privaten Schiedsgerichtsbarkeit zukommt.[7] Angesichts ihrer Bindung an den konstituierenden Parteiauftrag erscheint fraglich, inwieweit Schiedsgerichte überhaupt zur Durchsetzung staatlicher Regelungsziele verpflichtet sind. Nach Abschluss des Schiedsverfahrens bietet die staatsgerichtliche Kontrolle des Schiedsspruchs anhand des ordre public-Vorbehalts die Möglichkeit eines Interessenausgleichs. Verstößt der Schiedsspruch gegen elementare ordnungspolitische Grundsätze, kann er gem. § 1059 Abs. 2 Nr. 2 lit. b) ZPO aufgehoben bzw. seine Anerkennung und Vollstreckung gem. § 1061 ZPO i.V.m. Art. V Abs. 2 lit. b) NYÜ versagt werden. Was aber passiert, wenn es gar nicht zu einem Schiedsverfahren kommt? Was passiert, wenn eine Partei abredewidrig Klage vor einem staatlichen Gericht erhebt mit der Begründung, im Schiedsverfahren sei eine hinreichende Beachtung der in einer deutschen Eingriffsnorm konkretisierten rechtspolitischen Interessen nicht gewährleistet? Wie wirken sich Eingriffsnormen in einem solchen Fall auf die Anerkennung der Schiedsvereinbarung aus? Diese Frage ist Gegenstand der vorliegenden Untersuchung.

Im Gegensatz zu Gerichtsstandsvereinbarungen wurde die Fragestellung für internationale Schiedsvereinbarungen bisher noch nicht monographisch behandelt.[8] Neben den speziellen, durch internationale Übereinkommen geprägten

---

6 Zum Begriff der Eingriffsnorm und ihrer Wirkungsweise näher unten § 2 B. II.

7 Zu diesem Thema monographisch *Beulker*, Eingriffsnormenproblematik; *Ungeheuer*, Eingriffsnormen; *Schiffer*, Handelsschiedsverfahren.

8 Zur Fragestellung im Zusammenhang mit Gerichtsstandsvereinbarungen grundlegend *Weller*, Ordre-public-Kontrolle internationaler Gerichtsstandsvereinbarungen; ebenfalls monographisch *Redmann*, Ordre public-Kontrolle. *Weller* bezieht zwar Entscheidungen zur Unwirksamkeit von Schiedsvereinbarungen allgemein in seine Untersuchung ein, blendet Besonderheiten der Schiedsgerichtsbarkeit jedoch vollkommen aus, vgl. *Weller*, Ordre-public-Kontrolle internationaler Gerichtsstandsvereinbarungen, S. 15.

rechtlichen Rahmenbedingungen besteht eine weitere Besonderheit im Zusammenhang mit Schiedsabreden darin, dass sie mit dem bereits angedeuteten Problem der Bedeutung von Eingriffsnormen in Schiedsverfahren zusammentrifft. Werden die eingriffsrechtlichen Regelungsziele auch von Schiedsgerichten durchgesetzt, besteht nämlich überhaupt kein Bedürfnis, die Anerkennung der Schiedsvereinbarung infrage zu stellen. Eine ausführliche wissenschaftliche Analyse der Problematik, welche die Eigenarten der Schiedsgerichtsbarkeit umfassend mit einbezieht, fehlt bislang. Dabei wird die Fragestellung aufgrund der ununterbrochenen Beliebtheit von Schiedsverfahren einerseits und der angesichts des staatlichen Regulierungsdrangs sicherlich nicht kleiner werdenden Zahl an Eingriffsnormen andererseits auch künftig immer wieder relevant werden. Die vorliegende Arbeit verfolgt daher das Ziel, diese Lücke zu schließen.

## B. Gang der Untersuchung

Diesem Ziel nähert sich die Arbeit in drei Schritten: Innerhalb dieses I. Teils wird nachfolgend zunächst die Problemstellung noch einmal konkretisiert. Zudem werden der materiellrechtliche Rahmen der Fragestellung mithilfe von Beispielsfällen näher beleuchtet, sowie Begrifflichkeiten und Rechtsquellen erläutert, die in der Arbeit eine Rolle spielen.

Auf diesen Grundlagen aufbauend, erfolgt in Teil II eine kritische Analyse der aktuellen Rechtslage. Dazu wird nach einer Darstellung des Meinungsbildes in der Literatur anhand einschlägiger Entscheidungen deutscher Gerichte herausgearbeitet, ob und unter welchen Voraussetzungen sich Eingriffsnormen nach Ansicht der Rechtsprechung auf die Anerkennung einer Schiedsvereinbarung auswirken können. Im Anschluss wird die für die vorliegende Untersuchung – sozusagen als Vorfrage – relevante Eingriffsnormenproblematik im Schiedsverfahren beleuchtet. Damit lässt sich einerseits die Plausibilität der Argumentation deutscher Gerichte in der untersuchten Problematik überprüfen; andererseits ergeben sich aus dem Umgang mit Eingriffsnormen in internationalen Schiedsverfahren Schlussfolgerungen im Hinblick auf die – in dieser Arbeit avisierte – konkrete Ausgestaltung einer präventiven Kontrolle von Schiedsvereinbarungen in der Einredesituation.

In Teil III wird ausgehend von den im vorangegangenen Teil gefundenen Ergebnissen der Versuch unternommen, einen methodischen Lösungsansatz zur Kontrolle von Schiedsvereinbarungen zur Verteidigung von Eingriffsnormen bzw. deren Normzweck zu entwickeln. Der Untersuchungsaufbau orientiert sich dabei an der Vorgehensweise des angerufenen Gerichts im Einredeverfahren: Nach einigen grundlegenden Überlegungen zum rechtlichen Kontext und der Kontrollbefugnis staatlicher Gerichte, geht es zunächst darum, einen dogmatischen Anknüpfungspunkt zu konkretisieren, über den eine potenzielle Missachtung deutscher Eingriffsnormen im Schiedsverfahren bereits die Anerkennung der Schiedsvereinbarung in der Einredesituation beeinflussen kann. Dazu werden die schiedsverfahrensrechtlichen und rechtsgeschäftlichen Gültigkeitsvoraussetzungen einer Schiedsvereinbarung einschließlich der im internationalen Kontext relevanten Kollisionsfragen untersucht. Aufgrund dieser IPR-Problematik ist anschließend zu klären, welche Möglichkeiten für das Einredegericht bestehen, wenn die Schiedsvereinbarung einem ausländischen Statut unterliegt, sodass etwaige Anknüpfungspunkte im deutschen Recht grundsätzlich nicht zur Verfügung stehen. Nach der Konkretisierung der tatbestandlichen Ebene des Prüfungsmodells ist auf die Rechtsfolgen der Kontrolle in der Einredesituation einzugehen, bevor abschließend noch die Vereinbarkeit des entwickelten Lösungsweges mit internationalen Übereinkommen zur Schiedsgerichtsbarkeit überprüft wird.

In Teil IV werden die wesentlichen Ergebnisse der Untersuchung in Thesen zusammengefasst.

## C. Grenzen der Untersuchung

In der Arbeit wird untersucht, wie sich Eingriffsnormen auf die Anerkennung einer internationalen Schiedsvereinbarung in der Einredesituation auswirken. Dabei ist der Untersuchungsgegenstand auf die private Schiedsgerichtsbarkeit beschränkt; Vereinbarungen von Investitionsschiedsverfahren werden nicht erfasst. Dementsprechend wird auch nicht näher auf die kürzlich getroffene, aufsehenerregende Entscheidung des EuGH in der Rechtssache *Achmea* eingegangen, mit der Schiedsklauseln in Investitionsschutzabkommen zwischen EU-Staaten für unzulässig erklärt wurden.[9] Der EuGH hat dabei ausdrücklich zwischen Investitionsschiedsverfahren und privater Schiedsgerichtsbarkeit differenziert, sodass das Urteil für Letztere keine unmittelbaren Konsequenzen hat.[10]

---

9 EuGH 6.3.2018 – C-284/16 (*Achmea*), EuZW 2018, 239 ff.

10 EuGH 6.3.2018 – C-284/16 (*Achmea*), Rn. 54 f., EuZW 2018, 239, 242: „Ein Schiedsverfahren wie das in Art. 8 des BIT vorgesehene unterscheidet sich jedoch von einem Handelsschiedsverfahren […]. Daher lassen sich die in der vorstehenden Rn. wiedergegebenen Überlegungen zur Handelsschiedsgerichtsbarkeit nicht auf ein Schiedsverfahren wie das in Art. 8 des BIT vorgesehene übertragen."; vgl. auch *Scholtka*, EuZW 2018, 243, 244.

Hingegen erfordert die Untersuchung zwangsläufig gewisse Überlegungen zum Instrument der Eingriffsnorm, insbesondere zu deren Begrifflichkeit und Funktionsweise. Die Arbeit beinhaltet jedoch keine dezidierte Auseinandersetzung mit der Frage, ob einzelne Sachvorschriften tatsächlich als Eingriffsnormen zu qualifizieren sind. Lediglich auf die Einordnung der Sachvorschriften, die in den verwendeten Beispielsfällen relevant sind, wird konkreter eingegangen.

Weiterhin setzt bereits die Entscheidung des angerufenen Gerichts über die Anerkennung der Schiedsvereinbarung die internationale Zuständigkeit deutscher Gerichte voraus.[11] Diese wird für den Zweck der vorliegenden Untersuchung unterstellt. Regelmäßig ergibt sich in der analysierten Situation eine internationale Zuständigkeit deutscher Gerichte analog § 23 ZPO[12] oder aus dem Gerichtsstand der Niederlassung gem. § 21 ZPO analog bzw. Art. 7 Nr. 5 Brüssel Ia-VO[13]; ggf. kommt auch der Gerichtsstand des Erfüllungsorts gem. § 29 ZPO analog bzw. Art. 7 Nr. 1 Brüssel Ia-VO in Betracht.[14]

---

11 *Geimer*, IZPR, Rn. 3729, 3800; vgl. auch beispielhaft BGH 7.6.2016 – KZR 6/15, SchiedsVZ 2016, 218, 220; OLG Düsseldorf 15.11.2017 – VI-U (Kart) 8/17 (juris-Rn. 40).

12 Vgl. etwa OLG München 17.5.2006 – 7 U 1781/06, IPRax 2007, 322 f.; BGH 15.6.1987 – II ZR 124/86, NJW 1987, 3193, 3194.

13 Vgl. etwa OLG Stuttgart 29.12.2011 – 5 U 126/11 (Hinweisbeschluss), IHR 2012, 163, 164; OLG Düsseldorf, 26.5.1995 – 17 U 240/94, IPRax 1997, 115, 116 f. (noch zu Art. 5 Nr. 5 EuGVÜ).

14 Vgl. etwa OLG Hamburg 12.2.1970 – 6 U 148/69, VersR 1970, 742, 743. Die Anwendung der Brüssel Ia-VO in der Einredesituation ist nicht durch Art. 1 Abs. 2 lit. d) Brüssel Ia-VO ausgeschlossen, vgl. Erwägungsgrund 12 Abs. 1; EuGH 10.2.2009 – C-185/07 (*West Tankers*), Rn. 26 f., SchiedsVZ 2009, 120, 121.

# § 2 Grundlagen

## A. Konkretisierung der Problemstellung

Kennzeichnend für die untersuchte Fragestellung ist, dass sie sich stets in einem Aktivprozess stellt. Streitgegenstand ist die Durchsetzung eines Anspruchs durch einen inländischen Kläger, der sich dazu auf eine international zwingende Norm des deutschen Rechts stützt. Aufgrund der Befürchtung, die anspruchsbegründende Eingriffsnorm bliebe im Schiedsverfahren unbeachtet mit der Folge einer Klageabweisung, klagt der Anspruchsteller abredewidrig unmittelbar vor einem deutschen Gericht. Dieses „Strukturelement"[15] ergibt sich daraus, dass bei der Durchsetzung eines Anspruchs dem Kläger nicht unmittelbar damit gedient ist, einen Schiedsspruch zu erwirken und diesen anschließend wegen eines ordre public-Verstoßes abzuwehren. Denn mit der Nichtanerkennung eines klageabweisenden Schiedsspruchs erlangt der Kläger gerade nicht die angestrebte Rechtsposition, die ihm nach deutschem Sachrecht zwingend zusteht.[16]

Dabei macht es zumindest im Ausgangspunkt prinzipiell keinen Unterschied, ob ein inländisches oder ein ausländisches Schiedsverfahren vereinbart wurde. Denn die Verlagerung eines Rechtsstreits in die Schiedsgerichtsbarkeit führt schon per se zur Geltung anderer Kollisionsregeln und ruft die Eingriffsnormenproblematik im Schiedsverfahren hervor. In der Konsequenz können daher bereits mit dem Abschluss einer internationalen Schiedsvereinbarung die auf den Rechtsstreit anwendbaren Sachnormen und damit letztlich das Prozessergebnis beeinflusst werden. Allerdings wird dieser Effekt durch die – für die untersuchte Problemstellung durchaus typische – Verknüpfung eines Schiedsverfahrens im Ausland mit der Vereinbarung eines fremden Hauptsachestatuts noch verstärkt. Die Gefährlichkeit der Schiedsabrede liegt insbesondere darin, dass sie die Gefahr eines „Rechtsumschwungs"[17], der im Extremfall zu einem Rechtsverlust führen kann, den Parteien nicht in gleichem Maße deutlich werden lässt wie eine ausdrückliche Ausschlussvereinbarung.[18] Ungeachtet dessen ist die Frage, wie sich ein solcher Rechtsumschwung auf eine internationale

---

15 *Weller*, Ordre-public-Kontrolle internationaler Gerichtsstandsvereinbarungen, S. 3.

16 *Weller*, Ordre-public-Kontrolle internationaler Gerichtsstandsvereinbarungen, S. 3 f.; vgl. auch *Roth*, IPRax 1985, 198, 200.

17 *Pfeiffer*, Internationale Zuständigkeit, S. 741; *Weller*, Ordre-public-Kontrolle internationaler Gerichtsstandsvereinbarungen, S. 2.

18 *Pfeiffer*, Internationale Zuständigkeit, S. 506; *Schack*, IZVR, Rn. 511.

Schiedsvereinbarung auswirkt, als Gültigkeitsproblem der vertraglichen Übertragung der Sachentscheidungskompetenz auf ein Schiedsgericht einzuordnen.

Bei dessen Lösung stellt sich in erster Linie eine dogmatische Hürde. Schiedsvereinbarungen und Eingriffsrecht entfalten ihre Wirkung nämlich grundsätzlich auf zwei verschiedenen Ebenen, der prozessualen einerseits und der materiellen andererseits. Die Schiedsvereinbarung regelt als Verfahrensabrede die Art und Weise der Beilegung eines Rechtsstreits, indem sie die Kompetenz zu dessen verbindlicher Entscheidung auf ein Schiedsgericht überträgt. Eingriffsnormen hingegen sind materiellrechtliche Vorschriften, die den Inhalt eines Rechtsfolgenausspruchs regeln. Prozessrecht und materielles Recht sind unterschiedliche Regelungssysteme, die jeweils eigenen Wertungen unterliegen und daher grundsätzlich selbstständig nebeneinanderstehen.[19] Für das Schiedsrecht verdeutlicht dies auch das international anerkannte Autonomieprinzip (*doctrine of separability*), demzufolge Schiedsabrede und Hauptvertrag in ihrer Wirksamkeit voneinander unabhängig sind.[20] Zwar wird die Schiedsvereinbarung vom materiellen Recht insbesondere dadurch beeinflusst, dass ihr Zustandekommen und ihre Wirksamkeit nach der materiellrechtlichen Rechtsgeschäftslehre zu beurteilen sind, soweit das Schiedsverfahrensrecht keine eigene Regelung trifft.[21] Es gibt also zwei – möglicherweise sogar identische – materiellrechtliche Statute: das Hauptvertragsstatut auf der materiellen Ebene und das Schiedsvereinbarungsstatut auf der prozessualen Ebene. Zum Schiedsvereinbarungsstatut – selbst wenn es sich um deutsches Recht handelt – sind inhaltlich jedoch gerade nicht die Eingriffsnormen zu zählen. Deren Regelungsgehalt erfasst tatbestandlich das materielle Rechtsverhältnis zwischen den Parteien und nicht die Schiedsvereinbarung als Prozessvertrag.[22] Ein wesentlicher Aspekt der untersuchten Fragestellung ist daher die Suche nach einem Anknüpfungspunkt, über den Eingriffsnormen auf ein Rechtsverhältnis auf zuständigkeitsrechtlicher Ebene – die Schiedsvereinbarung – einwirken können.

Ein weiteres Problem besteht darin, dass in der untersuchten Konstellation eine präventive Absicherung bestimmter Sachnormzwecke in Rede steht. Anders

19 *Pfeiffer*, Internationale Zuständigkeit, S. 747 ff.; *Redmann*, Ordre public-Kontrolle, S. 96 ff.; *Mankowski*, ZEuP 2008, 845, 849; vgl. auch *Geimer*, IZPR, Rn. 1041 ff.; *Kropholler*, IPR, S. 609 ff.

20 *Born*, S. 349 ff.; *Schwab/Walter*, Kap. 4 Rn. 16; *Elsing*, FS Graf v. Westphalen, S. 109, 110 f.; vgl. auch Art. 16 Abs. 1 UNCITRAL ModellG und § 1040 Abs. 1 S. 2 ZPO.

21 Vgl. nur MüKo-ZPO/*Münch*, § 1029 Rn. 14; ausführlich dazu unten § 7 A.

22 Vgl. auch *Antomo*, IHR 2013, 225, 233; *Weller*, Ordre-public-Kontrolle internationaler Gerichtsstandsvereinbarungen, S. 316; dazu näher unten § 7 B. VI.

als im Aufhebungs- bzw. Anerkennungs- und Vollstreckungsverfahren liegt in der vorgelagerten Einredesituation noch keine Sachentscheidung des Schiedsgerichts vor, sodass ein eingriffsrechtskonformer Schiedsspruch nicht vollkommen ausgeschlossen ist. Es wird zu klären sein, wie diese Möglichkeit bei der Kontrolle der Schiedsvereinbarung zu berücksichtigen ist.

## B. Begrifflichkeiten

### I. Internationalität des Schiedsverfahrens

Die Arbeit behandelt die Anerkennung internationaler Schiedsvereinbarungen in der Einredesituation. Zur Abgrenzung des Untersuchungsgegenstands bedarf es der Klärung der Frage, unter welchen Voraussetzungen das Merkmal der „Internationalität" als erfüllt anzusehen ist.

Das deutsche Schiedsverfahrensrecht bietet insoweit keine Anhaltspunkte, da es nicht zwischen nationalen und internationalen Verfahren differenziert, sondern universell Anwendung findet.[23] Ausländische Rechtsordnungen sehen hingegen teilweise unterschiedliche Normkomplexe für nationale und internationale Schiedsverfahren vor, wobei die gewählten Abgrenzungsmerkmale allerdings variieren. So knüpft etwa das französische Recht an den Streitgegenstand an und qualifiziert ein Schiedsverfahren als international, wenn dadurch zwischenstaatliche Handelsinteressen berührt sind.[24] Im Gegensatz dazu wird in der Schweiz auf die beteiligten Personen abgestellt, indem ein internationales Schiedsverfahren vorliegt, „sofern beim Abschluss der Schiedsvereinbarung wenigstens eine Partei ihren Wohnsitz oder ihren gewöhnlichen Aufenthalt nicht in der Schweiz hatte".[25] Eine Kombination von objektiven und subjektiven Kriterien findet sich in supranationalen Regelwerken zur Schiedsgerichtsbarkeit. Gem. Art. I Abs. 1 lit. a) EuÜ setzt die Anwendung des Übereinkommens kumulativ voraus, dass sich die Schiedsvereinbarung auf ein internationales Handelsgeschäft bezieht und zwischen Parteien aus verschiedenen Vertragsstaaten geschlossen wurde.[26] Deutlich breiter fasst den Begriff des internationalen Schiedsverfahrens das UNCITRAL ModellG, indem es verschiedene Merkmale

---

23 BT-Drucks. 13/5274, S. 25; MüKo-ZPO/*Münch*, § 1025 Rn. 1; *Lachmann*, Rn. 194.

24 Vgl. Art. 1504 CPC (Frankreich); dazu näher Balthasar/*Balthasar/Ziadé*, § 9 Rn. 6; *Poudret/Besson*, Rn. 32.

25 Art. 176 Abs. 1 IPRG (Schweiz), vgl. dazu Balthasar/*Richers/Magliana*, § 18 Rn. 8; *Poudret/Besson*, Rn. 35.

26 Zum Anwendungsbereich des EuÜ näher unten § 2 D. II.

alternativ kombiniert. Nach Art. 1 Abs. 3 UNCITRAL ModellG kann sich die „Internationalität“ des Verfahrens neben dem Sitz der Parteien in verschiedenen Staaten auch aus einem ausländischen Schiedsort, einem ausländischen Erfüllungsort oder Vertragsschwerpunkt, sowie aus einer ausdrücklichen Parteivereinbarung ergeben.

Da die Möglichkeit eines Rechtsumschwungs im Schiedsverfahren bereits bei geringen Berührungspunkten zum Ausland bestehen kann, ist für die Zwecke der vorliegenden Untersuchung von einem weiten Begriffsverständnis der Internationalität auszugehen. Dementsprechend wird im Folgenden die alternativ anknüpfende Definition des Art. 1 Abs. 3 UNCITRAL ModellG zugrunde gelegt, wenn von einer internationalen Schiedsvereinbarung bzw. einem internationalen Schiedsverfahren die Rede ist.

## II. Eingriffsnormen

### *1. Begriff*

Der Rechtsbegriff der Eingriffsnorm ist ein „sehr schillernder Begriff“[27], dessen Existenz sich lange Zeit auf das Schrifttum beschränkte; in gesetzlichen Regelungen tauchte er zunächst nicht auf.[28] Erst der europäische Gesetzgeber integrierte den Begriff in die beiden ersten Rom-Verordnungen[29] und formulierte sogleich eine Legaldefinition. Danach handelt es sich bei Eingriffsnormen um zwingende Vorschriften, deren Einhaltung von einem Staat als so entscheidend für die Wahrung seines öffentlichen Interesses, insbesondere seiner politischen, sozialen oder wirtschaftlichen Organisation, angesehen wird, dass sie unabhängig vom anwendbaren Sachrecht auf alle Sachverhalte anzuwenden sind, die in ihren Anwendungsbereich fallen.[30] Es geht also um die Bezeichnung von Sachnormen,

27 *Juenger*, FS Rittner, S. 233, 240; *Mankowski*, ZEuP 2008, 845, 854.

28 Vgl. noch *Beulker*, Eingriffsnormenproblematik, S. 8: „Der Begriff Eingriffsnorm findet sich nirgends im Gesetz.“ In der Literatur ist der Begriff bereits seit langem präsent; insoweit prägend *Neuhaus*, IPR-Grundbegriffe, S. 32 ff.; 58 ff.; noch davor *Neumayer*, Internationales Verwaltungsrecht IV, S. 244: „eingreifende[r] Rechtssatz“.

29 Vgl. Art. 9 Rom I-VO und Art. 16 Rom II-VO.

30 Vgl. Art. 9 Abs. 1 Rom I-VO; basierend auf EuGH 23.11.1999 – C-369/96 (*Arblade*), Rn. 30, EuZW 2000, 88, 90. Vgl. auch bereits *v. Savigny*, VIII, S. 32 f.: „Bei solchen Gesetzen wird der Richter das einheimische Recht ausschließender anzuwenden haben, als es jener Grundsatz gestattet, das fremde Recht dagegen unangewendet lassen müssen, auch wo jener Grundsatz die Anwendung rechtfertigen würde. [...] Gesetze von streng positiver, zwingender Natur, die eben wegen dieser Natur zu jener freien

die wesentlich von staatlichen Interessen und Zielen geprägt sind und einen statutsunabhängigen Anwendungswillen haben. Der deutsche Gesetzgeber fasste diesen Normenkomplex unter den weniger prägnanten Begriff „zwingende Vorschriften".[31] Und auch in der Literatur finden sich insoweit eine Vielzahl verschiedener Umschreibungen, wie beispielsweise „international zwingende Normen"[32], „overriding mandatory rules"[33], „lois d'application immédiate"[34] oder „lois de police"[35]. Unter all diesen Begriffen ist die Bezeichnung „Eingriffsnormen" deshalb so treffend, weil sie die Funktionsweise dieser Gesetze plastisch beschreibt: Sie greifen im öffentlichen Interesse von außen her in ein privates Rechtsverhältnis ein.[36] Daher liegt der vorliegenden Untersuchung dieser Terminus zugrunde; zur Vermeidung von Wiederholungen wird jedoch der Ausdruck „international zwingende Normen" synonym verwendet.

## 2. *Zielrichtung und Funktionsweise*

Wie die verallgemeinerungsfähige[37] Legaldefinition des Art. 9 Abs. 1 Rom I-VO bereits verdeutlicht, dienen Eingriffsnormen der Durchsetzung konkreter Allgemeininteressen, insbesondere staats-, wirtschafts- und sozialpolitischer Natur; ihr Regelungsinhalt geht mithin über den bloßen Ausgleich widerstreitender Parteiinteressen hinaus.[38] Anders als einfach zwingende Normen, die bestimmte Ziele nur innerhalb einer Rechtsordnung absichern, sind Eingriffsnormen darauf ausgerichtet, den Geltungsanspruch des internen Rechts zu erweitern und

---

Behandlung [Anwendung allgemeiner IPR-Regeln], unabhängig von den Gränzen verschiedener Staaten, nicht geeignet sind."

31 Art. 34 EGBGB a.F.; ebenso der als Vorbild dienende Art. 7 EVÜ.

32 *Beulker*, Eingriffsnormenproblematik, S. 9; *Kropholler*, IPR, S. 19; *Mankowski*, ZEuP 2008, 845, 854; ähnlich *Semler*, FS Wegen, S. 743; *Freitag*, in: Grünbuch zum internationalen Vertragsrecht, S. 167.

33 BeckOGK/*Stürner*, EGBGB, Art. 6 Rn. 67; ebenso die englische Fassung des Art. 9 Rom I-VO.

34 *Kropholler*, IPR, S. 110; *Basedow*, FS Sonnenberger, S. 291, 298; *Handorn*, Sonderkollisionsrecht, S. 181.

35 *Kühne*, FS Wegen, S. 451, 460; *Basedow*, FS Sonnenberger, S. 291, 311; so auch die französische Fassung des Art. 9 Rom I-VO.

36 *Kropholler*, IPR, S. 18; *v. Bar*/*Mankowski*, IPR I, § 4 Rn. 91; *Beulker*, Eingriffsnormenproblematik, S. 9.

37 Staudinger/*Magnus*, Rom I-VO, Art. 9 Rn. 48; Stein/Jonas/*Schlosser*, § 1051 Rn. 8.

38 MüKo-BGB/*Martiny*, Rom I-VO, Art. 9 Rn. 13; *v. Bar*/*Mankowski*, IPR I, § 4 Rn. 91; *Sonnenberger*, IPRax 2003, 104, 107; vgl. auch BGH 12.12.2005 – XI ZR 82/05, BGHZ 165, 248, 257 (zu Art. 34 EGBGB).

nationale Vorschriften auch gegenüber anderen Rechtsordnungen aktiv durchzusetzen. Von Eingriffsnormen kann auch auf kollisionsrechtlicher Ebene nicht durch Parteidisposition abgewichen werden; sie gelten unabhängig vom Wirkungsstatut, sind international zwingend.[39]

Um dies zu gewährleisten, sind Eingriffsnormen aus dem gewöhnlichen kollisionsrechtlichen Anknüpfungssystem ausgenommen: Ihr Anwendungsbereich wird nicht wie üblich vom Sachverhalt her, sondern vom Gesetz selbst bestimmt.[40] Sofern dieser eröffnet ist, beansprucht die Eingriffsnorm von sich aus stets und unbedingt Geltung, d.h. unabhängig vom Inhalt des anwendbaren Rechts oder von dessen Anwendungsergebnis.[41] Aus Sicht des IPR durchkreuzen Eingriffsnormen die klassische Prüfung, indem sie in ihrem Regelungsbereich schon die Verweisung auf eine andere Rechtsordnung verhindern.

### 3. *Abgrenzung zum ordre public*

Teilweise werden Eingriffsnormen mit einem anderen Rechtsinstitut des internationalen Privatrechts, dem ordre public, vermengt.[42] Ein Grund dafür könnte darin liegen, dass auch der ordre public-Vorbehalt dem Schutz staatlicher Interessen dient. Hinzu kommt, dass sich die Sonderanknüpfung von Eingriffsnormen historisch aus einer positiven Funktion des ordre public entwickelt hat; Ausgangspunkt für die Behandlung von Eingriffsnormen war ursprünglich die Generalklausel des ordre public.[43]

Auch wenn vor diesem Hintergrund durchaus eine gewisse „innere Verwandtschaft“[44] zwischen dem ordre public und Eingriffsnormen bestehen mag, unterscheiden sich die beiden Rechtsinstitute gravierend voneinander. Die ordre public-Klausel „bezweckt allgemein, durch Kollisionsnormen berufenes fremdes

---

39 *Kropholler*, IPR, S. 19; Reithmann/Martiny/*Freitag*, Rn. 5.4; Rauscher/*Thorn*, Rom I-VO, Art. 9 Rn. 8; *Sachs/Niedermaier*, FS v. Hoffmann, S. 1051, 1055.

40 *Neuhaus*, IPR-Grundbegriffe, S. 32 f.; *Kropholler*, IPR, S. 23 („Zweipoligkeit des IPR“).

41 Staudinger/*Voltz*, EGBGB, Art. 6 Rn. 30; Staudinger/*Hausmann*, Rom I-VO, Art. 21 Rn. 2; *v. Bar/Mankowski*, IPR I, § 4 Rn. 91.

42 So z.B. LG Detmold 29.9.1994 – 9 O 57/94, NJW 1994, 3301, 3302; vgl. auch *v. Bar/Mankowski*, IPR I, § 7 Rn. 275 m.w.N. Im Zusammenhang mit der vorliegenden Problematik möglicherweise auch OLG Stuttgart 16.1.2012 – 5 U 126/11 (Zurückweisungsbeschluss), IHR 2012, 166.

43 Vgl. *Kegel/Schurig*, IPR, S. 152 f.; *Kropholler*, IPR, S. 244 f.; *v. Hoffmann/Thorn*, IPR, § 6 Rn. 142.

44 So *Wengler*, ZÖR 23 (1944), 473, 486; ähnlich *Sachs/Niedermaier*, FS v. Hoffmann, S. 1051, 1058: „[T]hey share the same roots.“

Recht abzuwehren, sofern dessen Anwendung im Einzelfall zu Ergebnissen führen würde, die den Kernbestand der inländischen Rechtsordnung antasten".[45] Während Eingriffsnormen der aktiven Durchsetzung von ganz bestimmten inländischen Interessen dienen, hat der ordre public also eine Abwehrfunktion zum Schutz elementarer Grundsätze des deutschen Rechts gegen das Anwendungsergebnis ausländischer Normen.[46] Bildlich wird insoweit häufig vom ordre public als Schild und der Eingriffsnorm als Schwert gesprochen.[47] Aufgrund der anderen Funktion und Wirkungsweise des ordre public bestehen auch bei dessen methodischer Ausgestaltung deutliche Unterschiede im Vergleich zum Eingriffsrecht. So ist der ordre public-Vorbehalt gerade nicht auf konkrete ordnungspolitische Ziele zugeschnitten, sondern als Generalklausel formuliert, die der Konkretisierung im Einzelfall bedarf.[48] Dieser Einzelfallbezug wird durch den Ergebnisbezug als grundlegendes Merkmal der ordre public-Kontrolle ergänzt: Während sich Eingriffsnormen unbedingt durchsetzen, ist der Einsatz des ordre public abhängig von der Anstößigkeit des kraft ausländischen Rechts erzielten Ergebnisses. Prüfungsgegenstand ist nicht die abstrakte ausländische Rechtsnorm, sondern das konkrete Ergebnis ihrer Anwendung in einem bestimmten Fall.[49] Dies bedeutet zugleich, dass der ordre public-Vorbehalt deutlich später interveniert als Eingriffsnormen, nämlich erst nach der kollisionsrechtlichen Ermittlung des geltenden Rechts und dessen materiellrechtlicher Anwendung.

---

45 BT-Drucks. 10/504, S. 42 li. Sp.; vgl. auch Staudinger/*Voltz*, EGBGB, Art. 6 Rn. 1.

46 BVerfG 12.9.2006 – 2 BvR 2216/05, BVerfGK 9, 155, 158; *Kropholler*, IPR, S. 244; Staudinger/*Voltz*, EGBGB, Art. 6 Rn. 8 ff.; Rauscher/*Thorn*, Rom I-VO, Art. 21 Rn. 1. Zur Diskussion um eine fortbestehende positive Funktion des ordre public vgl. MüKo-BGB/*v. Hein*, EGBGB, Art. 6 Rn. 2 ff. m.w.N.

47 Etwa Rauscher/*Thorn*, Rom I-VO, Art. 9 Rn. 31; *Sachs/Niedermaier*, FS v. Hoffmann, S. 1051, 1058 f.

48 BT-Drucks. 10/504, S. 43 re. Sp.; MüKo-BGB/*v. Hein*, EGBGB, Art. 6 Rn. 13; Staudinger/*Voltz*, EGBGB, Art. 6 Rn. 19.

49 BGH 8.5.2014 – III ZR 371/12, SchiedsVZ 2014, 151, 153: „Insoweit [Art. 6 EGBGB] geht es nicht um eine abstrakte Prüfung des ausländischen Rechts, sondern um das konkrete Anwendungsergebnis im jeweiligen Einzelfall."; *v. Bar/Mankowski*, IPR I, § 7 Rn. 275, 265 ff.; *v. Hoffmann/Thorn*, IPR, § 6 Rn. 150; MüKo-BGB/*v. Hein*, EGBGB, Art. 6 Rn. 117; Rauscher/*Thorn*, Rom I-VO, Art. 21 Rn. 11.

## C. Materiellrechtlicher Rahmen der Fragestellung

Der sachrechtliche Kontext, in dem deutsche Gerichte bisher mit der Frage nach den Auswirkungen von Eingriffsnormen auf die Anerkennung internationaler Schiedsvereinbarungen befasst waren, umfasst lediglich zwei Rechtsbereiche: das Termingeschäftsrecht und das Handelsvertreterrecht.[50] Jedoch ist die Problematik keineswegs auf diese Regelungsgegenstände begrenzt; sie kann sich vielmehr für jede materielle Rechtsposition stellen, die aus deutscher Sicht international zwingend ausgestaltet ist.[51] Neben den beiden genannten Rechtsbereichen soll in der vorliegenden Untersuchung das Kartellrecht näher in den Blick genommen werden.

### I. Termingeschäftsrecht

Das Termingeschäftsrecht bildet einen Teilbereich des Kapitalanlagerechts, der immer wieder von grundlegenden Gesetzesänderungen betroffen war. Auch die Entscheidungen, die deutsche Gerichte in diesem Kontext zur Anerkennung von Schiedsvereinbarungen getroffen haben, wurden von diesen Veränderungen beeinflusst. Dies macht es erforderlich, neben der aktuellen Rechtslage auch die Entwicklungsgeschichte des Termingeschäftsrechts in den Blick zu nehmen.[52]

#### *1. Alte Rechtslage nach BörsG*

Bis Mitte 2002 war der Börsenterminhandel in einem Abschnitt des BörsG geregelt. Danach setzte die Verbindlichkeit von Termingeschäften die Börsentermingeschäftsfähigkeit des Anlegers voraus. Diese Eigenschaft war zunächst lange Zeit gem. § 53 BörsG 1908[53] an den Status bzw. Beruf des Vertragsschließenden geknüpft und schloss private Kapitalanleger grundsätzlich von der Teilnahme an

---

50 Zur entsprechenden Fragestellung bei internationalen Gerichtsstandsvereinbarungen gibt es zusätzlich eine Reihe von Entscheidungen im Zusammenhang mit dem Seehandelsrecht, vgl. dazu unten § 3 B. II. Zur Absicherung zwingender Normen gegen eine Gerichtsstandsvereinbarung im Arbeitsrecht vgl. LAG Hessen 14.8.2000 – 10 Sa 982/99, NJOZ 2001, 45 ff.

51 Vgl. auch *Weller*, Ordre-public-Kontrolle internationaler Gerichtsstandsvereinbarungen, S. 3.

52 Zur Entwicklung des Termingeschäftsrechts, insbesondere des Anlegerschutzes ausführlich Assmann/Schneider/*Mülbert*/*Assmann*, Vor § 37e Rn. 1 ff.

53 Vgl. Bekanntmachung betreffend die Fassung des Börsengesetzes vom 30.5.1908, RGBl. 1908, 215 ff.

Termingeschäften aus.[54] Dennoch abgeschlossene Termingeschäfte sowie deren Nebengeschäfte, v.a. entsprechende Vermittlungsverträge, waren infolge dieses sog. Termineinwands unverbindlich, sodass der Anleger Zahlungen, die er zur Durchführung dieser Geschäfte geleistet hatte, nach bereicherungsrechtlichen Grundsätzen zurückverlangen konnte.[55] Dies galt gem. § 61 BörsG 1908 auch, wenn das Börsentermingeschäft im Ausland abgeschlossen wurde – und zwar selbst dann, wenn der Vertrag ausländischem Recht unterstand. Der BGH sah § 61 BörsG 1908 nämlich als Kollisionsnorm des deutschen internationalen Privatrechts, die den Termineinwand auch gegen entgegenstehendes ausländisches Recht durchsetzt.[56] Damit war der Termineinwand gem. § 53 BörsG 1908 nicht nur auf materiellrechtlicher, sondern auch auf kollisionsrechtlicher Ebene der Parteidisposition entzogen, also international zwingend ausgestaltet.

Neben dem börsengesetzlichen Einwand waren private Anleger ergänzend auf der zivilrechtlichen Ebene vor den Gefahren bei Termingeschäften geschützt. War ein Termingeschäft zugleich als Differenzgeschäft i.S.d. 764 BGB a.F. zu qualifizieren, ergab sich dessen Unverbindlichkeit auch aus § 762 BGB (Differenzeinwand). Eine eigenständige Bedeutung erlangte der Differenzeinwand bei nicht im Inland zugelassenen, insbesondere an ausländischen Börsen getätigten Termingeschäften, da er dann gem. § 58 BörsG 1908 auch von börsentermingeschäftsfähigen Personen geltend gemacht werden konnte.[57] In beiden Fällen blieb der Schutzmechanismus auch bei einem ausländischen Vertragsstatut erhalten. Als Vorschrift zum Schutz der innerstaatlichen Sozialordnung zählte

---

54 Erst durch das Gesetz zur Änderung des Börsengesetzes vom 11.7.1989, BGBl. I 1989, 1412 ff. wurde Privatanlegern uneingeschränkter Zugang zum Terminmarkt verschafft, indem die Börsentermingeschäftsfähigkeit kraft standardisierter Information gem. § 53 Abs. 2 BörsG 1989 eingeführt wurde. Zum Ganzen näher Assmann/Schneider/*Mülbert*/*Assmann*, Vor § 37e Rn. 6 ff.

55 Vgl. BGH 13.12.1982 – II ZR 63/82, BGHZ 86, 115, 117; BGH 16.11.1987 – II ZR 24/87, BGHZ 102, 204, 206.

56 BGH 12.6.1978 – II ZR 48/77, NJW 1979, 488 f.; vgl. auch BGH 4.6.1975 – VIII ZR 232/73, NJW 1975, 1600, 1601. Teilweise Aufgabe dieser Rechtsprechung nach der Modifikation der §§ 53, 58, 61 BörsG 1908 durch das Gesetz zur Änderung des Börsengesetzes vom 11.7.1989, BGBl. I 1989, 1412 ff., vgl. BGH 21.4.1998 – XI ZR 377/97, BGHZ 138, 331, 336 ff.

57 BGH 20.12.1971 – II ZR 156/69, BGHZ 58, 1, 3; BGH 16.3.1981 – II ZR 110/80, NJW 1981, 1897 f.; zur Kritik an dieser Rechtslage vgl. nur *de Lousanoff*, FS Nirk, S. 607, 609 f. m.w.N. Zur Aufhebung der tatbestandlichen Eingrenzung in § 58 BörsG 1908 durch das Gesetz zur Änderung des Börsengesetzes vom 11.7.1989, BGBl. I 1989, 1412 ff. vgl. Assmann/Schneider/*Mülbert*/*Assmann*, Vor § 37e Rn. 4; *de Lousanoff*, FS Nirk, S. 607, 610 ff.

der BGH den Differenzeinwand zum Bestandteil des deutschen ordre public und setzte diesen als international zwingende Norm auch bei Geltung ausländischen Rechts rigide durch.[58]

## 2. *Änderungen durch das WpHG*

Das zum 1. Juli 2002 in Kraft getretene Vierte Finanzmarktförderungsgesetz[59] fasste das Recht der Börsentermingeschäfte unter dem Begriff „Finanztermingeschäfte" grundlegend neu und überführte die neuen Vorschriften als eigenen Abschnitt in die §§ 37d – 37g WpHG a.F. Mit dieser Gesetzesänderung gab der Gesetzgeber das zweispurige Unverbindlichkeitsmodell aus Termin- und Differenzeinwand endgültig auf und ersetzte es durch ein Modell schadensersatzbewehrter Informationspflichten: Die Gleichstellung von Differenzgeschäften mit Spiel- und Wettverträgen in § 764 BGB a.F. wurde ersatzlos gestrichen, sodass damit die Verbindlichkeit von Termingeschäften nicht mehr infrage gestellt werden konnte. Im Interesse der Rechtsklarheit wurde auch die unmittelbare Anwendung des § 762 BGB auf Termingeschäfte durch § 37e WpHG a.F. (§ 99 WpHG n.F.) soweit eingeschränkt, dass der Spieleinwand in diesem Bereich seine praktische Bedeutung verlor.[60] Ebenfalls abgeschafft wurde die Börsentermingeschäftsfähigkeit als besondere Voraussetzung für die Verbindlichkeit von Termingeschäften, sodass diese Spekulationsform seitdem grundsätzlich jedem Anleger ohne Weiteres offensteht.

Der Anlegerschutz wird durch ein System verschiedener Wohlverhaltensregeln für Wertpapierdienstleister gewährleistet, zu denen insbesondere anlegerbezogene Beratungs- und Aufklärungspflichten gehören. Deren Verletzung führt

---

58 BGH 12.6.1978 – II ZR 48/77, NJW 1979, 488, 489; BGH 25.5.1981 – II ZR 172/80, NJW 1981, 1898 f.; BGH 15.6.1987 – II ZR 124/86, NJW 1987, 3193, 3194; für den anerkennungsrechtlichen ordre public vgl. BGH 4.6.1975 – VIII ZR 232/73, NJW 1975, 1600, 1601. Auch diese Rechtsprechung wurde nach Änderung der §§ 53, 58 BörsG 1908 schrittweise aufgegeben, vgl. BGH 26.2.1991 – XI ZR 349/89, NJW-RR 1991, 757 f.; BGH 21.9.1993 – XI ZR 52/92, NJW-RR 1993, 1519, 1520; BGH 21.4.1998 – XI ZR 377/97, BGHZ 138, 331, 336 ff.; BGH 25.1.2005 – XI ZR 78/04, NJW-RR 2005, 1071, 1073.

59 Gesetz zur weiteren Fortentwicklung des Finanzplatzes Deutschland (Viertes Finanzmarktförderungsgesetz) vom 21.6.2002, BGBl. I 2002, 2010 ff.; zur Reform ausführlich *Fleischer*, NJW 2002, 2977 ff., 2981 f.

60 Fuchs/*Jung*, § 37e Rn. 1, 16; Schwark/Zimmer/*Rothenhöfer*, § 37e Rn. 1; zur Qualifikation eines Termingeschäfts als Spiel i.S.d. § 762 BGB vgl. Fuchs/*Jung*, § 37e Rn. 3 f. m.w.N.

allerdings nicht zur Unverbindlichkeit des Termingeschäfts, sondern begründet einen zivilrechtlichen Schadensersatzanspruch des Anlegers.[61] Im Zuge der fortschreitenden Europäisierung des Finanzmarktrechts wurden die Informationspflichten stetig erweitert und ausdifferenziert.[62] Die jüngste Gesetzesänderung durch das Zweite Finanzmarktnovellierungsgesetz[63] beinhaltet neben einer inhaltlichen Anpassung an europarechtliche Vorgaben auch eine Neuordnung der WpHG-Vorschriften: Die Wohlverhaltensregeln für Wertpapierdienstleistungsunternehmen einschließlich der Pflichten zur Anlegerinformation sind nun in §§ 63 ff. WpHG n.F. (§§ 31 ff. WpHG a.F.) geregelt. Die Informationsansprüche der Anleger unterfallen nicht der behördlichen Befreiungsmöglichkeit für ausländische Unternehmen gem. § 91 WpHG n.F. und bleiben daher weiterhin auch bei Termingeschäften mit drittstaatlichen Anbietern bestehen, die ihre Leistung im Inland erbringen.[64] Darüber hinaus werden die Beratungs- und Aufklärungspflichten aufgrund ihrer – über die individuelle Aufklärung des Vertragspartners hinausgehenden – Marktordnungsfunktion auch als international zwingende Normen qualifiziert.[65] Dementsprechend bleibt – auch nach dem Wegfall des Termin- und des Differenzeinwandes, auf deren Grundlage der BGH die Mehrzahl seiner Entscheidungen zum Termingeschäftsrecht getroffen hat – der Versuch denkbar, den rechtswahlfesten Schutz inländischer Anleger durch eine ergänzende Schiedsvereinbarung zu umgehen und so den Anknüpfungspunkt für entsprechende Schadensersatzansprüche von vornherein zu beseitigen.

---

61 Fuchs/*Fuchs*, Vor §§ 31 ff. Rn. 98 ff.; Assmann/Schneider/*Koller*, Vor § 31 Rn. 3 ff.; dazu ausführlich *Einsele*, JZ 2008, 477, 482 ff.

62 Beispielsweise durch das Gesetz zur Umsetzung der Richtlinie über Märkte für Finanzinstrumente und der Durchführungsrichtlinie der Kommission (Finanzmarktrichtlinie-Umsetzungsgesetz) vom 16.7.2007, BGBl. I 2007, 1330 ff.; dazu ausführlich *Einsele*, JZ 2008, 477 ff.; *Jordans*, WM 2007, 1827 ff.

63 Zweites Gesetz zur Novellierung von Finanzvorschriften aufgrund europäischer Rechtsakte (Zweites Finanzmarktnovellierungsgesetz) vom 23.6.2017, BGBl. I 2017, 1693 ff.; dazu *Meixner*, ZAP 2017, 911 ff.; *v. Drathen/Strauch*, WPg 2017, 1265 ff.

64 Anders als § 31 Abs. 10 WpHG a.F. ordnet § 91 WpHG n.F. nicht mehr explizit die Geltung bestimmter Wohlverhaltensregeln für Unternehmen mit Sitz in einem Drittstaat an, sondern geht von deren grundsätzlicher Fortgeltung aus. Eine inhaltliche Abweichung ist damit allerdings nicht bezweckt, vgl. BT-Drucks. 18/10936, S. 234.

65 Jeweils noch zu §§ 31 WpHG a.F.: Fuchs/*Fuchs*, § 31 Rn. 357; Schwark/Zimmer/*Rothenhöfer*, § 31 Rn. 359; *Einsele*, JZ 2008, 477, 487 f.; BeckOGK/*Maultzsch*, Rom I-VO, Art. 9 Rn. 241; NK-BGB/*Doehner*, Rom I-VO, Art. 9 Rn. 41; Staudinger/*Magnus*, Rom I-VO, Art. 9 Rn. 176; a.A. Reithmann/Martiny/*Freitag*, Rn. 5.101.

*Beispiel 1:*
*Ein deutscher Privatanleger schließt mit einem ausländischen Finanzdienstleister einen Vertrag über die Durchführung von Finanztermingeschäften an ausländischen Börsen. Die Beratungs- und Aufklärungspflichten nach §§ 63 ff. WpHG n.F. werden nur unzureichend erfüllt. Neben einer Rechtswahl zugunsten des ausländischen Rechts enthält der Vertrag auch eine Schiedsvereinbarung. Nach Eintritt erheblicher Verluste macht der Anleger Schadensersatzansprüche wegen fehlerhafter Informationen geltend und klagt vor einem deutschen Gericht.*

## II. Handelsvertreterrecht

Die Tätigkeit der Handelsvertreter ist sowohl auf nationaler als auch auf europäischer Ebene durch besondere Rechtsvorschriften geregelt. Das „Herzstück"[66] des Handelsvertreterrechts ist der nachvertragliche Ausgleichsanspruch, auf dessen Grundlage sich auch die hier untersuchte Problematik stellt.

Nach Art. 17 Abs. 2 der Handelsvertreterrichtlinie[67] hat der Handelsvertreter bei Beendigung des Vertragsverhältnisses Anspruch auf eine Ausgleichszahlung, wenn und soweit er für den Prinzipal neue Kunden geworben oder vorhandene Geschäftsbeziehungen wesentlich erweitert hat und der Unternehmer aus Geschäften mit diesen Kunden weiterhin erhebliche Vorteile zieht und dies unter Berücksichtigung aller Umstände, insbesondere der entstehenden Provisionsverluste, der Billigkeit entspricht. Ausweislich ihrer Erwägungsgründe besteht das Ziel der Handelsvertreterrichtlinie darin, einheitliche Bedingungen für die grenzüberschreitende Berufsausübung zu schaffen, um Wettbewerbsverzerrungen zu nivellieren und die Rechtssicherheit im Handelsverkehr zu erhöhen.[68] Vor diesem Hintergrund sind die Regelungen zum Ausgleichsanspruch in den Artt. 17–19 der Handelsvertreterrichtlinie als Ausdruck des allgemeinen Ziels der Richtlinie zu verstehen, durch eine binnenmarktweite Vollharmonisierung den Schutz der Handelsvertreter zu verbessern.[69] Über diesen Individualschutz hinaus dient der zwingende Ausgleichsanspruch jedoch auch der Durchsetzung der Niederlassungsfreiheit sowie der Sicherung eines unverfälschten Wettbewerbs

66 *Grundmann*, Europäisches Schuldvertragsrecht, S. 569, Rn. 16; ebenso *Schwarz*, ZVglRWiss 101 (2002), 45, 46; *Kleinheisterkamp*, RabelsZ 79 (2009), 818, 835.

67 Richtlinie 86/653/EWG des Rates vom 18. Dezember 1986 zur Koordinierung der Rechtsvorschriften der Mitgliedstaaten betreffend die selbstständigen Handelsvertreter, Abl. EG 1986, L 382, S. 17 ff.

68 Vgl. Abl. EG 1986, L 382, S. 17 li. Sp.

69 EuGH 9.11.2000, C-381/98 (*Ingmar*), Rn. 20, IPRax 2001, 225, 227; EuGH 30.4.1998 – C-215/97 (*Belloue*), Rn. 13, EuZW 1998, 409. Vgl. auch Abl. EG 1986, L 382, S. 17 li. Sp.

im Binnenmarkt durch eine Vereinheitlichung der Wettbewerbsbedingungen.[70] Dieser Bezug der Handelsvertreterrichtlinie zu den überindividuellen Zielen des AEUV hat den EuGH in der Rechtssache *Ingmar* dazu veranlasst, den Regelungen zum Ausgleichsanspruch so grundlegende Bedeutung beizumessen, dass diese – sobald der Handelsvertreter seine Tätigkeit in einem EU-Mitgliedstaat ausübt – unabhängig davon anzuwenden sind, welchem Recht der Handelsvertretervertrag untersteht.[71] Der EuGH qualifiziert die Artt. 17 ff. der Handelsvertreterrichtlinie also als international zwingende Normen.

Die nationale Umsetzung des Ausgleichsanspruchs findet sich in § 89b HGB. In ihrer ursprünglichen Fassung fungierte die Vorschrift als Vorbild für den europäischen Gesetzgeber bei der Schaffung der Handelsvertreterrichtlinie.[72] Nach deren Erlass wurde die deutsche Regelung in zwei Schritten an die Vorgaben der Richtlinie angepasst und erhielt so ihre heutige Form.[73] Nach § 89b HGB kann der Handelsvertreter von seinem Prinzipal nach Vertragsbeendigung einen angemessenen Ausgleich für die fortwährenden Vorteile verlangen, die durch seine Arbeit entstanden sind und von denen der Prinzipal nach Vertragsende weiterhin profitiert. Der Ausgleichsanspruch ist damit zunächst eine Gegenleistung für eine durch die Provisionszahlungen noch nicht abgegoltene Leistung des Handelsvertreters, nämlich die Schaffung und Überlassung eines Kundenstammes, den der Prinzipal nach Vertragsbeendigung weiterhin geschäftlich nutzen kann.[74] Allerdings ist der Ausgleichanspruch kein reiner Vergütungsanspruch für diese Markterschließungsleistung. Wie die Bezugnahme auf entgehende

70 EuGH 9.11.2000, C-381/98 (*Ingmar*), Rn. 23 f., IPRax 2001, 225, 227; EuGH 16.2.2017 – C-507/15 (*Agro Foreign Trade*), Rn. 31, BeckRS 2017, 101794.

71 EuGH 9.11.2000, C-381/98 (*Ingmar*), Rn. 25 f., IPRax 2001, 225, 227; bestätigt in EuGH 17.10.2013 – C-184/12 (*Unamar*), IPRax 2014, 174 ff.; EuGH 16.2.2017 – C-507/15 (*Agro Foreign Trade*), Rn. 32, BeckRS 2017, 101794; zustimmend etwa *Staudinger*, NJW 2001, 1974, 1975; *Kindler*, BB 2001, 11, 12; zur weitreichenden Kritik vgl. nur *Antomo*, IHR 2013, 225, 227 f. m.w.N.

72 Vgl. Bericht der Kommission über die Anwendung von Artikel 17 der Handelsvertreterrichtlinie, KOM (96) 364 endg., S. 2. Zur ursprünglichen Fassung des § 89b HGB vgl. das Gesetz zur Änderung des Handelsgesetzbuchs vom 6.8.1953, BGBl. I 1953, 771, 773.

73 Zur Entwicklung des § 89b HGB vgl. Oetker/*Busche*, § 89b Rn. 2; Ebenroth/Boujong/*Löwisch*, § 89b Rn. 1 f.

74 BGH 16.6.2010 – VIII ZR 259/09, NJW 2010, 3226, 3227 m.w.N.; grundlegend bereits BGH 13.5.1957 – II ZR 318/56, BGHZ 24, 214, 222; BeckOK-HGB/*Lehmann*, § 89b Rn. 3; MüKo-HGB/*v. Hoyningen-Huene*; § 89b Rn. 5; Ebenroth/Boujong/*Löwisch*, § 89b Rn. 5.

Provisionen in § 89b Abs. 1 Nr. 2 HGB verdeutlicht, dient der Anspruch gleichzeitig dazu, Nachteile auszugleichen, die der Handelsvertreter dadurch erleidet, dass er keine Provisionen mehr aus Geschäften mit dem von ihm vermittelten Kundenstamm erzielen kann.[75] Ergänzt durch die Maßgeblichkeit weiterer Billigkeitserwägungen leistet der Ausgleichsanspruch damit auch einen Beitrag zur Verbesserung der wirtschaftlichen Situation und sozialen Absicherung des Handelsvertreters.[76] Um den Schutz effektiv zu gestalten, ist der Ausgleichsanspruch gem. §§ 89b Abs. 4, 92c Abs. 1 HGB zwingendes Recht, sofern die Tätigkeit innerhalb des Europäischen Wirtschaftsraums ausgeübt wird. Da sowohl § 89b Abs. 4 HGB als auch § 92c Abs. 1 HGB die Anwendbarkeit deutschen Rechts voraussetzen, verhindern sie jedoch nicht die kollisionsrechtliche Abbedingung des Ausgleichsanspruchs durch eine Rechtswahl.[77] Diese Möglichkeit war lange Zeit auch nicht durch eine Sonderanknüpfung der Ausgleichsregelung versperrt, da § 89b HGB in Deutschland nicht als international zwingend angesehen wurde.[78] Mit dem *Ingmar*-Urteil des EuGH hat sich diese Auffassung jedoch zwangsläufig geändert. Seitdem wird § 89b HGB auch in der deutschen Rechtsprechung[79] und Literatur[80] als Eingriffsnorm eingestuft, die sich bei Geltung eines Drittstaatenrechts kollisionsrechtlich durchsetzt. Sieht der Handelsvertretervertrag die

---

75 BT-Drucks. 1/3856, S. 36 li. Sp.; BeckOK-HGB/*Lehmann*, § 89b Rn. 4; MüKo-HGB/*v. Hoyningen-Huene*; § 89b Rn. 3; *Hopt*, Handelsvertreterrecht, § 89b Rn. 2 f.

76 BVerfG 22.8.1995 – 1 BvR 1624/92, NJW 1996, 381; BGH 16.6.2010 – VIII ZR 259/09, NJW 2010, 3226, 3227 m.w.N.; BeckOK-HGB/*Lehmann*, § 89b Rn. 5; zurückhaltender Ebenroth/Boujong/*Löwisch*, § 89b Rn. 5. Zu einzelnen Billigkeitskriterien vgl. MüKo-HGB/*v. Hoyningen-Huene*, § 89b Rn. 89.

77 MüKo-HGB/*v. Hoyningen-Huene*, § 84 Rn. 105 f., § 92c Rn. 6; Ebenroth/Boujong/*Löwisch*, § 92c Rn. 7; *Semler*, ZVertriebsR 2016, 139, 140.

78 BGH 30.1.1961 – VII ZR 180/60, NJW 1961, 1061 f. Dazu näher *Schwarz*, ZVglRWiss 101 (2002), 45, 51 f. m.w.N.

79 OLG München 17.5.2006 – 7 U 1781/06, IPRax 2007, 322, 323; OLG Stuttgart 29.12.2011 – 5 U 126/11 (Hinweisbeschluss), IHR 2012, 163, 165, bestätigt durch BGH 5.9.2012 – VII ZR 25/12, IHR 2013, 35 f. Zu diesen Entscheidungen im Einzelnen unten § 3 B. IV.

80 MüKo-HGB/*v. Hoyningen-Huene*, § 84 Rn. 217; Oetker/*Busche*, § 89b Rn. 2; Rauscher/*Thorn*, Rom I-VO, Art. 9 Rn. 52; Staudinger/*Magnus*, Rom I-VO, Art. 9 Rn. 164; NK-BGB/*Doehner*, Rom I-VO, Art. 9 Rn. 40; *Kindler*, FS v. Hoffmann, S. 198, 203; *Semler*, FS Wegen, S. 743; *ders.*, ZVertriebsR 2016, 139, 140, 144; *Jayme*, IPRax 2001, 190, 191; a.A. *Mankowski*, MDR 2002, 1352; *Roth*, FS Spellenberg, S. 309, 320; zweifelnd auch *Hopt*, Handelsvertreterrecht, § 92c Rn. 10a; Rauscher/*v. Hein*, Rom I-VO, Art. 3 Rn. 134.

Zuständigkeit eines Schiedsgerichts vor, wird dementsprechend auch hier die Frage nach den prozessualen Konsequenzen dieser Einordnung im Hinblick auf die Anerkennung der Schiedsabrede akut.

*Beispiel 2:*
*Ein deutscher Handelsvertreter ist für ein ausländisches Unternehmen auf dem europäischen Markt aktiv. Der Handelsvertretervertrag unterliegt aufgrund einer Rechtswahl dem Heimatrecht des Unternehmens und enthält eine Schiedsvereinbarung. Nach Beendigung des Vertrags verlangt der Handelsvertreter einen finanziellen Ausgleich und erhebt Klage vor einem deutschen Gericht.*

## III. Kartellrecht

Das Kartellrecht kann in zivilen Rechtsstreitigkeiten in zwei Formen relevant werden.[81] Die erste Möglichkeit besteht darin, dass die klagende Partei einen Unterlassungs- oder Schadensersatzanspruch unmittelbar auf eine kartellrechtliche Grundlage stützt. Alternativ ist denkbar, dass die beklagte Partei wettbewerbsrechtliche Einwände gegen einen Anspruch der Gegenseite erhebt, um diesen abzuwehren. Aufgrund der Struktur der hier untersuchten Problematik kommt vorliegend nur die erste Konstellation eines sog. offensiven Kartellrechtsprozesses[82] in Betracht. Deren nähere Berücksichtigung in der vorliegenden Arbeit erscheint aus zwei Gründen sinnvoll: Zum einen handelt es sich bei den Vorschriften des Wettbewerbsrechts geradezu um Prototypen international zwingender Normen. Sie dienen dem Schutz der Marktordnung und des Wettbewerbs und damit der Durchsetzung zentraler wirtschaftspolitischer Ziele. Dementsprechend werden sowohl die Kartellvorschriften des deutschen Rechts als auch die Artt. 101, 102 AEUV allgemein als Eingriffsnormen eingestuft.[83] Zum anderen hat die privatrechtliche Durchsetzung des Kartellrechts (*private enforcement*) in den letzten Jahren erheblich an Bedeutung gewonnen und wird durch gesetzgeberische Maßnahmen auf nationaler und europäischer Ebene weiterhin gefördert.[84] Geht man folglich davon aus, dass die Zahl privater

---

81 *Pocsay*, Kartellrecht in Schiedsverfahren, S. 67 f.; Czernich/Geimer/*Roth*, S. 377, Rn. 42; *Schmidt*, BB 2006, 1397, 1398 f.; *Wagner*, ZVglRWiss 114 (2015), 494, 496 f.

82 Immenga/Mestmäcker/*Schmidt*, vor § 87 Rn. 5; *Pocsay*, Kartellrecht in Schiedsverfahren, S. 68.

83 Vgl. nur MüKo-BGB/*Martiny*, Rom I-VO, Art. 9 Rn. 72; Staudinger/*Magnus*, Rom I-VO, Art. 9 Rn. 182; Reithmann/Martiny/*Freitag*, Rn. 5.106; Immenga/Mestmäcker/*Rehbinder*, § 130 Rn. 288; jeweils m.w.N.

84 *Inderst*/*Thomas*, Kartellschadensersatz, S. 19 ff.; *Wagner*, ZVglRWiss 114 (2015), 494, 503 f.; zuletzt durch das Neunte Gesetz zur Änderung des Gesetzes gegen

Kartellrechtsverfahren künftig weiter zunimmt, erscheint es gut möglich, dass die vorliegende Problemstellung irgendwann auch im Kontext des Kartellrechts praktisch relevant wird.

Voraussetzung ist allerdings, dass Schadensersatzansprüche aus wettbewerbswidrigem Verhalten überhaupt als Streitgegenstand von einer Schiedsvereinbarung erfasst sind. Insoweit ist problematisch, dass kartellrechtliche Schadensersatzansprüche regelmäßig aus einer Absprache zwischen den Kartellanten resultieren, sodass deren Anknüpfungspunkt ganz außerhalb des Vertragsverhältnisses mit dem geschädigten Abnehmer wurzelt. Solche Ansprüche werden grundsätzlich nicht mehr als von dem Willen der Schiedsvertragsparteien gedeckt angesehen.[85] Diesen Grundsatz hat auch der EuGH[86] indirekt bestätigt: Der Gerichtshof stellte klar, dass es für die Erfassung kartellrechtlicher Schadensersatzansprüche durch eine Gerichtsstandsvereinbarung darauf ankommt, dass derartige Ansprüche bei Abschluss der Vereinbarung für den Geschädigten vorhersehbar waren. Demnach sind kartellrechtliche Schadensersatzansprüche nur von solchen Gerichtsstandsvereinbarungen erfasst, die nicht lediglich in abstrakter Weise auf Rechtsstreitigkeiten aus Vertragsverhältnissen verweisen, sondern sich auch auf Streitigkeiten aus Haftung wegen einer Zuwiderhandlung gegen das Wettbewerbsrecht beziehen.[87] Zwar hat das Gericht diese Feststellungen lediglich bezüglich einer Gerichtsstandsvereinbarung getroffen; die Entscheidung ist jedoch auf die Reichweite von Schiedsvereinbarungen übertragbar, weil auch diese grundsätzlich einem Bestimmtheitserfordernis unterliegen, wodurch ihre Geltung ebenfalls auf Streitigkeiten mit Ursprung in dem konkretisierten Rechtsverhältnis begrenzt wird.[88]

---

Wettbewerbsbeschränkungen vom 1.6.2017 (9. GWB-Novelle), BGBl. I 2017, 1416 ff.; basierend auf der Richtlinie 2014/104/EU vom 26. November 2014, vgl. ABl. EU 2014, L 349, S. 1 ff. Zu einzelnen Maßnahmen ausführlich *Pocsay*, Kartellrecht in Schiedsverfahren, S. 51 ff., 59 ff.

85 *Steinle/Wilske/Eckardt*, SchiedsVZ 2015, 165, 168 f.; MüKo-ZPO/*Münch*, § 1029 Rn. 72; *Wagner*, ZVglRWiss 114 (2015), 494, 505 ff.; a.A. Langen/Bunte/*Stadler*, § 185 Rn. 246.

86 EuGH 21.5.2015 – C-352/13 (*CDC Hydrogen Peroxide*), Rn. 64 ff., SchiedsVZ 2015, 199, 204.

87 EuGH 21.5.2015 – C-352/13 (*CDC Hydrogen Peroxide*), Rn. 69 ff., SchiedsVZ 2015, 199, 204.

88 So bereits Gerichtshof Amsterdam 21.7.2015 – 200.156.295/01, WuW 2015, 1179, 1183 f.; vgl. auch *Steinle/Wilske/Eckardt*, SchiedsVZ 2015, 165. Zur Bestimmtheit von Schiedsvereinbarungen näher unten § 6 A.

Vor diesem Hintergrund sind insbesondere zwei Fallgestaltungen denkbar, in denen sich eine bereits im Liefervertrag enthaltene Schiedsvereinbarung auf Schadensersatzansprüche wegen eines Kartellverstoßes erstreckt. Zum einen kann die Schiedsvereinbarung so formuliert sein, dass sie Ansprüche aus Wettbewerbsverstößen ausdrücklich mit einbezieht.[89] Die zweite Möglichkeit ergibt sich daraus, dass inzwischen in vielen Lieferverträgen sog. pauschalierte Schadensersatzklauseln vereinbart werden, wonach der Auftragnehmer im Fall eines nachgewiesenen Wettbewerbsverstoßes einen pauschalen Schadensersatz schuldet, sofern kein geringerer Schaden nachgewiesen wird.[90] Wird eine solche Klausel mit einer Schiedsvereinbarung kombiniert, wird man davon ausgehen können, dass der Abnehmer bereits bei Vertragsschluss mit Kartellschadensersatzforderungen gerechnet hat und auch diese Ansprüche unter die Schiedsvereinbarung fallen sollen.[91] Der Sachverhalt für ein deutsches Gericht in der Einredesituation könnte sich dementsprechend folgendermaßen darstellen:[92]

*Beispiel 3:*
*Ein deutsches Industrieunternehmen bezieht Rohstoffe von einem ausländischen Rohstoffproduzenten. Der Vertrag untersteht dem Heimatrecht des Rohstoffproduzenten und enthält u.a. eine pauschalierte Kartellschadensersatzklausel. Daneben haben die Parteien eine Schiedsvereinbarung getroffen, die ausdrücklich auch Streitigkeiten über die Haftung wegen Zuwiderhandlungen gegen das Wettbewerbsrecht erfasst. Nach Hinweisen auf eine Beteiligung des Lieferanten an einer andauernden Zuwiderhandlung gegen das Kartellverbot des Art. 101 AEUV verlangt das deutsche Unternehmen entsprechend der Vertragsvereinbarung Schadensersatz und erhebt Klage vor einem deutschen Gericht.*

## D. Besondere Rechtsquellen der Schiedsgerichtsbarkeit

Den Ausgangspunkt für die Kontrolle einer Schiedsvereinbarung in einem deutschen Gerichtsverfahren bildet das deutsche Prozessrecht, konkret dessen schiedsverfahrensrechtliche Vorschriften in den §§ 1025 ff. ZPO. Neben dem autonomen Schiedsverfahrensrecht ist die internationale Schiedsgerichtsbarkeit

---

89 EuGH 21.5.2015 – C-352/13 (*CDC Hydrogen Peroxide*), Rn. 71, SchiedsVZ 2015, 199, 204; *Wagner*, ZVglRWiss 114 (2015), 494, 508.

90 Vgl. etwa OLG Karlsruhe, 31.7.2013 – 6 U 51/12 (Kart), NZKart 2014, 366 ff.; LG Dortmund 21.12.2016 – 8 O 90/14 (Kart), NZKart 2017, 86 ff.; LG Hannover 18.12.2017 – 18 O 8/17, NZKart 2018, 100 ff.; *Fritzsche/Klöppner/Schmidt*, NZKart 2016, 412, 419 f.; *Steinle/Wilske/Eckardt*, SchiedsVZ 2015, 165, 169.

91 *Steinle/Wilske/Eckardt*, SchiedsVZ 2015, 165, 169.

92 Angelehnt an LG Dortmund, 29.4.2013 – 13 O (Kart) 23/09, NZKart 2013, 472 ff.; EuGH 21.5.2015 – C-352/13 (*CDC Hydrogen Peroxide*), SchiedsVZ 2015, 199 ff.

jedoch von zahlreichen völkerrechtlichen Verträgen geprägt. Diese sind nach dem Grundsatz des Vorrangs der Staatsverträge auch von deutschen Gerichten zu beachten.[93] Von zentraler Bedeutung ist dabei das New Yorker UN-Übereinkommen über die Anerkennung und Vollstreckung ausländischer Schiedssprüche (I.). Ergänzend daneben steht das Europäische Übereinkommen über die internationale Handelsschiedsgerichtsbarkeit (II.). Auf bilateraler Ebene kann insbesondere der Freundschafts-, Handels- und Schifffahrtsvertrag zwischen der Bundesrepublik Deutschland und den Vereinigten Staaten von Amerika relevant werden (III.). Aufgrund dieser weitreichenden Internationalisierung hat das autonome deutsche Schiedsverfahrensrecht in der Einredesituation nur noch eingeschränkte Bedeutung (IV.).

## I. NYÜ

Das bekannteste und zugleich wichtigste multilaterale Regelungsinstrument im Bereich der internationalen Schiedsgerichtsbarkeit ist das NYÜ[94], das inzwischen 157 Vertragsstaaten umfasst. Entgegen seines Titels vereinheitlicht dieses Übereinkommen nicht nur die Voraussetzungen für die Anerkennung und Vollstreckung von Schiedssprüchen, sondern enthält in Art. II NYÜ auch Regelungen zur Anerkennung von Schiedsvereinbarungen. Deshalb wird das NYÜ vor deutschen Gerichten bereits in der Einredesituation relevant. Allerdings wurde Art. II NYÜ erst kurz vor der Verabschiedung des Übereinkommens eingefügt, was eine teilweise fehlende Abstimmung mit den übrigen Regelungen erklärt.[95] Dieses Defizit führt zu gewissen Unklarheiten im Rahmen der Anwendung des Übereinkommens in der Einredesituation, bei deren Lösung die kurzfristige Entstehung der Vorschrift zu berücksichtigen ist.

Schon bei der Bestimmung des Anwendungsbereichs in der Einredesituation stellt sich die Frage, welche Schiedsvereinbarungen überhaupt erfasst werden. Die herrschende Meinung orientiert sich insoweit an Art. I Abs. 1 NYÜ: Eine

---

93 Vgl. BT-Drucks. 13/5274, S. 31 re. Sp.: „Im Gegensatz zum Modellgesetz enthält § 1025 ZPO-E keine ausdrückliche Bestimmung über den Vorrang völkerrechtlicher Verträge, da dieser Vorrang selbstverständlich ist." Zur Relevanz des Völkerrechts bei der Anwendung nationalen Rechts vgl. auch BVerfG 23.6.1981 – 2 BvR 1107/77, BVerfGE 58, 1, 34; BVerfG 22.12.2006 – 2 BvR 1526/04, NVwZ-RR 2007, 266, 267; *Hobe*, Völkerrecht, S. 245 ff.

94 New Yorker UN-Übereinkommen über die Anerkennung und Vollstreckung ausländischer Schiedssprüche vom 10. Juni 1958, BGBl. II 1961, 121 ff.

95 Kronke/*Schramm*/*Geisinger*/*Pinsolle*, Global Commentary NYC, S. 39 f.; Wolff/*Wilske*/*Fox*, NYC, Art. II Rn. 201. Zur Historie des Art. II NYÜ vgl. auch unten § 11 A. I. 4.

Schiedsvereinbarung fällt immer dann in den Anwendungsbereich des NYÜ, wenn sie aus Sicht des staatlichen Einredegerichts zu einem ausländischen Schiedsspruch i.S.d. Art. I NYÜ führen kann.[96] Diese territoriale Abgrenzung ist im Interesse einer einheitlichen Bestimmung des Anwendungsbereichs für Schiedsvereinbarungen und Schiedssprüche überzeugender als die teilweise vorgeschlagene Erweiterung auf sämtliche Schiedsvereinbarungen mit internationalem Bezug.[97] Dementsprechend haben deutsche Gerichte in der Einredesituation Art. II NYÜ stets zu beachten, wenn ein ausländischer Schiedsort vereinbart wurde. Dies gilt nach der Rücknahme des Vertragsstaatenvorbehalts selbst dann, wenn der Schiedsort in einem Nichtvertragsstaat liegt.[98] Da die Bundesrepublik Deutschland auch keinen Handelssachenvorbehalt gem. Art. I Abs. 3 S. 1 NYÜ erklärt hat, erfasst Art. II NYÜ Schiedsvereinbarungen mit Verbraucherbeteiligung ebenso wie solche im unternehmerischen Rechtsverkehr.[99]

## II. EuÜ

Das NYÜ wird auf multilateraler Ebene durch das EuÜ[100] ergänzt. Dieses Übereinkommen umfasst nur einen Bruchteil der Vertragsstaaten des NYÜ, sodass seine praktische Bedeutung schon deshalb wesentlich geringer ist.[101] Es ist jedoch insgesamt deutlicher auf Schiedsvereinbarungen zugeschnitten und enthält in Art. VI EuÜ ausführliche Regelungen für die Einredesituation.

---

96 BGH 8.6.2010 – XI ZR 349/08, SchiedsVZ 2011, 46, 48; OLG Hamm 15.11.1994 – 29 U 70/92, RIW 1995, 681; MüKo-ZPO/*Adolphsen*, § 1061 Anh. 1, Art. II UNÜ Rn. 6; Wolff/*Wolff*, NYC, Art. II Rn. 25 ff.; Balthasar/*Solomon*, § 2 Rn. 80 ff.; *Poudret*/*Besson*, Rn. 489 f.; *Schwab*/*Walter*, Kap. 42 Rn. 10; *Kröll*, SchiedsVZ 2009, 40, 42.

97 So auch Staudinger/*Hausmann*, IntVertrVerfR, Rn. 436. Für eine erweiterte Auslegung hingegen *Born*, S. 319 f.; *van den Berg*, NYC, S. 61 ff., 70 f.; Wolff/*Wilske*/*Fox*, NYC, Art. II Rn. 212 f.; mögliche Bezugspunkte sind danach z.B. eine ausländische Staatsangehörigkeit bzw. ein ausländischer Wohnsitz/Sitz der Parteien oder ein ausländischer Erfüllungsort der Pflichten des Hauptvertrags.

98 Vgl. Reithmann/Martiny/*Hausmann*, Rn. 8.216, 8.224; Balthasar/*Solomon*, § 2 Rn. 83; zur Rücknahme des Vertragsstaatenvorbehalts vgl. BGBl. II 1999, 7. In der Praxis wird dies allerdings kaum vorkommen, da insbesondere alle Schiedszentren dem NYÜ beigetreten sind, vgl. etwa die Statistiken der ICC zu den beliebtesten Schiedsorten in ICC Bull. 1/2014, 12 f.; ICC Bull. 1/2015, 14; ICC Bull. 1/2016, 16.

99 Vgl. Balthasar/*Solomon*, § 2 Rn. 83; Stein/Jonas/*Schlosser*, Anh. § 1061 Rn. 37.

100 Europäisches Übereinkommen über die internationale Handelsschiedsgerichtsbarkeit vom 21. April 1961 (EuÜ), BGBl. II 1964, 425 ff.

101 Das EuÜ umfasst 31 Vertragsstaaten, die inzwischen alle zugleich Mitgliedstaaten des NYÜ sind, vgl. die Auflistung bei *Nagel*/*Gottwald*, IntZPR, § 18 Rn. 229, 236.

Auch bei der Definition seines Anwendungsbereichs nimmt das EuÜ nicht den Schiedsspruch, sondern die Schiedsvereinbarung in Bezug. Gem. Art. I Abs. 1 lit. a) Hs. 2 EuÜ müssen die Parteien der Schiedsabrede ihren gewöhnlichen Aufenthalt oder ihren Sitz bei Abschluss der Vereinbarung in verschiedenen Vertragsstaaten haben. Anders als im NYÜ hat die Belegenheit des Schiedsorts insoweit keine Bedeutung, sodass das EuÜ auch bei inländischen Schiedsverfahren anwendbar sein kann.[102] Der sachliche Anwendungsbereich des Übereinkommens ist gem. Art. I Abs. 1 lit. a) Hs. 1 EuÜ auf Schiedsvereinbarungen im Zusammenhang mit „internationalen Handelsgeschäften“ beschränkt. In übereinkommensautonomer Auslegung erfasst dieser Begriff Verträge, die auf eine grenzüberschreitende Leistung gegen Entgelt gerichtet sind und an denen mindestens eine Vertragspartei in nicht rein privater Funktion beteiligt ist.[103] Legt man diese Definition zugrunde, fallen Schiedsvereinbarungen eigentlich nur bei ausschließlicher Verbraucherbeteiligung aus dem Geltungsbereich des EuÜ heraus; dennoch soll das Übereinkommen generell nicht für Geschäfte mit Verbrauchern gelten.[104] Damit ist der sachliche Anwendungsbereich des EuÜ im Vergleich zum NYÜ enger, da Letzteres – zumindest aus deutscher Sicht – nicht auf internationale Handelssachen beschränkt ist.

## III. Deutsch-amerikanischer Freundschafts-, Handels- und Schifffahrtsvertrag vom 29. Oktober 1954

Mit Blick auf die Anerkennung von Schiedsvereinbarungen kann schließlich noch der deutsch-amerikanische Freundschafts-, Handels- und Schifffahrtsvertrag vom 29. Oktober 1954[105] relevant werden. Dessen Art. VI Abs. 2 listet verschiedene Gründe auf, die nicht zur Ungültigkeit einer Schiedsvereinbarung führen dürfen. Für ihre Anwendung stellt die Vorschrift auf die Staatsangehörigkeit bzw. den Gesellschaftssitz der Schiedsvertragsparteien ab, sodass sie nur

---

102 Vgl. OLG München 24.11.2016 – 34 SchH 5/16 (juris-Rn. 18); *Schlosser*, RipS, Rn. 88; Czernich/Geimer/*Nueber*, S. 390, Rn. 21; Reithmann/Martiny/*Hausmann*, Rn. 8.226.

103 MüKo-ZPO/*Adolphsen*, § 1061 Anh. 2, Art. I EuÜ Rn. 3 ff.; Stein/Jonas/*Schlosser*, Anh. § 1061 Rn. 391; *Schwab*/*Walter*, Kap. 42 Rn. 14. Zur Diskussion um die Begriffsdefinition vgl. Czernich/Geimer/*Nueber*, S. 390 f., Rn. 21 ff.

104 Reithmann/Martiny/*Hausmann*, Rn. 8.229; Czernich/Geimer/*Nueber*, S. 398, Rn. 61; *Gildeggen*, Schiedsvereinbarungen in AGB, S. 94; zur Anwendung auf „einseitige Handelsgeschäfte“ vgl. *Schlosser*, RipS, Rn. 89.

105 Freundschafts-, Handels- und Schifffahrtsvertrag zwischen der Bundesrepublik Deutschland und den Vereinigten Staaten von Amerika vom 29. Oktober 1954, BGBl. II 1956, 487 ff.

Schiedsvereinbarungen zwischen deutschen und US-amerikanischen Beteiligten erfasst. Der Schiedsort muss hingegen nicht in einem der Vertragsstaaten liegen.[106]

## IV. Anwendungsbereich des autonomen Schiedsverfahrensrechts in der Einredesituation

Für das autonome deutsche Schiedsverfahrensrecht bleibt in der Einredesituation nur insoweit Raum, als die internationalen Übereinkommen nicht eingreifen. Seine Anwendung auf Schiedsvereinbarungen kommt daher grundsätzlich nur noch in Betracht, wenn der Schiedsort im Inland belegen ist.[107] Und selbst dann steht die Anwendung autonomen Rechts – jedenfalls im unternehmerischen Rechtsverkehr – unter dem Vorbehalt der Geltung des EuÜ.

106 Stein/Jonas/*Schlosser*, Anh. § 1061 Rn. 490; *ders.*, RipS, Rn. 109.

107 Staudinger/*Hausmann*, IntVertrVerfR, Rn. 437; *Epping*, Schiedsvereinbarung, S. 22. Bei ausländischem Schiedsort kann das autonome Schiedsverfahrensrecht nur über die staatsvertraglichen Öffnungsklauseln (Art. VII Abs. 1 NYÜ; Art. X Abs. 7 EuÜ) oder hilfsweise zwecks Lückenschließung zur Anwendung kommen.

# Teil II Kritische Bestandsaufnahme

Wie schon die einige Jahrzehnte zurückreichende Rechtsprechung zeigt, ist die untersuchte Problematik trotz ihrer fortwährenden Aktualität nicht neu. Daher soll im zweiten Teil der Arbeit eine kritische Bestandsaufnahme des *status quo* erfolgen – und zwar in zwei Bereichen: Zunächst werden die in der Literatur zum Untersuchungsgegenstand diskutierten Lösungsansätze dargestellt und die dazu ergangene Rechtsprechung deutscher Gerichte analysiert (§ 3). Um sich dem in dieser Arbeit avisierten Ziel weiter zu nähern, wird danach die die untersuchte Fragestellung beeinflussende Eingriffsnormenproblematik in Schiedsverfahren beleuchtet (§ 4).

# § 3 Lösungsansätze in Literatur und Rechtsprechung

## A. Literatur

In der Literatur finden sich vergleichsweise wenige Beiträge, die sich primär mit den Auswirkungen international zwingender Normen auf die Gültigkeit von Schiedsvereinbarungen befassen.[108] Die Mehrzahl der Autoren behandelt die Problematik im Hinblick auf internationale Gerichtsstandsvereinbarungen und geht allenfalls am Rande auf Schiedsvereinbarungen und die damit verbundenen Besonderheiten ein. Insgesamt ergibt sich insoweit kein einheitliches Bild, allerdings lassen sich die vertretenen Auffassungen – bei teilweise erheblichen Unterschieden im Detail – in drei Grundströmungen einteilen.

### I. Unwirksamkeit der Schiedsvereinbarung bei Relevanz international zwingender Normen des deutschen Rechts

Eine Extremposition bringt *Kropholler* treffend auf den Punkt: „Die Grenzen der Parteiautonomie sind bei der Wahl eines ausländischen Rechts für Zuständigkeitsvereinbarungen ebenfalls zu beachten."[109] Dementsprechend gehen einige Autoren davon aus, dass international zwingende Sachnormen selbst unmittelbar Derogationsverbote beinhalten, die zur Ungültigkeit einer Zuständigkeitsvereinbarung führen.[110] Um eine Umgehung zwingender Wertungen des deutschen Rechts durch „prozessuale Gestaltungsmittel" zu verhindern, würden Eingriffsnormen des deutschen Rechts durch Derogationsverbote „flankiert".[111]

---

108 Vgl. etwa *Thorn/Grenz*, in: Conflict of Laws in International Arbitration, S. 187 ff.; *Kleinheisterkamp*, 3 WAMR (2009), 91 ff.; *Quinke*, SchiedsVZ 2007, 246 ff.; vgl. auch *Niedermaier*, Schiedsvereinbarungen in strukturellen Ungleichgewichtslagen, S. 299 ff.

109 *Kropholler*, in: IZVR I, Kap. III Rn. 540; ähnlich *Wagner*, Prozeßverträge, S. 366: „Wie in der internrechtlichen Sphäre müssen sich nämlich gesetzliche Einschränkungen der *materiellrechtlichen* Privatautonomie auch im internationalen Zuständigkeitsrecht niederschlagen."

110 Soergel/*Kronke*, EGBGB, Art. 38 Anh. IV Rn. 39; *Lindenmayr*, Vereinbarung über die internationale Zuständigkeit, S. 374, 387; *Emde*, EWiR 2006, 621 f.; *Samtleben*, IPRax 1989, 148, 152; *Roth*, IPRax 1985, 198, 200.

111 *v. Bar/Mankowski*, IPR I, § 5 Rn. 147 f.; vgl. auch *Mankowski*, in: Europäisierung des Handels- und Wirtschaftsrechts, S. 131, 149.

Zumindest wenn absehbar sei, dass das Schiedsgericht deutsches Eingriffsrecht nicht beachtet, müsse die Derogation staatlicher Gerichte unwirksam sein. Für diese Annahme genügt es den Vertretern dieser Ansicht offenbar, dass die Parteien neben der Zuständigkeit eines Schiedsgerichts die Geltung ausländischen Sachrechts vereinbart haben; weitere Voraussetzungen werden jedenfalls nicht genannt. Eine solche Erweiterung international zwingender Normen um eine prozessuale Komponente findet sich auch in der Kommentarliteratur zu den einschlägigen Sachnormen. So wird etwa im Handelsvertreterrecht die Unwirksamkeit einer Schiedsvereinbarung mit dem international zwingenden Charakter des Ausgleichsanspruchs gem. § 89b HGB begründet.[112] Das kartellrechtliche Schrifttum geht teilweise davon aus, dass sich § 185 Abs. 2 GWB (§ 130 Abs. 2 GWB a.F.) auch gegenüber einer Vereinbarung der Zuständigkeit eines ausländischen Schiedsgerichts durchsetzt, um eine Ausschaltung des deutschen Kartellrechts in einem Kartellzivilprozess zu verhindern.[113] Schließlich leitet ein Teil des seerechtlichen Schrifttums ein Derogationsverbot aus der zwingenden Haftung des Verfrachters nach den Haager Regeln her, wenn diese zulasten des deutschen Empfängers eingeschränkt wird.[114]

Dieses Vorgehen ist bereits aufgrund der grundsätzlichen Trennung beider Regelungsbereiche bedenklich. Die Entscheidung eine bestimmte Norm als rechtswahlfest auszugestalten, erfolgt auf der Ebene des Sachrechts ohne Blick auf die schiedsrichterliche Zuständigkeit, sodass sich diese Wertung nicht automatisch auf der Zuständigkeitsebene fortsetzt.[115] Dadurch gerät das Durchschlagen des Eingriffsrechts als kollisionsrechtliche Schranke auf die Ebene der Schiedsvereinbarung möglicherweise zugleich mit Prinzipien des Schiedsverfahrensrechts in Konflikt.[116]

---

112 Ebenroth/Boujong/*Löwisch*, § 92c Rn. 12; *Mankowski*, MDR 2002, 1352, 1355; a.A. *Hopt*, Handelsvertreterrecht, § 92c Rn. 10a, 12.

113 So etwa Staudinger/*Fezer*/*Koos*, IntWirtschR, Rn. 377; *Gottschalk*/*Breßler*, ZEuP 2007, 56, 62; vgl. auch *Kropholler*, in: IZVR I, Kap. III Rn. 541; a.A. Immenga/Mestmäcker/*Rehbinder*, § 130 Rn. 329; Langen/Bunte/*Stadler*, § 185 Rn. 246.

114 *Mankowski*, Seerechtliche Vertragsverhältnisse, S. 298; Schaps/*Abraham*, Seehandelsrecht, Vor § 556 Rn. 45; a.A. *Mann*, NJW 1984, 2740, 2741 f.

115 Vgl. auch *Weller*, Ordre-public-Kontrolle internationaler Gerichtsstandsvereinbarungen, S. 166 ff.

116 Dazu näher unten § 6 C. I. 2. d) ee).

## II. Verlagerung der Kontrolle in das Anerkennungs- und Vollstreckungsstadium

Nach der Gegenmeinung schießt eine Projektion kollisionsrechtlicher Schranken des Hauptvertrags auf die Schiedsvereinbarung deutlich über das Ziel einer Verteidigung von Sachnormzwecken hinaus. Dieses Ziel sollte nicht bereits präventiv in der Einredesituation, sondern ausschließlich im späteren Stadium der Anerkennung des Schiedsspruchs verfolgt werden. Dementsprechend sei eine Schiedsvereinbarung auch bei Relevanz international zwingender Normen zunächst stets anzuerkennen.[117] Nach Erlass des Schiedsspruchs könne dieser im Rahmen des Anerkennungs- und Vollstreckungsverfahrens gem. § 1060 i.V.m. § 1059 Abs. 2 Nr. 2 lit. b) ZPO bzw. § 1061 ZPO i.V.m. Art. V Abs. 2 lit. b) NYÜ auf seine Vereinbarkeit mit dem ordre public überprüft werden.

Diese Auffassung sieht die grundlegenden Regelungsziele des deutschen Sachrechts also über die anerkennungsrechtliche Vorbehaltsklausel ausreichend geschützt. Für Konstellationen, in denen sich die vom Schutzbereich der Eingriffsnorm erfasste Partei in der Beklagtenrolle befindet, leuchtet dies ohne Weiteres ein: So kann beispielsweise ein Schiedsspruch, der eine Partei auf Grundlage einer kartellrechtswidrigen Vertragsbestimmung zum Schadensersatz verurteilt, in Deutschland nicht anerkannt und vollstreckt werden.[118] Gleiches galt bis zur Börsengesetznovelle 1989 für die Verurteilung eines in Deutschland wohnhaften Terminanlegers zur Zahlung von Nachschüssen im Zusammenhang mit Termingeschäften, die nach deutschem Recht unverbindlich waren.[119] Die inländische Durchsetzung von Schiedssprüchen, welche die materiellrechtlich geschützte Partei in ordre public-widriger Weise in Anspruch nehmen, wehren § 1059 Abs. 2 Nr. 2 lit. b) ZPO und Art. V Abs. 2 lit. b) NYÜ effektiv ab; sie bieten insoweit umfassenden Schutz.[120] Die hier behandelten Fälle sind

---

117 Wieczorek/Schütze/*Schütze*, § 1031 Rn. 25; *Geimer*, IZPR, Rn. 3799a; *Thorn*, IPRax 1997, 98, 105; vgl. auch *Schack*, IZVR, Rn. 16; *Lüttringhaus*, IPRax 2014, 146, 151; *Horn*, SchiedsVZ 2008, 209, 218, 222; *Bork*, EWiR 1992, 101, 102.

118 BGH 25.10.1966 – KZR 7/65, BGHZ 46, 365, 368 ff.; vgl. auch OLG Dresden 20.4.2005 – 11 Sch 1/05, SchiedsVZ 2005, 210, 211 f.; OLG Jena 8.8.2007 – 4 Sch 3/06, SchiedsVZ 2008, 44, 46; zum europäischen Kartellrecht vgl. EuGH 1.6.1999 – C-126/97 (*Eco Swiss*), Rn. 31 ff., EuZW 1999, 565, 566 f.

119 Vgl. BGH 4.6.1975 – VIII ZR 232/73, NJW 1975, 1600 f.; aufgegeben in BGH 21.4.1998 – XI ZR 377/97, BGHZ 138, 331, 335 f.

120 Zwar verbleibt noch die Möglichkeit einer Vollstreckung des Schiedsspruchs in einem anderen Staat, jedoch kann im Ausland belegenes Vermögen nicht im gleichen Maße Schutz genießen wie inländisches Vermögen, auf das mit inländischen

hingegen so gelagert, dass sich die Partei, welche die Anwendung der international zwingenden Norm beansprucht, in der Klägerrolle befindet: Der Handelsvertreter macht einen nachvertraglichen Ausgleichsanspruch gem. § 89b HGB geltend. Der Kartellgeschädigte verlangt Ersatz des Schadens, der ihm durch das rechtswidrige Verhalten der Kartellanten entstanden ist. Bei einem solchen Aktivprozess hilft die Versagung der Anerkennung des Schiedsspruchs der materiellrechtlich geschützten Partei nicht unmittelbar weiter. Allerdings macht sie den Weg für eine Durchsetzung der Eingriffsnorm vor einem inländischen Gericht frei. Denn ein klageabweisender Schiedsspruch entfaltet eine materielle Rechtskraft, die einem zweiten Verfahren entgegensteht, nur dann, wenn er im Inland anerkennungsfähig ist.[121] Da die Anerkennungsprüfung[122] in der gleichen Weise erfolgt wie bei einem stattgebenden Schiedsspruch, kann auch eine klageabweisende Entscheidung des Schiedsgerichts mit wesentlichen Grundsätzen des deutschen Rechts kollidieren, sodass ihre Anerkennung am ordre public-Vorbehalt scheitert. Sollte der Schiedsspruch aufgrund der Missachtung einer deutschen Eingriffsnorm tatsächlich gegen die öffentliche Ordnung verstoßen, entfaltet er im Inland keine Wirkung und kann einem Zweitverfahren nicht entgegengehalten werden. Der unterlegene Schiedskläger hat dann die Möglichkeit, eine erneute Sachentscheidung vor einem inländischen Gericht herbeizuführen, welche die deutsche Eingriffsnorm berücksichtigt.[123] Dem steht auch nicht die Rechtskraft des vorherigen klageabweisenden Prozessurteils aus der Einredesituation entgegen, da sich die Sachlage aufgrund der nunmehr vorliegenden

---

Zwangsmaßnahmen zugegriffen werden soll, vgl. *Weller*, Ordre-public-Kontrolle internationaler Gerichtsstandsvereinbarungen, S. 181.

121 Musielak/Voit/*Voit*, § 1055 Rn. 5; Stein/Jonas/*Schlosser*, § 1055 Rn. 10 f., 35; MüKo-ZPO/*Münch*, § 1061 Rn. 1 ff.

122 Bei einem inländischen Schiedsspruch kann man zwar nur im weiteren Sinne von einer Anerkennung sprechen, da deren Rechtskraft grundsätzlich nur im Aufhebungsverfahren angegriffen werden kann. Jedoch stimmen die rechtlichen Wirkungen von Aufhebung und Anerkennungsversagung im Inland weitgehend überein. Unabhängig von der Bezeichnung als Nicht-Aufhebung oder Anerkennung geht es auch bei inländischen Schiedssprüchen um deren Kontrolle durch das staatliche Gericht. Vgl. *Borges*, ZZP 111 (1998), 487.

123 *Schlosser*, RipS, Rn. 323; *Quinke*, SchiedsVZ 2007, 246, 250; *Geimer*, IZPR, Rn. 1058; *Weller*, Ordre-public-Kontrolle internationaler Gerichtsstandsvereinbarungen, S. 182, 237. Zur internationalen Zuständigkeit deutscher Gerichte vgl. oben § 1 C.; im Übrigen ergibt sich aus der Nichtanerkennung des Schiedsspruchs die Pflicht, eine inländische Notzuständigkeit zu eröffnen, vgl. dazu *Geimer*, IZPR, Rn. 1030, 1033; *Kropholler*, IPR, S. 611; *Pfeiffer*, Internationale Zuständigkeit, S. 451.

ordre public-widrigen Entscheidung des Schiedsgerichts derart verändert hat, dass dessen Bindungswirkung nicht mehr besteht.[124]

Neben der Verschiebung der Kontrolle vom Einredestadium auf die Anerkennungsprüfung unterscheidet sich dieser Lösungsweg auch in inhaltlicher Hinsicht von dem zuvor dargestellten Ansatz. Statt auf die Anwendung der Eingriffsnorm im vereinbarten Forum, wird auf die Vereinbarkeit des Schiedsspruchs mit dem anerkennungsrechtlichen ordre public abgestellt. Da die Missachtung einer Eingriffsnorm keineswegs zwangsläufig zu einem ordre public-Verstoß führt, wird damit im Hinblick auf die Absicherung des Sachnormzwecks ein weniger strenger Kontrollmaßstab angelegt. Bedenken gegen die generelle Verweisung auf das Schiedsverfahren könnten sich aus der Frage ergeben, ob dieser Umweg den Interessen des Klägers immer ausreichend Rechnung trägt.[125]

## III. Einzelfallbezogene Prüfung in der Einredesituation

Auch aus diesem Grund wird eine Lösung nach dem Alles-oder-Nichts-Prinzip vielfach für unangemessen gehalten und – in sehr unterschiedlichen Variationen – der Mittelweg einer Betrachtung im Einzelfall beschritten.[126] Demnach wird für jede Schiedsvereinbarung einzelfallbezogen überprüft, ob die Relevanz einer Eingriffsnorm zur Ungültigkeit der Schiedsabrede führt. Die verschiedenen Ausprägungen der Einzelfallbetrachtung unterscheiden sich insbesondere durch das zugrundeliegende Regel-Ausnahme-Verhältnis und den rechtlichen Anknüpfungspunkt der Kontrolle.

So gehen manche Stimmen von der grundsätzlichen Unwirksamkeit der Schiedsvereinbarung aus, wenn „der zu erwartende Schiedsspruch grundlegende ordnungspolitische Normen des Forumstaats verletzen wird".[127] Angesichts der Verpflichtung staatlicher Gerichte, den Eingriffsnormen der *lex fori* umfassende Wirksamkeit zu verleihen, soll eine Ausnahme etwa nur in Betracht kommen, wenn die einredende Partei klarstellt, dass der Schutzzweck der Eingriffsnorm

---

124 *Quinke*, SchiedsVZ 2007, 246, 250; *Schwab/Walter*, Kap. 7 Rn. 3.

125 Dazu näher unten § 8 C. II.; vgl. auch *Weller*, Ordre-public-Kontrolle internationaler Gerichtsstandsvereinbarungen, S. 182 ff.

126 Für eine Einzelfallprüfung etwa *Antomo*, IHR 2013, 225, 232 ff.; *Thume*, IHR 2006, 169 f.; *Weller*, IPRax 2016, 48, 50 f.; *Thorn/Grenz*, in: Conflict of Laws in International Arbitration, S. 187, 209 f.; letztlich auch *Quinke*, SchiedsVZ 2007, 246, 248 ff.; *Rühl*, IPRax 2007, 294, 301 f.; *Dathe*, NJOZ 2010, 2196, 2199 f.

127 *Kleinheisterkamp*, RabelsZ 79 (2009), 818, 836 f.; *Weller*, IPRax 2016, 48, 50 f. Vgl. auch *Gottwald*, FS Firsching, S. 89, 100 f.

auch im Schiedsverfahren gewahrt bleibt.[128] Andere Autoren kehren das Regel-Ausnahme-Verhältnis um, indem sie dem Schiedsgericht grundsätzlich eine vorrangige Kompetenz zur sachlichen Streitentscheidung zubilligen und die Schiedsabrede nur ausnahmsweise invalidieren.[129] Die Ausnahme wird überwiegend daran geknüpft, dass die ordre public-Widrigkeit des Schiedsspruchs und damit seine fehlende Anerkennungsfähigkeit bereits im Einredestadium auf der Hand liegen, wobei die Frage, wann dies der Fall ist, wiederum unterschiedlich beantwortet wird. Während teilweise[130] eine umfassende Prüfung des Einredegerichts verlangt wird, welche Normen im Schiedsverfahren zu Anwendung kommen, wollen andere den Nachweis einer künftigen ordre public-Widrigkeit allein der Partei aufbürden, die sich dem Schiedsverfahren widersetzt.[131] Noch restriktiver wird eine die Ungültigkeit der Zuständigkeitsvereinbarung rechtfertigende Ausnahme nur für den Fall zugelassen, dass die Zuständigkeitsvereinbarung als missbräuchlicher Kunstgriff mit dem Zweck eingesetzt wird, das Eingriffsrecht gezielt zu umgehen.[132]

Sofern ein rechtlicher Anknüpfungspunkt für die Kontrolle der Schiedsvereinbarung in der Einredesituation überhaupt konkretisiert wird, geht die Tendenz in Richtung des anerkennungsrechtlichen ordre public-Vorbehalts[133]; im Zusammenhang mit Gerichtsstandsvereinbarungen werden auch die Generalklauseln der §§ 138, 242 BGB genannt.[134] Insbesondere *Weller*[135] greift für die ordre public-Kontrolle von Zuständigkeitsvereinbarungen hingegen auf die kollisionsrechtliche Vorbehaltsklausel zurück.

---

128 *Kleinheisterkamp*, RabelsZ 79 (2009), 818, 838 f.; *ders.*, 3 WAMR (2009), 91, 116.

129 *Antomo*, IHR 2013, 225, 232 ff.; *Dathe*, NJOZ 2010, 2196, 2199 f.; *Quinke*, SchiedsVZ 2007, 246, 248 ff.; *Basedow*, FS Magnus, S. 337, 351 f.; Reithmann/Martiny/*Hausmann*, Rn. 8.378.

130 So etwa *Antomo*, IHR 2013, 225, 234; *Rühl*, IPRax 2007, 294, 298; für die Einholung eines Rechtsgutachtens *Semler*, ZVertriebsR 2016, 139, 142.

131 *Quinke*, SchiedsVZ 2007, 246, 252; in diese Richtung auch *Dathe*, NJOZ 2010, 2196, 2200.

132 So *Basedow*, FS Magnus, S. 337, 351 f.; in diese Richtung auch *Horn*, SchiedsVZ 2008, 209, 218 („Fälle offensichtlicher Umgehung").

133 *Antomo*, IHR 2013, 225, 234; *Dathe*, NJOZ 2010, 2196, 2199 f.; wohl auch *Niedermaier*, Schiedsvereinbarungen in strukturellen Ungleichgewichtslagen, S. 312 f.

134 *Gottwald*, FS Firsching, S. 89, 100 f.

135 *Weller*, IPRax 2016, 48, 50; ausführlich zu Gerichtsstandsvereinbarungen *ders.*, Internationale Gerichtsstandsvereinbarungen, S. 215 f., 303 ff.

## B. Rechtsprechung

In Deutschland waren sowohl die instanzliche Rechtsprechung als auch der BGH bereits mehrfach mit der Frage konfrontiert, welche Auswirkungen deutsche Eingriffsnormen auf die Anerkennung einer Schiedsvereinbarung haben. Daneben gibt es eine Reihe von Entscheidungen, in denen sich die Problematik im Zusammenhang mit einer Gerichtsstandsvereinbarung stellte.[136] Zwar ist der hiesige Untersuchungsgegenstand auf Schiedsvereinbarungen begrenzt, jedoch werden nachfolgend auch einige Entscheidungen analysiert, in denen die Zuständigkeit deutscher Gerichte mittels einer Gerichtsstandsvereinbarung derogiert wurde. Deren Relevanz resultiert daraus, dass die Rechtsprechung weder im Ergebnis noch bei dessen Begründung näher zwischen Schieds- und Gerichtsstandsvereinbarungen differenziert, sondern ihre Argumentation einfach auf die jeweils andere Art der Zuständigkeitsabrede überträgt.[137] Aus diesem Grund ergeben sich aus den Entscheidungen bezüglich der Anerkennung von Gerichtsstandsvereinbarungen zugleich Rückschlüsse auf die Vorgehensweise der Gerichte bei der Vereinbarung eines Schiedsverfahrens.

Der zeitliche Rahmen deutscher Gerichtsentscheidungen zu diesem Problemfeld erstreckt sich über mehrere Jahrzehnte, beginnend mit einem grundlegenden Urteil des BGH bereits Anfang der sechziger Jahre. Der sachrechtliche Kontext umfasst neben den bereits vorgestellten Materien des Termingeschäfts-[138] und Handelsvertreterrechts[139] auch die seerechtliche Verfrachterhaftung.

Die unter dem Stichwort „*Subway*-Fälle“ bekannt gewordenen Entscheidungen einiger Oberlandesgerichte sind nicht Teil der nachfolgenden Analyse.[140] Dort lag der Grund für die Ungültigkeit der Schiedsvereinbarungen nämlich

---

136 Neben den hier analysierten Entscheidungen vgl. beispielsweise noch OLG Frankfurt 16.1.1986 – 16 U 40/85, WM 1986, 701 ff.; OLG Frankfurt 25.7.1996 – 16 U 157/95, WM 1996, 2107 ff.

137 Vgl. etwa BGH 15.6.1987 – II ZR 124/86, NJW 1987, 3193, 3194: „Nichts anderes kann gelten, wenn die Vereinbarung eines ausländischen Schiedsgerichts […]“; OLG München, 17.5.2006 – 7 U 1781/06, IPRax 2007, 322, 324: „Entsprechendes hat zu gelten, soweit die Parteien in Ziffer 14.2 eine Schiedsvereinbarung […] vereinbart haben.“; dazu krit. *Rühl*, IPRax 2007, 294, 300 f.; *Mankowski*, in: Yearb. Priv. Int'l Law 2008, 19, 33.

138 Siehe oben § 2 C. I.

139 Siehe oben § 2 C. II.

140 OLG Thüringen 13.1.2011 – 1 Sch 01/08, IPRspr 2011, 781; OLG Celle 4.12.2008 – 8 Sch 13/07 (juris); OLG Bremen 30.10.2008 – 2 Sch 2/08, MDR 2009, 465; OLG Dresden 7.12.2007 – 11 Sch 8/07, IPRax 2010, 241. Dazu näher unten § 7 B. V. 3. b).

nicht in der möglichen Missachtung deutschen Eingriffsrechts, sondern in der Festlegung eines einseitig benachteiligenden Tagungsorts.

## I. Grundsatzentscheidung des BGH, Urteil vom 30. Januar 1961

Die erste Entscheidung des BGH, die für die untersuchte Problematik im Kern relevant ist, datiert vom 30. Januar 1961.[141] Dabei ging es um die Frage, ob eine Gerichtsstandsvereinbarung, mit der die Parteien die Zuständigkeit deutscher Gerichte derogieren, deshalb unwirksam sein kann, weil das prorogierte Gericht eine materiellrechtlich zwingende Vorschrift des deutschen Rechts möglicherweise nicht anwendet.

### *1. Sachverhalt und Entscheidungsgründe*

Konkret ging es um eine ausschließliche Gerichtsstandsvereinbarung zugunsten eines niederländischen Gerichts, die in einem Handelsvertretervertrag zwischen einem deutschen Vertriebsunternehmen und einem niederländischen Bekleidungshersteller getroffen worden war. Ergänzend zur Zuständigkeitsabrede hatten die Parteien ihren Vertrag auch dem niederländischen Recht unterstellt.[142] Während das deutsche Handelsrecht bereits damals in § 89b HGB a.F. einen Ausgleichsanspruch des Handelsvertreters bei Vertragsbeendigung vorsah, kannte das niederländische Recht einen solchen Anspruch noch nicht.[143] Nach Vertragskündigung durch den Hersteller klagte der Handelsvertreter vor einem deutschen Gericht auf Zahlung eines Ausgleichs gem. § 89b HGB a.F.; die Gerichtsstandsabrede sei ebenso wie die Rechtswahl unwirksam, weil sie zu einer Umgehung des unabdingbaren § 89b HGB a.F. führen würde. Die Beklagte hielt die Abrede hingegen für wirksam und bestritt die internationale Zuständigkeit deutscher Gerichte.

---

141 BGH 30.1.1961 – VII ZR 180/60, NJW 1961, 1061 f.

142 Vgl. BGH 30.1.1961 – VII ZR 180/60, NJW 1961, 1061: „Für alle Rechtsstreitigkeiten in Bezug auf diesen Vertrag gilt der in Eindhofen zuständige Gerichtsstand. Alle Rechtsbeziehungen aus dem Vertrag bestimmen sich für Gegenwart und Zukunft nach niederländischem Recht.“

143 Eine europäische Harmonisierungsmaßnahme war damals im Bereich des Handelsvertreterrechts noch nicht vorgesehen, sodass dessen Ausgestaltung jedem Staat selbst überlassen war. Seit dem Erlass der Handelsvertreterrichtlinie sieht auch das niederländische Recht in Art. 442 des Bürgerlichen Gesetzbuches einen entsprechenden Ausgleichanspruch vor, vgl. *Nieper/Westerdijk*, Niederländisches Bürgerliches Gesetzbuch, S. 175.

Im Ergebnis bestätigte der BGH die Auffassung der Beklagten und wies die Klage als unzulässig ab. In seiner Urteilsbegründung stellt der Senat zunächst klar, dass die Frage nach der Zulässigkeit einer Gerichtsstandsvereinbarung logisch von der Zulässigkeit einer Rechtswahl zu trennen sei. Allerdings könne „im Einzelfall die Gerichtsstandsvereinbarung dem Zwecke dienen und praktisch dazu führen, daß das Recht des Landes angewendet wird, dessen ausschließlicher Gerichtsstand vereinbart worden ist".[144] Dann aber könne „die Vereinbarung eines ausländischen Gerichtsstands unwirksam sein, wenn die Parteien die Anwendung des betreffenden ausländischen Rechts nicht wirksam vereinbaren konnten".[145]

Im vorliegenden Fall führe aber auch eine solche gemeinsame Betrachtung beider Fragen nicht zur Unbeachtlichkeit der Gerichtsstandsvereinbarung. Die Vereinbarung des niederländischen Rechts und Gerichtsstands widerspreche weder Art. 30 EGBGB a.F. noch § 134 BGB und sei daher wirksam. Im Hinblick auf Art. 30 EGBGB a.F. stellte der Senat fest, das niederländische Handelsvertreterrecht verstoße trotz des fehlenden Ausgleichanspruchs weder gegen die guten Sitten noch gegen den Zweck eines deutschen Gesetzes. Letzteres setze voraus, dass der deutsche Rechtssatz von so fundamentaler Bedeutung sei, dass er abweichende ausländische Regeln ausschließen will. Art. 30 EGBGB a.F. greife erst ein, wenn „der Unterschied der staatspolitischen oder sozialen Anschauungen zwischen der ausländischen und der deutschen Rechtsordnung so erheblich ist, daß durch die Anwendung ausländischen Rechts die Grundlagen des deutschen staatlichen oder gesellschaftlichen Lebens angegriffen würden".[146] Eine solche Bedeutung komme § 89b HGB a.F. jedoch nicht zu. Einen Verstoß der Rechtswahl und der Gerichtsstandsvereinbarung gegen § 134 BGB lehnte der BGH mit der Begründung ab, dass der Fall auch im Übrigen einige Bezugspunkte zu den Niederlanden aufweise, sodass ein berechtigtes Interesse der Beklagten an der Vereinbarung des dortigen Rechts und Gerichtsstands anzuerkennen sei.[147]

## 2. *Einordnung der Entscheidung*

Mit dieser Entscheidung bezog der BGH erstmals Stellung zu der Frage nach den Auswirkungen einer zwingenden Sachnorm auf die Anerkennung einer Derogation deutscher Gerichte. In seiner Antwort wurde zunächst die Unterscheidung

144 BGH 30.1.1961 – VII ZR 180/60, NJW 1961, 1061, 1062.
145 BGH 30.1.1961 – VII ZR 180/60, NJW 1961, 1061, 1062.
146 BGH 30.1.1961 – VII ZR 180/60, NJW 1961, 1061, 1062.
147 BGH 30.1.1961 – VII ZR 180/60, NJW 1961, 1061, 1062.

zwischen der materiellen Ebene des anwendbaren Sachrechts und der prozessualen Ebene der Zuständigkeit bestätigt. Allerdings – und daraus resultiert die grundlegende Bedeutung des Urteils – erachtet der BGH eine Verknüpfung beider Ebenen ausnahmsweise für zulässig, wenn durch Parteivereinbarungen auf beiden Ebenen die Anwendung deutschen Sachrechts ausgeschlossen wird. In diesem Fall begründen die Schranken einer Rechtswahl nicht nur deren Unwirksamkeit, sondern automatisch auch die Unbeachtlichkeit der Gerichtsstandsvereinbarung. Positiv formuliert kann die Zuständigkeit eines ausländischen Gerichts nur wirksam vereinbart werden, wenn auch eine entsprechende Rechtswahl bezüglich des Hauptsachestatuts möglich ist. Dementsprechend liegt der Schwerpunkt der Urteilsbegründung auf der kollisionsrechtlichen Ebene des Hauptvertragsstatuts mit der Frage nach der Wirksamkeit der getroffenen Rechtswahl. Daraus ergibt sich zugleich das Schicksal der Gerichtsstandsvereinbarung.

Die Intention dieser Vorgehensweise ist offenkundig: Es soll verhindert werden, dass die Parteien durch eine Gerichtsstandsvereinbarung einen Ausschluss deutscher Sachnormen herbeiführen, der durch eine Rechtswahl nicht möglich gewesen wäre.[148] Die Voraussetzungen eines Derogationsverbots lassen sich der Urteilsbegründung hingegen nicht abschließend entnehmen, wenngleich zwei Punkte deutlich werden. Erstens geht der BGH davon aus, dass die deutsche Sachnorm vor dem prorogierten Gericht sicher nicht zur Anwendung gelangt.[149] Zweitens macht der Senat, indem er den ordre public-Vorbehalt als kollisionsrechtliche Schranke heranzieht, ganz deutlich, dass es nicht ausreicht, wenn lediglich intern zwingendes Recht unangewandt bleibt. Offen bleibt allerdings, ob als Kontrollmaßstab für ein Derogationsverbot die international zwingende Norm selbst oder doch der ergebnisorientierte ordre public dienen soll.[150] Während sich diese Unklarheit damit rechtfertigen lässt, dass § 89b HGB weder als

---

148 Vgl. auch *Kropholler*, in: IZVR I, Kap. III Rn. 540; *Wagner*, Prozeßverträge, S. 366; *Roth*, IPRax 1985, 198, 200.

149 Vgl. BGH 30.1.1961 – VII ZR 180/60, NJW 1961, 1061, 1062: „Es ist der Revision zuzugeben, daß […] die Gerichtsstandsvereinbarung dem Zwecke dienen und praktisch dazu führen kann, daß das Recht des Landes *angewendet wird*, dessen ausschließlicher Gerichtsstand vereinbart worden ist. […] *Dann aber* kann die Vereinbarung des ausländischen Gerichtsstands unwirksam sein, wenn die Parteien die Anwendung des betreffenden ausländischen Rechts nicht wirksam vereinbaren konnten." [Hervorhebung durch Bearbeiter].

150 *Redmann*, Ordre public-Kontrolle, S. 53; *Weller*, Ordre-public-Kontrolle internationaler Gerichtsstandsvereinbarungen, S. 221.

international zwingende Norm noch als Teil des ordre public angesehen wurde,[151] fehlt bei der dogmatischen Begründung des Derogationsverbots ein entscheidender Schritt. Der BGH nennt nämlich auf der zuständigkeitsrechtlichen Ebene keinen Anknüpfungspunkt für die Unwirksamkeit der Gerichtsstandsvereinbarung. Die Zuständigkeitsvereinbarung selbst, genauer deren Wirkungsstatut, wird keiner ordre public-Kontrolle unterzogen. Diese beschränkt sich vielmehr auf das Statut der Hauptsache, wobei offenbleibt, über welche Rechtsgrundlage das dortige Ergebnis die Gerichtsstandsvereinbarung invalidiert.

Trotz der verbliebenen Unklarheiten und der Anerkennung der Gerichtsstandsvereinbarung im Ergebnis, war diese Entscheidung von zentraler Bedeutung für die nachfolgende Rechtsprechung. Der BGH hatte erstmals deutlich gemacht, dass die Trennung zwischen sachrechtlicher und prozessualer Ebene durchbrochen werden kann und Begrenzungen der Rechtswahl zur Unwirksamkeit einer Gerichtsstandsvereinbarung führen können. Letztlich wurde die Gerichtsstandsvereinbarung in diesem Fall wohl nur anerkannt, weil der Handelsvertreterausgleich nicht als elementarer Bestandteil der deutschen Rechtsordnung angesehen wurde; mit den Vorgaben aus der *Ingmar*-Entscheidung des EuGH wäre das Ergebnis wahrscheinlich anders ausgefallen.[152] Vor diesem Hintergrund kann diese BGH-Entscheidung als Türöffner für die nachfolgende Rechtsprechung zur Kontrolle von Schiedsvereinbarungen mit Blick auf Eingriffsnormen angesehen werden.[153] Überschritten wurde die Schwelle dann in späteren Entscheidungen, welche den hier angedeuteten Ansatz auf Schiedsvereinbarungen übertragen und die Rechtsfolge dann auch tatsächlich ausgesprochen haben.

## II. Rechtsprechung zur seerechtlichen Haftung des Verfrachters

Die ersten Gelegenheiten zur Fortführung der Grundsatzentscheidung des BGH boten sich im Kontext des Seehandelsrechts – allerdings noch nicht bezüglich einer Schiedsvereinbarung, da die Parteien in den relevanten Fällen ausschließlich Gerichtsstandsvereinbarungen getroffen hatten. Sie wurden auch nicht dazu genutzt, die angedeutete Rechtsfolge umzusetzen, denn im Ergebnis wurden

---

151 *Weller*, Ordre-public-Kontrolle internationaler Gerichtsstandsvereinbarungen, S. 221.

152 Vgl. auch *Weller*, Ordre-public-Kontrolle internationaler Gerichtsstandsvereinbarungen, S. 221. Zur damaligen Einordnung des Ausgleichsanspruchs durch den BGH krit. *Hochbaum*, Mißglückte Schiedsvereinbarungen, S. 225, 227; *Maier*, AWD 1961, 104.

153 *Redmann*, Ordre public-Kontrolle, S. 41; *Hochbaum*, Mißglückte Schiedsvereinbarungen, S. 227.

alle Gerichtsstandsvereinbarungen anerkannt. Dennoch waren die Gerichte gezwungen, einen Schritt weiter zu gehen als zuvor der BGH, da nun deutsche Sachnormen in Rede standen, die als international zwingend angesehen wurden. Daraus ergeben sich einige Konkretisierungen, mit denen die Gerichte die Tür zur sachnormbezogenen Kontrolle auch von Schiedsvereinbarungen ein Stück weiter aufgestoßen haben.

Im Kern lag den untersuchten Entscheidungen ein ähnlicher Sachverhalt zugrunde: Bei Überseetransporten durch ausländische Frachtunternehmen wurden im deutschen Zielhafen Ladungsschäden festgestellt, die von der Transportversicherung des Empfängers gedeckt wurden. In der Folge wurden die Transportfirmen von den Versicherungen aus übergegangenem Recht auf Ersatz der entstandenen Schäden in Anspruch genommen. Den Klagen vor deutschen Gerichten hielten die Beklagten Gerichtsstandsvereinbarungen entgegen, die in den ausgestellten Konnossementen enthalten waren. Diese sahen die Zuständigkeit ausländischer Gerichte am Sitz des Verfrachters vor und enthielten zugleich eine Wahl des dortigen Sachrechts. Die Kläger hielten diese Gerichtsstandsvereinbarungen für unwirksam, da sie zu einer Umgehung der zwingenden Haftung des Verfrachters gem. §§ 660, 662 HGB a.F. führten. Die Beklagten erhoben hingegen die Einrede der fehlenden Zuständigkeit deutscher Gerichte.

Um die Fortentwicklung der Rechtsprechung nachvollziehbar zu machen, wird nachfolgend zunächst kurz die materiellrechtliche Grundlage der Entscheidungen erläutert, bevor dann einzelne Urteile analysiert werden.

### *1. Materiellrechtliche Grundlage*

§§ 660, 662 HGB a.F.[154] bestimmten für Seetransporte, über die ein Konnossement ausgestellt war, eine zwingende Haftung des Verfrachters bis zu einem Höchstbetrag von 1250 DM für jede Einheit; diese Mindesthaftung konnte im Voraus weder ausgeschlossen noch beschränkt werden. Grundlage der nationalen Haftungsvorschriften waren die sog. Haager Regeln (IÜK), in denen entsprechende Regelungen mit einem Haftungsbetrag von 100 Britischen Pfund bzw. dem Gegenwert der jeweiligen Landeswährung enthalten waren.[155] Der völkerrechtliche Ursprung war auch ein Grund dafür, dass die Haftung gem.

154 Vgl. Gesetz zur Änderung von Vorschriften des Handelsgesetzbuchs über das Seefrachtrecht vom 10.8.1937, RGBl. I 1937, 891, 896.

155 Vgl. Art. 3 Abs. 8 und Art. 4 Abs. 5 des Internationalen Übereinkommens zur Vereinheitlichung von Regeln über Konnossemente vom 25.8.1924 (Haager Regeln); nachfolgend ergänzt durch das Protokoll vom 23.2.1968 (Visby-Regeln).

§§ 660, 662 HGB a.F. als international zwingend eingestuft wurde.[156] Wie eingangs erwähnt, war die Ausgangslage im damaligen Seehandelsrecht insoweit also deutlich anders als im Handelsvertreterrecht.[157]

### 2. *BGH, Urteil vom 8. Februar 1968*

Mit den Auswirkungen der zwingenden Haftungsvorschriften auf die Wirksamkeit einer Gerichtsstandsvereinbarung beschäftige sich der BGH erstmals am Rande eines Urteils vom 8. Februar 1968.[158]

#### *a) Sachverhalt und Entscheidungsgründe*

In diesem Fall ging es um einen Warentransport aus den USA nach Hamburg. Die Klage des deutschen Transportversicherers richtete sich sowohl gegen den Verfrachter als auch gegen den Eigentümer des Schiffes, die beide ihren Sitz in den Niederlanden hatten. Die vom Verfrachter ausgestellten Konnossemente enthielten eine Klausel, aus der sich die Vereinbarung niederländischen Rechts sowie eine Zuständigkeitsvereinbarung zugunsten der Gerichte der Niederlande ergab.[159] Mit Verweis auf diese Vertragsbestimmung rügten die Beklagten die internationale Zuständigkeit deutscher Gerichte.

Der BGH gab diesem Einwand statt und wies die Klage als unzulässig ab. Im Hinblick auf die Anerkennung der Gerichtsstandsvereinbarung wies der Senat am Ende seiner Urteilsbegründung knapp auf Folgendes hin: Es sei unbedenklich, dass § 622 HGB als zwingende Vorschrift des deutschen Rechts durch die Gerichtsstandsvereinbarung ausgeschaltet würde, da auch die Niederlande die Haager Regeln in ihr nationales Recht übernommen habe.[160]

---

156 Soergel/*v. Hoffmann*, EGBGB, Art. 34 Rn. 74; *Rabe*, Seehandelsrecht, Vor § 556 Rn. 97; Schaps/*Abraham*, Seehandelsrecht, § 662 Rn. 1; *Klingsporn*, NJW 1987, 3042, 3043.

157 Inzwischen hat sich die Situation umgekehrt: Die Haftungsnormen für internationale Seefrachtverträge mit Konnossementen werden nicht mehr als international zwingend qualifiziert, vgl. MüKo-HGB/*Maultzsch*, Art. 9 Rom I-VO Rn. 262 m.w.N.; zum Ausgleichanspruch des Handelsvertreters siehe oben § 2 C. II.

158 BGH 8.2.1968 – II ZR 82/67, WM 1968, 369 f.

159 Die auslegungsbedürftige Klausel lautete: „Construction Clause: It is mutually agreed that all questions arising under this Bill of Lading shall be settled in and in accordance with the Laws of the Country of the carrying Company which owns or has chartered the Vessel […].“, vgl. BGH 8.2.1968 – II ZR 82/67, WM 1968, 369 f.

160 BGH 8.2.1968 – II ZR 82/67, WM 1968, 369, 370.

#### b) Einordnung der Entscheidung

Auch wenn die Feststellung des BGH zur Wirksamkeit der Gerichtsstandsvereinbarung äußerst komprimiert ist, ergeben sich daraus gewisse Schlussfolgerungen. Zunächst weist sie darauf hin, dass der BGH im Ausgangspunkt an seiner ursprünglichen Entscheidung festhält, also einen Zusammenhang zwischen der Anerkennung einer Gerichtsstandsvereinbarung und international zwingenden Sachnormen sieht. Darüber hinaus deutet sich eine Konkretisierung der Voraussetzungen eines Derogationsverbots an: Aus Sicht des BGH ist es unbedenklich, dass im prorogierten Forum die deutsche Norm selbst nicht unmittelbar zur Anwendung kommt, sondern eine entsprechende Vorschrift ausländischen Rechts, die auf derselben völkerrechtlichen Grundlage beruht. Diese Vorgehensweise legt nahe, dass der BGH als Kontrollmaßstab der Gerichtsstandsvereinbarung den ordre public-Vorbehalt als konkrete Ergebniskontrolle und nicht die international zwingende Norm selbst heranzieht. Letztere beansprucht nämlich generelle Geltung, d.h. unabhängig vom Inhalt des fremden Rechts und dessen Anwendungsergebnis.

### 3. BGH, Urteil vom 21. Dezember 1970

Zwei Jahre später äußerte sich der Senat etwas ausführlicher zum Zusammenhang zwischen einer Gerichtsstandsvereinbarung und der zwingenden Haftung des Verfrachters, wobei er seine vorherige Aussage um eine weitere Facette ergänzte.[161]

#### a) Sachverhalt und Entscheidungsgründe

Gegenstand dieses Rechtsstreits waren Regressansprüche gegen eine schwedische Reederei aus einem Warentransport von Südkorea nach Hamburg. Aus dem Konnossement ergab sich die Vereinbarung der ausschließlichen Zuständigkeit schwedischer Gerichte und die Wahl des dortigen Rechts.[162] Zwar hatte

---

161 BGH 21.12.1970 – II ZR 39/70, NJW 1971, 325 f.; ähnlich BGH 8.2.1971 – II ZR 93/70, NJW 1971, 985; jeweils krit. *Geimer*, NJW 1971, 1524 ff.

162 Aufgrund einer Kooperation mit einer norwegischen Reederei sah die Klausel eine alternative Zuständigkeit entweder norwegischer oder schwedischer Gerichte in Abhängigkeit vom Unternehmenssitz des ausführenden Carriers vor. Gleiches galt für die Rechtswahl. Da im vorliegenden Fall die schwedische Reederei als Verfrachter agierte, ergab eine Auslegung der Vereinbarung die Zuständigkeit schwedischer Gerichte und die Anwendung schwedischen Rechts. Im Wortlaut lautete die Klausel: „Any claim against the Carrier arising under this B/L shall, depending on the nationality of the Carrier, be decided according to Norwegian or Swedish law except

Schweden die Haager Regeln ebenfalls in seine nationale Rechtsordnung übernommen, jedoch den Geltungsbereich der Umsetzungsnormen auf Konnossemente aus einem anderen Vertragsstaat des IÜK beschränkt. Da das maßgebliche Konnossement in Südkorea, einem Nichtvertragsstaat, ausgestellt worden war, befürchtete die Klägerin, dass durch eine Anerkennung der Jurisdiktionsklausel die zwingenden Haager Regeln ausgeschaltet würden.

Der BGH folgte dieser Argumentation nicht und bestätigte die Wirksamkeit der Gerichtsstandsvereinbarung.[163] Zwar bestehe aufgrund der schwedischen Umsetzung der Haager Regeln an sich die Gefahr, dass zwingende Normen des deutschen Rechts umgangen werden. Allerdings sei die Mindesthaftung nach den Haager Regeln durch eine sog. Paramount-Klausel sichergestellt. Die Paramount-Klausel war in den Konnossementbedingungen enthalten und sah die Anwendung der Haager Regeln in der in Schweden umgesetzten Form vor.[164] In der Konstellation, in der das Recht des Forums den Geltungsbereich der Haager Regeln einschränkt, habe eine solche Klausel die Wirkung einer materiellrechtlichen Verweisung oder Rechtswahl, sodass die Mindesthaftung auch von einem Gericht anerkannt werde, nach dessen Recht die Haager Regeln für das zu beurteilende Konnossement ansonsten nicht anwendbar wären.[165] Da die schwedischen Gerichte eine solche Rechtswahl beachteten, blieben die Interessen des Ladungsempfängers am Erhalt der Haftung nach den Haager Regeln auch im prorogierten Forum gewahrt.

### b) *Einordnung der Entscheidung*

Diese Entscheidung bestätigt die obige Schlussfolgerung, dass ein Derogationsverbot nicht bereits aus einer Ausschaltung der deutschen Eingriffsnorm selbst folgen soll. Das Abstellen auf die Paramount-Klausel macht darüber hinaus deutlich, dass es nach Ansicht des Senats irrelevant ist, wenn die entsprechende

---

as provided elsewhere herein, and in the Norwegian or Swedish Courts to the exclusive jurisdiction of which the Carrier and the Merchant submit themselves.", vgl. vorinstanzliches Urteil des OLG Hamburg, 12.2.1970 – 6 U 148/69, VersR 1970, 742.

163 BGH 21.12.1970 – II ZR 39/70, NJW 1971, 325, 326.

164 Die Klausel hatte folgenden Wortlaut: „3. Paramount Clause. This Bill of Lading incorporates the provisions of the so-called Hague Rules as enacted in […] Sweden […] by the Bill of Lading Act[s] of the 5th June 1936 respectively, subject, however, to any compulsorily applicable Hague Rules legislation.", vgl. OLG Hamburg, 12.2.1970 – 6 U 148/69, VersR 1970, 742. Ausführlich zu einer solchen Paramount-Klausel *Mankowski*, Seerechtliche Vertragsverhältnisse, S. 199 ff.

165 BGH 21.12.1970 – II ZR 39/70, NJW 1971, 325, 326.

ausländische Vorschrift „zwar nicht kraft zwingenden Rechts, aber als vertraglich vereinbart“[166] zur Anwendung gelangt. Mit dieser ergebnisorientierten Betrachtungsweise bewegt sich der BGH wieder ein Stück weiter in Richtung einer Kontrolle am Maßstab des ordre public. Diese bleibt allerdings weiterhin auf das Statut der Hauptsache beschränkt und knüpft nicht unmittelbar an die Gerichtsstandsvereinbarung an, sodass der dogmatische Anknüpfungspunkt auf der zuständigkeitsrechtlichen Ebene selbst weiterhin unklar bleibt.

### *4. OLG Hamburg, Urteil vom 14. Dezember 1972*

Die Konstellation, die dem Urteil des OLG Hamburg vom 14. Dezember 1972[167] zugrunde lag, wies einen wesentlichen Unterschied zu den vorherigen Entscheidungen des BGH auf: Bis dahin war die Anwendung der Haager Regeln zumindest in der im gewählten Forum umgesetzten Form immer sichergestellt. Hier war hingegen davon auszugehen, dass die Haager Regeln vor dem prorogierten Gericht in keiner Weise Berücksichtigung finden werden. Mit Blick auf die bisherige Rechtsprechung hätte man daher davon ausgehen können, dass der Gerichtsstandsvereinbarung wegen einer Umgehung der international zwingenden Verfrachterhaftung die Anerkennung versagt wird.[168] Diese Erwartung erfüllten die Hamburger Richter jedoch nicht.

#### *a) Sachverhalt und Entscheidungsgründe*

Konkret ging es um eine ausschließliche Zuständigkeitsvereinbarung zugunsten der Gerichte in Rio de Janeiro, die durch eine Wahl brasilianischen Rechts ergänzt war.[169] Brasilien selbst war kein Vertragsstaat der Haager Regeln und hatte deren Vorschriften auch nicht ohne völkerrechtliche Verpflichtung in sein nationales Recht aufgenommen. Zwar hatten die Parteien in den

---

166 BGH 21.12.1970 – II ZR 39/70, NJW 1971, 325, 326.

167 OLG Hamburg 14.12.1972 – 6 U 110/71, VersR 1973, 1023 ff.

168 So auch *Hochbaum*, Mißglückte Schiedsvereinbarungen, S. 235.

169 „Except otherwise provided in this clause, Brazilian law shall apply and this Bill of Lading shall be construed an interpreted in accordance therewith. […] All actions against the Carrier, as carrier or otherwise or against the Owner of the carrying vessel or relating to the present contract shall be brought before the competent Court at Rio de Janeiro, even in case of connexity, plurality of defendants, summons for or in third party procedure or tort, and no other foreign or Brazilian Court shall have jurisdiction with regard to any such action, unless the Carrier appeals to another jurisdiction or voluntarily submits himself thereto.“ Vgl. OLG Hamburg 14.12.1972 – 6 U 110/71, VersR 1973, 1023.

Konnossementbedingungen eine Paramount-Klausel vereinbart, nach der die Haager Regeln in der im Verschiffungsland Niederlande umgesetzten Form Anwendung finden sollten. Allerdings war nach gutachterlicher Prüfung davon auszugehen, dass brasilianische Gerichte diese Klausel nicht anerkennen, sondern ihr eigenes nationales Haftungsrecht zur Anwendung bringen würden. Dementsprechend stellte das OLG Hamburg fest, dass die Beachtung der Gerichtsstandsvereinbarung „eindeutig zum Ausschluss des IÜK führen" würde.[170] Nach Auffassung des Senats begründete diese Feststellung – die den wesentlichen Unterschied zu vorherigen Entscheidungen markiert – jedoch nicht zwangsläufig die Unwirksamkeit der Gerichtsstandsklausel. Entscheidend sei vielmehr, wie das Recht, das vor dem prorogierten Gericht zum Zuge kommt, im Vergleich zu den Haager Regeln inhaltlich ausgestaltet ist. Entspräche die Haftung des Verfrachters nach diesem Recht „im Kern dem IÜK", so gäbe es keinen zureichenden Grund, der Gerichtsstandsvereinbarung die Wirksamkeit abzusprechen, da das Vertrauen des Ladungsempfängers auf eine Mindesthaftung, wie sie die Haager Regeln garantieren, dann nicht enttäuscht werde.[171] Sei die Verfrachterhaftung hingegen gegenüber den Haager Regeln „in ihrem Kern" eingeschränkt, könne die Gerichtsstandsvereinbarung nicht anerkannt werden.[172] Entsprechend dieser Vorgaben nahm das Gericht sodann einen inhaltlichen Vergleich zwischen der Verfrachterhaftung nach brasilianischem Recht und nach den Haager Regeln vor. Mithilfe eines Rechtsgutachtens wurde festgestellt, dass das brasilianische Recht im Ergebnis sogar eine strengere Haftung vorsah. Das Schutzniveau der Rechtsordnung, welche das prorogierte Gericht anwenden würde, war für den Ladungsempfänger also nicht nur mit dem der Haager Regeln vergleichbar, sondern ging sogar darüber hinaus. Dementsprechend erklärte das Gericht die Gerichtsstandsvereinbarung für wirksam und wies die Klage mangels internationaler Zuständigkeit ab.

### *b) Einordnung der Entscheidung*

Aufgrund des sicheren Ausschlusses der Haager Regeln war das OLG Hamburg gezwungen, im Vergleich zu den vorherigen BGH-Entscheidungen noch einen Schritt weiter zu gehen. Diese Gelegenheit nutzte der Senat dazu, die Voraussetzungen für die Wirksamkeit einer Gerichtsstandsvereinbarung zu konkretisieren. Die Derogation wird solange anerkannt, wie die im vereinbarten Forum

---

170 OLG Hamburg 14.12.1972 – 6 U 110/71, VersR 1973, 1023, 1024.
171 OLG Hamburg 14.12.1972 – 6 U 110/71, VersR 1973, 1023, 1024.
172 OLG Hamburg 14.12.1972 – 6 U 110/71, VersR 1973, 1023, 1024.

Anwendung findenden Sachnormen einen Schutz bieten, der den Vorschriften, die ein deutsches Gericht durchsetzen müsste, zumindest vergleichbar ist. Entscheidend ist also, dass der Schutzzweck der deutschen Eingriffsnorm auch im vereinbarten Forum im Wesentlichen gewahrt bleibt.[173] Ob dies durch die deutsche Eingriffsnorm selbst, eine ausländische Regelung gleichen Ursprungs oder eine originär drittstaatliche Vorschrift geschieht, ist hingegen völlig unerheblich. Mit diesem inhaltsbezogenen Ergebnisvergleich verschiedener Rechtsordnungen bestätigt das OLG Hamburg in deutlicher Weise, was sich zuvor bereits angedeutet hatte: Der Maßstab für ein Derogationsverbot soll nicht die international zwingende Norm selbst, sondern eine ordre public-Kontrolle sein. Da sich auch die Hamburger Richter dabei allein auf der Ebene des Hauptvertragsstatuts bewegten, ergibt sich für die dogmatische Begründung der zuständigkeitsrechtlichen Folgen aus dieser Entscheidung allerdings keine Fortentwicklung.

### *5. BGH, Urteil vom 3. Dezember 1973*

Die Besonderheit dieses Falles[174] bestand darin, dass die Parteien keine zu der vereinbarten Gerichtszuständigkeit korrespondierende Wahl ausländischen Rechts getroffen, sondern sich auf die Geltung deutschen Sachrechts verständigt hatten.

#### *a) Sachverhalt und Entscheidungsgründe*

Klägerin war in diesem Fall keine Transportversicherung, sondern die Ladungsempfängerin, ein deutsches Unternehmen mit Sitz in Bremen, selbst. Diese machte Schadensersatzansprüche gegen ein thailändisches Frachtunternehmen wegen entstandener Mehrkosten infolge einer vertragswidrigen Löschung in Hamburg geltend. Die ausgestellten Konnossemente enthielten eine ausschließliche Zuständigkeitsabrede zugunsten der thailändischen Gerichte in Bangkok und eine Wahl deutschen Rechts.[175]

---

173 *Hochbaum*, Mißglückte Schiedsvereinbarungen, S. 235.

174 BGH 3.12.1973 – II ZR 91/72, WM 1974, 242 ff.

175 BGH 3.12.1973 – II ZR 91/72, WM 1974, 242: „Any dispute against the Carrier arising under this Bill of Lading shall be decided according to German Law, except as provided elsewhere herein and exclusively in the Courts of Bangkok, a jurisdiction of which the Carrier and the Merchant submit themselves. In case of any dispute arising against the Merchant(s), the Carrier shall be entitled to start litigation in the Court competent for the management of such Merchant(s) or in the Court of the place of discharge in Carrier's own option, to which the Merchant(s) submit hereby."

Die Klage wurde mit der Begründung abgewiesen, die getroffene Gerichtsstandsvereinbarung sei wirksam, sodass deutschen Gerichten die internationale Zuständigkeit fehle. Der BGH bestätigte seine Rechtsprechung dahingehend, dass eine Gerichts- oder Rechtswahl nicht dazu führen dürfe, dass dem deutschen Empfänger der Schutz der zwingenden Bestimmungen der Haager Regeln entzogen wird; dieser müsse nach dem Zweck des Gesetzes gewährleistet bleiben.[176] Daher sei die Wirksamkeit der Gerichtsstandsvereinbarung auch davon abhängig, wie das prorogierte Gericht entscheidet, d.h. ob dort die zwingenden Vorschriften der Haager Regeln angewandt werden. Vorliegend beschränke die Zuständigkeitsvereinbarung nach ihrem Inhalt den Umfang der Haftung des Verfrachters jedoch nicht, da das prorogierte Gericht entsprechend der Parteivereinbarung deutsches Recht anzuwenden habe und die Haager Regeln auch in Thailand in Kraft seien.[177] Dementsprechend sei die Derogation deutscher Gerichte anzuerkennen.

#### *b) Einordnung der Entscheidung*

Die Entscheidung fügt sich nahtlos in die bisherige Rechtsprechung ein, nach der es für die Anerkennung einer Derogation entscheidend ist, dass der Schutzzweck der Haager Regeln auch vor dem prorogierten Gericht gewahrt bleibt. Insoweit bestehen keine Bedenken, wenn die Parteien die Anwendung deutschen Rechts vereinbart haben und die Haager Regeln daneben noch Bestandteil des Sachrechts der *lex fori* sind, sodass ihre Berücksichtigung selbst dann sichergestellt ist, wenn das prorogierte Gericht auf sein Heimatrecht zurückgreift, statt die Rechtswahl der Parteien zu beachten.[178] In einem solchen Fall ist der Schutzzweck der international zwingenden Norm sogar doppelt abgesichert.

### *6. BGH, Urteil vom 30. Mai 1983*

Die letzte höchstrichterliche Entscheidung zum Einfluss der international zwingenden §§ 660, 662 HGB a.F. auf die Anerkennung einer Gerichtsstandsvereinbarung traf der BGH am 30. Mai 1983.[179] Die Besonderheit der dortigen Konstellation bestand darin, dass das gewählte Vertragsstatut die Haager Regeln zwar inkorporiert hatte, der vorgesehene Haftungsbetrag aufgrund

176 BGH 3.12.1973 – II ZR 91/72, WM 1974, 242, 243.
177 BGH 3.12.1973 – II ZR 91/72, WM 1974, 242, 243.
178 *Hochbaum*, Mißglückte Schiedsvereinbarungen, S. 236.
179 BGH, 30.5.1983 – II ZR 135/82, NJW 1983, 2772 f.

divergierender Währungsentwicklungen jedoch nur bei etwa einem Drittel der im deutschen Recht festgesetzten Haftungssumme lag.

### *a) Sachverhalt und Entscheidungsgründe*

In der Sache ging es um Schadensersatzansprüche aus einem Warentransport von Kalkutta nach Hamburg. Das Konnossement enthielt eine Wahl indischen Rechts sowie eine Klausel, welche die indischen Gerichte in Bombay für ausschließlich zuständig erklärte. Diese Gerichtsstandsvereinbarung hielt das Frachtunternehmen der Klage des Transportversicherers vor dem LG Hamburg entgegen.

Im Gegensatz zu den Instanzgerichten versagte der BGH der Gerichtsstandsvereinbarung zwar die Anerkennung, jedoch aus rein formellen Gründen.[180] In dem für die hier untersuchte Problematik relevanten Punkt stimmte er den Vorinstanzen zu, dass die summenmäßig geringere Haftung des Verfrachters nach indischem Recht nicht zur Unwirksamkeit der Gerichtsstandsvereinbarung führt. In Anknüpfung an seine bisherige Rechtsprechung betonte der Senat, dass eine Gerichtsstandsvereinbarung nach dem Schutzzweck des § 662 HGB a.F. nur dann unwirksam sei, wenn dadurch die zwingende Haftung des Verfrachters nach den Haager Regeln ausgeschaltet werde.[181] Dies sei hier aber nicht der Fall, da die Haager Regeln als Teil des vereinbarten indischen Rechts auch von den dortigen Gerichten beachtet würden. Dass der dortige Haftungsbetrag deutlich geringer sei als im deutschen Recht, berühre „den Kern der zwingenden Haftung des Konnossementverfrachters selbst“ nicht.[182] Divergierende Haftungsbeträge allein seien daher – selbst bei ganz erheblichen Abweichungen – nicht ausreichend, um die Gerichtsstandsvereinbarung zu invalidieren. Eine unzulässige Einschränkung des Schutzzwecks von § 662 HGB käme allenfalls in Betracht, wenn der Empfänger vor dem prorogierten Gericht aufgrund der Währungsverhältnisse trotz eines Prozesserfolgs leer ausginge. Vor diesem Hintergrund lehnte

---

180 BGH 30.5.1983 – II ZR 135/82, NJW 1983, 2772, 2773. Die Konnossementbedingungen waren nach Ansicht des BGH aufgrund ihrer graphischen Gestaltung gar nicht Vertragsinhalt geworden. Diese waren so klein und dicht abgedruckt, dass sie „lediglich mit der Lupe und selbst dann nicht ohne Mühe“ zu lesen waren. Bei einem derart „schwer entzifferbaren Klauselwerk“ könne die bloße widerspruchslose Entgegennahme auch im kaufmännischen Geschäftsverkehr nicht als Annahmeerklärung verstanden werden; vgl. dazu *Trappe*, IPRax 1985, 8 f.

181 BGH 30.5.1983 – II ZR 135/82, NJW 1983, 2772.

182 BGH 30.5.1983 – II ZR 135/82, NJW 1983, 2772.

der Senat auch einen Verstoß der Gerichtsstandsvereinbarung gegen § 138 BGB und § 9 AGBG a.F. ab.[183]

### *b) Einordnung der Entscheidung*

In den vorangegangenen Entscheidungen entsprach die Rechtslage vor dem prorogierten Gericht im Ergebnis immer der deutschen Rechtsordnung bzw. führte sogar zu einer aus Klägersicht positiven Abweichung. Hier macht der BGH nun deutlich, dass auch bei einer Negativabweichung die Unwirksamkeit der Zuständigkeitsabrede nur dann in Betracht kommt, wenn der Schutz praktisch aufgehoben ist. Darin liegt eine konsequente Fortentwicklung des Weges, den die Rechtsprechung bis dahin eingeschlagen hat: Zieht man – wie jetzt auch eindeutig der BGH – den ordre public als Kontrollmaßstab für die Anerkennung einer Gerichtsstandsvereinbarung heran und verlangt, dass der Schutzzweck der Eingriffsnorm im Kern ausgeschaltet wird, reicht eine bloß quantitative Abweichung zulasten des geschützten Personenkreises nicht aus, um die Anerkennung zu versagen.[184]

Neben dieser Klarstellung beinhaltet die Entscheidung auch neue Ansatzpunkte für die dogmatische Begründung der vorgenommenen Kontrolle. Dies betrifft allerdings nicht den ausdrücklich in Bezug genommenen ordre public-Vorbehalt; insoweit besteht kein Unterschied zu der vorangegangenen Rechtsprechung: Es bleibt bei einer ordre public-Kontrolle auf der Ebene des Hauptvertragsstatuts; das Schicksal der Derogation ergibt sich schlicht aus dem dortigen Ergebnis. Eine Wirksamkeitskontrolle unmittelbar auf der zuständigkeitsrechtlichen Ebene nehmen die Karlsruher Richter dann aber vor, indem sie – ebenfalls unter dem Blickwinkel einer Umgehung der Haager Regeln – die Gerichtsstandsvereinbarung selbst auf ihre Sittenwidrigkeit und eine unangemessene Benachteiligung überprüfen. Der positive Eindruck dieses erstmaligen Vorgehens wird allerdings dadurch getrübt, dass der Senat die Wirksamkeit der Gerichtsstandsvereinbarung nach deutschem Recht überprüft, ohne zuvor deren Wirkungsstatut ermittelt zu haben. Ob – wie der BGH dann an späterer Stelle feststellt[185] – insoweit überhaupt deutsches Recht anzuwenden war, erschien

183 BGH 30.5.1983 – II ZR 135/82, NJW 1983, 2772 f.

184 *Trappe*, IPRax 1985, 8, 9; *Hochbaum*, Mißglückte Schiedsvereinbarungen, S. 238; dazu krit. *Rabe*, RIW 1984, 589.

185 BGH 30.5.1983 – II ZR 135/82, NJW 1983, 2772, 2773.

bereits damals äußerst zweifelhaft[186] und wäre aus heutiger Sicht jedenfalls für eine entsprechende Schiedsvereinbarung[187] zu verneinen.

## III. Rechtsprechung zu Börsentermingeschäften

Die Rechtsprechung zur Anerkennung von Schiedsvereinbarungen im Zusammenhang mit Termingeschäften an ausländischen Börsen lässt sich aufgrund der gesetzlichen Entwicklung in diesem Bereich in zwei Phasen unterteilen. Als Trennlinie dient das Mitte 2002 in Kraft getretene Vierte Finanzmarktförderungsgesetz, mit dem der Termin- und der Differenzeinwand als wesentliche Instrumente des deutschen Anlegerschutzes abgeschafft wurden.[188] Gleich die ersten beiden Entscheidungen sorgten dabei jeweils für eine Premiere: Der BGH überschritt erstmals die Schwelle zur Invalidierung einer Gerichtsstandsklausel zum Schutz international zwingender Normen des deutschen Rechts. Kurze Zeit später nutzte er die erste Gelegenheit, um diesen Schritt auf die Anerkennung einer Schiedsvereinbarung zu übertragen.

### 1. *Termin- und Differenzeinwand bei ausländischen Börsentermingeschäften*

In der ersten Phase war die materiellrechtliche Entscheidungsgrundlage noch das BörsG 1908. Die Gerichte waren immer wieder mit der Frage beschäftigt, ob einer Gerichtsstands- bzw. Schiedsvereinbarung mit Blick auf den Termin- bzw. Differenzeinwand als international zwingende Anlegerschutzvorschriften des deutschen Rechts die Anerkennung versagt werden kann. In der Sache ging es dabei im Wesentlichen um die bereicherungsrechtliche Rückabwicklung von Sicherheitsleistungen für Spekulationsgeschäfte im Ausland: Deutsche Privatanleger hatten britische oder US-amerikanische Brokerunternehmen mit der Durchführung von Termingeschäften an ausländischen Börsen beauftragt und dazu entsprechende Sicherheiten erbracht. In den Geschäftsbesorgungsverträgen wurden neben einer Rechtswahl regelmäßig auch Schiedsabreden getroffen. Als die Spekulationen zu teilweise erheblichen Verlusten führten, verlangten die Anleger die Freigabe bzw. die Rückgewähr der geleisteten Sicherheiten und klagten entgegen der Zuständigkeitsvereinbarung vor einem deutschen Gericht, woraufhin die beklagten Unternehmen die Schiedseinrede erhoben.

---

186 *Mann*, NJW 1984, 2740 f.; *Rabe*, RIW 1984, 589, 590; vgl. auch zuvor BGH 5.12.1966 – II ZR 232/64, VersR 1967, 156; BGH 22.9.1971 – VIII ZR 529/69, BGHZ 57, 72, 77.

187 Zur Anknüpfung des Schiedsvereinbarungsstatuts näher unten § 7 A.

188 Zur Entwicklung des Termingeschäftsrechts siehe oben § 2 C. I.

Die getroffenen Schiedsabreden waren dabei nicht bereits gem. § 28 BörsG 1908 unverbindlich. Die Vorschrift schränkte nämlich nur die Unterwerfung unter ein spezielles Börsenschiedsgericht ein; andere Schiedsvereinbarungen, die zu internationalen Termingeschäften geschlossen wurden, waren davon nicht erfasst.[189]

### *a) BGH, Urteil vom 12. März 1984*

Bei der ersten Entscheidung im Kontext des Börsentermingeschäftsrechts hatten die Parteien – wie in den vorangegangenen Fällen zur seerechtlichen Mindesthaftung – noch eine Gerichtsstandsvereinbarung getroffen. Im Vergleich zu den vorherigen Urteilen sorgte der BGH dabei gleich für ein Novum: Zum ersten Mal versagte das Gericht einer Zuständigkeitsvereinbarung im Ergebnis tatsächlich die Anerkennung mit der Begründung, dass international zwingende Normen des deutschen Rechts vor dem vereinbarten Gericht unberücksichtigt blieben.[190] Bis dahin hatten deutsche Gerichte zwar immer darauf hingewiesen, dass eine Zuständigkeitsabrede aus diesem Grund unwirksam sein könne, tatsächlich invalidiert wurde deshalb jedoch keine Vereinbarung.

#### aa) Sachverhalt und Entscheidungsgründe

Wie bereits eingangs kurz dargestellt, ging es auch in diesem Fall um die Rückabwicklung von Sicherheitsleistungen im Rahmen von Kapitalanlagen. Der deutsche Kläger hatte über die deutsche Zweigstelle eines britischen Brokerunternehmens einen Vertrag über die Durchführung von Warentermingeschäften an ausländischen Börsen, insbesondere in London und den USA, abgeschlossen. Neben der Wahl englischen Rechts enthielt der Vertrag auch eine Zuständigkeitsvereinbarung zugunsten englischer Gerichte.[191] Neben der vereinbarten Ersteinlage von 1000 Krügerrand-Münzen hatte der Anleger zur Fortführung der Geschäfte nach erheblichen Verlusten zusätzliche Sicherheiten in Form von Bankgarantien i.H.v. 2,5 Mio. DM bereitgestellt. Nach Eintritt weiterer Verluste

---

189 BGH 6.6.1991 – III ZR 68/90, NJW 1991, 2215, 2216; BGH 13.1.2005 – III ZR 265/03, BGHZ 162, 9, 19 f.; *Schwab/Walter*, Kap. 4 Rn. 9; vgl. auch *Bork/Stöve*, Börsentermingeschäfte, S. 34 ff. m.w.N. auch zur Gegenansicht.

190 BGH 12.3.1984 – II ZR 10/83, NJW 1984, 2037 ff.; vgl. auch *Hochbaum*, Mißglückte Schiedsvereinbarungen, S. 241; *Häuser/Welter*, WM 1985, Sonderbeilage Nr. 8, S. 3, 10.

191 In dem Antrag auf Eröffnung eines Einzelkontos hieß es u.a.: „Für diese Erklärung ist englisches Recht maßgebend und wir beugen uns der Rechtsprechung der englischen Gerichte."

verlangte der Broker den Ausgleich des Schuldsaldos und kündigte an, andernfalls die Bankgarantien in Anspruch zu nehmen. Während der Broker und die garantierende Bank noch in England um Zahlungen aus der Garantie prozessierten, verklagte der Anleger seinen Vertragspartner vor einem deutschen Gericht. Er beantrage die Freigabe der hinterlegten Sicherheit und Unterlassung der Inanspruchnahme der bereitgestellten Bankgarantien. Das beklagte Brokerunternehmen rügte unter Verweis auf die vertragliche Gerichtsstandsvereinbarung die internationale Zuständigkeit deutscher Gerichte.

Der BGH wies die Zuständigkeitsrüge zurück und hielt die Klage für zulässig. Für den Fall, dass der Gerichtsstandsvereinbarung eine ausschließliche Zuständigkeit englischer Gerichte zu entnehmen sei, könne diese Gerichtswahl nicht berücksichtigt werden, weil sie „gegen zwingende Vorschriften des Börsengesetzes verstoßen würde".[192] Die Unwirksamkeit der Derogation begründete der Senat sodann in drei Schritten.[193] Zunächst wurde die fehlende Termingeschäftsfähigkeit des Anlegers festgestellt mit der Folge, dass die ausländischen Börsentermingeschäfte gem. § 53 BörsG 1908 für ihn unverbindlich gewesen seien. Daran ändere auch die englische Rechtwahl nichts, da der Termineinwand über § 61 BörsG 1908 als international zwingende Norm von deutschen Gerichten auch bei Geltung ausländischen Rechts zu berücksichtigen sei. Aus diesem Grunde, also aufgrund des international zwingenden Charakters des Termineinwands, könnten ausländische Urteile über Forderungen aus Börsentermingeschäften, in denen die Vorschriften des deutschen Rechts über die Termingeschäftsfähigkeit nicht beachtet worden sind, nicht anerkannt werden, weil sonst der Zweck des Börsengesetzes verfehlt würde. „Aus demselben Grunde" – so der letzte Begründungsschritt – müsse auch einer Gerichtsstandsvereinbarung die Wirksamkeit versagt werden, die in Verbindung mit einer Rechtswahlklausel dazu führen würde, dass das prorogierte Gericht den Termineinwand nicht beachtet. Dies sei vorliegend der Fall, da das englische Recht diesen Einwand nicht kenne.

#### bb) Einordnung der Entscheidung

Diese Entscheidung beweist, dass der BGH die bis dahin theoretisch gebliebene Derogationsschranke wirklich ernst nimmt und auch tatsächlich bereit ist, einer Zuständigkeitsvereinbarung mit Blick auf international zwingende Normen des

---

192 BGH 12.3.1984 – II ZR 10/83, NJW 1984, 2037. Die Auslegungsfrage nach der Ausschließlichkeit der Gerichtsstandsvereinbarung ließ der BGH ausdrücklich offen; die Vorinstanz ging von einer konkurrierenden Zuständigkeit aus.

193 BGH 12.3.1984 – II ZR 10/83, NJW 1984, 2037.

deutschen Rechts die Anerkennung zu versagen. Die Argumentationsstruktur wird dabei im Vergleich zu der vorangegangenen Rechtsprechung um ein Element erweitert. Ausgangpunkt für die Kontrolle der Zuständigkeitsabrede bleibt zwar weiterhin die materiellrechtliche Ebene des Hauptvertragsstatuts, in diesem Fall die §§ 53, 61 BörsG 1908. Allerdings springen die Richter anschließend nicht direkt auf die zuständigkeitsrechtliche Ebene, sondern machen einen Zwischenschritt über die Stufe des Anerkennungsstadiums, indem sie feststellen, dass eine ausländische Entscheidung, die den Termineinwand missachtet, wegen eines ordre public-Verstoßes nicht anerkennungsfähig wäre. Nach Auffassung des BGH besteht offensichtlich ein Zusammenhang zwischen der anerkennungsrechtlichen ordre public-Kontrolle und der Kontrolle einer Zuständigkeitsvereinbarung in der Einredesituation. Nach der Formulierung in der Urteilsbegründung ist dieser Zusammenhang so ausgestaltet, dass der Umstand, aus dem sich die Nichtanerkennung der ausländischen Entscheidung ergibt, auch zur Unbeachtlichkeit der Derogation führt.[194] Der BGH sieht die fehlende Anerkennungsfähigkeit der Entscheidung des berufenen Gerichts hier also nicht etwa als Voraussetzung für die Unwirksamkeit der Derogation; vielmehr wirkt sich eine bestimmte Ursache gleichermaßen auf die Anerkennung der Entscheidung und der Derogation aus.[195] Diese Ursache erblickt der Senat im international zwingenden Charakter des Termineinwands. In dogmatischer Hinsicht deutet dies darauf hin, dass sich der Kontrollmaßstab auf der materiellrechtlichen Ebene, aus dem sich dann zugleich die Unwirksamkeit der Zuständigkeitsabrede ergeben soll, verschiebt. Maßgeblich ist nicht mehr die Vereinbarkeit mit

---

194 Vgl. BGH 12.3.1984 – II ZR 10/83, NJW 1984, 2037: „Dies [§ 61 BörsG 1908] führt dazu, daß der deutsche Richter den Termineinwand auch dann berücksichtigen muß, wenn im Übrigen nach den Grundsätzen des Internationalen Privatrechts auf das zu beurteilende Rechtsverhältnis ausländisches Recht anzuwenden ist, das diesen Einwand nicht kennt. Ferner können *aus diesem Grunde* ausländische Urteile über Forderungen aus Börsentermingeschäften, in denen die Vorschriften des deutschen Rechts über die Termingeschäftsfähigkeit nicht beachtet worden sind, nicht zur Vollstreckung anerkannt werden, weil sonst der Zweck des Börsengesetzes verfehlt würde. *Aus demselben Grunde* muß auch einer Gerichtsstandsvereinbarung die Wirksamkeit versagt werden, die bei ihrer Anwendung in Verbindung mit einer Rechtswahlklausel zur Folge hätte, daß die zur Entscheidung berufenen Gerichte den Termineinwand nicht beachten […].“ [Hervorhebung durch Bearbeiter].

195 So auch *Redmann*, Ordre public-Kontrolle, S. 60; *Roth*, IPRax 1985, 198, 199; *Häuser/Welter*, WM 1985, Sonderbeilage Nr. 8, S. 3, 9 f.; a.A. *Rühl*, IPRax 2007, 294, 297; unentschieden *Weller*, Ordre-public-Kontrolle internationaler Gerichtsstandsvereinbarungen, S. 234.

dem ordre public, sondern die Nichtanwendung der international zwingenden Norm durch das vereinbarte Forum.

### *b) BGH, Urteil vom 15. Juni 1987*

Wenige Jahre später ergab sich ein weiteres Novum, dieses Mal jedoch schon vor der Urteilsfindung: Während zuvor stets die Wirksamkeit einer Gerichtsstandsvereinbarung in Rede stand, musste sich der BGH nun erstmals mit den Auswirkungen international zwingender Normen auf die Anerkennung einer Schiedsvereinbarung auseinandersetzen.[196]

#### aa) Sachverhalt und Entscheidungsgründe

Die Grundlage der Entscheidung bildete ein Vermittlungsvertrag eines deutschen Anlegers mit einem US-amerikanischen Brokerhaus zur Durchführung von Termingeschäften an Auslandsbörsen. Der Vertrag unterstand vereinbarungsgemäß dem Recht des Bundesstaats New York. Zudem hatten die Parteien in einer gesonderten Vertragsklausel vereinbart, dass alle Streitigkeiten in einem Schiedsverfahren in Übereinstimmung mit den jeweils geltenden Bestimmungen des Kontraktmarkts oder – nach Wahl des Anlegers – der New Yorker Börse beigelegt werden sollen.[197] Nach verlustreichen Spekulationen verlangte der Anleger vor einem deutschen Gericht die Erstattung von Zahlungen, die er zuvor als Sicherheit an die Beklagte geleistet hatte. Dem hielt die Beklagte u.a. die Schiedseinrede entgegen.

Der BGH wies die Schiedseinrede mit der Begründung zurück, die Schiedsvereinbarung sei nicht anzuerkennen, da sie in Verbindung mit der Rechtswahl dazu führe, dass das Schiedsgericht die zwingenden Anlegerschutzvorschriften des deutschen Rechts nicht beachtet. Dabei stellte der Senat zunächst auf den Termineinwand gem. § 53 BörsG 1908 ab und wiederholte nahezu wörtlich seinen argumentativen Dreischritt aus der oben beschriebenen Entscheidung vom

---

196 BGH 15.6.1987 – II ZR 124/86, NJW 1987, 3193 ff.

197 „Alle Streitigkeiten, die sich aus meinem Konto oder im Zusammenhang damit aus Geschäften, die Sie für mich durchführen, oder aus dieser Vereinbarung oder ihrer Verletzung ergeben, werden durch Schiedsverfahren geregelt, in Übereinstimmung mit den jeweils geltenden Bestimmungen des Kontraktmarktes, an welchem das Geschäft, das zur Forderung Anlaß gegeben hat, durchgeführt wurde, oder der New York Stock Exchange Inc., nach meiner Wahl. Wenn ich meine Wahl Ihnen nicht innerhalb von 5 Tagen nach Ihrer Aufforderung, diese zu treffen, durch eingeschriebenen Brief an Ihr Hauptbüro mitteile, dann treffen Sie die Wahl […].“, vgl. BGH 15.6.1987 – II ZR 124/86, NJW 1987, 3193, 3194.

12. März 1984: Der Termineinwand als international zwingende Norm führe zur ordre public-Widrigkeit ausländischer Entscheidungen, die diesen missachten, und zugleich zur Unwirksamkeit einer Gerichtsstandsvereinbarung, die dessen Missachtung zur Folge hätte. Für die Vereinbarung eines ausländischen Schiedsgerichts könne insoweit nicht anderes gelten.[198] Für den Fall, dass der Kläger als Kaufmann börsentermingeschäftsfähig sei, griffen die Richter auf den Differenzeinwand gem. §§ 764, 762 Abs. 1 BGB zurück, welcher der Schiedsvereinbarung ebenfalls entgegenstehe.[199] Auch der Differenzeinwand setze sich zum Schutz der innerstaatlichen Ordnung kollisionsrechtlich gegen ausländisches Recht durch, sodass kein Grund ersichtlich sei, diesen im Hinblick auf eine Schiedsabrede anders zu bewerten als den Termineinwand. Folgerichtig müsse einer Schiedsvereinbarung auch dann die Anerkennung versagt werden, wenn diese dazu führt, dass der Differenzeinwand nicht zum Zuge kommt.

Das Argument der Revision, eine ordre public-Kontrolle des Schiedsspruchs im Anerkennungs- und Vollstreckungsverfahren gewährleiste ausreichenden Schutz, lehnte der BGH ab; der zu entscheidende Fall zeige gerade das Gegenteil: Bei Anerkennung der Schiedsabrede müsse der Anleger ein US-amerikanisches Schiedsgericht anrufen, das wegen der Wahl New Yorker Rechts weder den Termin- noch den Differenzeinwand berücksichtigen und einen Antrag auf Rückzahlung der Sicherheiten dementsprechend ablehnen würde. Zwar würde der klageabweisende Schiedsspruch in Deutschland nicht anerkannt; dies nütze dem Kläger für die aktive Durchsetzung seiner Forderung jedoch nichts.[200] Schließlich sah der BGH in seinem Vorgehen auch keinen Verstoß gegen internationale Übereinkommen der Schiedsgerichtsbarkeit.[201] Das NYÜ sei überhaupt nicht anwendbar, da der Streitgegenstand der Entscheidung nicht schiedsfähig sei. Ein Verstoß gegen den Deutsch-amerikanischen Freundschafts-, Handels- und Schifffahrtsvertrag vom 29. Oktober 1954 läge ebenfalls nicht vor, da die gem. Art. VI Abs. 2 unzulässigen Kriterien für die Nichtanerkennung der Schiedsvereinbarung im vorliegenden Fall offensichtlich irrelevant gewesen seien.

---

198 BGH 15.6.1987 – II ZR 124/86, NJW 1987, 3193, 3194; ebenso in der Folge BGH 21.9.1987 – II ZR 41/87, WM 1987, 1353, 1354.

199 BGH 15.6.1987 – II ZR 124/86, NJW 1987, 3193, 3194 f.

200 BGH 15.6.1987 – II ZR 124/86, NJW 1987, 3193, 3195.

201 BGH 15.6.1987 – II ZR 124/86, NJW 1987, 3193, 3195.

### bb) Einordnung der Entscheidung

Die Tatsache, dass dieser Fall statt einer Gerichtsstandsvereinbarung die Anerkennung einer Schiedsvereinbarung zum Gegenstand hatte, änderte am Ergebnis der Entscheidung überhaupt nichts. Der BGH erkennt auch eine Schiedsvereinbarung nicht an, die dazu führt, dass deutsche Eingriffsnormen vor dem berufenen Gericht unberücksichtigt bleiben. Und auch in der Begründung weicht das Urteil kaum von der Entscheidung vom 12. März 1984 ab. Insbesondere die Ausführungen zum Termineinwand zeigen, dass der BGH seine bisherige Rechtsprechung einfach auf Schiedsvereinbarungen überträgt.[202] Auf etwaige Besonderheiten eines Schiedsverfahrens geht er allenfalls am Rande ein und differenziert auch nicht zwischen verschiedenen Voraussetzungen einer gültigen Schiedsvereinbarung. So wird die Relevanz internationaler Übereinkommen für die Anerkennung einer Schiedsvereinbarung zwar grundsätzlich erkannt, jedoch vermengt der BGH dabei zwei Fragen, die logisch zu trennen und unabhängig voneinander zu beantworten sind: die allgemeine Schiedsfähigkeit des Streitgegenstands einerseits und die Frage nach der Wirksamkeit der Schiedsvereinbarung im Einzelfall andererseits.[203] Die objektive Schiedsfähigkeit ist eine abstrakt-generelle Zulässigkeitsschranke, die sich auch im Einredestadium allein nach dem Recht der *lex fori* richtet.[204] Ist der Streitgegenstand nicht schiedsfähig, ist er der Schiedsgerichtsbarkeit von vornherein entzogen. Nur wenn die Prüfung der Schiedsfähigkeit positiv ausfällt, kommt eine materielle Wirksamkeitskontrolle der Schiedsvereinbarung im Einzelfall überhaupt in Betracht. Dieses Verhältnis kehrt der BGH in dieser Entscheidung komplett um, indem er zunächst die Wirksamkeit der Schiedsvereinbarung mit Blick auf materiellrechtliche Wertungen einzelfallbezogen prüft und daraus dann auch noch die Schiedsunfähigkeit des Streitgegenstands ableitet.[205]

Neben diesen dogmatischen Ungenauigkeiten lässt sich die behauptete objektive Schiedsunfähigkeit von Streitigkeiten aus Börsentermingeschäften auch sachlich nicht aufrechterhalten: Wenn der BGH für solche Rechtsstreitigkeiten die Vereinbarung eines inländischen Schiedsgerichts bei Anwendung deutschen

---

202 Vgl. auch *Hochbaum*, Mißglückte Schiedsvereinbarungen, S. 244, 246.

203 Vgl. Art. II Abs. 1 und Abs. 3 NYÜ, sowie Art. V Abs. 1 lit. a) und Abs. 2 lit. a) NYÜ; ebenso differenziert das deutsche Recht in § 1059 Abs. 2 Nr. 1 lit. a) und Nr. 2 lit. a) ZPO.

204 Zur Anknüpfung der objektiven Schiedsfähigkeit näher unten § 6 C. I. 1.

205 *Weller*, Ordre-public-Kontrolle internationaler Gerichtsstandsvereinbarungen, S. 236; ebenfalls krit. *Bork/Stöve*, Börsentermingeschäfte, S. 59; *Samtleben*, ZEuP 1999, 974, 978.

Sachrechts zulässt, geht er selbst davon aus, dass für diese Rechtsmaterie gerade kein staatliches Rechtsprechungsmonopol besteht.[206] Dies bestätigt auch § 28 BörsG 1908, der den Ausschluss der staatlichen Gerichtsbarkeit durch die Vereinbarung eines Börsenschiedsgerichts unter gewissen subjektiven Voraussetzungen ausdrücklich zuließ.[207]

Zu kurz greift letztlich auch die Begründung, mit welcher der BGH ein Abwarten des Schiedsspruchs und dessen Scheitern an der Anerkennungsprüfung ablehnt. Hinter dieser Argumentation scheint die Befürchtung zu stehen, dass die deutsche Eingriffsnorm bei einem klageabweisenden Schiedsspruch endgültig unberücksichtigt bleibt.[208] Dabei wird jedoch übersehen, dass der Weg für eine Durchsetzung der Eingriffsnorm durch die Gewährung des Rückzahlungsanspruchs gerade über eine Anerkennungsversagung des klageabweisenden Schiedsspruchs im Inland führen kann.[209] Zwar erwächst der erlassene Schiedsspruch in materielle Rechtskraft, die einem inländischen Zweitverfahren grundsätzlich entgegensteht.[210] Diese Wirkungserstreckung setzt allerdings voraus, dass der Schiedsspruch anerkannt wird; nicht anerkennungsfähige Schiedssprüche entfalten im Inland keine Wirkung. Steht der Anerkennung des klageabweisenden Schiedsspruchs also der deutsche ordre public gem. § 1061 ZPO i.V.m. Art. V Abs. 2 lit. b) NYÜ entgegen, hat der unterlegene Schiedskläger die Möglichkeit, ein inländisches Zweitverfahren anzustrengen und seinen Anspruch durchzusetzen. Der Einwand, über den Streitgegenstand sei bereits im Schiedsverfahren rechtskräftig entschieden worden, greift dann insoweit nicht.[211] Im

---

206 BGH 6.6.1991 – III ZR 68/90, NJW 1991, 2215 f.; BGH 13.1.2005 – III ZR 265/03, BGHZ 162, 9 ff.; dazu unten § 3 B. III. 1. c) und e); vgl. auch *Bork/Stöve*, Börsentermingeschäfte, S. 59 f.; *Schlosser*, RipS, Rn. 323; *Thorn*, IPRax 1997, 98, 102.

207 *Bork/Stöve*, Börsentermingeschäfte, S. 32; *Samtleben*, ZEuP 1999, 974, 978; *Thorn*, IPRax 1997, 98, 102.

208 So im Hinblick auf § 89b HGB ausdrücklich OLG Stuttgart 29.12.2011 – 5 U 126/11 (Hinweisbeschluss), IHR 2012, 163, 165; dazu unten § 3 B. IV. 2.

209 *Niedermaier*, Schiedsvereinbarungen in strukturellen Ungleichgewichtslagen, S. 313; *Schlosser*, RipS, Rn. 323; *Kleinheisterkamp*, RabelsZ 79 (2009), 818, 834; *Ostendorf*, SchiedsVZ 2010, 234, 242; *Quinke*, SchiedsVZ 2007, 246, 250; vgl. auch *Weller*, Ordre-public-Kontrolle internationaler Gerichtsstandsvereinbarungen, S. 236 f.; dazu bereits oben § 3 A. II.

210 Wieczorek/Schütze/*Schütze*, § 1061 Rn. 4. Die Rechtskraft ausländischer Schiedssprüche ergibt sich aus § 1061 ZPO i.V. m. dem NYÜ, vgl. MüKo-ZPO/*Münch*, § 1055 Rn. 16a und § 1061 Rn. 3; Stein/Jonas/*Schlosser*, § 1055 Rn. 35; Wieczorek/Schütze/*Schütze*, § 1055 Rn. 28; a.A. *Bosch*, Rechtskraft im Schiedsverfahren, S. 150 ff.

211 Siehe oben § 3 A. II.

Fall der Nichtanerkennung des Schiedsspruchs kann der deutschen Eingriffsnorm also trotz bzw. gerade wegen ihrer ordre public-widrigen Missachtung im Schiedsverfahren doch noch unmittelbare Wirkung verliehen werden. Dies bedeutet allerdings nicht zwangsläufig, dass dieser Umweg den Interessen des Klägers genügt.[212]

### c) *BGH, Urteil vom 6. Juni 1991*

Die Konstellation, die dieser Entscheidung zugrunde liegt, unterscheidet sich von den vorherigen Fällen insbesondere dadurch, dass die Parteien sowohl die Anwendung deutschen Rechts als auch die Zuständigkeit eines deutschen Schiedsgerichts vereinbart hatten.[213] Bezüglich der Rechtswahl besteht also eine Parallele zum Urteil vom 3. Dezember 1973.[214]

#### aa) Sachverhalt und Entscheidungsgründe

Der deutsche Kläger hatte eine Vermittlungsgesellschaft mit der Durchführung von Termingeschäften an ausländischen Börsen beauftragt. Die allgemeinen Vertragsbedingungen sahen die Geltung deutschen Rechts und die Zuständigkeit eines deutschen Schiedsgerichts vor.[215] Als sich seine Gewinnerwartungen nicht erfüllten, löste der Anleger das Konto auf und erhielt das verbliebene Guthaben zurück. Zusätzlich verlangte er die Rückzahlung des Differenzbetrags zwischen der Einzahlungs- und der Erstattungssumme und klagte vor einem deutschen Gericht. Die Beklagte erhob die Schiedseinrede.

Der BGH erkannte in diesem Fall die Schiedsvereinbarung an und wies die Klage als unzulässig ab. In Abgrenzung zu den vorherigen Entscheidungen führte der Senat aus, in dieser Konstellation sei aus zwei Gründen davon auszugehen, dass die zwingenden Vorschriften zum Termin- und Differenzeinwand auch im

212 Dazu unten § 8 C. II.

213 BGH 6.6.1991 – III ZR 68/90, NJW 1991, 2215 f.

214 Zu dieser Entscheidung oben § 3 B. II. 5.

215 § 14 der Vertragsbedingungen lautete: „1. Der Kundenvertrag unterliegt dem Recht der Bundesrepublik Deutschland." Der separat unterzeichnete Schiedsvertrag bestimmte in § 1: „Alle Streitigkeiten aus dem Kundenvertrag zwischen den Parteien werden unter Ausschluss des ordentlichen Rechtsweges durch ein Schiedsgericht entschieden. Das Schiedsgericht ist für alle etwaigen Streitigkeiten, die sich aus dem Kundenvertrag bzw. in unmittelbarem Zusammenhang mit dem Kundenvertrag ergeben, gleich aus welchem Rechtsgrund […] unter Ausschluss des ordentlichen Rechtsweges zuständig." Vgl. vorinstanzliches Urteil des OLG Düsseldorf 8.3.1990 – 6 U 213/89, WM 1990, 843.

Schiedsverfahren Anwendung finden. Zum einen hätten sich die Parteien auf die Anwendung deutschen Rechts geeinigt, dessen Bestandteil sowohl der Termin- als auch der Differenzeinwand sei. Zum anderen sehe die Schiedsvereinbarung die Zuständigkeit eines deutschen Schiedsgerichts vor. Von diesem könne „nicht von vornherein angenommen werden, dass es zwingende Bestimmungen des deutschen Rechts nicht beachtet".[216] Im Übrigen bestehe die Möglichkeit einer nachträglichen ordre public-Kontrolle im Aufhebungsverfahren.[217] Schließlich relativierte der Dritte Senat noch die Aussage des Zweiten Senats zur Schiedsunfähigkeit von Streitigkeiten aus Verträgen über Termingeschäfte und stellte deren objektive Schiedsfähigkeit fest.[218]

### bb) Einordnung der Entscheidung

Trotz des abweichenden Ergebnisses im Vergleich zu der vorherigen Rechtsprechung zum Termingeschäftsrecht erscheint die Entscheidung letztlich konsequent. Der BGH sah die Anwendung zwingender Anlegerschutzvorschriften auch im Schiedsverfahren sichergestellt, sodass die Schiedsvereinbarung anerkannt werden konnte. In dogmatischer Hinsicht ergeben sich dennoch zwei Unterschiede, die dazu führen, dass gewisse Fragen weiterhin offenbleiben. Dies betrifft zunächst den Anknüpfungspunkt der Kontrolle im Einredeverfahren. Durch die Korrektur bezüglich der Schiedsfähigkeit von Ansprüchen aus Termingeschäftsverträgen wird die Erwägung des Zweiten Senats, die objektive Schiedsfähigkeit als dogmatischen Anknüpfungspunkt für die Kontrolle von Schiedsvereinbarungen mit Blick auf Eingriffsnormen des Termingeschäftsrechts heranzuziehen, zunichtegemacht. Einen neuen Ansatzpunkt liefert der Dritte Senat in dieser Entscheidung jedoch nicht. Dies mag einerseits dadurch gerechtfertigt sein, dass der Senat keine Umgehungsgefahr bezüglich der deutschen Anlegerschutznormen erkannte; andererseits hätte sich gerade aufgrund der Geltung deutschen Rechts auch als Schiedsvereinbarungsstatut eine Klarstellung auf dieser Ebene angeboten. Stattdessen deutet sich der Urteilsbegründung eine Veränderung des Kontrollmaßstabs an. Während dieser zuvor deutlich in Richtung der Anwendung der Eingriffsnorm im Schiedsverfahren verschoben worden war, lässt sich der hiesige Hinweis auf die Kontrollmöglichkeit des Schiedsspruchs im Aufhebungsverfahren durchaus als Schritt zurück zum ordre public-Vorbehalt als Kontrollmaßstab auch für die Schiedsvereinbarung deuten.

---

216 BGH 6.6.1991 – III ZR 68/90, NJW 1991, 2215.
217 BGH 6.6.1991 – III ZR 68/90, NJW 1991, 2215 f.
218 BGH 6.6.1991 – III ZR 68/90, NJW 1991, 2215, 2216.

### d) *OLG Düsseldorf, Urteile vom 26. Mai 1995 und 8. März 1996*

#### aa) Sachverhalt und Entscheidungsgründe

Die Fakten der beiden Entscheidungen[219] stimmen in den wesentlichen Punkten überein und gleichen denen der anderen Termingeschäftsfälle: Die Kläger beauftragten über eine inländische Vermittlungsgesellschaft eine englische Brokerfirma mit der Durchführung von Termingeschäften an der Londoner Börse. Nach der vorformulierten Kundenvereinbarung sollten sämtliche Rechtsstreitigkeiten durch ein LCIA-Schiedsgericht in London unter Anwendung englischen Sachrechts beigelegt werden. Nachdem der Saldo des Brokerkontos infolge verlustreicher Spekulationsgeschäfte abgerutscht war, verlangten die Anleger über das zurückgezahlte Restguthaben hinaus auch die Erstattung der Differenz zum eingezahlten Betrag. Der Klage vor deutschen Gerichten hielten die beklagten Brokerunternehmen u.a. die Schiedseinrede entgegen.

Das OLG Düsseldorf wies die Schiedseinrede in beiden Fällen mit der Begründung zurück, die Schiedsvereinbarungen verstießen als überraschende Klauseln gegen das deutsche Klauselrecht und seien daher nicht wirksamer Vertragsinhalt geworden. Dazu invalidierten die Richter zunächst die Rechtswahl bezüglich des Hauptvertrags über Art. 29 EGBGB a.F. i.V.m. § 3 AGB a.F. und kamen so zu dem Ergebnis, dass der Hauptvertrag und in akzessorischer Anknüpfung auch die Schiedsvereinbarung nach deutschem Recht zu beurteilen seien.[220] Ebenso wie die Wahl englischen Rechts sei auch die Vereinbarung eines Londoner Schiedsgerichts unter den konkreten Umständen überraschend i.S.d. § 3 AGB a.F., sodass die Schiedsvereinbarung ebenfalls unwirksam sei.[221]

#### bb) Einordnung der Entscheidungen

Wie zuvor der BGH ist auch das OLG Düsseldorf sichtlich darum bemüht, Rechtsstreitigkeiten über Termingeschäfte von ausländischen Schiedsgerichten

---

219 OLG Düsseldorf 26.5.1996 – 17 U 240/94, IPRax 1997, 115 ff.; OLG Düsseldorf 8.3.1996 – 17 U 179/95, IPRax 1997, 118 ff.; dazu krit. *Thorn*, IPRax 1997, 98 ff.; *Mankowski*, RIW 1996, 1001 ff.; *Aden*, RIW 1997, 723 ff.

220 OLG Düsseldorf 26.5.1996 – 17 U 240/94, IPRax 1997, 115, 117; OLG Düsseldorf 8.3.1996 – 17 U 179/95, IPRax 1997, 118, 120.

221 OLG Düsseldorf 26.5.1996 – 17 U 240/94, IPRax 1997, 115, 117 f.; OLG Düsseldorf 8.3.1996 – 17 U 179/95, IPRax 1997, 118, 120 f. Zur Unwirksamkeit einer solchen Rechtswahl bereits OLG Düsseldorf 14.1.1994 – 17 U 129/93, RIW 1994, 420 f. mit krit. Anmerkung *Mankowski*, RIW 1994, 421 ff.

fernzuhalten. Überraschend ist dabei, dass neben dem Termin- und Differenzeinwand auch die Absicherung einer c.i.c.-Haftung wegen unzureichender Risikoaufklärung als Motiv für die Invalidierung der Schiedsvereinbarung genannt wird.[222] Auch wenn die deutschen Haftungsvorschriften insoweit strenger sein mögen als diejenigen des englischen Rechts, ist die Haftung aufgrund eines Verschuldens bei Vertragsschluss nicht international zwingend ausgestaltet. Dieser internationale Geltungsanspruch einer Norm war nach der bisherigen BGH-Rechtsprechung jedoch erforderlich, um einer Schiedsvereinbarung die Anerkennung zu versagen.

Darüber hinaus ist auch der – im Bestreben absolut positive – Versuch des Senats, die Unwirksamkeit der Schiedsvereinbarung auf eine eigene dogmatische Grundlage zu stellen, aus mehreren Gründen nicht gelungen. Über die sachliche Bewertung der Schiedsvereinbarung als überraschende Klausel mag man diskutieren können, wenngleich die Auffassung der Düsseldorfer Richter aufgrund der deutlichen Bezüge des Hauptvertrags zu England in diesem Fall doch eher überraschend erscheint als die vereinbarte Schiedsklausel.[223] Deutlicher als der Subsumtion unter § 3 AGBG a.F. (§ 305c Abs. 1 BGB) ist jedoch generell dem Rückgriff auf diese Vorschrift zur Bewertung der Schiedsvereinbarung zu widersprechen. Dies betrifft zum einen die kollisionsrechtlichen Irrwege, über die der Senat zur Geltung deutschen Rechts als Schiedsvereinbarungsstatut gelangt.[224] Zum anderen wurde in beiden Fällen völlig übersehen, dass der Anwendungsbereich des NYÜ eröffnet war, sodass die formelle Wirksamkeit der Schiedsvereinbarung nach Art. II Abs. 1 NYÜ zu beurteilen gewesen wäre.[225] Diese Vorschrift schließt als vereinheitlichtes Sachrecht jedoch nicht nur die strengeren schiedsrechtlichen Formvorschriften aus, sondern wegen des vergleichbaren Schutzzwecks auch die nationalen Vorschriften zur Abschlusskontrolle von

---

222 OLG Düsseldorf 26.5.1996 – 17 U 240/94, IPRax 1997, 115, 117; vgl. auch *Thorn*, IPRax 1997, 98, 104. Das unreflektierte Abstellen auf den Termin- und Differenzeinwand auch nach den Modifikationen durch das Gesetz zur Änderung des Börsengesetzes vom 11.7.1989, BGBl. I 1989, 1412 ff. kritisiert *Mankowski*, RIW 1996, 1001, 1003 f.

223 So auch *Mankowski*, EWiR 1996, 577, 578; *ders.*, RIW 1996, 1001 f., 1004; *Thorn*, IPRax 1997, 98, 104.

224 *Weller*, Ordre-public-Kontrolle internationaler Gerichtsstandsvereinbarungen, S. 206 f.; vgl. auch *Thorn*, IPRax 1997, 98, 103 f.

225 Darauf hinweisend auch *Thorn*, IPRax 1997, 98, 103, jedoch nur unter dem Blickwinkel der speziellen schiedsrechtlichen Formvorschriften.

AGB.[226] Aufgrund dieser Sperrwirkung des NYÜ hätte das Gericht bezüglich der Schiedsvereinbarung also selbst bei Geltung deutschen Rechts gar nicht auf § 3 AGBG a.F. (§ 305c Abs. 1 BGB) zurückgreifen dürfen. Der im ersten Urteil[227] obiter vorgenommene Rückgriff auf die Inhaltskontrolle gem. § 9 AGBG a.F. (§ 307 BGB) erscheint als dogmatischer Anknüpfungspunkt hingegen grundsätzlich denkbar, wobei insoweit auf jeden Fall Klarstellungen bezüglich der kollisionsrechtlichen Anknüpfung der Schiedsvereinbarung erforderlich sind.

### *e) BGH, Urteil vom 13. Januar 2005*

Das letzte Urteil auf Grundlage des BörsG traf der BGH am 13. Januar 2005.[228] Die Entscheidung ähnelt in weiten Teilen derjenigen vom 6. Juni 1991, deutet im Detail allerdings gewisse Unterschiede an.

#### aa) Sachverhalt und Entscheidungsgründe

Der Sachverhalt entsprach in allen hier wesentlichen Punkten der Konstellation der eingangs erwähnten Entscheidung.[229] Neben der Zuständigkeit eines inländischen Schiedsgerichts und der Geltung deutschen Sachrechts hatten die Parteien noch zusätzlich vereinbart, dass der Vorsitzende des Schiedsgerichts die Befähigung zum deutschen Richteramt nachweisen muss. Wie zu erwarten, erkannte der BGH die Schiedsvereinbarung in diesem Fall ebenfalls an. Unter Verweis auf seine vorherige Entscheidung stellte der Senat fest, dass bei einer Schiedsabrede in dieser Form nicht von vornherein angenommen werden könne, dass das Schiedsgericht zwingende Vorschriften des deutschen Rechts missachtet. Daher benachteilige die Vereinbarung den Anleger nicht unangemessen i.S.d. § 9 AGBG a.F. (§ 307 BGB).[230]

#### bb) Einordnung der Entscheidung

Im Ergebnis ist diese Entscheidung keineswegs überraschend.[231] Weniger vorhersehbar waren hingegen zwei Elemente der Urteilsbegründung: Erstens hat

---

226 *Samtleben*, IPRax 2011, 469, 473; *Schwab/Walter*, Kap. 44 Rn. 9; ausführlicher zum Verhältnis zwischen Art. II NYÜ und den deutschen AGB-Vorschriften unten § 7 B. V. 1. a) aa).

227 OLG Düsseldorf 26.5.1996 – 17 U 240/94, IPRax 1997, 115, 118; vgl. auch *Aden*, RIW 1997, 723, 725.

228 BGH 13.1.2005 – III ZR 265/03, BGHZ 162, 9 ff.

229 Dazu oben § 3 B. III. 1. c).

230 BGH 13.1.2005 – III ZR 265/03, BGHZ 162, 9, 18 f.

231 Dies gilt jedenfalls in dem hier primär relevanten Punkt der sachnormzweckverteidigenden Kontrolle von Schiedsvereinbarungen. Den Kern der Entscheidung bildeten

hier nun auch der BGH seine Überlegungen zur Kontrolle einer Schiedsvereinbarung zwecks Absicherung deutscher Sachnormen ausdrücklich innerhalb eines klaren dogmatischen Rahmens vorgenommen. Er nennt erstmals eine Rechtsvorschrift, aus der sich die Unwirksamkeit der Schiedsvereinbarung ergeben soll. Wie bereits das OLG Düsseldorf wählte der Senat dabei den Weg über das Klauselrecht. Den kollisionsrechtlichen Problemen, mit welchen sich die Düsseldorfer Richter konfrontiert sahen, entging der BGH aufgrund der Maßgeblichkeit deutschen Rechts auch für die Schiedsvereinbarung. Dass auch die Karlsruher Richter mit keinem Wort auf das NYÜ eingingen, mag man wohlwollend damit erklären, dass der Anwendungsbereich des Übereinkommens in diesem Fall nicht eröffnet war.[232]

Die zweite Neuigkeit betrifft die Sachnormen, deren Berücksichtigung auch im Schiedsverfahren sichergestellt werden soll. Hier werden neben dem Termin- und dem Differenzeinwand auch deliktische Haftungsvorschriften genannt.[233] Ebenso wie zuvor das OLG Düsseldorf zieht der BGH also offenbar auch solche Normen in Erwägung, denen kein international zwingender Geltungsanspruch zukommt und weicht damit von seiner bisherigen Rechtsprechung ab. Danach konnte einer Zuständigkeitsvereinbarung die Anerkennung gerade nicht bereits deshalb versagt werden, weil sie die Anwendung national zwingenden Rechts verhindert; erforderlich war vielmehr die Betroffenheit international zwingenden Rechts.[234]

## 2. *Deliktische Brokerhaftung*

Die zweite Phase im Kontext von Termingeschäften entstammt der jüngeren Vergangenheit und umfasst eine wahre Flut von Brokerhaftungsfällen vor dem OLG Düsseldorf. Gegenstand der dort ausgetragenen Rechtsstreitigkeiten waren Schadensersatzforderungen deutscher Anleger gegen US-amerikanische Brokerunternehmen wegen Verlusten aus Spekulationsgeschäften. Der materiellrechtliche Rahmen für diese Entscheidungen ergab sich u.a. aus dem Termingeschäftsrecht des WpHG, welches den Termin- und Differenzeinwand nicht mehr vorsah.[235] Aus schiedsverfahrensrechtlicher Sicht war die entscheidende

---

allerdings andere Fragestellungen, vgl. *Huber/Bach*, SchiedsVZ 2005, 98 ff.; *Wagner/Quinke*, JZ 2005, 932 ff.

232 Zum Anwendungsbereich des NYÜ in der Einredesituation siehe oben § 2 D. I.

233 BGH 13.1.2005 – III ZR 265/03, BGHZ 162, 9, 18 f.

234 Ausdrücklich BGH 12.3.1984 – II ZR 10/83, NJW 1984, 2037; BGH 30.1.1961 – VII ZR 180/60, NJW 1961, 1061, 1062; vgl. auch *Niedermaier*, SchiedsVZ 2012, 177, 182; *Sachs/Niedermaier*, FS v. Hoffmann, S. 1051, 1064.

235 Zur Entwicklung des Termingeschäftsrechts siehe oben § 2 C. I.

Frage, ob sich die beklagten Brokerfirmen auf die in den Verträgen enthaltenen Schiedsklauseln berufen konnten.

Das OLG Düsseldorf verneinte regelmäßig eine Bindung der deutschen Anleger an die Schiedsvereinbarung und wies die Schiedseinrede der Beklagten zurück. Die Begründung für die Unbeachtlichkeit der Schiedsabrede variiert dabei in Abhängigkeit von den Einzelheiten der jeweiligen Konstellation: Soweit die Anleger keine Kaufleute waren, fehlte es bereits gem. § 37h WpHG a.F. (§ 101 WpHG n.F.) an deren subjektiver Schiedsfähigkeit.[236] In anderen Fällen wurde auf die mangelnde personelle bzw. sachliche Reichweite[237] der Schiedsvereinbarung oder deren Formunwirksamkeit[238] abgestellt. Daneben stützte sich das OLG Düsseldorf in mehreren Urteilen, bei denen diese typischen Gründe für eine fehlende Schiedsbindung nicht einschlägig waren, auf die Rechtswahlschranke des Art. 42 EGBGB. Diese Vorschrift schließt für außervertragliche Schuldverhältnisse, also u.a. für unerlaubte Handlungen, eine antizipierte Rechtswahl aus.[239] Der darauf bezogene Argumentationsansatz weist Parallelen zu der zuvor dargestellten Rechtsprechung des BGH auf und soll daher näher erörtert werden.

### a) *Sachverhalt und Entscheidungsgründe*

Den Entscheidungen lag ein im Wesentlichen ähnlicher Sachverhalt zugrunde.[240] US-amerikanische Brokerunternehmen hatten, vermittelt durch in Deutschland ansässige Finanzdienstleister, deutschen Anlegern den Zugang zu Spekulationsgeschäften an ausländischen Börsen ermöglicht. Die Transaktionskonten wurden nach den Allgemeinen Geschäftsbedingungen der Broker geführt, die für sämtliche Streitigkeiten zwischen den Parteien die Zuständigkeit eines Schiedsgerichts in den USA vorsahen. Regelmäßig war die Schiedsvereinbarung durch eine Wahl des Rechts des Bundesstaats New York ergänzt, nur in Einzelfällen lag

236 So etwa OLG Düsseldorf 29.12.2009 – 6 U 9/09 (juris-Rn. 72); OLG Düsseldorf 7.5.2009 – 6 U 96/08 (juris-Rn. 63); OLG Düsseldorf 19.3.2009 – 6 U 46/08 (juris-Rn. 52); OLG Düsseldorf 2.2.2009 – 9 U 163/08 (juris-Rn. 37 ff.); OLG Düsseldorf 16.6.2008 – 9 U 17/08 (juris-Rn. 52); OLG Düsseldorf 6.3.2008 – 6 U 109/07 (juris-Rn. 31).

237 OLG Düsseldorf 28.4.2008 – 9 U 157/07 (juris-Rn. 27 ff.).

238 OLG Düsseldorf 9.2.2007 – 17 U 257/06 (juris-Rn. 30 ff.); OLG Düsseldorf 16.1.2009 – 16 U 68/08 (juris-Rn. 24 f.).

239 BGH 8.2.2011 – XI ZR 168/08, NJW-RR 2011, 1188, 1191; BeckOGK/*Fornasier*, EGBGB, Art. 42 Rn. 10; MüKo-BGB/*Junker*, EGBGB Art. 42 Rn. 21.

240 Beispielhaft OLG Düsseldorf 3.2.2011 – 6 U 35/09 (juris-Rn. 1 ff.); vgl. auch *Niedermaier*, SchiedsVZ 2012, 177, 178.

keine Rechtswahl vor. Die Brokerunternehmen führten die gewünschten Termingeschäfte auf Weisung der inländischen Finanzdienstleister aus und belasteten die Transaktionskonten der Anleger mit den festgelegten Gebühren und Provisionen. Die Kostenstruktur der Finanzdienstleister war dabei von vornherein so ausgestaltet, dass die Anleger praktisch keine Chance hatten, Gewinne zu erzielen. Ein solches Geschäftsmodell erfüllt nach der Rechtsprechung des BGH grundsätzlich den Tatbestand der vorsätzlichen sittenwidrigen Schädigung gem. § 826 BGB.[241] Nach Eintritt erheblicher Verluste klagten die Anleger gegen die Brokerfirmen vor deutschen Gerichten und machten deliktische Schadensersatzansprüche wegen Beteiligung an einer sittenwidrigen Schädigung geltend. Die Beklagten erhoben demgegenüber mit Verweis auf ihre Vertragsbedingungen die Einrede der Schiedsgerichtsbarkeit.

Das OLG Düsseldorf wies die Schiedseinrede in allen Fällen, in denen diese durch eine korrespondierende Rechtswahlklausel zugunsten des New Yorker Rechts ergänzt wurde, zurück. Eine Schiedsabrede, mit der sich die Parteien wegen künftiger deliktischer Schadensersatzansprüche einer ausländischen Schiedsgerichtsbarkeit unterwerfen, sei gem. Art. 42 EGBGB unwirksam, wenn die Schiedsklausel mit der Wahl ausländischen Rechts verbunden sei.[242] Art. 42 EGBGB solle gewährleisten, dass ein Rechtsstreit über die unerlaubte Handlung in der vorliegenden Konstellation nach deutschem Recht entschieden wird. Aufgrund der ergänzenden Rechtswahl sei bei einer Entscheidung durch das vereinbarte Schiedsgericht allerdings kaum zu erwarten, keinesfalls aber hinreichend sicher, dass deutsches Recht zur Anwendung kommt. „Um dem Gedanken des Art. 42 EGBGB Rechnung zu tragen“, müsse „daher die Unwirksamkeit der Rechtswahl auf die Schiedsabrede durchschlagen“.[243] Eine Anerkennung der Schiedsvereinbarung komme nur dann in Betracht, wenn sie nicht mit der Wahl ausländischen Rechts verknüpft sei.[244]

---

241 BGH 9.3.2010 – XI ZR 93/09, BGHZ 184, 365, 373 m.w.N.; BGH 13.7.2004 – VI ZR 136/03, WM 2004, 1768 ff. („churning“); näher dazu *Jäger*, MDR 2010, 903 ff.

242 OLG Düsseldorf 3.2.2011 – 6 U 35/09 (juris-Rn. 37); ebenso OLG Düsseldorf 29.12.2009 – 6 U 9/09 (juris-Rn. 81); OLG Düsseldorf 7.5.2009 – 6 U 96/08 (juris-Rn. 74); OLG Düsseldorf 19.3.2009 – 6 U 46/08 (juris-Rn. 63); OLG Düsseldorf 19.2.2009 – 6 U 110/07 (juris-Rn. 42); OLG Düsseldorf 17.11.2008 – 9 U 87/08 (juris-Rn. 51); OLG Düsseldorf 16.6.2008 – 9 U 17/08 (juris-Rn. 55); OLG Düsseldorf 6.3.2008 – 6 U 109/07 (juris-Rn. 41).

243 OLG Düsseldorf 3.2.2011 – 6 U 35/09 (juris-Rn. 37); ebenso bzw. ähnlich die weiteren in Fn. 242 angegebenen Entscheidungen.

244 OLG Düsseldorf 3.2.2011 – 6 U 35/09 (juris-Ls. 3).

### *b) Einordnung der Entscheidungen*

Die auf Art. 42 EGBGB gestützte Argumentation des OLG Düsseldorf wurde vom BGH weder ausdrücklich gebilligt noch ausdrücklich zurückgewiesen.[245] Sie erinnert jedoch in einigen Teilen an seine Rechtsprechung zum Termin- und Differenzeinwand, deren Nichtbeachtung im Schiedsverfahren zur Unwirksamkeit der Schiedsabrede führen kann.[246] Auch die Düsseldorfer Richter versagten einer Schiedsvereinbarung die Anerkennung aufgrund der Erwartung, dass das Schiedsgericht deutsches Sachrecht nicht zur Anwendung bringen wird; auch sie folgerten die Unwirksamkeit der Schiedsvereinbarung aus einer Einschränkung der Rechtswahlfreiheit in der Hauptsache.

Der wesentliche Unterschied zur jahrelangen BGH-Rechtsprechung besteht allerdings darin, dass die Kläger vorliegend ihre Ansprüche ausschließlich auf Normen aus dem allgemeinen Deliktsrecht stützten, deren Missachtung im Schiedsverfahren befürchtet wurde. Die Vorschriften des deutschen Deliktsrechts, einschließlich des Tatbestands der sittenwidrigen Schädigung, sind jedoch – anders als seinerzeit der Termin- und Differenzeinwand – gerade kein international zwingendes Recht.[247] Auch besteht der Zweck des Art. 42 EGBGB nicht darin, kollisionsrechtlich die Anwendung deutschen Deliktsrechts sicherzustellen: Die Vorschrift erklärt gerade nicht automatisch deutsches Recht für anwendbar, sondern überlässt die Anknüpfung den allgemeinen Regeln.[248] In dogmatischer Hinsicht ist erstaunlich, dass das Gericht nicht den Weg über die Inhaltskontrolle nach dem Schiedsvereinbarungsstatut gewählt hat, den es zuvor ja bereits selbst einmal obiter beschritten hatte.[249] Die ersatzweise Heranziehung

---

245 Der BGH lässt lediglich erkennen, dass eine Schiedsvereinbarung jedenfalls dann anzuerkennen sei, wenn keine korrespondierende Rechtswahl getroffen wurde, vgl. BGH 8.6.2010 – XI ZR 349/08, SchiedsVZ 2011, 46, 48. Soweit in den übrigen Fällen die Zulässigkeit der Klagen bestätigt wurde, ergab sich die Unwirksamkeit der Schiedsvereinbarung aus anderen Gründen, vgl. etwa BGH 22.3.2011 – XI ZR 22/10 (juris-Rn. 16 ff.); BGH 22.3.2011 – XI ZR 157/09 (juris-Rn. 16 ff.); BGH 25.1.2011 – XI ZR 351/08 (juris-Rn. 17 ff.).

246 So auch *Niedermaier*, SchiedsVZ 2012, 177, 182; *Samtleben*, IPRax 2011, 469, 479.

247 *Niedermaier*, SchiedsVZ 2012, 177, 182; *ders.*, Schiedsvereinbarungen in strukturellen Ungleichgewichtslagen, S. 307 f.

248 BGH 8.2.2011 – XI ZR 168/08, NJW-RR 2011, 1188, 1191; *Samtleben*, IPRax 2011, 469, 479. Zum Zweck der Regelung vgl. BeckOGK/*Fornasier*, EGBGB, Art. 42 Rn. 8.

249 Dabei wäre bei einer Inhaltskontrolle der Schiedsklausel sowohl nach deutschem als auch nach US-amerikanischem Schiedsvereinbarungsstatut deren Unwirksamkeit bereits wegen des vereinbarten Tagungsorts in Betracht gekommen, vgl. *Niedermaier*,

des Art. 42 EGBGB verwischt nicht nur endgültig die Grenzen zwischen den Schranken einer Rechtswahl in der Hauptsache und denen einer Schiedsvereinbarung[250], sondern führt auch zu inkonsequenten Ergebnissen: Die Besorgnis, das vereinbarte Schiedsgericht werde aufgrund der Rechtswahl nicht nach deutschem Sachrecht entscheiden, zeigt, dass die Richter darauf abzielen, die Anwendung des deutschen Deliktsrechts sicherzustellen. Um dieses Ziel zu erreichen, müsste der Schiedsvereinbarung aber auch dann die Anerkennung versagt werden, wenn diese nicht mit einer Rechtswahl verknüpft ist. Denn auch bei fehlender Rechtswahl ist – um mit den Worten der Düsseldorfer Richter zu sprechen – „keinesfalls sicher“[251], dass ein Schiedsgericht in den USA unter den vorliegenden Umständen zur Anwendung deutschen Deliktsrechts gelangt. Dennoch verweist das OLG Düsseldorf den Anleger in dieser Konstellation auf das vereinbarte Schiedsverfahren – wohl notgedrungen, weil der der Weg über Art. 42 EGBGB mangels Rechtswahl ausscheidet.[252]

Bei alledem geht nahezu unter, dass das OLG Düsseldorf auch den Maßstab bezüglich der Frage, ob im Schiedsverfahren deutsches Recht zur Anwendung gelangt, komplett umgekehrt hat. Während bisher auf darauf abgestellt wurde, dass der Ausschluss deutschen Rechts feststeht, wurde in den Brokerhaftungsfällen gefragt, ob die Anwendung deutschen Rechts im Schiedsverfahren sicher sei.[253]

Zusammengefasst lässt sich festhalten, dass das OLG Düsseldorf in seiner Entscheidungsserie eine neue Begründung für die Invalidierung einer Schiedsvereinbarung zur Verteidigung deutscher Sachnormen gefunden und deren Voraussetzungen gleich in doppelter Hinsicht deutlich abgesenkt hat: Es erstreckt den Schutz auf lediglich einfach zwingende Normen und verlangt für die Anerkennung der Schiedsabrede, dass die Beachtung der deutschen Sachnorm

---

SchiedsVZ 2012, 177, 183 m.w.N. Zu einer unangemessenen Benachteiligung aufgrund eines entfernten Schieds-/Verhandlungsorts näher unten § 7 B. V. 3. a) aa).

250 *Niedermaier*, SchiedsVZ 2012, 177, 182.

251 So OLG Düsseldorf 3.2.2011 – 6 U 35/09 (juris-Rn. 37); OLG Düsseldorf 19.2.2009 – 6 U 110/07 (juris-Rn. 42); OLG Düsseldorf 17.11.2008 – 9 U 87/08 (juris-Rn. 51). Das Gericht stellte sogar selbst fest, dass die engste Verbindung des Rechtsverhältnisses zum US-Bundesstaat New Jersey besteht, vgl. OLG Düsseldorf 3.2.2011 – 6 U 35/09 (juris-Rn. 82).

252 OLG Düsseldorf 3.2.2011 – 6 U 35/09 (juris-Ls. 3, Rn. 74 ff.); vgl. auch BGH 8.6.2010 – XI ZR 349/08, SchiedsVZ 2011, 46, 48.

253 OLG Düsseldorf 3.2.2011 – 6 U 35/09 (juris-Rn. 37); ebenso die weiteren in Fn. 242 genannten Entscheidungen.

im Schiedsverfahren nachgewiesen wird. Dabei wäre die Anwendung deutschen Deliktsrechts im Ergebnis wohl gar nicht notwendig gewesen, um den Anlegern eine Grundlage für Haftungsansprüche zu bieten, da auch das vereinbarte US-amerikanische Recht bei solchen Anlagemodellen eine Brokerhaftung vorsieht.[254]

## IV. Rechtsprechung zum Handelsvertreterausgleich

Materiellrechtlicher Befassungsgegenstand der jüngsten Entscheidungen zur Kontrolle von Schiedsvereinbarungen mit Blick auf Eingriffsnormen war wieder das Handelsvertreterrecht. Bezieht man die Grundsatzentscheidung von 1961 mit ein, umrahmt dieser Rechtsbereich die deutsche Rechtsprechung zu dieser Problematik. Wie die damalige BGH-Entscheidung hatten auch die beiden nachfolgend analysierten Fälle die Klage eines deutschen Handelsvertreters zum Gegenstand, der den nachvertraglichen Ausgleichsanspruch gem. § 89b HGB geltend machte. Soweit für die vorliegende Problemstellung von Relevanz, hatte sich der sachliche Inhalt der Vorschrift in der Zwischenzeit nicht maßgeblich verändert. Wesentliche Bedeutung für die neueren Entscheidungen hatten allerdings die zwischenzeitlich erlassene EU-Handelsvertreterrichtlinie und die dazu ergangene *Ingmar*-Entscheidung des EuGH, nach der die Vorschriften zum Handelsvertreterausgleich als international zwingende Normen einzuordnen sind.[255]

### *1. OLG München, Urteil vom 17. Mai 2006*

Mit diesen europarechtlichen Vorgaben war das OLG München im Jahr 2006 mit der Gültigkeit einer Schiedsvereinbarung in einem Handelsvertretervertrag befasst.[256] Im Mittelpunkt der viel beachteten Entscheidung stand die Frage, welche Auswirkungen eine eventuelle Missachtung der deutschen Vorschrift zum Handelsvertreterausgleich in § 89b HGB durch das vereinbarte Gericht auf die Anerkennung der Schiedsvereinbarung hat.

---

254 *Samtleben*, IPRax 2011, 469, 479; Reithmann/Martiny/*Hausmann*, Rn. 8.379; vgl. etwa *Mihara v. Dean Witter & Co. Inc.*, 619 F.2d 814 (9th Cir. 1980); *Nesbit v. McNeil*, 896 F.2d 380 (9th Cir. 1990); näher zur US-amerikanischen Churning-Doktrin bei Termingeschäften *Holl/Kessler*, RIW 1995, 983 f.

255 EuGH 9.11.2000, C-381/98 (*Ingmar*), Rn. 20 ff., IPRax 2001, 225, 227; dazu näher oben § 2 C. II.

256 OLG München 17.5.2006 – 7 U 1781/06, IPRax 2007, 322 ff.

*a) Sachverhalt und Entscheidungsgründe*

Grundlage des Rechtsstreits war ein Vertrag zwischen einem nahe München ansässigen Vertriebsunternehmen und einem US-amerikanischen Hersteller von Halbleiterbausteinen mit Sitz in Kalifornien. Die deutsche Gesellschaft agierte als Handelsvertreter für den Vertrieb der Halbleiterbausteine auf dem europäischen Markt. Neben der Geltung kalifornischen Rechts hatten die Parteien ein Schiedsverfahren nach den Regeln der AAA vereinbart.[257] Parallel dazu enthielt der Vertriebsvertrag auch noch eine Gerichtsstandsvereinbarung zugunsten kalifornischer Gerichte. Nach Kündigung des Vertrags durch die Gegenseite verlangte der Handelsvertreter eine Entschädigung gem. § 89b HGB und klagte vor einem deutschen Gericht. Die Beklagte machte u.a. die Schiedseinrede geltend.

Das OLG München hob die klageabweisende Entscheidung der Vorinstanz[258] auf und ließ die Klage vor deutschen Gerichten zu. Nach seiner Auffassung waren sowohl die Gerichtsstands- als auch die Schiedsvereinbarung aus demselben Grund nicht anzuerkennen. In der Urteilsbegründung ging das Gericht zunächst ausführlich auf die *Ingmar*-Entscheidung des EuGH ein und übertrug diese auf das nationale Handelsvertreterrecht: In richtlinienkonformer Auslegung sei § 89b HGB als deutsche Umsetzungsnorm zum Ausgleichsanspruch des Handelsvertreters als international zwingende Eingriffsnorm im Sinne des Art. 34 EGBGB a.F. einzustufen.[259] Zur Frage einer Derogation habe sich der EuGH in seinem Urteil zwar nicht geäußert. Jedoch ergebe sich durch die Vereinbarung eines drittstaatlichen Gerichtsstands und der Wahl des dortigen Sachrechts aus dem international zwingenden Charakter des § 89b HGB zugleich ein Derogationsverbot, weil „nur so Geltung und Durchsetzbarkeit des zwingenden deutschen Rechts sichergestellt werden könnten".[260] Den Einwand der Beklagten,

---

257 Ziffer 14.2 des in englischer Sprache formulierten Vertrages enthielt folgende Regelung: „Sämtliche Streitigkeiten und Unstimmigkeiten, die durch oder im Zusammenhang mit diesem Vertrag zwischen den Parteien auftreten, werden endgültig durch einen Schiedsspruch gemäß den Regelungen der American Arbitration Association, an welchen beide Parteien gebunden sind, beigelegt.", vgl. OLG München 17.5.2006 – 7 U 1781/06, IPRax 2007, 322.

258 LG München I 5.12.2005 – 15 HKO 23703/04 (abrufbar unter http://www.dis-arb.de/de/47/datenbanken/rspr/lg-m%C3%BCnchen-i-az-15-hko-23703-04-datum-2005-12-05-id660; Stand: 10.7.2018).

259 OLG München 17.5.2006 – 7 U 1781/06, IPRax 2007, 322, 323.

260 OLG München 17.5.2006 – 7 U 1781/06, IPRax 2007, 322, 323 unter Verweis auf das Grundsatzurteil des BGH vom 30.1.1961 sowie die nachfolgende Rechtsprechung zur Verfrachterhaftung und den Börsentermingeschäften; dazu oben § 3 B. I., II. und III.

es sei keineswegs sicher, dass das prorogierte Gericht die deutschen Vorschriften über den Handelsvertreterausgleich nicht anwenden wird, wiesen die Richter als unerheblich zurück. Für ein Derogationsverbot sei bereits ausreichend, dass „die naheliegende Gefahr besteht, dass das Gericht des Drittstaats zwingendes deutsches Recht nicht zur Anwendung bringt".[261] Diese Gefahr sei vorliegend aufgrund der getroffenen Rechtswahl zugunsten kalifornischen Rechts gegeben. Daher seien weder die Gerichtsstandsvereinbarung noch die Schiedsvereinbarung, für die „Entsprechendes" zu gelten habe, anzuerkennen.[262] Eine EuGH-Vorlage lehnte der Senat mit der Begründung ab, die zuständigkeitsrechtlichen Folgen des – durch die *Ingmar*-Entscheidung feststehenden – international zwingenden Charakters des Ausgleichsanspruchs ergäben sich allein aus dem nationalen Recht.[263]

### b) Einordnung der Entscheidung

Diese Entscheidung des OLG München hat in der Literatur erhebliche Reaktionen ausgelöst.[264] Dies war sicherlich weniger der Tatsache geschuldet, dass das Gericht die Vorschrift des § 89b HGB in Fortführung der *Ingmar*-Entscheidung als international zwingende Norm im Sinne des Art. 34 EGBGB (Art. 9 Abs. 1 Rom I-VO) einstufte. Und auch die Herleitung eines Derogationsverbots erscheint mit Blick auf die vorangegangene Praxis der Rechtsprechung zumindest im Grundsatz nicht übermäßig überraschend. Schließlich hatte der BGH in seiner Grundsatzentscheidung im Jahr 1961 die Zuständigkeitsvereinbarung nur deshalb anerkannt, weil er den Ausgleichsanspruch des Handelsvertreters nicht als wesentlichen Grundsatz des deutschen Rechts ansah.[265] Insoweit hatte sich die Situation durch die *Ingmar*-Entscheidung des EuGH jedoch maßgeblich verändert, sodass eine Neubewertung des Zusammenhangs zwischen

---

261 OLG München 17.5.2006 – 7 U 1781/06, IPRax 2007, 322, 324.

262 OLG München 17.5.2006 – 7 U 1781/06, IPRax 2007, 322, 324. Nähere Ausführungen zu einer möglichen Perplexität von Schieds- und Gerichtsstandsvereinbarung waren damit entbehrlich, vgl. dazu Reithmann/Martiny/*Hausmann*, Rn. 8.201 ff.; *Stebler*, ASA Bull. 2013, 27 ff.

263 OLG München 17.5.2006 – 7 U 1781/06, IPRax 2007, 322, 324.

264 Krit. etwa *Dathe*, NJOZ 2010, 2196, 2199 f.; *Horn*, SchiedsVZ 2008, 209, 217 f.; *Quinke*, SchiedsVZ 2007, 246, 247 ff.; *Rühl*, IPRax 2007, 294, 297 ff.; *Thorn/Grenz*, in: Conflict of Laws in International Arbitration, S. 187, 195 ff.; zurückhaltender *Gräfe/Giesa*, ZVertriebsR 2014, 29, 31 f.; *Kleinheisterkamp*, RabelsZ 79 (2009), 818, 828 ff.; zustimmend hingegen *Emde*, EWiR 2006, 621 f.; *Thume*, IHR 2006, 166, 169 f.

265 Siehe oben § 3 B. I.

§ 89b HGB und der Anerkennung einer Schiedsvereinbarung im Lichte dieser Entscheidung durchaus vorhersehbar war.

Allerdings versäumte auch das OLG München, eine rechtliche Grundlage für die Unwirksamkeit der Schiedsvereinbarung zu nennen. Das Gericht beschränkte sich auf die knappe Feststellung, aus § 89b HGB folge ein Derogationsverbot, welches auch die Schiedsvereinbarung invalidiere. Dabei vollzog das Gericht endgültig den Schritt, der sich zu Beginn der Rechtsprechung zum Termingeschäft bereits angedeutet hatte: Kontrollmaßstab ist nicht mehr der ordre public-Vorbehalt, sondern die Frage, ob die berufenen Gerichte „zur Anwendung der deutschen Vorschriften über den Handelsvertreterausgleich gelangen", d.h. also die Eingriffsnorm selbst.[266] Bei der Beantwortung dieser Frage wurden die Voraussetzungen eines Derogationsverbots noch weiter abgesenkt. Während bisher auf den feststehenden Ausschluss deutschen Rechts abgestellt wurde[267], begnügte sich der Senat für eine negative Antwort mit der naheliegenden Gefahr einer Nichtanwendung deutscher Eingriffsnormen. Da die Richter dafür bereits die Wahl eines ausländischen Rechts ausreichen ließen, ohne auch nur ansatzweise eine mögliche Berücksichtigung statutsfremder Eingriffsnormen durch ein Schiedsgericht zu erwägen, mag man die Entscheidung durchaus als „Freibrief" zur Nichtanerkennung von Schiedsvereinbarungen verstehen.[268] Dieser Eindruck wird dadurch bestätigt, dass das Gericht im Rahmen seiner apodiktisch knappen Aussagen zur Unwirksamkeit der Schiedsvereinbarung einen wesentlichen Punkt völlig übersieht: Aufgrund der Vereinbarung eines US-amerikanischen Schiedsverfahrens wäre eine Auseinandersetzung mit internationalen Übereinkommen, insbesondere dem NYÜ, und deren Auswirkungen auf die

---

266 OLG München 17.5.2006 – 7 U 1781/06, IPRax 2007, 322, 324; insoweit unentschieden *Rühl*, IPRax 2007, 294, 297.

267 So ausdrücklich BGH 15.6.1987 – II ZR 124/86, NJW 1987, 3193, 3194, auf den sich das OLG München u.a. bezieht.

268 *Rühl*, IPRax 2007, 294, 298; *dies.*, 6 ERPL (2007), 891, 897; krit. auch *Semler*, ZVertriebsR 2016, 139, 142; *Quinke*, SchiedsVZ 2007, 246, 249; zurückhaltender *Kleinheisterkamp*, RabelsZ 79 (2009), 818, 827, 829 f. Ganz anders hingegen noch die Vorinstanz: „Es ist nicht ersichtlich, dass ein solches Schiedsgericht die Argumente der Klägerin für den von ihr geltend gemachten Anspruch, auch wenn diese auf Rechtsprechung des Europäischen Gerichtshofes zurückgehen, nicht bei seiner Entscheidungsfindung berücksichtigen wird.", vgl. LG München I 5.12.2005 – 15 HKO 23703/04 (abrufbar unter http://www.dis-arb.de/de/47/datenbanken/rspr/lg-m%C3%BCnchen-i-az-15-hko-23703-04-datum-2005-12-05-id660; Stand: 10.7.2018).

Anerkennung der Schiedsabrede erforderlich gewesen. Darauf geht das Urteil jedoch mit keiner einzigen Silbe ein.

### 2. *OLG Stuttgart, Beschlüsse vom 29. Dezember 2011 und 16. Januar 2012*

Einige Zeit später hatte das OLG Stuttgart[269] erneut die Gelegenheit, sich zu den Auswirkungen des § 89b HGB auf eine Zuständigkeitsvereinbarung zu äußern. Eine Besonderheit des Falles bestand in seinem erweiterten Streitgegenstand, der erstmals eine Antwort auf die Frage erforderlich machte, in welchem Umfang der Zuständigkeitsvereinbarung die Anerkennung versagt werden kann.

#### *a) Sachverhalt und Entscheidungsgründe*

Im Grundsatz lag den Beschlüssen die klassische Handelsvertreter-Konstellation zugrunde. Der deutsche Kläger war als solcher für ein US-amerikanisches Unternehmen in mehreren europäischen Ländern tätig. Der Vertriebsvertrag war dem Recht des US-Bundesstaats Virginia unterstellt und sah die ausschließliche Zuständigkeit der dortigen Gerichte vor. Nach Vertragsbeendigung machte der Handelsvertreter allerdings nicht nur den Ausgleichsanspruch, sondern auch die Zahlung ausstehender Provisionen vor einem deutschen Gericht geltend. Die Beklagte rügte unter Hinweis auf die Gerichtsstandsvereinbarung die internationale Zuständigkeit deutscher Gerichte.

Das OLG Stuttgart hielt die Derogation für unwirksam und ließ die Klage in vollem Umfang zu.[270] Trotz der Wirksamkeit nach dem auf sie anwendbaren amerikanischen Recht sei die Gerichtsstandsvereinbarung ausnahmsweise unbeachtlich. Unter Verweis auf die vorangegangene Rechtsprechung stellte der Senat noch einmal klar, dass eine Gerichtsstandsvereinbarung nicht anerkannt werden könne, wenn sie in Verbindung mit einer Rechtswahl dazu führt, dass

---

269 OLG Stuttgart 29.12.2011 – 5 U 126/11 (Hinweisbeschluss), IHR 2012, 163 ff. und OLG Stuttgart 16.1.2012 – 5 U 126/11 (Zurückweisungsbeschluss), IHR 2012, 166 f.

270 Die folgende Nichtzulassungsbeschwerde wurde zurückgewiesen, vgl. BGH 5.9.2012 – VII ZR 25/12, IHR 2013, 35 f. Dabei ging es primär um die Durchführung eines Vorabentscheidungsverfahrens, welches auch der BGH nicht für veranlasst hielt. Es bestehe „keinerlei Raum für vernünftige Zweifel", dass die Handelsvertreterrichtlinie es jedenfalls nicht ausschließt, einer Gerichtsstandsvereinbarung die Anerkennung zu versagen, um die Anwendung der zwingenden Vorschriften über den Ausgleichsanspruch sicherzustellen. Dazu krit. *Antomo*, IHR 2013, 225, 234 f.; für eine EuGH-Vorlage zuvor bereits *Rühl*, IPRax 2007, 294, 299 f.; a.A. *Quinke*, SchiedsVZ 2007, 246, 252.

deutsche Eingriffsnormen vor dem berufenen Gericht nicht zur Anwendung gelangen. Dies sei in der vorliegenden Konstellation im Hinblick auf § 89b HGB sicher zu erwarten, da die Parteien die Geltung drittstaatlichen Rechts vereinbart und den Ausgleichsanspruch auch vertraglich explizit ausgeschlossen hätten.[271] Das Derogationsverbot bestehe auch unabhängig von der Anerkennungsfähigkeit der ausländischen Entscheidung gem. § 328 Abs. 1 Nr. 4 ZPO. Denn bei der zu erwartenden Ablehnung des Ausgleichsanspruchs existiere überhaupt keine vollstreckbare Hauptsacheentscheidung, sodass die Vorschriften zum Handelsvertreterausgleich „endgültig unbeachtet" blieben, was jedoch der *Ingmar*-Entscheidung des EuGH widerspräche.[272] Die Unwirksamkeit der Gerichtsstandsvereinbarung auch im Hinblick auf die geforderten Provisionen begründete der Senat primär damit, dass eine Gerichtsstandsvereinbarung grundsätzlich alle Ansprüche aus einem Rechtsverhältnis erfasse, sodass – anders als bei einer Rechtswahl – eine teilweise Aufrechterhaltung nicht geboten sei. Zudem widerspreche eine Aufsplittung der Zuständigkeit jedenfalls dann dem Grundsatz der Prozessökonomie, wenn – wie vorliegend – der Vertrag beendet sei.[273]

### b) *Einordnung der Entscheidung*

Bei der Einordnung der Entscheidung ist zwischen der bereits bekannten, generellen Frage nach der Auswirkung des § 89b HGB auf die Anerkennung einer Zuständigkeitsvereinbarung und der Frage nach der Reichweite eines etwaigen Derogationsverbots, die hier erstmals entschiedenen wurde, zu differenzieren.

Im Hinblick auf die allgemeine Problematik folgt das OLG Stuttgart weitgehend dem Urteil des OLG München. Die Stuttgarter Richter machten dabei explizit deutlich, dass sich das Derogationsverbot aus ihrer Sicht unmittelbar „aus dem Vorrang des § 89b HGB nach materiellem Recht"[274] ergibt, also die kollisionsrechtliche Regelung über Eingriffsnormen in Art. 34 EGBGB a.F. auch auf zuständigkeitsrechtlicher Ebene ein „Einfallstor"[275] bildet. Einer Stellungnahme zum abgesenkten Maßstab der naheliegenden Gefahr der Missachtung deutschen Rechts entging der Senat, indem die Nichtanwendung des § 89b HGB im ausländischen Forum als sicher angenommen wurde. Selbst wenn diese

271 OLG Stuttgart 29.12.2011 – 5 U 126/11 (Hinweisbeschluss), IHR 2012, 163, 164 f.
272 OLG Stuttgart 29.12.2011 – 5 U 126/11 (Hinweisbeschluss), IHR 2012, 163, 165.
273 OLG Stuttgart 29.12.2011 – 5 U 126/11 (Hinweisbeschluss), IHR 2012, 163, 165 f.
274 OLG Stuttgart 29.12.2011 – 5 U 126/11 (Hinweisbeschluss), IHR 2012, 163, 165.
275 OLG Stuttgart 16.1.2012 – 5 U 126/11 (Zurückweisungsbeschluss), IHR 2012, 166.

Einschätzung im Ergebnis zutreffend gewesen sein sollte, erscheint sie nicht als Resultat einer tatsächlichen rechtlichen Prüfung: Auch das OLG Stuttgart setzte sich nicht ansatzweise mit etwaigen Möglichkeiten eines US-Gerichts auseinander, drittstaatliche Normen trotz anderslautender Parteivereinbarungen zu berücksichtigen.[276] Aufgrund der direkten Anknüpfung an die Eingriffsnorm durchaus konsequent ist es hingegen, das Derogationsverbot nicht von der Anerkennungsfähigkeit der zu erwartenden Entscheidung abhängig zu machen. Mit dem Verzicht auf eine Anerkennungsprognose übernimmt das Gericht die Rechtsprechung zu Termingeschäften, übersieht dabei aber wie schon zuvor der BGH, dass der Weg für eine Durchsetzung der deutschen Eingriffsnorm gerade dadurch eröffnet werden kann, dass die Entscheidung des vereinbarten Gerichts in Deutschland nicht anerkannt wird.[277]

Für die Antwort auf die zweite Frage, d.h. die nach der Reichweite der Unwirksamkeit, lagen bis dahin keine Entscheidungen vor, die als Orientierung hätten dienen können: Folgt aus der Unwirksamkeit der Derogation bezüglich des Ausgleichsanspruchs deren Gesamtunwirksamkeit oder sind andere Ansprüche weiterhin vor dem vereinbarten Gericht geltend zu machen? Das OLG Stuttgart entschied sich für die erste Alternative und begründete dies primär mit systematischen und prozessökonomischen Erwägungen. Insbesondere das Argument der Prozessökonomie lässt sich auf eine Schiedsvereinbarung übertragen. Auch hier erscheint es aus Zeit- und Kostengründen sinnvoll, dass das staatliche Gericht zugleich über die weiteren Ansprüche des Klägers entscheidet. Die vom Senat offen gelassene Hintertür für Klagen vor Vertragsende wird jedenfalls in den Handelsvertreterfällen nicht relevant werden, da der Anspruch aus § 89b HGB erst mit Beendigung des Vertragsverhältnisses entsteht. Offen bleibt allerdings auch hier die rechtliche Grundlage, aus der sich die Gesamtunwirksamkeit ergeben soll. Betrachtet man die Frage unter dem Aspekt der Folgen einer Teilunwirksamkeit, wäre die Antwort im Statut der Zuständigkeitsvereinbarung zu suchen; nach den Feststellungen des OLG Stuttgart an anderer Stelle also im amerikanischen und nicht – wie vom BGH ohne Weiteres behauptet – im deutschen

---

276 So wird die Frage, ob der *comparative impairment*-Ansatz oder eine *public policy*-Doktrin, die beide gewisse Vorschriften auch gegen eine Rechtswahl durchzusetzen können, auch vor den Gerichten in Virginia zur Anwendung gelangen, nicht einmal aufgeworfen; krit. auch *Ayad/Schnell*, BB 2012, 3103, 3104. Zu diesen Rechtsinstituten vgl. *Scoles/Hay/Borchers/Symeonides*, Conflict of Laws, S. 741 ff., 963 ff.

277 Siehe oben § 3 B. III. 1. b) bb).

Recht.[278] Eine Durchbrechung des Statuts über Art. 34 EGBGB a.F. war dabei für den Provisionsanspruch ausgeschlossen, da dieser sich nicht aus einer international zwingenden Norm ergibt. Insgesamt erscheint die Antwort des OLG Stuttgart auf diese neue Fragestellung – wie die gesamte Rechtsprechung zur generellen Problematik – vornehmlich vom Ergebnis her gedacht.

## V. Zwischenergebnis

In der Gesamtschau lässt sich aus der jahrzehntelangen Rechtsprechung nur eine allgemeingültige Schlussfolgerung ableiten, die sich im Prinzip bereits aus dem Grundsatzurteil des BGH ergibt: Einer Schiedsvereinbarung kann die Anerkennung versagt werden, wenn sie zur Umgehung einer international zwingenden Norm des deutschen Rechts führt. Trotz – oder vielleicht auch gerade wegen – der Vielzahl an Entscheidungen ist es der Rechtsprechung jedoch nicht gelungen, diese Aussage mit einer klaren dogmatischen Begründung zu untermauern.[279] In fast allen Entscheidungen ist der Gegenstand der Kontrolle gar nicht unmittelbar die Zuständigkeitsvereinbarung selbst, sondern die materiellrechtliche Ebene des Hauptvertragsstatuts. Die Verknüpfung zur verfahrensrechtlichen Ebene wird dann nur durch die pragmatische Erwägung hergestellt, dass die Schiedsvereinbarung nicht zur Umgehung deutscher Eingriffsnormen führen dürfe. Eine Anknüpfung direkt an die Gültigkeitsvoraussetzungen der Schiedsvereinbarung, etwa in Form einer Inhaltskontrolle, erfolgt – selbst bei Geltung deutschen Rechts als Schiedsvereinbarungsstatut – nur in Einzelfällen.

Die fehlende dogmatische Grundlage hat zur Folge, dass auch die Voraussetzungen für die Nichtanerkennung der Schiedsvereinbarungen in weiten Teilen unklar bleiben.[280] So stellt sich etwa die Frage, wann eine relevante Umgehung deutscher Sachnormen überhaupt vorliegt. Insoweit hatte sich zunächst,

---

278 OLG Stuttgart 29.12.2011 – 5 U 126/11 (Hinweisbeschluss), IHR 2012, 163, 164; ohne nähere Begründung anders BGH 5.9.2012 – VII ZR 25/12, IHR 2013, 35, 36.

279 Insoweit symptomatisch OLG Stuttgart 16.1.2012 – 5 U 126/11 (Zurückweisungsbeschluss), IHR 2012, 166: „Auf welcher dogmatischen Grundlage sich im einzelnen international materiell-rechtlich zwingende Normen auch auf die Wirksamkeit internationaler Gerichtsstandsvereinbarungen auswirken [...] ist letztlich unerheblich."; krit. u.a. auch *Antomo*, IHR 2013, 225, 230; *Quinke*, SchiedsVZ 2007, 246, 247; *Bork/Stöve*, Börsentermingeschäfte, S. 44; *Thorn/Grenz*, in: Conflict of Laws in International Arbitration, S. 187, 195.

280 Krit. auch *Rühl*, IPRax 2007, 294, 297; *Redmann*, Ordre public-Kontrolle, S. 46 f., 51 f.; *Weller*, Ordre-public-Kontrolle internationaler Gerichtsstandsvereinbarungen, S. 245 f.

insbesondere durch die Rechtsprechung zur Verfrachterhaftung, klar der ordre public als Kontrollmaßstab herauskristallisiert. Während die Antwort in der Folge bereits weniger deutlich ausfiel, tendieren die Gerichte in jüngeren Entscheidungen eher dahin, die Eingriffsnorm selbst als Kontrollmaßstab für die Anerkennung der Schiedsvereinbarung heranzuziehen.[281] Nach den Entscheidungen des OLG Düsseldorf zur Brokerhaftung lässt sich inzwischen sogar fragen, ob auch einfach zwingende Normen des deutschen Rechts die Wirksamkeit einer Schiedsvereinbarung beeinflussen können. Durch die stetige Verschiebung des Kontrollmaßstabs wird aus der ehemals „sachnormzweckverteidigenden Kontrolle“[282] immer mehr eine sachnormverteidigende Kontrolle von Schiedsvereinbarungen. Hinzu kommt, dass seit der Entscheidung des OLG München auch unklar ist, welcher Maßstab für die Prognose gelten soll und welche Feststellungen insoweit erforderlich sind: Muss die Missachtung der Eingriffsnorm weiterhin als Rechtstatsache festgestellt sein oder genügt bereits die naheliegende Gefahr und ergibt sich diese allein aus einer Wahl ausländischen Rechts? Als dritte Variante ließe sich mit dem OLG Düsseldorf der Prognosemaßstab gar umkehren, sodass die Anwendung deutscher Normen im Schiedsverfahren festgestellt werden muss, um eine Schiedsabrede anzuerkennen. Bei diesen Fragen ergibt sich aus der deutschen Rechtsprechung statt einer geraden und dogmatisch fundierten Linie ein primär ergebnisorientiertes Mäandrieren zwischen verschiedenen Ansätzen. Dieser Negativeindruck wird durch ein weiteres zentrales Versäumnis der Gerichte bestätigt: Von einer – in der Sache fehlerbehafteten[283] – Ausnahme abgesehen, wird die Relevanz internationaler Übereinkommen der Schiedsgerichtsbarkeit vollkommen verkannt. Dabei war in allen Fällen, in denen ein ausländisches Schiedsverfahren vereinbart worden war, insbesondere der Anwendungsbereich des NYÜ eröffnet.[284] Und obwohl gerade die Zuständigkeit ausländischer Schiedsgerichte besonders kritisch beurteilt wurde, erwähnen die Gerichte dieses zentrale Übereinkommen in den Entscheidungen mit keiner Silbe. Nur auf den ersten Blick klarer scheint das Vorgehen auf der Rechtsfolgenseite, denn auch hier fehlt es an einer dogmatischen Begründung für das – bisher zudem lediglich im Hinblick auf eine Gerichtsstandsvereinbarung – gefundene Ergebnis.

281 Insbesondere OLG München 17.5.2006 – 7 U 1781/06, IPRax 2007, 322, 324, dazu oben § 3 B. IV. 1.; vgl. auch BGH 5.9.2012 – VII ZR 25/12, IHR 2013, 35, 36: „ohne nach dem Inhalt des gewählten Drittlandrechts zu differenzieren“.

282 *Weller*, Ordre-public-Kontrolle internationaler Gerichtsstandsvereinbarungen, S. 218.

283 Vgl. BGH 15.6.1987 – II ZR 124/86, NJW 1987, 3193, 3195; dazu oben § 3 B. III. 1. b).

284 Zum Anwendungsbereich des NYÜ im Einredeverfahren siehe oben § 2 D. I.

Die beschriebenen Defizite machen die Kontrolle von Schiedsvereinbarungen in der Einredesituation intransparent und anfällig für weitreichende Kritik. Insbesondere das Misstrauen gegenüber ausländischen Schiedsgerichten lässt deutsche Gerichte als engstirnig und rückständig im Hinblick auf die Anforderungen des modernen Welthandels erscheinen.[285] Durch die in apodiktischer Kürze vorgenommene Invalidierung von Schiedsvereinbarungen zum Schutz nationaler Interessen entsteht der Eindruck, deutsches Recht beanspruche als „kollisionsrechtliches Monstrum" weltweite Geltung.[286] Um den Ruf Deutschlands als schiedsfreundliches Forum nicht zu gefährden, ist es erforderlich, diesem Eindruck entgegenzuwirken und die Akzeptanz für eine sachnormzweckverteidigende Kontrolle von Schiedsvereinbarung zu erhöhen. Dazu bedarf es allerdings eines nachvollziehbaren dogmatischen Rahmens mit methodisch klaren und möglichst vorhersehbaren Prüfungsvoraussetzungen.

---

285 *Rogers/Markham*, 19 L. & Pol. in Int'l Busin. (1987), 273, 317, 324; *Basedow*, FS Magnus, S. 337, 352; *Born*, S. 911; *Born/Koepp*, FS Schlosser, S. 59, 73; krit. auch *Rühl*, 6 ERPL (2007), 891, 902; *Quinke*, SchiedsVZ 2007, 246, 252 f.

286 *Schlosser*, FS Steindorff, S. 1379, 1380; vgl. auch *Häuser/Welter*, WM 1985, Sonderbeilage Nr. 8, S. 3, 10; *Hochbaum*, Mißglückte Schiedsvereinbarungen, S. 257; *Mann*, FS v. Caemmerer, S. 737, 740.

# § 4 Anwendung von Eingriffsnormen durch Schiedsgerichte

Das zentrale Argument der deutschen Rechtsprechung, einer Schiedsvereinbarung in der untersuchten Konstellation die Anerkennung zu versagen, liegt in der Befürchtung, das Schiedsgericht werde bei seiner Entscheidung eine deutsche Eingriffsnorm nicht berücksichtigen. Die Plausibilität dieser Argumentation hängt maßgeblich davon ab, wie Schiedsgerichte mit international zwingenden Normen umgehen. Dieser Umgang beeinflusst zugleich die Voraussetzungen der Kontrolle einer Schiedsvereinbarung zur zuständigkeitsrechtlichen Absicherung einer solchen Vorschrift. Vor diesem Hintergrund ist es überraschend, dass deutsche Gerichte in ihren Entscheidungen meistens überhaupt nicht näher auf die Frage nach der Handhabung von Eingriffsnormen in der internationalen Schiedsgerichtsbarkeit eingehen. Deutlich wird im Ergebnis allenfalls, dass die Rechtsprechung inländischen Schiedsgerichten einen größeren Vertrauensvorschuss bezüglich der Anwendung nationaler Eingriffsnormen entgegenzubringen scheint als Schiedsgerichten im Ausland.[287]

Eine Erklärung für diese Zurückhaltung mag darin liegen, dass der Umgang mit Eingriffsnormen in internationalen Schiedsverfahren bis heute nicht einheitlich bewertet wird. Während die Anwendung von Eingriffsnormen durch Schiedsgerichte teilweise[288] eher skeptisch gesehen wird, gehen andere Stimmen[289] davon aus, dass innerhalb der privaten Gerichtsbarkeit sogar eine größere Bereitschaft zur Beachtung solcher Normen besteht als vor staatlichen Gerichten. Diese Unklarheit mag die Lösung des Problems in der Einredesituation erschweren, darf aber nicht dazu führen, dass die Fragestellung vollkommen ausgeblendet wird. Bereits die Rechtfertigungslast bezüglich der Unbeachtlichkeit der Schiedsvereinbarung[290] macht es erforderlich, das zentrale Argument der Rechtsprechung auf seine Validität zu überprüfen. Dazu ist zunächst zu klären,

---

287 Zusammenfassend siehe oben § 3 B. V.

288 Etwa *Fouchard/Gaillard/Goldman*, Rn. 1526; *Beulker*, Eingriffsnormenproblematik, S. 354.

289 *Mankowski*, RIW 2011, 30, 42; *Quinke*, SchiedsVZ 2007, 246, 249 (Fn. 39); *Radicati di Brozolo*, 7 Int'l Arb. Law Rev. (2004), 23, 24, 28; *Becker*, RabelsZ 60 (1996), 691, 713; positiv auch *Drobnig*, FS Kegel, S. 95, 110; *Juenger*, FS Rittner, S. 233, 248; Stein/Jonas/*Schlosser*, § 1030 Rn. 30.

290 Dazu siehe unten § 5 B. III.

nach welchem Recht Schiedsgerichte die ihnen anvertrauten Streitigkeiten überhaupt entscheiden (A.). Anschließend wird der Umgang mit Eingriffsnormen in der internationalen Schiedsgerichtsbarkeit aus der theoretischen Perspektive des Schrifttums und durch eine Analyse der Schiedspraxis untersucht (B.).

## A. In der Hauptsache anwendbares Recht im Schiedsverfahren

Auch ein internationales Schiedsgericht ist vor der eigentlichen Sachentscheidung zunächst mit der Frage konfrontiert, nach welchem Recht der Rechtsstreit in der Hauptsache zu entscheiden ist. Im Vergleich zu einem staatlichen Gericht wird die Antwort darauf dadurch erschwert, dass Schiedsgerichten eine entsprechende organisatorische Zugehörigkeit zu einem Staat fehlt. Während staatliche Gerichte schon ihrem Wesen nach einer bestimmten Rechtsordnung einschließlich des zugehörigen IPR unterliegen, stellt sich in der Schiedsgerichtsbarkeit bereits die vorgelagerte Frage nach dem maßgebenden Kollisionsrecht. Da Schiedsgerichte nicht automatisch an das an ihrem Sitz geltende allgemeine Kollisionsrecht gebunden sind, sind die einschlägigen Anknüpfungsregeln vorrangig in anderen Regelwerken zu suchen.[291]

### I. Internationale Übereinkommen

#### *1. NYÜ*

Das NYÜ enthält keine ausdrückliche Regelung zu der Frage, welches Recht das Schiedsgericht bei seiner Sachentscheidung anzuwenden hat.[292] Dem Vorrang der Parteiautonomie bei der Festlegung des Verfahrensablaufs und des Schiedsvereinbarungsstatuts wird vereinzelt die Wertung entnommen, dass auch bezüglich des Hauptsachestatuts eine Rechtswahl der Parteien anzuerkennen sei.[293] Dafür spricht auch die Möglichkeit, die Anerkennung und Vollstreckung des Schiedsspruchs zu versagen, wenn das Schiedsgericht eine ausdrückliche Rechtswahl missachtet hat.[294] Letztlich bedarf es einer solchen Interpretation des NYÜ

---

291 *Handorn*, Sonderkollisionsrecht, S. 19; Reithmann/Martiny/*Hausmann*, Rn. 8.407; *ders.*, FS v. Hoffmann, S. 971. Zur Bindung von Schiedsgerichten mit Sitz in einem Mitgliedstaat der Europäischen Union an die Rom I-VO siehe unten § 4 A. IV. 1.

292 *Schwab/Walter*, Übersicht zu Kap. 55; *Hausmann*, FS v. Hoffmann, S. 971, 972.

293 So etwa *Silbermann/Ferrari*, in: Conflict of Laws in International Arbitration, S. 257, 266.

294 Nach BGH 26.9.1985 – III ZR 16/84, BGHZ 96, 40, 45 handelt es sich dabei um einen Verfahrensfehler i.S.d. Art. V Abs. 1 lit. d) NYÜ; ebenso *Schwab/Walter*, Kap. 24 Rn. 22. Für einen Fall der Kompetenzüberschreitung gem. Art. V Abs. 1 lit. c) NYÜ

allerdings nicht, da für eine objektive Anknüpfung bei fehlender Rechtswahl ohnehin auf andere Regelwerke zurückgegriffen werden muss und der Vorrang der Parteiautonomie auch dort anerkannt ist. Festzuhalten bleibt jedoch, dass das NYÜ keine Vorgaben bezüglich des Umgangs mit Eingriffsnormen enthält, sondern die Rechtsanwendung des Schiedsgerichts letztlich nur unter den Vorbehalt der öffentlichen Ordnung des Vollstreckungsstaats stellt.

### *2. EuÜ*

Im Gegensatz zum NYÜ enthält das EuÜ eine ausdrückliche Kollisionsnorm zur Bestimmung des in der Hauptsache anwendbaren Rechts, die – wie soeben angedeutet – einer Parteivereinbarung den Vorrang einräumt. Nach Art. VII Abs. 1 S. 1 EuÜ können die Parteien das materielle Recht der Hauptsache frei wählen.[295] Auch wenn der Wortlaut keine ausdrückliche Beschränkung enthält, ist die Rechtswahl der Parteien nach allgemeiner Meinung zumindest durch den ordre public begrenzt.[296] Liegt keine Rechtswahl vor, überlässt Art. VII Abs. 1 S. 2 EuÜ die Bestimmung des anwendbaren Rechts dem pflichtgemäßen Ermessen des Schiedsgerichts. Dabei haben die Schiedsrichter zunächst eine Kollisionsnorm zu bestimmen und anhand derer dann das anwendbare Sachrecht zu ermitteln. Eine unmittelbare Festlegung des materiellen Rechts durch das Schiedsgericht ist nach dem klaren Wortlaut der Vorschrift ausgeschlossen.[297] Bei der Bestimmung der maßgeblichen Kollisionsnorm ist das Schiedsgericht nicht vollkommen frei, sondern muss sich an der Nähebeziehung der Rechtsstreitigkeit zu einer Rechtsordnung orientieren.[298]

Hinsichtlich des Umgangs mit international zwingenden Normen lässt sich Art. VII EuÜ selbst keine Aussage entnehmen. Im Fall der objektiven

---

hingegen Wolff/*Borris/Hennecke*, NYC, Art. V Rn. 235; MüKo-ZPO/*Adolphsen*, § 1061 Anh. 1, Art. V UNÜ Rn. 41; *Schlosser*, RipS, Rn. 863.

295 Obwohl diese Wahlfreiheit nach dem Wortlaut der Vorschrift nicht auf vertragliche Ansprüche begrenzt ist, wird diskutiert, ob auch außerhalb vertraglicher Ansprüche der Parteiwille maßgeblich ist. Dafür etwa MüKo-ZPO/*Adolphsen*, § 1061 Anh. 2, Art. VII EuÜ Rn. 5; dagegen *Schwab/Walter*, Kap. 55 Rn. 1; jeweils m.w.N.

296 Stein/Jonas/*Schlosser*, Anh. § 1061 Rn. 432; MüKo-ZPO/*Adolphsen*, § 1061 Anh. 2, Art. VII EuÜ Rn. 5; *Mezger*, RabelsZ 29 (1965), 231, 279; *Moller*, NZG 2000, 57, 68 m.w.N.

297 MüKo-ZPO/*Adolphsen*, § 1061 Anh. 2, Art. VII EuÜ Rn. 6; *Schwab/Walter*, Kap. 55 Rn. 2; *Mezger*, RabelsZ 29 (1965), 231, 279; *Moller*, NZG 2000, 57, 68.

298 MüKo-ZPO/*Adolphsen*, § 1061 Anh. 2, Art. VII EuÜ Rn. 7; *Hausmann*, FS v. Hoffmann, S. 971, 972.

Anknüpfung bestünde allenfalls die Möglichkeit, dass sich das Schiedsgericht an einer im gefundenen Kollisionsrecht enthaltenen Regelung orientiert.

## II. Nationales Schiedsverfahrensrecht

### *1. Deutschland*

Für inländische Schiedsverfahren sieht das deutsche Schiedsverfahrensrecht in § 1051 ZPO spezielle Anknüpfungsregeln vor.[299] Vom Grundsatz der Parteiautonomie ausgehend, gewährt § 1051 Abs. 1 ZPO ebenfalls die Möglichkeit einer Rechtswahl. Mangels Parteivereinbarung über die anzuwendenden Rechtsvorschriften, verweist § 1051 Abs. 2 ZPO auf das Recht des Staats, mit dem der Verfahrensgegenstand die engste Verbindung aufweist. Im Gegensatz zu Art. VII Abs. 1 S. 2 EuÜ – und auch zur Vorgabe in Art. 28 Abs. 2 UNCITRAL ModellG – verweist die objektive Anknüpfung unmittelbar in das Sachrecht des ermittelten Staats.[300] Die Konkretisierung des Anknüpfungsmerkmals der engsten Verbindung kann dabei anhand verschiedener Kriterien erfolgen, bei deren Gewichtung dem Schiedsgericht – nicht zuletzt wegen der auf eine ordre public-Vereinbarkeit beschränkten Kontrollmöglichkeit staatlicher Gerichte – ein erheblicher Entscheidungsspielraum verbleibt. In Betracht kommen beispielsweise der gewöhnliche Aufenthalt bzw. der Sitz der Parteien, ihre Staatsangehörigkeit, der Ort des Vertragsschlusses oder der vereinbarte Erfüllungsort.[301]

Da § 1051 ZPO überhaupt keine ausdrücklichen kollisionsrechtlichen Beschränkungen beinhaltet, fehlt es auch an Vorgaben für deutsche Schiedsgerichte zum Umgang mit Eingriffsnormen.

---

299 Zur Bindung von Schiedsgerichten an das allgemeine Kollisionsrecht ihres Sitzstaats, insbesondere an die Rom I-VO siehe unten § 4 A. IV.

300 BT-Drucks. 13/5274, S. 53 li. Sp.; *Lachmann,* Rn. 1676; MüKo-ZPO/*Münch*, § 1051 Rn. 37; differenzierend hingegen Musielak/Voit/*Voit*, § 1051 Rn. 7.

301 Vgl. BeckOK-ZPO/*Wilske/Markert*, § 1051 Rn. 10; Böckstiegel/*Schmaltz*, Arbitration in Germany, S. 315, Rn. 48. Aus der schiedsgerichtlichen Praxis beispielsweise ICC Nr. 11754 (2003), ICC Bull. 2010, Special Supplement, S. 20, 26: „Relying on the principle of the closest connection, the Arbitrator found the following indicia are relevant to the determination of the applicable substantive law: (1) Nationalities of the parties […] (2) The Place of contracting […] (3) The place of performance of the Contract […].“

## 2. *Ausländische Rechtsordnungen*

Befindet sich der Schiedsort im Ausland, unterliegt das Schiedsverfahren nach dem international anerkannten Territorialitätsprinzip[302] grundsätzlich dem dortigen nationalen Schiedsverfahrensrecht.

Die meisten Rechtsordnungen erkennen dabei den Grundsatz der Parteiautonomie ebenso an wie das deutsche Schiedsverfahrensrecht. Die Schiedsparteien können die auf die Streitsache anwendbaren Rechtvorschriften regelmäßig frei bestimmen.[303] Für die objektive Anknüpfung in Fällen fehlender Rechtswahl besteht hingegen kein internationaler Konsens; vielmehr sind insoweit drei verschiedene Vorgehensweisen gebräuchlich. Einige Schiedsverfahrensrechte stellen die Bestimmung des anzuwendenden Rechts in das weitgehend freie Ermessen des Schiedsgerichts, indem sie ohne weitere Anknüpfungsmerkmale auf das Recht verweisen, welches das Schiedsgericht für angemessen erachtet.[304] Andere Rechtsordnungen beschreiten den auch in § 1051 Abs. 2 ZPO eingeschlagenen Weg und konkretisieren das Ermessen des Schiedsgerichts durch das Kriterium der engsten Verbindung zur Streitsache.[305] Die dritte Variante entspricht den Vorgaben des Art. 28 Abs. 2 UNCITRAL ModellG, der in zwei Schritten vorgeht: Zunächst muss das Schiedsgericht das anwendbare Kollisionsrecht bestimmen, um mit dessen Hilfe dann das anwendbare Sachrecht zu ermitteln.[306] Trotz der unterschiedlichen Wege dürften die verschiedenen kollisionsrechtlichen Varianten häufig zum gleichen Ergebnis führen, da letztlich immer die Suche nach Verbindungselementen des Rechtsstreits zu einer Rechtsordnung im Mittelpunkt steht.

Von vornherein deutlicher ist die Übereinstimmung im Hinblick auf den Umgang mit international zwingenden Normen: Diesbezüglich enthalten weder

---

302 Vgl. Art. 1 Abs. 2 UNCITRAL ModellG; Balthasar/*Balthasar*, § 1 Rn. 9; *Poudret/Besson*, Rn. 115 m.w.N.

303 Beispielsweise Art. 187 Abs. 1 IPRG (Schweiz); Art. 1511 CPC (Frankreich); Sec. 46 (1) Arbitration Act 1996 (England), vgl. auch Art. 28 Abs. 1 UNCITRAL ModellG. In den USA ist der Vorrang der Rechtswahl als allgemeiner Grundsatz anerkannt, vgl. Balthasar/*Niedermaier*, § 19 Rn. 93.

304 So z.B. Art. 1511 CPC (Frankreich); § 603 Abs. 2 öZPO (Österreich); Art. 1054 Abs. 2 S. 2 BRv (Niederlande).

305 So etwa Art. 187 Abs. 1 IPRG (Schweiz); Art. 834 Abs. 1 S. 2 CPC (Italien).

306 Dieser sog. *indirect approach* findet sich etwa in Sec. 46 (3) AA (England); durch den Verweis auf das UNCITRAL ModellG i.E. ebenso Sec. 64 (1) AO (Hongkong) und Sec. 3 (1) IAA (Singapur). Zu möglichen Ansätzen bei der Ermittlung der anwendbaren Kollisionsnormen vgl. *Lew/Mistelis/Kröll*, Comparative Arbitration, Rn. 17–49 ff.

Art. 28 UNCITRAL ModellG noch – soweit ersichtlich – die nationalen Schiedsverfahrensrechte irgendwelche Vorgaben oder Hinweise.[307]

## III. Institutionelle Schiedsordnungen

Die Verfahrensordnungen praktisch aller Schiedsinstitutionen enthalten eigene Kollisionsregeln zur Ermittlung des in der Hauptsache anzuwendenden Rechts. Haben die Parteien die Durchführung eines institutionellen Schiedsverfahrens vereinbart, verdrängen die Bestimmungen der gewählten Schiedsordnung die nationalen Kollisionsvorschriften.[308] Allerdings spiegeln die Schiedsordnungen der bedeutenden Institutionen die Anknüpfungsregeln der nationalen Schiedsverfahrensrechte in weiten Teilen wider, sodass daraus grundsätzlich keine wesentlichen Abweichungen resultieren. Auch die Schiedsordnungen erkennen die Parteiautonomie umfassend an und eröffnen den Schiedsparteien die Möglichkeit einer Rechtswahl, die regelmäßig ebenfalls nicht auf die Wahl einer bestimmten staatlichen Rechtsordnung beschränkt ist, sondern auch die Anwendung nichtstaatlicher Rechtsvorschriften vorsehen kann.[309] Wurde keine Rechtswahl getroffen, steht die Bestimmung des anwendbaren Rechts meist im Ermessen des Schiedsgerichts, das teilweise ausdrücklich durch das Kriterium der engsten Verbindung konkretisiert wird.[310]

Die weitgehende Kongruenz der institutionellen und staatlichen Kollisionsregeln erstreckt sich auch auf den Umgang mit international zwingenden Normen. In den Schiedsordnungen sucht man insoweit ebenfalls vergeblich nach einer ausdrücklichen Regelung.

---

307 Vgl. auch Balthasar/*Balthasar*, § 1 Rn. 66.

308 *Hausmann*, FS v. Hoffmann, S. 971, 975; *Pfeiffer*, NJW 2012, 1169, 1170; *Schmidt-Ahrendts/Höttler*, SchiedsVZ 2011, 267, 268 f.; vgl. auch BGH 26.9.1985 – III ZR 16/84, BGHZ 96, 40, 44 f.; a.A. *Schilf*, RIW 2013, 678, 682.

309 Dies ergibt sich aus der Formulierung „rules of law"; vgl. etwa Art. 31 Abs. 1 S. 1 AAA-IAR Rules; Art. 23 Abs. 1 S. 1 DIS-Schiedsgerichtsordnung; Art. 21 Abs. 1 S. 1 ICC Rules; Art. 22.3 S. 1 LCIA Rules; Art. 22 Abs. 1 S. 1 SCC Rules; Art. 27 Abs. 1 S. 1 SIAC Rules; Art. 33 Abs. 1 Swiss Rules; Art. 35 Abs. 1 S. 1 UNCITRAL Rules; anders hingegen Art. 49 Abs. 2 CIETAC Rules. Zum Ganzen ausführlich *Born*, S. 2754 ff.

310 Allgemein auf das Ermessen des Schiedsgerichts abstellend z.B. Art. 31 Abs. 1 S. 2 AAA-IAR; Art. 21 Abs. 1 S. 2 ICC Rules; Art. 22.3 S. 2 LCIA Rules; Art. 22 Abs. 1 S. 2 SCC Rules; Art. 27 Abs. 1 S. 2 SIAC Rules; Art. 35 Abs. 1 S. 2 UNCITRAL Rules; ganz offen auch Art. 49 Abs. 2 S. 2 CIETAC Rules. Ausdrücklich konkretisierend auf das Recht mit der engsten Verbindung zum Streitgegenstand hingegen etwa Art. 33 Abs. 1 Swiss Rules und Art. 23 Abs. 2 DIS-Schiedsgerichtsordnung.

## IV. Bedeutung des allgemeinen Kollisionsrechts am Sitz des Schiedsgerichts

Die Auswertung der schiedsverfahrensrechtlichen Rechtsquellen zeigt, dass das dortige Sonderkollisionsrecht sowohl den Parteien als auch dem Schiedsgericht einen großen Gestaltungs- bzw. Beurteilungsspielraum bei der Festlegung des anwendbaren Sachrechts gewährt. Im Gegensatz dazu ist das allgemeine Kollisionsrecht für staatliche Gerichte wesentlich detaillierter und restriktiver ausgestaltet: Neben einigen, teilweise vom Vertragstyp abhängigen, Einschränkungen der Rechtswahl[311] sind dort insbesondere auch Vorgaben zum Umgang mit international zwingenden Normen zu finden.[312] Gerade die Diskrepanz im Hinblick auf Eingriffsnormen wirft für die hier untersuchte Problematik die Frage auf, ob Schiedsgerichte (ergänzend) an das allgemeine Kollisionsrecht ihres Sitzstaats gebunden sind. Diese „Gretchenfrage der internationalen Schiedsgerichtsbarkeit"[313] wird im internationalen schiedsrechtlichen Schrifttum regelmäßig mit dem Hinweis auf die fehlende *lex fori* eines Schiedsgerichts verneint.[314] In der deutschen Rechtsliteratur wird die Debatte hingegen seit jeher deutlich kontroverser geführt, wobei die Diskussion in den letzten Jahren unter dem Aspekt des europäischen Kollisionsrechts neuerliche Aktualität erlangt hat.

### *1. Bindung eines Schiedsgerichts an die Rom I-VO*

Im Zentrum der Debatte steht die Bedeutung der Rom I-VO im Schiedsverfahren.[315] Entfaltete die Verordnung für in der EU domizilierte Schiedsgerichte

---

311 Allgemeine Beschränkungen der Rechtswahl enthält z.B. Art. 3 Abs. 3, 4 Rom I-VO; für bestimmte Vertragstypen ist die Rechtswahl in Art. 5 ff. Rom I-VO eingeschränkt. Ähnliche Einschränkungen waren auch in Art. 27 ff. EGBGB vorgesehen.

312 Vgl. Art. 9 Rom I-VO; Art. 34 EGBGB a.F. Auch ausländische Rechtsordnungen enthalten in ihrem IPR teilweise Vorgaben zum Umgang mit international zwingenden Normen, z.B. Art. 18 f. IPRG (Schweiz); § 187 (2) Restatement (Second) of Conflict of Laws (USA).

313 *Sandrock*, FS Stoll, S. 661, 663.

314 *Kessedjian*, in: Pervasive Problems in International Arbitration, S. 71, 81; *Fouchard/Gaillard/Goldman*, Rn. 1517, 1541; *Craig/Park/Paulsson*, ICC Arbitration, S. 322, 338; *Siwy*, in: Austrian Yearb. Int'l Arb. 2012, S. 165, 176; *Carducci*, ICC Bull. 2/2011, 31, 33 f.; *Silbermann/Ferrari*, in: Conflict of Laws in International Arbitration, S. 257, 283 ff.; vgl. auch *Solomon*, RIW 1997, 981, 987.

315 Gegen eine Bindungswirkung der Rom I-VO etwa Musielak/Voit/*Voit*, § 1051 Rn. 3; *Hausmann*, FS v. Hoffmann, S. 971, 977 ff.; *Wegen*, FS Kühne, S. 933, 941 ff.; *Grimm*, SchiedsVZ 2012, 189 ff.; *Nueber*, SchiedsVZ 2014, 186 ff.; *Schilf*, RIW 2013, 678,

Wirkung, ergäben sich auch für diese aus Art. 9 Rom I-VO verbindliche Vorgaben zur Behandlung international zwingender Normen. Aufgrund der Normenhierarchie zwischen nationalem und europäischem Recht stellt sich die Frage aus zwei verschiedenen Perspektiven: Zunächst ist zu untersuchen, ob die Rom I-VO von sich aus Geltung in Schiedsverfahren beansprucht. Sollte dies nicht der Fall sein, ist aus Sicht des deutschen Schiedsverfahrensrechts darauf einzugehen, ob § 1051 ZPO einer ergänzenden Anwendung des allgemeinen Kollisionsrechts unterliegt.

### *a) Perspektive der Rom I-VO*

Die gemeinschaftsrechtliche Rom I-VO beansprucht gem. Art. 288 Abs. 2 AEUV in den EU-Mitgliedstaaten unmittelbare Geltung. Erstreckte sich ihr Anwendungsbereich auch auf Schiedsverfahren, müsste ein Schiedsgericht mit Sitz innerhalb der EU die Verordnung und damit auch Art. 9 Rom I-VO unmittelbar anwenden; die Kollisionsnormen des nationalen Schiedsverfahrensrechts würden durch den Anwendungsvorrang des Unionsrechts verdrängt.

Einen ausdrücklichen Anwendungsbefehl für Schiedsgerichte formuliert die Rom I-VO nicht. Explizit aus dem Anwendungsbereich der Verordnung ausgeklammert sind nach Art. 1 Abs. 2 lit. e) Rom I-VO lediglich Schiedsvereinbarungen. Diesem Ausschlusstatbestand wollen einige Autoren im Umkehrschluss entnehmen, dass die sonstigen Aspekte des Schiedsverfahrens, jedenfalls aber die Ermittlung des in der Hauptsache anzuwendenden Rechts, von der Verordnung erfasst sind.[316] Gegen eine solche Interpretation spricht aber insbesondere die Entstehungsgeschichte der Verordnung. Bereits unter dem EVÜ war dessen Bindungswirkung für Schiedsgerichte umstritten, wobei nach überwiegender Auffassung die Geltung des Übereinkommens auf staatliche Gerichtsverfahren begrenzt war.[317] Dem entsprach die Gesetzgebungspraxis vieler Mitgliedstaaten, die noch nach Inkrafttreten des EVÜ abweichende Kollisionsnormen speziell für

691 f.; *Pfeiffer*, NJW 2012, 1169, 1170 f.; *Wolff*, SchiedsVZ 2016, 293, 301 f.; für eine Bindungswirkung hingegen insbesondere *Mankowksi*, RIW 2011, 30 ff.; *ders.*, FS v. Hoffmann, S. 1012, 1022 ff.; *McGuire*, SchiedsVZ 2011, 257 ff.; i.E. auch MüKo-ZPO/*Münch*, § 1051 Rn. 18 ff.

316 So insbesondere *Mankowski*, FS v. Hoffmann, S. 1012, 1024; *ders.*, RIW 2011, 30 f.; *McGuire*, SchiedsVZ 2011, 257, 262, 264.

317 Reithmann/Martiny/*Hausmann*, Rn. 8.413; *Beulker*, Eingriffsnormenproblematik, S. 195 ff.; vgl. auch *Mankowski*, RIW 2011, 30 m.w.N. Zu dieser Diskussion ausführlich *Handorn*, Sonderkollisionsrecht, S. 55 ff.; *Jordans*, Schiedsgerichte bei Termingeschäften, S. 133 ff.

Schiedsverfahren verabschiedeten.[318] Aufgrund dieser Ausgangssituation wäre eine deutliche Klarstellung im Rahmen der Rom I-VO zu erwarten gewesen, wenn der europäische Gesetzgeber deren Verbindlichkeit auch für Schiedsgerichte hätte normieren wollen.[319] Ein diesbezüglicher Hinweis ist aber weder im Verordnungstext noch in den Erwägungsgründen dokumentiert – im Gegenteil: Die Formulierung des Art. 1 Abs. 2 lit. e) Rom I-VO entspricht wörtlich dem Ausschlusstatbestand in Art. 1 Abs. 2 lit. d) EVÜ, dem die herrschende Meinung bereits die Unanwendbarkeit des Übereinkommens in Schiedsverfahren entnahm. Zudem betont der siebte Erwägungsgrund der Rom I-VO ausdrücklich die Parallelität zum Anwendungsbereich der Brüssel I-VO, welche die Schiedsgerichtsbarkeit gerade insgesamt ausklammert.[320]

Schließlich findet sich sowohl in den Erwägungsgründen als auch in einzelnen Vorschriften der Verordnung ein weiterer Anhaltspunkt, der in der Gesamtsystematik des Europarechts gegen eine Bindungswirkung des europäischen Kollisionsrechts für Schiedsgerichte spricht. Dort ist nämlich regelmäßig von den „Gerichte[n] der Mitgliedstaaten" die Rede.[321] Dazu zählen nach der gefestigten Rechtsprechung des EuGH zur Vorlageberechtigung i.S.d. Art. 267 AEUV private Schiedsgerichte gerade nicht.[322] Dann ist es im Sinne einer einheitlichen Rechtsauslegung konsequent, Letztere auch aus dem Anwendungsbereich der Rom I-VO auszuklammern.[323] Dies gilt auch unter Rechtsschutzgesichtspunkten: Es erscheint nämlich bedenklich, Schiedsgerichte zur Anwendung der

---

318 Dazu näher *Handorn*, Sonderkollisionsrecht, S. 67 ff.; vgl. auch *Schlosser*, in: Neues Schiedsverfahrensrecht, S. 163, 199. Dies gilt auch für § 1051 ZPO, dazu sogleich § 4 A. IV. 1. b).

319 Reithmann/Martiny/*Hausmann*, Rn. 8.414; *ders.*, FS v. Hoffmann, S. 971, 978; Stein/Jonas/*Schlosser*, § 1051 Rn. 6; *Schilf*, RIW 2013, 678, 685. Dies anerkennend auch *Mankowski*, FS v. Hoffmann, S. 1012, 1022 f., der zugleich auf eine fehlende Neudiskussion bei der Entstehung der Rom I-VO hinweist.

320 Vgl. Art. 1 Abs. 2 lit. d) Brüssel I-VO (jetzt Art. 1 Abs. 2 lit. d) Brüssel Ia-VO). Darauf hinweisend auch *Hausmann*, FS v. Hoffmann, S. 971, 978 f.; *Wegen*, FS Kühne, S. 933, 943; Rauscher/*v. Hein*, Rom I-VO, Art. 1 Rn. 40.

321 So ausdrücklich Erwägungsgrund 37; ähnlich Erwägungsgrund 12 sowie Art. 3 Abs. 4, Art. 9 Abs. 2 und Art. 21 Rom I-VO. Vgl. auch die Erwägungsgründe 4 und 6: „gerichtlicher Entscheidungen". Dies grundsätzlich eingestehend auch *Mankowski*, RIW 2011, 30, 37.

322 EuGH 27.1.2005 – C-125/04 (*Denuit*), Rn. 13, EuZW 2005, 319 m.w.N.; EuGH 12.6.2014 – C-377/13 (*Ascendi*) (juris-Rn. 27); vgl. auch EuGH 6.3.2018 – C-284/16 (*Achmea*) (juris-Rn. 43 ff.).

323 *Nueber*, SchiedsVZ 2014, 186, 188; *Wolff*, SchiedsVZ 2016, 293, 301.

Verordnung zu verpflichten, bei Zweifelsfragen zu ihrer Auslegung aber keine Klärung durch den EuGH zuzulassen.

Insgesamt kann der Rom I-VO also nicht entnommen werden, dass der europäische Gesetzgeber eine strikte Bindung auch von Schiedsgerichten normieren wollte. Insbesondere historische und systematische Erwägungen streiten vielmehr gegen einen autonomen Geltungsanspruch der Verordnung in Schiedsverfahren.

### *b) Perspektive des § 1051 ZPO*

Der mangelnde autonome Geltungsanspruch ist nicht gleichbedeutend mit der Unverbindlichkeit der Rom I-VO in Schiedsverfahren. Denn die Mitgliedstaaten können die in ihrem Hoheitsgebiet agierenden Schiedsgerichte durchaus auch an die Regeln des allgemeinen Kollisionsrechts binden.[324]

Für das deutsche Schiedsverfahrensrecht erscheint solch eine indirekte Bindung an die Vorgaben der Rom I-VO auf den ersten Blick völlig abwegig. Mit § 1051 ZPO wurde eine spezielle Kollisionsnorm für inländische Schiedsgerichte geschaffen, die inhaltlich von den allgemeinen Anknüpfungsregeln abweicht und keinerlei Hinweis auf deren Fortgeltung enthält.[325] Überraschenderweise deuten die Gesetzgebungsmaterialien zu § 1051 ZPO jedoch in die andere Richtung: Der Begründung des Gesetzesentwurfs lässt sich entnehmen, dass die Bundesregierung von einer Bindung internationaler Schiedsgerichte auch an das allgemeine Kollisionsrecht – damals in Gestalt der in Art. 27 ff. EGBGB a.F. umgesetzten Bestimmungen des EVÜ – ausging.[326] Demnach wären aus heutiger Sicht die Vorschriften der Rom I-VO als Nachfolgeregelung der Art. 27 ff. EGBGB a.F. zu beachten. Teilweise wird die Auffassung der Bundesregierung bereits als fehlerhafte Interpretation des EVÜ oder als nicht zum Willen des

---

324 MüKo-BGB/*Martiny*, Rom I-VO, Vor Art. 1 Rn. 102; *Hausmann*, FS v. Hoffmann, S. 971, 978 f.

325 *Schmidt-Ahrendts/Höttler*, SchiedsVZ 2011, 267, 269. Neben den bereits angesprochenen Einschränkungen der Rechtswahl (vgl. oben § 4 A. IV., Fn. 311) resultieren weitere Unterschiede zwischen § 1051 ZPO und der Rom I-VO daraus, dass Art. 3 Rom I-VO nur die Wahl staatlichen Sachrechts erlaubt, vgl. dazu näher *Pfeiffer*, NJW 2012, 1169, 1170; *Schilf*, RIW 2013, 678, 680 ff.; *Wolff*, SchiedsVZ 2016, 293, 301; mit abweichender Beurteilung *Mankowski*, RIW 2011, 30, 39 ff.; *McGuire*, SchiedsVZ 2011, 257, 264 f.

326 BT-Drucks. 13/5274, S. 52 li. Sp.: „Der Auffassung der Reformkommission, daß die Artikel 27 ff. EGBGB nur für die staatlichen Gerichte, nicht aber für (internationale) Schiedsgerichte bindend seien, folgt der Entwurf nicht."

eigentlichen Gesetzgebungsorgans verallgemeinerungsfähige Äußerung zurückgewiesen.[327] Unabhängig von der Berechtigung dieser Einwände muss die Einschätzung vor allem deshalb als unbeachtliches Motiv angesehen werden, weil sie allein – und keinesfalls widerspruchsfrei[328] – der Entwurfsbegründung zugrunde liegt, sich aber in keiner Weise im Gesetz widerspiegelt. Neben dem klaren Wortlaut und den inhaltlichen Divergenzen sprechen auch die systematische und teleologische Auslegung dafür, § 1051 ZPO als abschließendes Sonderkollisionsrecht für Schiedsgerichte in Deutschland einzuordnen.[329] Erstens lässt § 1051 Abs. 1 S. 2 ZPO ausdrücklich zu, dass die Parteien die Anwendung des Kollisionsrechts einer anderen Rechtsordnung vereinbaren. In diesem Fall kann jedoch nicht gleichzeitig das deutsche IPR Geltung beanspruchen; für dessen parallele Anwendung ist dann kein Platz.[330] Zweitens bestand die Zielsetzung der Schiedsverfahrensnovelle darin, das nationale Schiedsrecht an die internationale Entwicklung anzupassen, um Deutschland als Austragungsort von Schiedsverfahren attraktiver zu gestalten.[331] Den damit bekundeten Interessen der Rechtsvereinheitlichung, Rechtsklarheit und Standortförderung liefe die Geltung weiterer Kollisionsregeln zuwider. Sie stimmte weder mit dem UNCITRAL ModellG und mit den Gesetzen in anderen Schiedszentren überein, noch entspräche dies dem Wunsch der Parteien und des Rechtsanwenders nach einer überschaubaren Regelung.[332] Daher begründet auch § 1051 ZPO keine Pflicht deutscher Schiedsgerichte, die Bestimmungen des allgemeinen Vertragskollisionsrechts ergänzend anzuwenden. Dementsprechend sind die Schiedsrichter beim Umgang mit Eingriffsnormen auch nicht über den Weg des nationalen Schiedsverfahrensrechts an Art. 9 Rom I-VO gebunden.

---

327 *Handorn*, Sonderkollisionsrecht, S. 55 ff., 59 ff.; *Pocsay*, Kartellrecht in Schiedsverfahren, S. 141 f.

328 Dazu *Wegen*, FS Kühne, S. 933, 943; *Handorn*, Sonderkollisionsrecht, S. 74 f.

329 Dazu ausführlich *Pocsay*, Kartellrecht in Schiedsverfahren, S. 136 ff.; vgl. auch *Wegen*, FS Kühne, S. 933, 936 ff.; *Solomon*, RIW 1997, 981, 986 ff.; i.E. abweichend *Wagner*, FS Schuman, S. 535, 541 ff.

330 *Pocsay*, Kartellrecht in Schiedsverfahren, S. 139 f.; vgl. auch *Duve/Sattler*, FS Graf v. Westphalen, S. 81, 106.

331 BT-Drucks. 13/5274, S. 1: „Ein zeitgemäßes und den internationalen Rahmenbedingungen angepaßtes Recht soll das Ansehen der Bundesrepublik Deutschland als Austragungsort internationaler Schiedsstreitigkeiten fördern."

332 Musielak/Voit/*Voit*, § 1051 Rn. 3; BeckOK-ZPO/*Wilske/Markert*, § 1051 Rn. 3; *Schmidt-Ahrendts/Höttler*, SchiedsVZ 2011, 267, 270.

## 2. *Art. 9 Rom I-VO als „persuasive authority"?*

Die fehlende Bindungswirkung der Rom I-VO hindert ein Schiedsgericht nicht daran, das europäische Vertragskollisionsrecht im Sinne einer *persuasive authority* als Richtlinie zur Konkretisierung der schiedsrechtlichen Sonderkollisionsnormen heranzuziehen.[333] Für die weitere Untersuchung ist dabei von besonderem Interesse, ob die Vorgaben des Art. 9 Rom I-VO zum Umgang mit Eingriffsnormen auch für Schiedsgerichte eine sinnvolle Handlungsanleitung bieten.

Die Vorschrift unterscheidet zwischen verschiedenen Eingriffsnormen anhand ihrer Herkunft aus der Sicht des angerufenen Gerichts. Inländische Eingriffsnormen, also diejenigen der *lex fori*, setzen sich gem. Art. 9 Abs. 2 Rom I-VO stets gegen das Vertragsstatut durch und gelangen unmittelbar zu Anwendung.[334] Für ausländische Eingriffsnormen, also solche einer drittstaatlichen Rechtsordnung[335], beschränkt Art. 9 Abs. 3 Rom I-VO den relevanten Kreis zunächst auf Vorschriften des Erfüllungsorts und erlaubt auch deren Berücksichtigung nur dann, wenn sie „die Erfüllung des Vertrags unrechtmäßig" werden lassen. Im Übrigen ist der kollisionsrechtliche Zugriff auf ausländische Eingriffsnormen ausgeschlossen.[336]

Übertragen auf ein Schiedsverfahren ergäbe sich aus diesen Vorgaben folgendes Bild: Das Schiedsgericht müsste das Eingriffsrecht seines Sitzstaats (*lex loci arbitri*) stets und unmittelbar anwenden. Die Berücksichtigung drittstaatlicher Eingriffsnormen wäre hingegen nur in den engen Grenzen des Art. 9 Abs. 3 Rom I-VO möglich. Diese starren Vorgaben werden den Umständen und

---

333 *Hausmann*, FS v. Hoffmann, S. 971, 979; *Nueber*, SchiedsVZ 2014, 186, 189; *Carducci*, ICC Bull. 2/2011, 31, 41. So zum EVÜ beispielsweise ICC Nr. 11864 (2002), ICC Bull. 1/2008, 119, 120; ICC Nr. 10137 (1999), ICC Bull. 1/2008, 113; ICC Nr. 9636 (1998), ICC Bull. 1/2008, 109, 110.

334 Dazu näher MüKo-BGB/*Martiny*, Rom I-VO, Art. 9 Rn. 104; Rauscher/*Thorn*, Rom I-VO, Art. 9 Rn. 32.

335 Zur umstrittenen Einordnung von Eingriffsnormen des Vertragsstatuts vgl. Staudinger/*Magnus*, Rom I-VO, Art. 9 Rn. 129 ff.; MüKo-BGB/*Martiny*, Rom I-VO, Art. 9 Rn. 35 ff.

336 EuGH 18.10.2016 – C-135/15 (*Nikiforidis*), Rn. 50, NJW 2017, 141, 143; MüKo-BGB/*Martiny*, Rom I-VO, Art. 9 Rn. 113; Staudinger/*Magnus*, Rom I-VO, Art. 9 Rn. 123 f.; *Mankowski*, IPRax 2016, 485, 486 ff. Zur Möglichkeit einer materiellrechtlichen Berücksichtigung vgl. EuGH 18.10.2016 – C-135/15 (*Nikiforidis*), Rn. 51 ff., NJW 2017, 141, 143 f.; *Mankowski*, IPRax 2016, 485, 489 ff.; BeckOGK/*Maultzsch*, Rom I-VO, Art. 9 Rn. 154 ff.

Bedürfnissen der internationalen Schiedsgerichtsbarkeit nicht gerecht. Die strikte Bindung an Eingriffsnormen des Sitzstaats kann deshalb nicht überzeugen, weil die Parteien häufig einen neutralen Schiedsort wählen, der gar keinen wesentlichen Bezug zum Rechtsstreit aufweist; in diesen Fällen wäre die Anwendung der dortigen Eingriffsnormen primär dem Zufall geschuldet.[337] Demgegenüber ist das Bedürfnis nach einer Berücksichtigung drittstaatlicher Eingriffsnormen in der internationalen Schiedsgerichtsbarkeit aufgrund des Parteiauftrags als grundlegende Maxime deutlich größer. Beispielsweise muss ein Schiedsgericht, um die Vollstreckbarkeit des Schiedsspruchs sicherzustellen, zumindest die Möglichkeit haben, Eingriffsnormen des voraussichtlichen Vollstreckungsstaats zu berücksichtigen. Diesem Flexibilitätsbedürfnis steht die rein limitative Regelung des Art. 9 Abs. 3 Rom I-VO diametral entgegen.[338] Die beiden Beispiele zeigen bereits, dass die starren Vorgaben des Art. 9 Rom I-VO grundsätzlich keine sinnvolle Handlungsanleitung für Schiedsgerichte im Umgang mit Eingriffsnormen bieten können.

## V. Zusammenfassung

Ein internationales Schiedsgericht ist bei der Ermittlung des in der Hauptsache anwendbaren Rechts nicht an das allgemeine Kollisionsrecht seines Sitzstaats gebunden. Insoweit gelten vielmehr allein die Sonderkollisionsnormen des Schiedsverfahrensrechts, einschließlich der institutionellen Schiedsordnungen. Diese gewähren sowohl den Parteien als auch den Schiedsrichtern erhebliche Freiräume bei der Bestimmung des anwendbaren Rechts. Bezüglich des Umgangs mit Eingriffsnormen sehen weder die schiedsrechtlichen Übereinkommen noch die nationalen Verfahrensrechte oder die institutionellen Schiedsordnungen Regelungen vor, die ausdrückliche Vorgaben für internationale Schiedsgerichte enthalten.[339]

---

337 Reithmann/Martiny/*Hausmann*, Rn. 8.428; *ders.*, FS v. Hoffmann, S. 971, 985; Stein/Jonas/*Schlosser*, § 1051 Rn. 8; Musielak/Voit/*Voit*, § 1051 Rn. 3; a.A. MüKo-ZPO/*Münch*, § 1051 Rn. 22; *Mankowski*, RIW 2011, 30, 43 f., der auf den regelmäßig fehlenden Anwendungswillen des Eingriffsrechts im Fall eines neutralen Sitzstaats hinweist.

338 Vgl. auch Reithmann/Martiny/*Hausmann*, Rn. 8.429; *ders.*, FS v. Hoffmann, S. 971, 985 f.; dies anerkennend auch *Mankowski*, RIW 2011, 30, 43; anders offenbar *Carducci*, ICC Bull. 2/2011, 31, 42.

339 So auch *Beulker*, Eingriffsnormenproblematik, S. 212; *Ungeheuer*, Eingriffsnormen, S. 90.

## B. Umgang mit Eingriffsnormen in der Schiedsgerichtsbarkeit

Geht man mit der hier vertretenen Ansicht[340] davon aus, dass Schiedsgerichte nicht an das allgemeine Kollisionsrecht ihres Sitzstaats gebunden sind, gibt es für die internationale Schiedsgerichtsbarkeit keine Regelungen, die ausdrückliche Vorgaben zum Umgang mit Eingriffsnormen enthalten. Dies ermöglicht einerseits eine flexible Handhabung, erklärt andererseits aber auch etwaige Unsicherheiten darüber, wie Eingriffsnormen vor Schiedsgerichten zu behandeln sind. Dabei ist diese Fragestellung deshalb so brisant, weil die Antwort regelmäßig von entscheidender Bedeutung für den Ausgang des Rechtsstreits ist. Eingriffsnormen haben nicht selten anspruchsbegründenden Charakter bzw. führen umgekehrt häufig zu Einwendungen gegen einen geltend gemachten Anspruch.[341] Deshalb hängt der Ausgang eines Schiedsverfahrens in vielen Fällen davon ab, ob das Schiedsgericht zur Anwendung dieser Vorschriften gelangt oder nicht. Es ist gerade dieser Zusammenhang, der die Eingriffsnormenproblematik für die vorliegende Untersuchung so relevant werden lässt. Bei ihrer Analyse erscheint es aufgrund der fehlenden Regelungen sinnvoll, zunächst auf die Interessenlage aus Sicht der Schiedsrichter einzugehen (I.). Daran anknüpfend wird dann der Umgang mit Eingriffsnormen in der internationalen Schiedsgerichtsbarkeit untersucht – zunächst aus literarischer Sicht (II.) und anschließend anhand der zugänglichen Schiedspraxis (III.).

### I. Interessenlage aus Sicht eines Schiedsgerichts

#### *1. Achtung des Parteiauftrags*

Ein Schiedsgericht erhält seine Legitimation allein durch den in der Schiedsvereinbarung verkörperten Parteiauftrag und ist dementsprechend in erster Linie den Parteien verpflichtet. Anders als ein staatliches Gericht hat es gerade nicht die Aufgabe, die Interessen eines bestimmten Staats zu verteidigen bzw. zu

---

340 Siehe soeben § 4 A. IV.

341 Vgl. Beispielsfall 1, in dem der Kläger seinen Anspruch auf § 89b HGB als anspruchsbegründende Norm stützt. In Beispielsfall 2 begründet der Kläger seinen Schadensersatzanspruch mit einem Verstoß gegen Art. 101 AEUV (sog. offensiver Kartellrechtsprozess); umgekehrt können die kartellrechtlichen Verbotstatbestände auch zu rechtvernichtenden Einwendungen gegen die Geltendmachung eines Anspruchs führen (sog. defensiver Kartellrechtsprozess). In den Altfällen der Börsentermingeschäfte konnten der Termin- und der Differenzeinwand ebenfalls einerseits als Einwendung gegen eine Nachschusspflicht des Anlegers und andererseits als Grundlage für die Rückzahlung geleisteter Einlagen dienen.

fördern.[342] Auf den ersten Blick spricht diese Aufgabenpriorität gegen die Beachtung von Eingriffsnormen im Schiedsverfahren. Im Gegensatz zu den betroffenen Staaten haben die Parteien allgemein betrachtet nämlich kein gesteigertes Bedürfnis an der Beachtung von Rechtsnormen, die im öffentlichen Interesse in ein privatrechtliches Rechtsverhältnis eingreifen; sie möchten ihre Rechtsbeziehungen vielmehr möglichst frei von staatlichen Eingriffen selbst regeln.[343]

Bei dieser Argumentation wird jedoch übersehen, dass der Kern des Parteiauftrags an ein Schiedsgericht darin besteht, den Rechtsstreit durch einen wirksamen und vollstreckbaren Schiedsspruch endgültig zu erledigen.[344] Diese Zielsetzung ist gefährdet, wenn das Schiedsgericht international zwingende Normen missachtet und den Schiedsspruch dadurch der Gefahr einer Aufhebung oder Nichtanerkennung aufgrund eines ordre public-Verstoßes aussetzt. Denn auch wenn die Missachtung einer Eingriffsnorm nicht gleichbedeutend mit einem ordre public-Verstoß ist, kann sie dazu führen, dass der Schiedsspruch aufgehoben oder nicht zur Vollstreckung anerkannt wird.[345] In der Konsequenz haben die Parteien eines Schiedsverfahrens also durchaus selbst ein Interesse daran, dass das Schiedsgericht zumindest bestimmte Eingriffsnormen bei seiner Entscheidungsfindung beachtet.[346] Aus Sicht des Schiedsgerichts bedeutete die Missachtung von Eingriffsnormen daher, den Parteiauftrag nicht ernst zu nehmen und damit zugleich die Grundlage der eigenen Daseinsberechtigung infrage zu stellen.

---

342 *Beulker*, Eingriffsnormenproblematik, S. 215; *Voser*, 7 Am. Rev. Int'l Arb. (1996), 319, 336; vgl. auch *Papeil*, in: Conflict of Laws in International Arbitration, S. 341, 344 ff.

343 *Beulker*, Eingriffsnormenproblematik, S. 353; *Sachs/Niedermaier*, FS v. Hoffmann, S. 1051, 1058.

344 Reithmann/Martiny/*Hausmann*, Rn. 8.429; *Horvath*, 18 Journ. Int'l Arb. (2001), 135 ff.; *Thorn/Grenz*, in: Conflict of Laws in International Arbitration, S. 187, 199 m.w.N.; vgl. auch Art. 42 ICC Rules; Art. 32.2 LCIA Rules. Teilweise wird sogar von einer vertraglichen Pflicht der Schiedsrichter gesprochen, so etwa *Lachmann*, Rn. 4299 ff.; *Drobnig*, FS Kegel, S. 95, 112; dagegen *Nairac/Aleynikova/Thadikkaran*, ICC Bull. 1/2016, 55, 58 m.w.N.

345 Zum Verhältnis zwischen Eingriffsnormen und ordre public im Anerkennungsstadium näher unten § 8 C. III. 2. b) aa).

346 *Commandeur/Gößling*, SchiedsVZ 2014, 12, 15; *Sachs/Niedermaier*, FS v. Hoffmann, S. 1051, 1058; *Mankowski*, RIW 2011, 30, 43; *Siwy*, in: Austrian Yearb. Int'l Arb. 2012, S. 165, 188.

## 2. *Eigeninteresse der Schiedsgerichtsbarkeit als Institution*

Neben der Achtung des Parteiauftrags haben internationale Schiedsgerichte aber auch ein eigennütziges Motiv, Eingriffsnormen nicht zu ignorieren. So ist die Schiedsgerichtsbarkeit trotz ihrer Eigenständigkeit letztlich von der Akzeptanz und Förderung durch die staatlichen Rechtsordnungen abhängig. Die Staaten müssen zunächst in bestimmten Bereichen auf ihr Rechtsprechungsmonopol verzichten und in der Folge bereit sein, Schiedssprüche anzuerkennen und gegebenenfalls mit staatlicher Gewalt durchzusetzen.[347] Diese Unterstützung haben viele Staaten der Institution Schiedsgerichtsbarkeit in kontinuierlich steigendem Maße gewährt, insbesondere etwa durch eine stetige Ausweitung der objektiven Schiedsfähigkeit. Sie dürfte allerdings abnehmen, wenn internationale Schiedsgerichte die rechtspolitischen Interessen der Staaten, die sich u.a. in deren Eingriffsrecht widerspiegeln, fortwährend missachten und die Schiedsgerichtsbarkeit so in den Verruf eines „Mediums zu Rechtsumgehung"[348] gelangt. In diesem Fall erscheint es naheliegend, dass sich Staaten veranlasst sehen, die Schiedsfähigkeit von Rechtsstreitigkeiten, in denen bestimmte öffentliche Interessen betroffen sind, wieder einzuschränken oder sogar aufzuheben.[349] Die staatliche Tendenz zur Reglementierung wirtschaftspolitischer Interessen würde sich dann in weitergehenden Beschränkungen der objektiven Schiedsfähigkeit widerspiegeln, als dies bisher der Fall ist. Dies führte zu einem erheblichen Bedeutungsverlust der Schiedsgerichtsbarkeit als Institution der alternativen Konfliktlösung. Es liegt im ureigenen Interesse der Schiedsgerichte, eine solche Entwicklung zu verhindern und die eigene Institution weiterhin als gleichwertige Streitbeilegungsinstanz neben staatlichen Gerichten zu etablieren. Ein wesentlicher Baustein dafür – und damit zugleich eine Handlungsanweisung an Schiedsgerichte – ist die verantwortungsvolle Ausübung ihrer Rechtsprechungsaufgabe unter Achtung staatlicher Interessen. Dazu gehört auch die Bereitschaft, Eingriffsnormen als Positivierung dieser Interessen prinzipiell zu beachten.[350]

---

347 *Rogers*, 39 Stanford Journ. Int'l Law (2003), 1; *Barraclough/Waincymer*, 6 Melb. Journ. Int'l Law (2005), 205, 214 f.; *McGuire*, SchiedsVZ 2011, 257, 259; *Beulker*, Eingriffsnormenproblematik, S. 215.

348 *Beulker*, Eingriffsnormenproblematik, S. 215; ähnlich *Lando*, FS Zweigert, S. 159, 172.

349 *Papeil*, in: Conflict of Laws in International Arbitration, S. 341, 353; *Commandeur/Gößling*, SchiedsVZ 2014, 12, 15; *Landolt*, 23 Arb. Int'l (2007), 63, 64 f.; *Voser*, 7 Am. Rev. Int'l Arb. (1996), 319, 337; vgl. auch *Siwy*, in: Austrian Yearb. Int'l Arb. 2012, S. 165, 187.

350 *Commandeur/Gößling*, SchiedsVZ 2014, 12, 15; *Drobnig*, FS Kegel, S. 95, 113; *Mayer*, 2 Arb. Int'l (1986), 274, 285 f.; *Voser*, 7 Am. Rev. Int'l Arb. (1996), 319, 336 f.; *Lando*, FS

## II. Theoretischer Ansatz in der Literatur

Die Diskussion um die Bedeutung von Eingriffsnormen in internationalen Schiedsverfahren wird in der Rechtsliteratur schon seit Jahrzehnten lebhaft geführt. Die Kompetenz von Schiedsrichtern zur Anwendung von Eingriffsnormen steht – auch angesichts der soeben geschilderten Interessenlage – in der modernen Lehre der Schiedsgerichtsbarkeit außer Frage.[351] Vielmehr ist anerkannt, dass auch Schiedsgerichte sich nicht ohne Weiteres über staatliche Interessen hinwegsetzen dürfen und daher sogar verpflichtet sind, international zwingende Normen zu beachten.[352] Der Kern der Problematik hat sich inzwischen zu der Frage verschoben, welche Eingriffsnormen ein Schiedsgericht bei seiner Entscheidungsfindung zu beachten hat.

Dabei lassen sich aus Sicht eines Schiedsgerichts je nach Herkunft der Vorschrift drei verschiedene Konstellationen unterscheiden.[353] In der ersten Konstellation geht es um die Beachtung von Eingriffsnormen der *lex causae*, also solchen, die Bestandteil der in der Hauptsache zur Anwendung berufenen Rechtsordnung sind. Die zweite Fallgestaltung betrifft den Umgang mit international zwingenden Normen des Schiedsorts, also derjenigen der *lex loci arbitri*. Bei der dritten Konstellation geht es um drittstaatliche Eingriffsnormen, die weder der *lex causae* noch der *lex loci arbitri* angehören. Vor diesem Hintergrund wird diskutiert, ob sich aus den unterschiedlichen Varianten zugleich verschiedene Beachtungsebenen in der Weise ergeben, dass die Herkunft einer Norm einen Automatismus im Hinblick auf ihre Anwendung auslöst (1.). Soweit dies nicht der Fall ist, schließt sich die Frage an, nach welchen Kriterien

---

Zweigert, S. 159, 172 f.; zurückhaltender *Waincymer*, 5 Asian Int'l Arb. Journ. (2009), 1, 13; krit. auch *Beulker*, Eingriffsnormenproblematik, S. 260 f., 290 f.

351 *Born*, S. 2699 ff.; BeckOK-ZPO/*Wilske*/*Markert*, § 1051 Rn. 7.2; *Commandeur*/*Gößling*, SchiedsVZ 2014, 12, 14; *Schnyder*, RabelsZ 59 (1995), 293, 300; *Siwy*, in: Austrian Yearb. Int'l Arb. 2012, S. 165, 188; *Voser*, 7 Am. Rev. Int'l Arb. (1996), 319, 330 f.; *Hochstrasser*, 11 Journ. Int'l Arb. (1994), 57 ff., 68 f., 84 m.w.N. auch zur früheren Gegenansicht.

352 BeckOK-ZPO/*Wilske*/*Markert*, § 1051 Rn. 7.2; Reithmann/Martiny/*Hausmann*, Rn. 8.427; *Papeil*, in: Conflict of Laws in International Arbitration, S. 341, 360, 376; *Raeschke-Kessler*/*Berger*, Rn. 741; *Hochstrasser*, 11 Journ. Int'l Arb. (1994) 57, 84 ff.; *Pfeiffer*, NJW 2012, 1169, 1171.

353 Vgl. auch *Beulker*, Eingriffsnormenproblematik, S. 58; *Bermann*, in: Conflict of Laws in International Arbitration, S. 325, 330 ff.; *Commandeur*/*Gößling*, SchiedsVZ 2014, 12, 15.

Schiedsrichter die Anwendung international zwingender Normen stattdessen zu beurteilen haben (2.).

### 1. Genuine Anwendungspflicht versus gleichstufige Sonderanknüpfung

Die Frage nach einer genuinen Anwendungspflicht stellt sich lediglich für die ersten beiden Konstellationen, d.h. für Eingriffsnormen, die zur *lex causae* bzw. zur *lex loci arbitri* gehören. Eine automatische Anwendung drittstaatlicher Eingriffsnormen kommt mangels originärer Verbindung zum Rechtsstreit von vornherein nicht in Betracht; diese können kollisionsrechtlich lediglich über eine Sonderanknüpfung berücksichtigt werden.

#### a) Eingriffsnormen des Hauptsachestatuts

Für international zwingende Normen des Hauptsachestatuts wird die Frage unterschiedlich beantwortet. Teilweise wird bis heute in Anlehnung an die klassische Schuldstatutstheorie eine Vormachtstellung von Eingriffsnormen der *lex causae* vertreten.[354] Dem liegt die Erwägung zugrunde, diese Normen seien als statutszugehörige Vorschriften über die pauschale kollisionsrechtliche Verweisung auf die Rechtsordnung des Hauptsachestatuts automatisch mitberufen. Eine über die Einordnung als Selbstverständlichkeit hinausgehende Begründung für diese Ansicht findet sich kaum.[355] Umso deutlicher ist hingegen die Kritik, die dagegen vorgebracht wird. Diese entspricht in weiten Teilen den generellen Einwänden gegenüber der Schuldstatutstheorie, die an dieser Stelle nicht nochmal wiederholt werden sollen.[356] Speziell mit Blick auf die internationale Schiedsgerichtsbarkeit verweisen Kritiker insbesondere darauf, dass eine schematische Berufung der *lex causae*-Eingriffsnormen den dortigen Besonderheiten nicht gerecht wird. So nutzten Schiedsparteien häufig die Möglichkeit, eine neutrale

---

354 Wieczorek/Schütze/*Schütze*, § 1051 Rn. 26; *Bermann*, in: Conflict of Laws in International Arbitration, S. 325, 331; *Drobnig*, FS Kegel, S. 95, 116; *Commandeur/Gößling*, SchiedsVZ 2014, 12, 15; *Mayer*, 2 Arb. Int'l (1986), 274, 281. Zur klassischen Schuldstatutstheorie allgemein vgl. *Kropholler*, IPR, S. 503 f.; *v. Bar/Mankowski*, IPR I, § 4 Rn. 119 f.; jeweils m.w.N.

355 Vgl. etwa *Bermann*, in: Conflict of Laws in International Arbitration, S. 325, 331: „[T]he tribunal has no reason not to include the mandatory rules of the chosen law among the applicable legal norms. To do otherwise would be entirely counter-intuitive."

356 Dazu *v. Bar/Mankowski*, IPR I, § 4 Rn. 120; *Kropholler*, IPR, S. 503; *Beulker*, Eingriffsnormenproblematik, S. 231 ff.; *Handorn*, Sonderkollisionsrecht, S. 183; *Juenger*, FS Rittner, S. 233, 242.

Rechtsordnung zu wählen, die keinen weiteren Bezug zum streitigen Rechtsverhältnis aufweist. Dann erscheine es jedoch nicht sachgerecht, den Interessen der *lex causae* einen pauschalen Vorrang gegenüber denjenigen einer anderen Rechtsordnung einzuräumen, mit der die Streitigkeit möglicherweise in einer deutlich engeren Verbindung steht.[357] Damit kämen die öffentlichen Interessen eines Staats zur Geltung, der wegen des fehlenden Sachverhaltsbezugs gar keinen berechtigten Regelungsanspruch habe. Dementsprechend lehnt die inzwischen wohl überwiegende Gegenauffassung eine genuine Anwendungspflicht von *lex causae*-Eingriffsnormen allein aufgrund ihrer Statutszugehörigkeit ab.[358] Nach dieser Ansicht erfasst die kollisionsrechtliche Verweisung auf die Rechtsordnung des Hauptsachestatuts grundsätzlich nicht deren Eingriffsnormen. Vielmehr sei die Anwendung von international zwingenden Normen des Hauptsachestatuts im Wege einer Sonderanknüpfung nach den gleichen Kriterien zu beurteilen wie die Relevanz drittstaatlicher Eingriffsnormen.

Eine Ausnahme wird lediglich anerkannt, wenn sich aus einer Rechtswahlvereinbarung der übereinstimmende Parteiwille ergibt, dass auch die Eingriffsnormen der anwendbaren Rechtsordnung erfasst sein sollen.[359] In diesem Fall muss das Schiedsgericht die international zwingenden Normen bei seiner Entscheidung beachten; andernfalls riskieren die Schiedsrichter, dass der Schiedsspruch nicht anerkannt wird.[360] Allerdings beruht die Anwendungspflicht der *lex causae*-Eingriffsnormen dann nicht auf ihrer bloßen Zugehörigkeit zur anwendbaren Rechtsordnung, sondern auf dem gemeinsamen Parteiauftrag.

357 *Beulker*, Eingriffsnormenproblematik, S. 233 f.; *Ungeheuer*, Eingriffsnormen, S. 172 f.; *Voser*, 7 Am. Rev. Int'l Arb. (1996), 319, 339 f.

358 *Beulker*, Eingriffsnormenproblematik, S. 234 f., 242 f.; *Ungeheuer*, Eingriffsnormen, S. 172 ff.; 179; *Handorn*, Sonderkollisionsrecht, S. 183; *Horn*, SchiedsVZ 2008, 209, 213 f.; *Siwy*, in: Austrian Yearb. Int'l Arb. 2012, S. 165, 177 ff.; *Blessing*, 14 Journ. Int'l Arb. (1997), 23, 27 (Fn. 9); *Radicati di Brozolo*, 23 Am. Rev. Int'l Arb. (2012), 49, 67; *Schnyder*, RabelsZ 59 (1995), 293, 299; *Voser*, 7 Am. Rev. Int'l Arb. (1996), 319, 339 f.; i.E. auch *Sachs/Niedermaier*, FS v. Hoffmann, S. 1051, 1056 f.

359 *Beulker*, Eingriffsnormenproblematik, S. 230, 232, 242; *Ungeheuer*, Eingriffsnormen, S. 174, 179; *Siwy*, in: Austrian Yearb. Int'l Arb. 2012, S. 165, 179.

360 Wolff/*Borris/Hennecke*, Art. V NYÜ, Rn. 235 m.w.N.; *Schlosser*, RipS, Rn. 863; vgl. auch *Schwab/Walter*, Kap. 24 Rn. 22, die allerdings nicht auf eine Überschreitung der Entscheidungsbefugnis des Schiedsgerichts, sondern auf einen Verfahrensfehler abstellen.

### *b) Eingriffsnormen des Schiedsorts*

Wesentlich klarer ist das Meinungsbild im Hinblick auf Eingriffsnormen der *lex loci arbitri*. Während staatliche Gerichte gem. Art. 9 Abs. 2 Rom I-VO die Eingriffsnormen des Forums stets zu beachten haben, gilt dies für internationale Schiedsgerichte nach nahezu einhelliger Auffassung nicht: Die Zugehörigkeit einer Eingriffsnorm zur Rechtsordnung des Schiedsforums führt nicht zu einer automatischen Beachtungspflicht; deren Anwendung ist vielmehr nach den gleichen Maßstäben zu beurteilen wie die Berücksichtigung drittstaatlicher Eingriffsnormen.[361] Im Gegensatz zu staatlichen Gerichten sind Schiedsgerichte keine Staatsorgane und üben keine hoheitliche Aufgabe bei der Durchsetzung nationalen Rechts aus. Sie sind nicht in vergleichbarer Weise strukturell in das Rechtssystem ihres Sitzstaats eingegliedert, sodass in Bezug auf das materielle Recht die aus Sicht eines staatlichen Gerichts typische Unterscheidung zwischen „eigenem" und „fremden" Recht entfällt. Aus der Perspektive eines internationalen Schiedsgerichts sind alle Rechtsordnungen „fremd".[362] Dies verdeutlichen insbesondere die Fälle, in denen die Parteien einen neutralen Schiedsort bestimmt haben, dessen Verbindung zum Rechtsstreit auf den formalen Sitz des Schiedsgerichts beschränkt ist. Dann erscheint es schlicht zufällig, die international zwingenden Normen des Schiedsforums per se in das Rechtsverhältnis eingreifen zu lassen.[363]

---

361 Dazu ausführlich *Beulker*, Eingriffsnormenproblematik, S. 222 ff., 227 f.; *Born*, S. 2709 ff.; i.E. ebenso *Handorn*, Sonderkollisionsrecht, S. 185; *Sachs/Niedermaier*, FS v. Hoffmann, S. 1051, 1056; *Blessing*, 14 Journ. Int'l Arb. (1997), 23, 27 (Fn. 10); *Carducci*, ICC Bull. 2/2011, 31, 41; *Radicati di Brozolo*, 23 Am. Rev. Int'l Arb. (2012), 49, 67; *Schnyder*, RabelsZ 59 (1995), 293, 301 f.; *Voser*, 7 Am. Rev. Int'l Arb. (1996), 319, 338 f.; a.A. Wieczorek/Schütze/*Schütze*, § 1051 Rn. 27; *Shore*, 18 Am. Rev. Int'l Arb. (2007), 91 f.

362 *Sachs/Niedermaier*, FS v. Hoffmann, S. 1051, 1056; *Schlosser*, RipS, Rn. 747; *Voser*, 7 Am. Rev. Int'l Arb. (1996), 319, 338; *Hochstrasser*, 11 Journ. Int'l Arb. (1994), 57, 59. Abweichendes gilt für die zwingenden Verfahrensregeln der *lex loci arbitri*, die das Schiedsgericht beachten muss, vgl. *Bermann*, in: Conflict of Laws in International Arbitration, S. 325, 330 m.w.N.; ICC Nr. 10888 (2002), ICC Bull. 1/2016, 63, 66.

363 *Beulker*, Eingriffsnormenproblematik, S. 226 f.; *Born*, S. 2711; vgl. auch Stein/Jonas/*Schlosser*, § 1051 Rn. 8; Reithmann/Martiny/*Hausmann*, Rn. 8.428.

### 2. *Kriterien für die Anwendung international zwingender Normen im Wege der Sonderanknüpfung*

Soweit die Eingriffsnormenproblematik über den Weg einer Sonderanknüpfung gelöst wird, schließt sich die Frage nach deren konkreter Ausgestaltung an. Da eine verbindliche Sonderanknüpfungsnorm im Bereich der internationalen Schiedsgerichtsbarkeit nicht existiert, liegt die Entscheidung über die Anwendung von Eingriffsnormen letztlich im Ermessen des jeweiligen Schiedsgerichts. Bei dessen Ausübung sind die Schiedsrichter jedoch nicht völlig frei, sondern werden durch verschiedene Kriterien gelenkt. Insoweit haben sich aus zahlreichen Literaturvorschlägen mit teilweise sehr umfangreichen Katalogen[364] im Laufe der Zeit drei Kriterien herauskristallisiert, die für die Sonderanknüpfung von Eingriffsnormen in Schiedsverfahren als maßgeblich angesehen werden.

#### *a) Enge Verbindung zwischen Sachverhalt und Eingriffsstaat*

Die primäre Voraussetzung für die Sonderanknüpfung einer Eingriffsnorm ist eine hinreichend enge Verbindung zwischen dem Erlassstaat der Norm und dem zu beurteilenden Sachverhalt.[365] Die Notwendigkeit einer territorialen Verknüpfung wird damit begründet, dass die Beachtung der öffentlichen Interessen eines Staats nur gerechtfertigt erscheint, wenn diese von der Rechtsstreitigkeit berührt werden; nur dann hat der Erlassstaat der Eingriffsnorm überhaupt ein berechtigtes Interesse an der Regelung des Sachverhalts.[366] Vor diesem Hintergrund erfüllt das Anknüpfungskriterium eine Doppelfunktion: Es dient zunächst einmal dazu, einen Pool möglicherweise relevanter Eingriffsnormen zu bilden. Innerhalb dieses Pools führt die Intensität der Verbindung dann bereits zu einer Gewichtung der gefundenen Eingriffsnormen.

Die Herausforderung besteht allerdings darin, den unbestimmten Rechtsbegriff der „engen Verbindung“ zu konkretisieren. Die vorgeschlagenen Konkretisierungskriterien lassen sich in zwei einander ergänzende Gruppen unterteilen: In

---

364 Vgl. etwa *Blessing*, 14 Journ. Int'l Arb. (1997), 39, 61; *ders.*, 14 Journ. Int'l Arb. (1997), 23, 31 f.; *Waincymer*, 5 Asian Int'l Arb. Journ. (2009), 1, 43 f.

365 *Schiffer*, Handelsschiedsverfahren, S. 176 ff., 194; *Sachs/Niedermaier*, FS v. Hoffmann, S. 1051, 1058; *Siwy*, in: Austrian Yearb. Int'l Arb. 2012, S. 165, 181; *Blessing*, 14 Journ. Int'l Arb. (1997), 39, 61; *Commandeur/Gößling*, SchiedsVZ 2014, 12, 16 f.; *Shore*, 18 Am. Rev. Int'l Arb. (2007), 91, 100; *Voser*, 7 Am. Rev. Int'l Arb. (1996), 319, 345 ff., 357.

366 *Beulker*, Eingriffsnormenproblematik, S. 109 f., 284; *Lazareff*, in: Law Applicable in International Arbitration, S. 538, 544; *Mentzel*, Sonderanknüpfung, S. 231 („eingriffszuständig“); *Wengler*, ZVglRWiss 54 (1941), 168, 185.

einer Kategorie sammeln sich allgemeine Elemente, die das bereits aus anderen Kollisionsnormen bekannte Anknüpfungsmerkmal der „engen Verbindung" grundsätzlich konkretisieren. Dazu gehören beispielsweise der Ort des Vertragsschlusses, der Erfüllungsort vertraglicher Verpflichtungen oder der gewöhnliche Aufenthalt bzw. der Sitz der Parteien.[367] Zusätzlich zu diesen allgemeinen Verbindungspunkten werden – als zweite Kategorie – spezielle Kriterien diskutiert, die sich aus dem Wesen der internationalen Schiedsgerichtsbarkeit ergeben und das Merkmal der „engen Verbindung" schiedsspezifisch konkretisieren sollen.

#### aa) *Lex causae*

Sofern die Eingriffsnormen der *lex causae* nicht bereits aufgrund ihrer Zugehörigkeit zum Hauptsachestatut für automatisch anwendbar erachtet werden, wird die geltende Rechtsordnung zumindest als Merkmal für eine Verbindung zwischen dem Sachverhalt und dem erlassenden Staat angesehen.[368] Da sich die kollisionsrechtliche Anknüpfung des Hauptsachestatuts auch an dessen Sachnähe orientiert, indiziert die Geltung eines bestimmten Rechts grundsätzlich eine Nähebeziehung zum zugrunde liegenden Sachverhalt. Eine Ausnahme wird allerdings angenommen, wenn die Parteien eine Rechtswahl zugunsten einer neutralen Rechtsordnung getroffen haben.[369] In diesem Fall spiegele die *lex causae* nämlich gerade keine Verbindung zur betroffenen Rechtsstreitigkeit wider, sodass deren Indizwirkung entfalle und durch andere Bezugspunkte ersetzt werden müsse.

#### bb) Schiedsort

Auch wenn den Eingriffsnormen des Schiedsorts aufgrund der Stellung der Schiedsgerichte und der häufigen Neutralität des Forums kein allgemeiner Beachtungsvorrang eingeräumt wird,[370] bleibt der Sitz des Schiedsgerichts als Anknüpfungspunkt im Rahmen der Eingriffsnormenproblematik bedeutsam. Denn trotz ihrer exponierten Stellung sind Schiedsgerichte nicht gänzlich

---

367 *Beulker*, Eingriffsnormenproblematik, S. 96, 284; *Schiffer*, Handelsschiedsverfahren, S. 176 ff.; *Commandeur/Gößling*, SchiedsVZ 2014, 12, 17; *Horn*, SchiedsVZ 2008, 209, 214. Zu schiedsverfahrensrechtlichen Kollisionsnormen mit dem Element der „engsten Verbindung" und den möglichen Konkretisierungskriterien siehe oben § 4 A. II.

368 *Handorn*, Sonderkollisionsrecht, S. 185; *Sachs/Niedermaier*, FS v. Hoffmann, S. 1051, 1058 f.; *Horn*, SchiedsVZ 2008, 209, 213; *Schnyder*, RabelsZ 59 (1995), 293, 301; *Voser*, 7 Am. Rev. Int'l Arb. (1996), 319, 346. Zur Diskussion siehe oben § 4 B. II. 1. a).

369 *Handorn*, Sonderkollisionsrecht, S. 185; *Voser*, 7 Am. Rev. Int'l Arb. (1996), 319, 346.

370 Siehe oben § 4 B. II. 1. b).

vom Rechtssystem ihres Sitzstaats entkoppelt. Aufgrund des in den nationalen Schiedsverfahrensrechten vorgesehenen Aufhebungsverfahrens unterliegen sie vielmehr einer Kontrolle durch die staatlichen Gerichte am Schiedsort. Über den anerkennungsrechtlichen ordre public-Vorbehalt können die nationalen Gerichte den Schiedsspruch zumindest auf seine Vereinbarkeit mit den wesentlichen Grundsätzen der Rechtsordnung überprüfen und im Fall des Widerspruchs aufheben.[371] Dabei ist anerkannt, dass die Missachtung von Eingriffsnormen – wenn auch nicht zwangsläufig – zu einer Verletzung der öffentlichen Ordnung führen kann.[372] Die Wechselwirkung zwischen international zwingenden Normen und dem ordre public-Vorbehalt im Rahmen der staatlichen Kontrollmöglichkeiten des Schiedsforums stellt eine Verknüpfung zwischen dem Schiedsort und der Rechtsstreitigkeit her: Werden international zwingende Normen des Schiedsorts missachtet, besteht die Gefahr, dass der Schiedsspruch aufgrund eines ordre public-Verstoßes von einem staatlichen Gericht des Schiedsforums aufgehoben wird. Diese Gefahr ist besonders folgenschwer, da eine Aufhebung des Schiedsspruchs nicht nur dessen Unverbindlichkeit im Ursprungsstaat zur Folge hat, sondern gem. Art. V Abs. 1 lit. e) NYÜ zugleich einen Grund für andere Staaten liefert, die Anerkennung und Vollstreckung des Schiedsspruchs zu versagen. Durch die Wirkung als universelles Vollstreckungshindernis macht eine Aufhebungsentscheidung am Schiedsort den Schiedsspruch praktisch wertlos.[373]

Ob diese Verknüpfung für sich genommen bereits ausreicht, um rechtsmethodisch eine „enge Verbindung“ des Rechtsstreits zum Schiedsort als Erlassstaat einer Eingriffsnorm zu begründen, ist innerhalb der Sonderanknüpfungslehre

---

371 Vgl. Art. 34 Abs. 2 lit. b) (ii) UNCITRAL ModellG; in nationalen Schiedsverfahrensrechten z.B. § 1059 Abs. 2 Nr. 2 lit. b) ZPO; § 611 Abs. 2 Nr. 8 öZPO (Österreich); Sec. 3, 24 IAA (Singapur); Sec. 68 (2) g) AA (England); Art. 1520 Nr. 5 CPC (Frankreich); Art. 190 Abs. 2 lit. e) IPRG (Schweiz). In den USA enthält der FAA zwar keinen allgemeinen ordre public-Vorbehalt für die Aufhebung eines Schiedsspruchs, jedoch ist ein Verstoß gegen den ordre public als Aufhebungsgrund in der Rechtsprechung anerkannt, vgl. nur *W. R. Grace & Co. v. Rubber Workers*, 461 U.S. 757 (1983); *Northrop Corp. v. Triad International Marketing*, 811 F.2d 1265 (9th Cir. 1987).

372 *Sachs/Niedermaier*, FS v. Hoffmann, S. 1051, 1059; Reithmann/Martiny/*Freitag*, Rn. 5.55; *Schack*, IZVR, Rn. 1462. Zum Verhältnis zwischen Eingriffsnormen und anerkennungsrechtlichem ordre public näher unten § 8 C. III. 2. b) aa).

373 Eine Ausnahme besteht allerdings im Anwendungsbereich des EuÜ, wo die Aufhebung des Schiedsspruchs aufgrund eines ordre public-Verstoßes im Ursprungsstaat gem. Art. IX EuÜ grundsätzlich unbeachtlich ist, vgl. MüKo-ZPO/*Adolphsen*, § 1061 Anh. 2, Art. IX EuÜ Rn. 11.

zwar umstritten.[374] Aufgrund der erheblichen Konsequenzen einer Aufhebungsentscheidung ist jedoch anerkannt, dass dieser Sanktionsmechanismus die Relevanz international zwingender Normen des Schiedsorts zumindest rein praktisch beeinflusst. In Anbetracht des Parteiauftrags, den Rechtsstreit durch einen wirksamen Schiedsspruch zu beenden, ergibt sich ein faktischer Druck auf das Schiedsgericht, Eingriffsnormen seines Sitzstaats zumindest soweit zu beachten, wie es zur Verhinderung eines ordre public-Verstoßes erforderlich ist.[375] Diese Bedeutung des Schiedsorts unterstreichen die Schiedsregeln der ICC, die für die obligatorische Überprüfung des Schiedsspruchs durch den International Court of Arbitration ausdrücklich auf das dortige Recht verweisen.[376]

#### cc) Vollstreckungsstaat

Vergleichbare pragmatische Erwägungen lassen sich im Hinblick auf den potenziellen Vollstreckungsstaat anstellen. Will eine Partei den ergangenen Schiedsspruch zwangsweise durchsetzen, muss dieser von dem Staat, in dessen Hoheitsgebiet die Durchsetzung erfolgen soll, anerkannt und für vollstreckbar erklärt werden. Die erforderlichen Voraussetzungen richten sich nach den jeweiligen Vorschriften des Vollstreckungsstaats, wobei für ausländische Schiedssprüche regelmäßig das NYÜ – gegebenenfalls in Verbindung mit anderen bi- oder multilateralen Staatsverträgen – zur Anwendung gelangt. Gem. Art. V Abs. 2 lit. b) NYÜ kann die Anerkennung und Vollstreckung durch die zuständigen Gerichte versagt werden, wenn der Schiedsspruch dem ordre public des

---

374 Von einer engen Verbindung zum Schiedsort ausgehend u.a. *Lew*, Applicable Law, S. 587; *Sachs/Niedermaier*, FS v. Hoffmann, S. 1051, 1058 f.; *Horn*, SchiedsVZ 2008, 209, 214; a.A. *Beulker*, Eingriffsnormenproblematik, S. 285 f.; *Schiffer*, Handelsschiedsverfahren, S. 182; *Voser*, 7 Am. Rev. Int'l Arb. (1996), 319, 346 f.

375 *Thorn/Grenz*, in: Conflict of Laws in International Arbitration, S. 187, 204 ff.; *Lazareff*, in: Law Applicable in International Arbitration, S. 538, 541; *Kessedjian*, in: Pervasive Problems in International Arbitration, S. 71, 88; *Mankowski*, RIW 2011, 30, 43; *Voser*, 7 Am. Rev. Int'l Arb. (1996), 319, 333 f.; i.E. auch *Beulker*, Eingriffsnormenproblematik, S. 252; *Ungeheuer*, Handelsschiedsgerichtsbarkeit, S. 230.

376 Vgl. ICC Rules, Appendix II, Art. 6: „When the Court scrutinizes draft awards […], it considers, to the extent practicable, the requirements of mandatory law at the place of the arbitration." Dass es dabei nicht nur um Verfahrensvorschriften, sondern auch um materiellrechtliche Normen geht, verdeutlicht Art. 34 ICC Arbitration Rules: „Before signing any award, the arbitral tribunal shall submit it in draft form to the Court. The Court may lay down modifications as to the form of the award and, without affecting the arbitral tribunal's liberty of decision, may also draw its attention to points of substance."; vgl. dazu Nedden/Herzberg/*Manner/Nedden*, ICC-SchO, Art. 33 Rn. 9.

Vollstreckungsstaats widerspricht. Durch diese Kontrollmöglichkeit der staatlichen Gerichte im Vollstreckungsverfahren wird die Haltung der Schiedsrichter im Umgang mit dessen Eingriffsrecht faktisch gesteuert.[377] Lässt das Schiedsgericht nämlich die international zwingenden Normen des Vollstreckungsstaats außer Acht, kann die Durchsetzbarkeit des Schiedsspruchs aufgrund eines möglichen ordre public-Verstoßes gefährdet sein. Dadurch würde zugleich der Parteiauftrag missachtet.[378] Wie bei der Aufhebungsmöglichkeit am Schiedsort beeinflusst also auch hier ein staatlicher Kontrollmechanismus – nun jedoch beschränkt auf den jeweiligen Vollstreckungsstaat – die Frage nach der Beachtlichkeit von Eingriffsnormen. Rechtsmethodisch wird die enge Verbindung des Sachverhalts zum Vollstreckungsstaat damit begründet, dass die Vollstreckung durch die staatlichen Organe als Surrogat an die Stelle der Erfüllung des eingeklagten Anspruchs durch die unterlegene Partei tritt. Dementsprechend sei es nur konsequent, neben dem Erfüllungsort auch den Vollstreckungsstaat als Konkretisierungskriterium einer engen Verbindung anzusehen.[379]

Die Verbindung zum Vollstreckungsstaat gestaltet sich jedoch dadurch komplexer, dass die Entscheidung des Schiedsgerichts über die Relevanz einer Eingriffsnorm der späteren Vollstreckung des Schiedsspruchs vorgelagert ist. Anders als der Erfüllungsort oder der Schiedsort steht der Staat, in dem der Schiedsspruch durchgesetzt werden soll, im Zeitpunkt seiner Abfassung regelmäßig noch nicht fest. Durch die lediglich hypothetische Bestimmbarkeit kommen gerade in internationalen Schiedsverfahren häufig mehrere potenzielle Vollstreckungsstaaten in Betracht; möglicherweise wird der Schiedsspruch von der unterlegenen Partei auch freiwillig erfüllt, sodass gar kein Vollstreckungsverfahren erforderlich ist. Letzteres mindert nach überwiegender Auffassung die Verbindung zum Vollstreckungsstaat keinesfalls: Das Schiedsgericht muss sich bei seiner Entscheidungsfindung an dem Parteiauftrag orientieren, einen

---

377 *Beulker*, Eingriffsnormenproblematik, S. 256, 286; *Schiffer*, Handelsschiedsverfahren, S. 66; *Ungeheuer*, Eingriffsnormen, S. 221 f.; *Bermann*, in: Conflict of Laws in International Arbitration, S. 325, 334; *Commandeur/Gößling*, SchiedsVZ 2014, 12, 19; *Sicard-Mirabal*, in: Arbitration Advocacy, S. 348, 358 f.

378 *Juenger*, FS Rittner, S. 233, 248 f.; *Hochstrasser*, 11 Journ. Int'l Arb. (1994), 57, 86; *Kessedjian*, in: Pervasive Problems in International Arbitration, S. 71, 88. Zum Parteiauftrag als handlungsleitendes Motiv bei der Beachtung von Eingriffsnormen siehe oben § 4 B. I. 1.

379 *Schiffer*, Handelsschiedsverfahren, S. 183 f.; *Beulker*, Eingriffsnormenproblematik, S. 286 f.; i.E. auch *Horn*, SchiedsVZ 2008, 209, 214; a.A. *Schwab/Walter*, Kap. 55 Rn. 9; *Voser*, 7 Am. Rev. Int'l Arb. (1996), 319, 347.

gültigen und vollstreckbaren Schiedsspruch zu erlassen. Dafür ist es unerheblich, ob später tatsächlich die Vollstreckung betrieben wird; entscheidend ist vielmehr bereits deren Möglichkeit.[380] Für das Problem mehrerer potenzieller Vollstreckungsstaaten hat sich in der Literatur hingegen bisher kein einheitlicher Lösungsweg entwickelt. Teilweise wird in dieser Konstellation die Eignung des Kriteriums zur Konkretisierung der „engen Verbindung" bezweifelt.[381] Die Mehrzahl der Literaturstimmen schlägt demgegenüber vor allem ein pragmatisches Vorgehen des Schiedsgerichts vor, indem sie beispielsweise auf die Filterfunktion der weiteren Sonderanknüpfungskriterien vertraut[382] oder darauf verweist, dass der Spekulationsgrad regelmäßig durch einen Rückgriff auf Parteiinformationen reduziert werden kann.[383]

### *b) Anwendungsbereich und Geltungswille der Eingriffsnorm*

Weiter eingeschränkt wird der Pool relevanter Eingriffsnormen durch deren Anwendungsbereich und Geltungswillen. Es versteht sich im Prinzip von selbst, dass auch eine international zwingende Norm nur dann beachtungswürdig ist, wenn sie *rationae personae* und *ratione materiae* anwendbar ist, also die Sachverhaltskonstellation, mit der das Schiedsgericht befasst ist, überhaupt regeln will.[384] Deutlich schwieriger kann es hingegen sein, diese Frage konkret zu beantworten, da Eingriffsnormen nur selten eine ausdrückliche Aussage über ihren Geltungsbereich treffen. Ein Positivbeispiel sind insoweit etwa die international zwingenden Normen des deutschen und europäischen Kartellrechts, die auf alle Wettbewerbsbeschränkungen anzuwenden sind, die sich auf den deutschen

---

380 *Schiffer*, Handelsschiedsverfahren, S. 184; *Beulker*, Eingriffsnormenproblematik, S. 287; a.A. *Thorn/Grenz*, in: Conflict of Laws in International Arbitration, S. 187, 208.

381 *Thorn/Grenz*, in: Conflict of Laws in International Arbitration, S. 187, 208; *Siwy*, in: Austrian Yearb. Int'l Arb. 2012, S. 165, 183; in diese Richtung auch ICC Nr. 14266 (2008), ICC Bull. 2013, Special Supplement, S. 83, 86; ICC Nr. 15977 (2010), ICC Bull. 1/2016, 95, 100.

382 *Beulker*, Eingriffsnormenproblematik, S. 287 f.; in diese Richtung i.E. auch *Raeschke-Kessler/Berger*, Rn. 752; *Commandeur/Gößling*, SchiedsVZ 2014, 12, 19.

383 In diese Richtung *Nairac/Aleynikova/Thadikkaran*, ICC Bull. 1/2016, 55, 61; *Schiffer*, Handelsschiedsverfahren, S. 185. Beide wohl mit dem Gedanken, dass zumindest der Kläger bereits vor Einleitung des Schiedsverfahrens etwaige Vollstreckungsmöglichkeiten ausgelotet haben wird.

384 *Schiffer*, Handelsschiedsverfahren, S. 185 f., 191; *Sachs/Niedermaier*, FS v. Hoffmann, S. 1051, 1059; *Blessing*, 14 Journ. Int'l Arb. (1997), 39, 61; *Horn*, SchiedsVZ 2008, 209, 214; *Siwy*, in: Austrian Yearb. Int'l Arb. 2012, S. 165, 180 f.

Markt bzw. den europäischen Binnenmarkt auswirken.[385] Fehlt es – wie in den meisten Fällen – hingegen an einer ausdrücklichen Festlegung des Geltungsanspruchs, muss dieser durch Auslegung der Eingriffsnorm ermittelt werden.[386] Für den Ausgleichsanspruch des Handelsvertreters ergibt sich aus dessen Normtelos, dass 89b HGB als Eingriffsnorm nur dann Geltung beansprucht, wenn der Handelsvertreter seine Tätigkeit in einem Mitgliedstaat der EU ausgeübt hat.[387]

### *c) Anwendungswürdigkeit der Eingriffsnorm*

Als drittes Kriterium und ergänzendes Kontrollinstrument im Hinblick auf das bisherige Anknüpfungsergebnis fungiert schließlich die Frage nach der Anwendungswürdigkeit der Eingriffsnorm („*application-worthiness*").[388] Neben der territorialen Abgrenzung und dem konkreten Geltungsanspruch in Betracht kommender Eingriffsnormen wird an dieser Stelle deren konkreter Inhalt zum Entscheidungselement über ihre Beachtung. Orientiert am Inhalt der Norm hat das Schiedsgericht abzuwägen, ob die Anwendung der Eingriffsnorm in der konkreten Situation gerechtfertigt und sinnvoll erscheint. Als konkrete Abwägungsfaktoren für die Anwendungswürdigkeit der Eingriffsnorm werden dabei vor allem ihr Zweck bzw. die von ihr geschützten Interessen und die Rechtsfolgen genannt, welche sich aus ihrer Anwendung bzw. Nichtanwendung ergeben.

---

385 Vgl. § 185 Abs. 2 GWB (§ 130 Abs. 2 GWB a.F.) bzw. Art. 101 Abs. 1 und Art. 102 AEUV. Zur diesem sog. Auswirkungsprinzip EuGH 27.9.1988 – 89/85 (*Zellstoff*), NJW 1988, 3086 ff.; BGH 7.6.2016 – KZR 6/15, SchiedsVZ 2016, 218, 223; Staudinger/*Fezer*/*Koos*, IntWirtschR, Rn. 124 ff.; Immenga/Mestmäcker/*Rehbinder*, § 130 Rn. 292. Ein weiteres Beispiel findet sich in § 32b UrhG, der eine ähnliche Formulierung für die Vergütungsvorschriften des Urheberrechts enthält.

386 Grundlegend *Wengler*, ZVglRWiss 54 (1941), 168, 173 ff.; *Schiffer*, Handelsschiedsverfahren, S. 186; *Sachs*/*Niedermaier*, FS v. Hoffmann, S. 1051, 1059 f.; zu möglichen Auslegungshilfen vgl. *Barraclough*/*Waincymer*, 6 Melb. Journ. Int'l Law (2005), 205, 238 ff.

387 EuGH 9.11.2000 – C-381/98 (*Ingmar*), Rn. 25 f., IPRax 2001, 225, 227; EuGH 16.2.2017 – C-507/15 (*Agro Foreign Trade*), Rn. 32 ff., BeckRS 2017, 101794; MüKo-HGB/*v. Hoyningen-Huene*, § 89b Rn. 217; *Kindler*, FS v. Hoffmann, S. 198, 203 f.

388 *Blessing*, 14 Journ. Int'l Arb. (1997), 39, 61 f.; *Sachs*/*Niedermaier*, FS v. Hoffmann, S. 1051, 1060 f.; *Commandeur*/*Gößling*, SchiedsVZ 2013, 12, 17; *Voser*, 7 Am. Rev. Int'l Arb. (1996), 319, 348 ff.; vgl. auch *Barraclough*/*Waincymer*, 6 Melb. Journ. Int'l Law (2005), 205, 241 f. („appropriateness").

### aa) International bzw. in den beteiligten Rechtsordnungen anerkannter Zweck

Im Rahmen des ersten Abwägungsfaktors muss das Schiedsgericht klären, ob die Eingriffsnorm einen anerkennenswerten Zweck bzw. schutzwürdige Interessen verfolgt („*shared values-test*").[389] Problematisch ist dabei, dass es den Schiedsrichtern an einem originären Vergleichsmaßstab mangelt: Anders als ein staatliches Gericht sind Schiedsgerichte nicht fest in einer bestimmten Rechtsordnung verwurzelt. Während der staatliche Richter den Inhalt einer Eingriffsnorm mit den wesentlichen Wertevorstellungen seines Forums abgleichen kann, fehlt es einem internationalen Schiedsgericht an einem solchen heimatrechtlichen Wertesystem.

Diese Lücke wird in erster Linie durch einen Rückgriff auf den ordre public transnational geschlossen.[390] Dieser Begriff fasst – sozusagen als „kleinster gemeinsamer Nenner aller zivilisierten Staaten"[391] – die Rechtsgrundsätze zusammen, die international universell oder zumindest von einer Vielzahl an Rechtsordnungen anerkannt sind.[392] Dazu werden klassischerweise u.a. die in der UN-Charta niedergelegten Menschenrechte, das Verbot von Korruption, sowie der Umwelt- und Kulturgüterschutz gezählt.[393] Die Grenzen des ordre public transnational sind wegen des weitreichenden Konsenserfordernisses relativ eng gezogen, verschwimmen aufgrund der Entwicklungsfähigkeit dieses dynamischen Rechtsinstituts jedoch teilweise.[394] Dementsprechend ist es – jedenfalls

---

389 *Blessing*, 14 Journ. Int'l Arb. (1997), 39, 61; *Siwy*, in: Austrian Yearb. Int'l Arb. 2012, S. 165, 184 ff.; *Handorn*, Sonderkollisionsrecht, S. 184; *Beulker*, Eingriffsnormenproblematik, S. 289 ff.; *Raeschke-Kessler/Berger*, Rn. 742.

390 *Beulker*, Eingriffsnormenproblematik, S. 291; *Siwy*, in: Austrian Yearb. Int'l Arb. 2012, S. 165, 184; *Commandeur/Gößling*, SchiedsVZ 2013, 12, 18; *Horn*, SchiedsVZ 2008, 209, 210 f.; *Voser*, 7 Am. Rev. Int'l Arb. (1996), 319, 349 ff.

391 *Beulker*, Eingriffsnormenproblematik, S. 291; ähnlich auch *Sheppard*, 19 Arb. Int'l (2003), 217, 220.

392 Dazu grundlegend *Lalive*, in: Comparative Arbitration Practice, 258 ff.; *Horn*, SchiedsVZ 2008, 209, 210 f.; *Siwy*, in: Austrian Yearb. Int'l Arb. 2012, S. 165, 184; *Sicard-Mirabal*, in: Arbitration Advocacy, S. 348, 358 f.; *Sachs/Niedermaier*, FS v. Hoffmann, S. 1051, 1060; *Stein*, EuZW 1994, 18, 24.

393 *Beulker*, Eingriffsnormenproblematik, S. 295 ff.; *Ungeheuer*, Eingriffsnormen, S. 232 f.; *Lalive*, in: Comparative Arbitration Practice, S. 258, 283 f., 306; *Mayer*, in: Pervasive Problems in International Arbitration, S. 61, 63 nennt als weitere, viel zitierte Beispiele das Verbot von Religions- und Rassendiskriminierung, Drogen- und Terrorbekämpfung und das Verbot des Organhandels.

394 *Stein*, EuZW 1994, 18, 23 („Rechtsinstitut im Werden"); vgl. auch *Mayer*, in: Pervasive Problems in International Arbitration, S. 61, 65 ff.; insoweit krit. und den ordre public

außerhalb der genannten klassischen Grundsätze – für ein Schiedsgericht oft nicht leicht zu beurteilen, ob der Schutzzweck einer bestimmten Eingriffsnorm zum ordre public transnational zu zählen ist. Beispielhaft zeigt dies etwa das ICC-Schiedsverfahren im Fall *Hilmarton*[395]: Der englische Kläger hatte die französische Beklagte bei der Bewerbung um einen öffentlichen Auftrag der algerischen Regierung unterstützt. Gegenstand des Schiedsverfahrens waren offene Honorarforderungen aus dem zugrundeliegenden Beratungs- und Vermittlungsvertrag, für den die Parteien die Geltung schweizerischen Rechts vereinbart hatten. In einer ersten Entscheidung wies das Schiedsgericht die Klage mit der Begründung ab, der zwischen den Parteien geschlossene Vertrag sei unwirksam. Auch ohne den Nachweis von Bestechungsversuchen hätten die Parteien bewusst gegen zwingendes algerisches Recht verstoßen, das die Einschaltung von Mittelspersonen bei der Verhandlung öffentlicher Aufträge verbietet.[396] Die Berücksichtigung der algerischen Vorschrift entgegen der Wahl schweizerischen Rechts rechtfertigte das Schiedsgericht damit, dass die Norm der allgemeinen Korruptionsbekämpfung diene und daher Bestandteil des ordre public transnational sei.[397] Der Schiedsspruch wurde anschließend vom Kantonalgericht Genf als willkürlich aufgehoben: Eine drittstaatliche Norm, die bereits die schlichte Beteiligung von Vermittlern – unabhängig von sonstigen unlauteren Methoden, beispielsweise Korruption – verbietet, könne sich nicht gegen eine Rechtswahl durchsetzen, da ein solches Verbot aus nationaler und europäischer Sicht nicht konsensfähig sei und daher nicht zum ordre public transnational gehöre.[398] Wie dieser Fall zeigt, kann die Frage nach der Zugehörigkeit zum ordre public transnational selbst dann schwierig zu beantworten sein, wenn dessen Kernbereiche tangiert sind. Um zu verhindern, dass einzelstaatliche Interessen über diesen Hebel zu allgemeingültigen Werten hochstilisiert werden, sind Schiedsgerichte angehalten, hier einen eher strengen Maßstab anzulegen und die Norm im Zweifel nicht dem ordre public transnational zuzurechnen.[399]

---

transnational als eigenständige Rechtsfigur ablehnend BeckOGK/*Stürner*, EGBGB, Art. 6 Rn. 173.

395 ICC Nr. 5622 (1988), YbCA 1994, 105 ff.

396 Algerian Law No. 78-02 of 11 February 1978 on the State Monopoly on Foreign Trade, vgl. ICC Nr. 5622 (1988), YbCA 1994, 105, 112.

397 Vgl. ICC Nr. 5622 (1988), YbCA 1994, 105, 114 f.

398 Cour de Justice Genève 17.11.1989, YbCA 1994, 214, 216 ff.; bestätigt vom schweiz. Bundesgericht 17.4.1990, YbCA 1994, 214, 220 ff.

399 *Beulker*, Eingriffsnormenproblematik, S. 298; *Siwy*, in: Austrian Yearb. Int'l Arb. 2012, S. 165, 185.

Aufgrund der engen Grenzen des ordre public transnational bedeutet die Erkenntnis, dass eine Eingriffsnorm nicht unter diesen Tatbestand fällt, nicht automatisch, dass diese Norm keinen anerkennenswerten Zweck verfolgt. So zählen beispielsweise die einzelnen wettbewerbsschützenden Vorschriften nach überwiegender Auffassung nicht zum ordre public transnational, da aufgrund unterschiedlicher Ideologien und divergierender Wirtschaftslagen kein allgemeiner Konsens und daher keine Kohärenz im Hinblick auf die Ausgestaltung wettbewerbsrechtlicher Regelungen besteht.[400] Dennoch verfolgen diese Vorschriften mit dem Schutz des Wettbewerbs einen nahezu universell anerkannten Zweck,[401] sodass allein die international inhomogene Ausgestaltung ihre Anwendungswürdigkeit nicht generell ausschließt. Aus diesem Grund wird für die inhaltliche Beurteilung einer Eingriffsnorm ein zweiter Maßstab vorgeschlagen, der sich auf die Rechtsordnungen der Staaten beschränkt, die am Sachverhalt beteiligt sind, insbesondere die Heimatstaaten der Parteien und der Erfüllungsort der vertraglichen Verpflichtungen.[402] Ergeben sich aus dieser geringeren Zahl an Rechtsordnungen übereinstimmende Grundwerte, sollen diese aufgrund ihrer Nähebeziehung zum konkreten Fall als Vergleichsmaßstab für die Anwendungswürdigkeit einer Eingriffsnorm herangezogen werden. So wird sichergestellt, dass auch Eingriffsnormen Beachtung finden können, die sich nicht auf einen ubiquitären, sondern nur länderübergreifend anerkannten, aber sachverhaltsnahen Rechtsgrundsatz beziehen.

### bb) Konsequenzen der Anwendung bzw. Nichtanwendung

Als zweiten Faktor soll das Schiedsgericht in seine Abwägung einfließen lassen, welche Konsequenzen sich aus einer Anwendung bzw. Nichtanwendung der international zwingenden Norm ergeben.[403] Dabei geht es einerseits um die unmittelbaren Auswirkungen auf die Rechtsbeziehung zwischen den Parteien. Sofern eine Eingriffsnorm etwa einen Verbotstatbestand mit Nichtigkeitsfolge

---

400 *Pocsay*, Kartellrecht in Schiedsverfahren, S. 219; *Beulker*, Eingriffsnormenproblematik, S. 296 f.; *Waincymer*, 5 Asian Int'l Arb. Journ. (2009), 1, 27.

401 *Pocsay*, Kartellrecht in Schiedsverfahren, S. 217 ff.; *Meinhardt/Ahrens*, SchiedsVZ 2006, 182, 187 f.; vgl. auch WTO, Overview of National Competition Legislation. Dazu ausführlich *Baetge*, Globalisierung des Wettbewerbsrechts, S. 17 ff., 191 ff.

402 *Siwy*, in: Austrian Yearb. Int'l Arb. 2012, S. 165, 186; *Voser*, 7 Am. Rev. Int'l Arb. (1996), 319, 352; *Beulker*, Eingriffsnormenproblematik, S. 294 will bereits bei der Inhaltsbestimmung des ordre public transnational auf dieses Nähekriterium abstellen.

403 *Blessing*, 14 Journ. Int'l Arb. (1997), 39, 61; *Commandeur/Gößling*, SchiedsVZ 2014, 12, 19 f.; *Waincymer*, 5 Asian Int'l Arb. Journ. (2009), 1, 32 ff.

enthält, stellt sich innerhalb einer Vertragsbeziehung die Frage, ob davon lediglich einzelne Vertragsklauseln erfasst sind oder gleich der gesamte Vertrag unwirksam wird. Zwar ist auch im zweiten Fall die Anwendung der Eingriffsnorm nicht ausgeschlossen, jedoch werden daran regelmäßig strengere Anforderungen gestellt, etwa durch eine Verschärfung der sonstigen Kriterien.[404]

Andererseits werden an dieser Stelle auch die mittelbaren Auswirkungen der Eingriffsnorm auf das Schicksal des Schiedsspruchs in den Blick genommen.[405] Dabei spielen insbesondere nochmal die oben angesprochenen staatlichen Kontrollmechanismen bezüglich des ordre public eine Rolle. Wie bereits ausgeführt, kann die Missachtung einer Eingriffsnorm durch ein Schiedsgericht zu einem Verstoß gegen die öffentliche Ordnung des Erlassstaats führen.[406] Steht dieser Staat mit dem Schiedsverfahren in Verbindung, besteht die Gefahr, dass durch eine Aufhebung oder Nichtanerkennung des Schiedsspruchs das Ergebnis des gesamten Schiedsverfahrens konterkariert wird. Der Grad dieser Gefahr variiert allerdings je nach Fallkonstellation, da aufgrund der unterschiedlichen Wirkungsweise die Missachtung einer Eingriffsnorm nicht zwangsläufig zur ordre public-Widrigkeit des Schiedsspruchs führt.[407] Diese Inkongruenz eröffnet dem Schiedsgericht einen Spielraum dahingehend, dass es jedenfalls solche Eingriffsnormen, die nicht Bestandteil des ordre public des Erlassstaats sind, unberücksichtigt lassen kann, ohne gegen den Parteiauftrag einer endgültigen Streitbeilegung zu verstoßen. Die entscheidende Aufgabe des Schiedsgerichts besteht dann darin, die Bedeutung der Eingriffsnorm für den Erlassstaat zu ermitteln. Als ein aus Schiedsrichtersicht besonders interessanter Indikator können dabei ehemalige Einschränkungen der Schiedsfähigkeit dienen: Hat ein Staat sein Rechtsprechungsmonopol erst im Laufe der Zeit für einen bestimmten Rechtsbereich zugunsten der Schiedsgerichtsbarkeit aufgegeben, kann dies darauf hindeuten, dass Eingriffsnormen aus diesem Bereich im Hinblick auf die öffentliche Ordnung eine höhere Bedeutung zukommt als solchen in anderen Rechtsgebieten, deren Schiedsfähigkeit seit jeher anerkannt ist.[408]

---

404 *Commandeur/Gößling*, SchiedsVZ 2014, 12, 20; *Blessing*, 14 Journ. Int'l Arb. (1997), 39, 61.

405 *Beulker*, Eingriffsnormenproblematik, S. 294; *Commandeur/Gößling*, SchiedsVZ 2014, 12, 19; *Sachs/Niedermaier*, FS v. Hoffmann, S. 1051, 1060 f.

406 Siehe oben § 4 B. II. 2. a) bb).

407 Zum Verhältnis zwischen Eingriffsnormen und anerkennungsrechtlichem ordre public ausführlich unten § 8 C. III. 2. b) aa).

408 Dazu und zu weiteren Indikatoren vgl. *Barraclough/Waincymer*, 6 Melb. Journ. Int'l Law (2005), 205, 238 ff.

### 3. *Zusammenfassung*

Die Frage nach dem Umgang mit Eingriffsnormen in der Schiedsgerichtsbarkeit ist in der Rechtsliteratur seit jeher ein kontrovers diskutiertes Thema. Heute besteht Einigkeit dahingehend, dass internationale Schiedsgerichte Eingriffsnormen prinzipiell zu beachten haben. Und auch bezüglich der Folgefrage, welche international zwingenden Normen bei der Entscheidungsfindung anzuwenden sind, ist innerhalb der zahlreichen Ansätze zumindest eine Richtung erkennbar. Nach inzwischen überwiegender Auffassung in der Literatur stehen im Ausgangspunkt alle Eingriffsnormen unabhängig von ihrer Herkunft auf der gleichen Stufe, sodass ihre Anwendung stets im Wege einer Sonderanknüpfung zu erfolgen hat.[409] Dafür haben sich insbesondere drei Kriterien als maßgeblich herauskristallisiert, die – trotz notwendiger schiedsspezifischer Modifikationen bei der inhaltlichen Konkretisierung – an die Regelung des Art. 7 Abs. 1 EVÜ[410] erinnern: Bei einer engen Verbindung zwischen der Streitigkeit und dem Erlassstaat der Eingriffsnorm muss die Norm im konkreten Fall Geltung beanspruchen und – in Ansehung ihres Regelungszwecks sowie den Folgen ihrer (Nicht-)Beachtung – einen anwendungswürdigen Inhalt aufweisen.

Neben und innerhalb dieser Grundtendenzen sind allerdings viele Details – auch im Hinblick auf die methodische Konkretisierung der genannten Kriterien – weiterhin unklar und Gegenstand der andauernden literarischen Diskussion, sodass die Eingriffsnormenproblematik in internationalen Schiedsverfahren noch nicht als abschließend geklärt angesehen werden kann. Daher gewinnt die Frage, wie die Schiedspraxis mit international zwingenden Normen umgeht, für die vorliegende Untersuchung noch mehr an Bedeutung.

---

409 So explizit *Handorn*, Sonderkollisionsrecht, S. 185; zur Diskussion siehe oben § 4 B. II 1.

410 Art. 7 Abs. 1 EVÜ lautete: „Bei Anwendung des Rechts eines bestimmten Staates aufgrund dieses Übereinkommens kann den zwingenden Bestimmungen des Rechts eines anderen Staates, mit dem der Sachverhalt eine enge Verbindung aufweist, Wirkung verliehen werden, soweit diese Bestimmungen nach dem Recht des letztgenannten Staates *ohne Rücksicht darauf anzuwenden sind, welchem Recht der Vertrag unterliegt*. Bei der Entscheidung, ob diesen zwingenden Bestimmungen Wirkung zu verleihen ist, sind *ihre Natur und ihr Gegenstand sowie die Folgen zu berücksichtigen, die sich aus ihrer Anwendung oder ihrer Nichtanwendung ergeben würden*." [Hervorhebung durch Bearbeiter]. Die beiden Abwägungsfaktoren für das Kriterium „Anwendungswürdigkeit der Eingriffsnorm" blieben – allerdings beschränkt auf rechtsvernichtende Eingriffsnormen des Erfüllungsstaats – auch in der strikteren Nachfolgeregelung erhalten, vgl. Art. 9 Abs. 3 S. 2 Rom I-VO.

## III. Schiedsgerichtliche Praxis

Aufgrund der Ausweitung der Schiedsfähigkeit einerseits und der stetigen Ausbreitung international zwingender Normen in viele Rechtsbereiche andererseits ist davon auszugehen, dass Schiedsgerichte in einer Vielzahl von Fällen vor der Frage stehen, ob und in welchem Umfang Eingriffsnormen eines oder mehrerer Staaten zu beachten sind.[411] Die Antwort darauf bleibt aufgrund des Vertraulichkeitsgrundsatzes in vielen Fällen leider im Dunkeln.[412] Und da auch veröffentlichte Schiedssprüche keine Bindungswirkung für die Entscheidungen anderer Schiedsgerichte begründen, ist die Entwicklung einer echten „*case law*-Sonderkollisionsnorm" für Schiedsgerichte kaum möglich.[413] Allerdings hat die Veröffentlichungspraxis in der Handelsschiedsgerichtsbarkeit im Laufe der Zeit merklich zugenommen.[414] Daneben lässt sich in den Begründungen veröffentlichter Schiedssprüche vermehrt eine Bezugnahme auf Entscheidungen anderer Schiedsgerichte feststellen.[415] Dies deutet darauf hin, dass Schiedssprüche auch in der Handelsschiedsgerichtsbarkeit eine faktische Präzedenzwirkung entfalten,[416]

---

411 *Blessing*, 14 Journ. Int'l Arb. (1997), 39, 59 und *Commandeur/Gößling*, SchiedsVZ 2014, 12 gehen davon aus, dass sich Schiedsrichter in mehr als der Hälfte aller Schiedsverfahren mit dieser Frage konfrontiert sehen; vgl. auch *Voser*, 7 Am. Rev. Int'l Arb. (1996), 319, 320; *Barraclough/Waincymer*, 6 Melb. Journ. Int'l Law (2005), 205, 208. Krit. zur Ausbreitung von Eingriffsnormen etwa *Kühne*, FS Wegen, S. 451, 452, 460 ff.

412 Zum Grundsatz der Vertraulichkeit in Schiedsverfahren auch im Hinblick auf die Veröffentlichung von Schiedssprüchen vgl. *Kahlert*, Vertraulichkeit im Schiedsverfahren, S. 320 ff.

413 *Beulker*, Eingriffsnormenproblematik, S. 76; *König*, Präzedenzwirkung, S. 29, 35; Redfern/Hunter/*Blackaby/Partasides*, Rn. 1.116; Schütze/Tscherning/Wais/*Schütze*, Rn. 13; *Sachs*, SchiedsVZ 2004, 123, 124.

414 *Berger*, The New Lex Mercatoria, S. 85 ff.; *König*, Präzedenzwirkung, S. 40; *Schütze*, FS Glossner, S. 333, 338 f.

415 So haben ICC-Schiedsgerichte in den Jahren 1996–2011 in 211 untersuchten Schiedssprüchen insgesamt 148 Mal auf vorherige ICC-Schiedssprüche Bezug genommen. Die Quote der Bezugnahmen lag bei knapp 24 %, d.h. in ungefähr jedem vierten ICC-Schiedsspruch gab es eine Bezugnahme auf eine frühere Entscheidung, vgl. die empirische Analyse bei *König*, Präzedenzwirkung, S. 129 f. Eine frühere Analyse der ICC-Schiedsgerichtspraxis ergab eine Bezugnahmequote von 15%, vgl. *Kaufmann-Kohler*, 23 Arb. Int'l (2007), 357, 362.

416 So *König*, Präzedenzwirkung, S. 249; *Born*, S. 3823 ff.; *Schroeder*, Lex Mercatoria Arbitralis, S. 96 ff.; *Schütze*, FS Glossner, S. 333, 339; *Weidemaier*, 51 W&M Law Rev. (2010), 1895, 1909, 1911; a.A. *Kaufmann-Kohler*, 23 Arb. Int'l (2007), 357, 373; *Sheppard*, in: Parallel State and Arbitral Procedures, S. 219, 221. In der

zumindest jedoch von anderen Schiedsgerichten als Richtlinie und Argumentationshilfe bei der Entscheidungsfindung herangezogen werden.[417] Aufgrund der steigenden Vereinheitlichungstendenz in der Spruchpraxis internationaler Schiedsgerichte erscheint es durchaus möglich, aus den zugänglichen Entscheidungen zumindest eine aktuelle Tendenz bezüglich des praktischen Umgangs mit Eingriffsnormen in der Schiedsgerichtsbarkeit herauszuarbeiten.

Die erste Erkenntnis besteht bereits darin, dass die schiedsgerichtliche Praxis – entgegen des in der Rechtsliteratur inzwischen vorherrschenden Ansatzes[418] – nicht von einer grundsätzlichen Gleichstufigkeit von Eingriffsnormen ausgeht. Vielmehr unterscheiden Schiedsgerichte bei deren Anwendung regelmäßig zwischen den verschiedenen Konstellationen der Eingriffsnormenproblematik.

### 1. *Eingriffsnormen der lex causae*

Deutlich wird die Differenzierung zwischen den verschiedenen Konstellationen insbesondere bezüglich der Beachtung von Eingriffsnormen der *lex causae*. Aus Sicht der Schiedsgerichte scheinen an der Anwendbarkeit von Eingriffsnormen des geltenden Sachrechts keine durchgreifenden Zweifel zu bestehen; diese kommen als Bestandteil der anwendbaren Rechtsordnung grundsätzlich ohne Weiteres zur Anwendung.[419]

---

Investitionsschiedsgerichtsbarkeit ist die faktische Präzedenzwirkung der ICSID-Rechtsprechung nahezu einhellig anerkannt, vgl. *König*, Präzedenzwirkung, S. 36 m.w.N.

417 *Lachmann,* Rn. 171, 173; Redfern/Hunter/*Blackaby*/*Partasides*, Rn. 1.116. Aus der schiedsgerichtlichen Praxis etwa ICC Nr. 4131 (1982), YbCA 1984, 131, 136: „The decisions of these tribunals progressively create caselaw which should be taken into account […]"; ICC Nr. 6363 (1991), YbCA 1992, 186, 201: „authoritative ruling"; ICC Nr. 7061 (1997), zitiert in *Born*, S. 3824: „[T]he arbitration tribunal is not bound by the award. […] Nonetheless, it provides a helpful analysis of the common factual background to this dispute. Accordingly, we have borne its findings in mind, whilst taking care to reach our own conclusions on the materials submitted by these parties in these proceedings."

418 Siehe oben § 4 B. II. 1.

419 Vgl. ICC Nr. 16981 (2012), ICC Bull. 1/2016, 111, 119: „[…] it is well established that an arbitrator must apply the mandatory rules of the applicable law of the contract (*lex contractus*) […]."; ähnlich ICC Nr. 7047 (1994), YbCA 1996, 79, 89. Eine Ausnahme bildet insoweit die Entscheidung in ICC Nr. 7528 (1993), YbCA 1997, 125, 130 f., in der das Schiedsgericht die Anwendbarkeit einer Eingriffsnorm der *lex causae* gesondert angeknüpft und mit der Begründung abgelehnt hat, die Verbindung des Erlassstaats zum Sachverhalt sei nicht eng genug; ausführlicher dazu *Beulker*,

Die Bedeutsamkeit von Eingriffsnormen der *lex causae* ergibt sich dabei einerseits bereits im Umkehrschluss aus der Argumentation der Schiedssprüche, welche die Berücksichtigung von Eingriffsnormen außerhalb des anwendbaren Sachrechts ablehnen.[420] Andererseits findet sich als Positivnachweis aber auch eine Reihe von Schiedssprüchen, in denen die Schiedsrichter Eingriffsnormen der *lex causae* ohne weitere Begründung angewandt haben, insbesondere auch in den hier näher betrachteten Bereichen des Kartell- und Handelsvertreterrechts.[421] So haben einige Schiedsgerichte wettbewerbsrechtliche Bedenken unmittelbar anhand der einschlägigen kartellrechtlichen Vorschriften des Vertragsstatuts überprüft und dabei auch die übergeordneten Kartellverbote des europäischen Rechts als Bestandteil der anwendbaren Rechtsordnung berücksichtigt.[422] Ein neueres Beispiel hierfür bildet ICC Nr. 10433[423]: In diesem Fall ging es u.a. um die Wirksamkeit eines vertraglichen Wettbewerbsverbots, das im Rahmen eines Beteiligungstauschs zwischen dem Produktionsunternehmen A und dessen Rohstofflieferanten vereinbart wurde. Als sich der Lieferant mit dem konkurrierenden Produktionsunternehmen B zusammengeschlossen hatte, machte A vor einem schwedischen Schiedsgericht Ansprüche wegen eines Verstoßes gegen die Wettbewerbsabrede geltend. Nach der Feststellung, dass der Beteiligungstausch finnischem Recht unterlag, prüfte das Schiedsgericht ohne Weiteres umfassend die Vereinbarkeit des Wettbewerbsverbots mit europäischem Kartellrecht. Dabei kamen die Schiedsrichter zu dem Ergebnis, dass das Wettbewerbsverbot – auch bei Berücksichtigung der Gruppenfreistellungsverordnungen und der *ancillary restraints*-Theorie[424] – gegen das europäische Kartellverbot verstößt, und erklärten die Vereinbarung gem. Art. 81 EGV a.F. (Art. 101 AEUV) für unwirksam.

---

Eingriffsnormenproblematik, S. 80. Vgl. auch *Beulker*, Eingriffsnormenproblematik, S. 77; *Drobnig*, FS Kegel, S. 95, 106 f.

420 Dazu siehe unten § 4 B. III. 3. a). So auch *Drobnig*, FS Kegel, S. 95, 107; *Ungeheuer*, Eingriffsnormen, S. 80.

421 Außerdem finden sich u.a. Beispiele im Bereich der Korruptionsbekämpfung, vgl. ICC Nr. 13914 (2008), ICC Bull. 2013, Special Supplement, S. 77 ff. m.w.N.; ICC Nr. 13515 (2006), ICC Bull. 2013, Special Supplement, S. 66 ff.

422 Vgl. z.B. ICC Nr. 14841 (2009), JDI (Clunet) 1/2015, 180, 189 ff.; ICC Nr. 8423 (1994), YbCA 2001, 153 ff.; weitere Beispiele für die Anwendung europäischen Kartellrechts bei *Drobnig*, FS Kegel, S. 95, 106; *Beulker*, Eingriffsnormenproblematik, S. 78; *Ungeheuer*, Eingriffsnormen, S. 79 f.

423 ICC Nr. 10433 (2001), ICC Bull. 1/2013, 41 ff.

424 Vgl. ICC Nr. 10433 (2001), ICC Bull. 1/2013, 41, 45 ff.

In Rechtsstreitigkeiten auf Grundlage des Handelsvertreterrechts haben Schiedsgerichte bereits vor der *Ingmar*-Entscheidung des EuGH Regelungen zum Handelsvertreterausgleich und zur Handelsvertreterprovision als zwingende Normen angewandt.[425] Dabei wird die in dieser Konstellation typischerweise relevante Frage nach einer Teilrechtswahl, welche nur einen Ausschnitt der gewählten Rechtsordnung erfasst und bestimmte Normen nicht einschließen soll, keinesfalls übersehen: Die Schiedsgerichte erkennen die Möglichkeit einer Teilrechtswahl zwar im Grundsatz an, ziehen eine solche jedoch nur ausnahmsweise und bei einem eindeutigen Parteiwillen näher in Betracht; solange die Parteien nicht ausdrücklich Abweichendes vereinbaren, erstrecke sich eine Rechtswahl immer auf das gesamte Recht der gewählten Rechtsordnung und damit auch deren Eingriffsnormen.[426]

## 2. *Eingriffsnormen des Schiedsorts*

Nach den Ergebnissen früherer Untersuchungen spielen international zwingende Normen des Sitzstaats in der Praxis internationaler Schiedsgerichte überhaupt keine Rolle.[427] Als Erklärung dafür wird die fehlende *lex fori* privater Schiedsgerichte angeführt: Dadurch fehlten ihnen zwar die Vorteile einer solchen, allerdings seien sie andererseits frei von deren rechtlichen Belastungen, insbesondere seien Schiedsgerichte nicht die Hüter der Gesetzlichkeit des Schiedsorts.[428] Dass diese These in ihrer Pauschalität nicht zutrifft, ergibt sich bereits aus der Existenz staatlicher Kontrollinstrumente am Schiedsort, die den Umgang mit Eingriffsnormen des dortigen Rechts faktisch beeinflussen können.[429] Dementsprechend finden sich insbesondere unter den jüngeren Veröffentlichungen auch durchaus Schiedssprüche, in denen der Umgang internationaler Schiedsgerichte mit Eingriffsnormen der *lex loci arbitri* deutlich wird.

So wurden in einem Verfahren vor einem französischen Schiedsgericht international zwingende Normen des Schiedsorts aus gleich zwei verschiedenen

---

425 Beispielsweise ICC Nr. 8672 (1996), ICC Bull. 2001, 117, 118 ff.; ICC Nr. 8251 (1995), ICC Bull. 2001, 93, 97 f.; ICC Nr. 8177 (1996), ICC Bull. 2001, 85, 89 f.; zu diesen Fällen ausführlicher *Beulker*, Eingriffsnormenproblematik, S. 78; vgl. auch ICC 8817 (1997), YbCA 2000, 355, 366.

426 Vgl. etwa ICC Nr. 8177 (1996), ICC Bull. 2001, 85, 89: „As a rule unless the parties have clearly manifested a different intent, the system of law they have chosen applies in its entirety."; vgl. auch *Beulker*, Eingriffsnormenproblematik, S. 79.

427 *Drobnig*, FS Kegel, S. 95, 106; dem folgend *Beulker*, Eingriffsnormenproblematik, S. 77.

428 *Drobnig*, FS Kegel, S. 95, 106.

429 Siehe oben § 4 B. II. 2. a) bb).

Rechtsbereichen relevant, nämlich dem Handelsvertreterrecht einerseits und dem Kartellrecht andererseits.[430] In der Sache ging es dabei um die Beendigung eines langjährigen Distributionsvertrags zwischen einer polnischen Vertriebsgesellschaft und einem japanischen Produzenten. Letzterer hatte den Vertrag, der japanischem Recht unterlag, aufgrund angeblicher Verstöße gegen eine vereinbarte Gebietsbeschränkung gekündigt. Die Vertriebsgesellschaft machte unter Hinweis auf die zwingenden Vorschriften der europäischen Handelsvertreterrichtlinie Ersatzansprüche aufgrund unberechtigter Kündigung des Vertrages geltend; auf einen etwaigen Vertragsverstoß könne sich die Gegenseite nicht berufen, da die Gebietsbeschränkung gegen europäisches Kartellrecht verstoße. Diesem Vorbringen folgte das Schiedsgericht nicht: Die Vertriebsgesellschaft könne aufgrund der vertraglichen Abreden und der Risikoverteilung nicht als Handelsvertreter qualifiziert werden; damit sei der sachliche Anwendungsbereich der Handelsvertreterrichtlinie nicht eröffnet, sodass auch deren Schutzvorschriften auf den vorliegenden Vertrag nicht angewandt werden könnten.[431] Bezüglich der vertraglichen Gebietsbeschränkung prüfte das Schiedsgericht einen Verstoß gegen Art. 81 EGV a.F. (Art. 101 AEUV), verneinte diesen jedoch mit der Begründung, es handele sich um eine nach der Vertikal-GVO a.F.[432] freigestellte Vereinbarung.[433] Auch wenn das auf europäische Eingriffsnormen gestützte Vorbringen des Klägers im Ergebnis zurückgewiesen wurde, spricht diese Entscheidung für einen offenen Umgang internationaler Schiedsgerichte mit Eingriffsnormen des Schiedsorts. Denn die Schiedsrichter lehnten weder die Anwendung des europäischen Handelsvertreterrechts noch des europäischen Kartellrechts mit dem Hinweis ab, der Vertrag unterliege ausschließlich dem vereinbarten japanischen Recht; vielmehr prüften sie die inhaltlichen Voraussetzungen beider Regelwerke und lehnten die Anwendung bzw. einen Verstoß nur mangels Erfüllung der Tatbestandsvoraussetzungen im konkreten Fall ab.

---

430 ICC Nr. 13730 (2013), YbCA 2013, 80 ff.

431 ICC Nr. 13730 (2013), YbCA 2013, 80, 98.

432 Verordnung (EG) Nr. 2790/1999 der Kommission vom 22. Dezember 1999 über die Anwendung von Artikel 81 Absatz 3 des Vertrages auf Gruppen von vertikalen Vereinbarungen und aufeinander abgestimmten Verhaltensweisen, ABl. EG 1999, L 336, S. 21 ff.; inzwischen ersetzt durch Verordnung (EU) Nr. 330/2010 der Kommission vom 20. April 2010 über die Anwendung von Artikel 101 Absatz 3 des Vertrags über die Arbeitsweise der Europäischen Union auf Gruppen von vertikalen Vereinbarungen und abgestimmten Verhaltensweisen, ABl. EU 2010, L 102, S. 1 ff.

433 ICC Nr. 13730 (2013), YbCA 2013, 80, 98 f.

In diese Richtung – einschlägige Eingriffsnormen des Schiedsorts gegen eine Rechtswahl der Parteien durchzusetzen – weisen auch die Entscheidungsbegründungen zweier anderer Schiedsgerichte: In einem Verfahren der MAC in Moskau gab das Schiedsgericht dem Antrag des französischen Klägers statt und stellte ausdrücklich klar, dass die von den Parteien vereinbarte Anwendung US-amerikanischen Rechts eine Anwendung der zwingenden Vorschriften des sowjetischen Seehandelsgesetzes nicht ausschließt.[434] Quasi auf umgekehrtem Weg hat ein Schiedsgericht in der Schweiz seine Bereitschaft kundgetan, Eingriffsnormen der *lex loci arbitri* zu beachten, indem es die Rechtswahl der Parteien vollends anerkannte, da dieser keine international zwingenden Vorschriften u.a. am Schiedsort entgegenstanden.[435]

Diese Beispiele zeigen, dass internationale Schiedsgerichte bereit sind, Eingriffsnormen ihres Sitzstaats zu beachten, soweit diese im konkreten Fall einschlägig sind. Der Grund dafür dürfte – entsprechend den obigen Überlegungen[436] – u.a. in der Aufhebungsmöglichkeit des Schiedsspruchs liegen, wenn dieser international zwingende Normen des Schiedsorts missachtet. Die Bedeutung dieses Kontrollinstruments für die Entscheidungsfindung von Schiedsgerichten wird auch in einer Reihe von Entscheidungen erkennbar, in denen zwar nicht unmittelbar Eingriffsnormen des Schiedsorts relevant wurden, die Schiedsgerichte jedoch das Ergebnis ihrer Rechtsanwendung auf die Vereinbarkeit mit dem ordre public ihres Sitzstaats überprüft haben.[437] Beispielhaft ist insoweit der

---

434 USSR Maritime Arbitration Commission Nr. 25/1981 (1984), YbCA 1989, 203, 204: „Thus, the application of foreign law, an in particular the application of the COGSA [US Carriage of Goods by Sea Act of 16 April 1936] does not exclude the application of the mandatory provisions of the USSR Merchant Shipping Code. Consequently, the COGSA is applicable to the relations between the parties, subject to the mandatory provisions of the USSR Merchant Shipping Act."

435 ICC Nr. 12410 (2003), ICC Bull. 1/2010, 84: „As the choice of law is in the present case not restricted by a mandatory provision of the national law of the parties or by the one of the place of arbitration, there is no reason to disregard the choice of the parties in respect of the applicable law." Mit dem Hinweis auf Normen der Heimatstaaten der Parteien zeigt das Schiedsgericht zugleich seine Bereitschaft, auch drittstaatliche Eingriffsnormen zu beachten, vgl. dazu mit weiteren Beispielen unten § 4 B. III. 3 b) und c).

436 Siehe oben § 4 B. II. 2. a) bb).

437 Aus jüngeren Veröffentlichungen etwa ICC Nr. 16247 (2010), ICC Bull. 1/2016, 102, 103, 111; ICC Nr. 15912 (2012), ICC Bull. 1/2016, 84, 85; ICC Nr. 15913 (2011), JDI (Clunet) 1/2015, 216, 219; ICC Nr. 9724 (2000), ICC Bull. 1/2005, 103, 105; in diese Richtung auch ICC Nr. 9950 (2001), ICC Bull. 2005, Special Supplement, S. 77, 78; anders ICC 15300 (2011), ICC Bull. 1/2016, 81, 84.

Schiedsspruch eines Schiedsgerichts in der Schweiz, das eine Verurteilung zu Strafschadensersatz nach dem vereinbarten US-amerikanischen Recht mit der Begründung ablehnte, ein solcher Schiedsspruch widerspreche dem nationalen ordre public seines Sitzstaats.[438] Trotz der fehlenden konkreten Eingriffsnormenproblematik zeigt diese Vorgehensweise ebenfalls, dass internationale Schiedsgerichte bereit sind, bei ihrer Entscheidungsfindung wesentliche Grundsätze der Rechtsordnung ihres Sitzstaats – deren Konkretisierung gerade auch Eingriffsnormen dienen – zu beachten.

### 3. *Drittstaatliche Eingriffsnormen*

#### a) *Nichtbeachtung*

Eine generell ablehnende Haltung gegenüber der Beachtung drittstaatlicher Eingriffsnormen findet sich nahezu durchweg nur in älteren Schiedssprüchen.[439] Zur Begründung beriefen sich die Schiedsrichter regelmäßig darauf, dass der Rechtsstreit – vorbehaltlich explizit anderweitiger Parteivereinbarungen – allein nach den Vorschriften der *lex causae* zu entscheiden sei. So hielt ein Schiedsgericht ein libysches Boykottgesetz für offensichtlich unbeachtlich, da die Anwendung einer Norm außerhalb der schwedischen *lex causae* allenfalls bei einer entsprechenden vertraglichen Bezugnahme in Betracht komme, an der es im vorliegenden Fall jedoch fehle.[440]

In ICC Nr. 6379[441] stützte der Schiedsrichter seine Entscheidung neben der fehlenden Parteivereinbarung auch auf eine mangelnde gesetzliche Grundlage: Die Möglichkeit, drittstaatliche Eingriffsnormen zu beachten, sei in der anwendbaren *lex causae* weder gesetzlich vorgesehen, noch als allgemeiner Grundsatz anerkannt.[442] Einen Rückgriff auf Art. 7 EVÜ lehnte der Schiedsrichter mit dem Hinweis ab, das Übereinkommen sei zum Entscheidungszeitpunkt

---

438 ICC Nr. 5946 (1990), YbCA 1991, 97, 113.

439 Vgl. auch *Beulker*, Eingriffsnormenproblematik, S. 81 ff.; *Ungeheuer*, Eingriffsnormen, S. 70 ff.; *Drobnig*, FS Kegel, S. 109 f.; alle mit weiteren Beispielen.

440 ICC Nr. 2977, 2978, 3033 (1978), YbCA 1991, 133, 137: „The application of the Swedish law leads to the obvious consequence that the Libyan boycott law and regulations cannot apply to these contracts – except of a special reference is made in the contracts to this boycott law."; vgl. auch die ausführliche Darstellung des Falles bei *Ungeheuer*, Eingriffsnormen, S. 70 ff. In ähnlicher Weise argumentiert das Schiedsgericht in ICC Nr. 1664 (1972), auszugsweise bei *Lew*, Applicable Law, S. 547 f.; vgl. auch *Drobnig*, FS Kegel, S. 95, 109; *Beulker*, Eingriffsnormenproblematik, S. 81.

441 ICC Nr. 6379 (1990), YbCA 1992, 212 ff.

442 ICC Nr. 6379 (1990), YbCA 1992, 212, 219 f.

noch nicht in Kraft getreten. Der anwendbare Art. VII EuÜ biete hingegen gerade die Möglichkeit einer freien Rechtswahl, ohne eine Ausnahme zugunsten drittstaatlicher Eingriffsnormen vorzusehen.[443]

Auch für das Schiedsgericht im Fall ICC Nr. 7047 war die Priorität der Rechtswahl das zentrale Argument, drittstaatliche Eingriffsnormen nicht anzuwenden.[444] Allerdings ließen die Schiedsrichter eine Einschränkung dieses Vorrangs zu: Trotz anderweitiger Rechtswahl könnten Eingriffsnormen ausnahmsweise berücksichtigt werden, soweit sie Bestandteil des ordre public international seien.[445] Insoweit bestehe jedoch auch eine Obliegenheit der Parteien, die entsprechenden Normen zu konkretisieren, um dem Schiedsgericht eine genauere Prüfung zu ermöglichen.[446]

In jüngerer Vergangenheit findet sich ein Hinweis auf eine ähnliche Argumentation einzig in der vor einem englischen Gericht ausgetragenen Rechtssache *Accentuate*.[447] Dabei ging es jedoch gerade um den hier näher untersuchten Ausgleichsanspruch eines Handelsvertreters. Wie sich aus dem Urteil des staatlichen Gerichts ergibt, hatte das kanadische Schiedsgericht in einem parallelen Verfahren die Anwendung der englischen Umsetzungsnormen abgelehnt. Die Schiedsrichter schlossen zwar eine Anwendung drittstaatlicher Eingriffsnormen nicht generell aus, hielten die Schutzzwecke der englischen Ausgleichsvorschriften trotz des *Ingmar*-Urteils jedoch nicht für ausreichend, um die Parteivereinbarung bezüglich des Rechts von Ontario zu durchbrechen.[448]

---

443 ICC Nr. 6379 (1990), YbCA 1992, 212, 218.

444 ICC Nr. 7047 (1994), YbCA 1996, 79, 89: „In the Agreement the parties expressly chose Swiss law, thereby expressing that any laws of third States conflicting with this Agreement should not be taken into account by the Arbitral Tribunal. […] [T]he tribunal is bound by the parties' choice of law if they have agreed on a specific law."

445 ICC Nr. 7047 (1994), YbCA 1996, 79, 90. In ähnlicher Weise argumentiert das Schiedsgericht im Fall ICC Nr. 8938 (1996), YbCA 1999, 174, 179, vgl. dazu *Beulker*, Eingriffsnormenproblematik, S. 82 f.

446 Vgl. ICC Nr. 7047 (1994), YbCA 1996, 79, 84 f., 88.

447 *Accentuate Ltd. v. Asigra Inc.* [2009] EWHC 2655 (QB); dazu näher unten § 11 A. II. 2.

448 Vgl. den Auszug in *Accentuate Ltd. v. Asigra Inc.* [2009] EWHC 2655 (QB): „Here, while the principal purpose of the English Regulation according to the European Court of justice may be to protect, for all commercial agents, freedom of establishment an operation of undistorted competition in the internal market, this does not justify restricting the parties' freedom to choose a desired governing law in Ontario."

### b) *Bereitschaft zur kollisionsrechtlichen Berücksichtigung*

Schon in älteren Entscheidungen zeigten sich auch einige Schiedsgerichte allgemein bereit, drittstaatliche Eingriffsnormen zu beachten; die Anwendung im konkreten Fall unterblieb häufig lediglich deshalb, weil die Voraussetzungen für eine Durchbrechung der *lex causae* nicht vorlagen. Insoweit orientierten sich die Schiedsgerichte regelmäßig an den Vorgaben des Art. 7 EVÜ, ohne die Vorschrift allerdings ausdrücklich in Bezug zu nehmen.[449] So signalisierte das Schiedsgericht in einem Verfahren vor der Amsterdam Grain Trade Association seine Bereitschaft, neben dem gewählten niederländischen Recht auch Eingriffsnormen aus anderen Rechtsordnungen zu beachten. Neben einer hinreichend engen Verbindung zwischen dem Sachverhalt und dem Erlassstaat sei dabei die Art und der Gegenstand der Norm sowie die Folgen ihrer Anwendung bzw. Nichtanwendung zu überprüfen.[450] Im Ergebnis lehnten die Schiedsrichter die Anwendung einer drittstaatlichen Devisenregelung mit der Begründung ab, es fehle an einer hinreichend engen Verbindung zum Sachverhalt. Abgesehen vom Sitz des Schuldners bestünden keine weiteren Bezugspunkte zu diesem Drittstaat, sodass eine Beachtung der Norm nicht gerechtfertigt sei. Als weitere Bezugspunkte wurden dabei insbesondere der Sitz der anderen Vertragspartei, der Erfüllungsort der vertraglichen Verpflichtungen, der Ort des Vertragsschlusses und die Währung der Kaufpreiszahlung genannt.[451]

Dieser Orientierungsmaßstab setzt sich in aktuelleren Schiedssprüchen fort. Besonders deutlich wird dies im Schiedsspruch ICC Nr. 16981.[452] Darin betont das Schiedsgericht zunächst den grundsätzlichen Vorrang einer Rechtswahl der Parteien mit der Folge, dass Normen außerhalb der *lex causae* allenfalls dann

449 Vgl. auch *Beulker*, Eingriffsnormenproblematik, S. 84 mit ausführlicher Darstellung der Entscheidung ICC Nr. 6320 (1992), YbCA 1995, 62 ff. Dort wurde im Ergebnis die Anwendung des US-amerikanischen RICO-Act abgelehnt, jedoch signalisierte das Schiedsgericht ebenfalls seine Bereitschaft, drittstaatliche Eingriffsnormen unter bestimmten Voraussetzungen zu beachten.

450 Amsterdam Grain Trade Association, Schiedsurteil vom 11.1.1982, YbCA 1983, 158, 160: „[…] Dutch law applies to the contracts concerned here. […] Nevertheless appeal-arbitrators could give effect to mandatory provisions of the law of another country, if a close link exists between the case and that country; in so deciding, the nature and extent of these provisions must be taken into account, as well as the consequences of application or nonapplication."

451 Amsterdam Grain Trade Association, Schiedsurteil vom 11.1.1982, YbCA 1983, 158, 160.

452 ICC Nr. 16981 (2012), ICC Bull. 1/2016, 111 ff.

berücksichtigt werden können, wenn sie wesentliche Interessen des Erlassstaats widerspiegeln. Eine Anwendung dieser Normen komme jedoch infrage, wenn dies unter Berücksichtigung der Nähebeziehung zwischen dem Sachverhalt und dem Erlassstaat sowie den Folgen, die sich aus der Anwendung bzw. Nichtanwendung ergeben, im Einzelfall sachgerecht erscheint.[453] In der konkreten Konstellation ging es um eine griechische Norm, die das Recht zur Beendigung langjähriger Handelsbeziehungen in Fällen wirtschaftlicher Abhängigkeit einschränkte. Das Schiedsgericht lehnte eine Anwendung dieser Vorschrift anhand der zuvor aufgestellten Kriterien ab.[454] Zwar bestehe eine Verbindung des Sachverhalts zu Griechenland, allerdings sei der klagende Handelsvertreter auch in anderen Ländern tätig gewesen. Zudem sei zweifelhaft, ob der Schutz einer unterlegenen Vertragspartei in jedem Fall als anerkennenswertes Interesse angesehen werden könne. Das entscheidende Argument gegen eine Anwendung der Vorschrift sahen die Schiedsrichter allerdings darin, dass das gewählte finnische Recht das betroffene Interesse in vergleichbarer Weise schütze, sodass sich aus der Nichtanwendung keine gravierenden Folgen für den Kläger ergäben.

Andere Schiedsgerichte legten bei der Frage nach der Beachtlichkeit drittstaatlicher Eingriffsnormen einen vergleichbaren Maßstab zugrunde, konzentrierten ihre Prüfung allerdings im Wesentlichen auf ein Kriterium, anhand dessen sie eine Anwendung der Norm dann ablehnten. In der Entscheidung ICC Nr. 14266[455] stand dabei der Zweck der Eingriffsnorm im Vordergrund. Hier stellte das Schiedsgericht zunächst klar, dass – auch ohne ausdrückliche Regelung in den Verfahrensvorschriften – drittstaatliche Eingriffsnormen zu beachten seien, wenn eine deutliche Verbindung zu diesem Staat besteht und anerkennenswerte und überwiegende Interessen des Erlassstaats betroffen sind.[456] In Betracht kämen dabei insbesondere Wettbewerbsvorschriften und

453 ICC Nr. 16981 (2012), ICC Bull. 1/2016, 111, 119: „[The] Majority of the Arbitral Tribunal notes that the mandatory rules method involves: identifying rules which, in their own legal system, reflect essential policy, and the evaluating, given the closeness of the connection between the case and that legal system an the consequence of their application or non-application, if it is appropriate to apply those rules in the case at hand."

454 ICC Nr. 16981 (2012), ICC Bull. 1/2016, 111, 119.

455 ICC Nr. 14266 (2008), ICC Bull. 2013, Special Supplement, S. 83 ff.

456 ICC Nr. 14266 (2008), ICC Bull. 2013, Special Supplement, S. 83, 85: „[I]l est largement reconnu qu'il y a lieu de tenir compte des disposition impératives d'un droit étranger si les intérêts manifestement prépondérants de l'État en question l'exigent et si la cause présente un lieu étroit avec ce droit."

Vorschriften zur Korruptionsbekämpfung, nicht hingegen Regelungen, die allein auf den Schutz nationaler Interessen gerichtet sind. Auf dieser Grundlage lehnten die Schiedsrichter die Berücksichtigung belgischer Steuergesetze ab, da diese ausschließlich nationalen Fiskalinteressen dienten. Dabei erkannten sie durchaus, dass diese Entscheidung zu einem Verstoß gegen den ordre public Belgiens als potenzieller Vollstreckungsstaat führen könnte, nahmen dies jedoch als unvermeidbare Konsequenz der Rechtswahlmöglichkeit der Parteien in Kauf.[457]

Mit einer vergleichbaren Argumentation verneinte das Schiedsgericht im Fall ICC Nr. 15972[458] die Anwendung von Vorschriften des nigerianischen *National Office for Technology, Acquisition and Promotion-Act (NOTAP)*. Das Gesetz diene ausschließlich dazu, wirtschaftliche Interessen Nigerias zu fördern, sodass es nicht gerechtfertigt sei, dessen Vorschriften entgegen der Rechtswahl der Parteien anzuwenden.[459]

In anderen Entscheidungen stellten die Schiedsgerichte vor allem auf die fehlende Nähebeziehung zwischen Sachverhalt und Eingriffsstaat ab, in jüngerer Vergangenheit etwa im Fall ICC Nr. 14792.[460] Darin wurde die Berücksichtigung einer zwingenden Vorschrift zur Übernahme von Zahlungsgarantien abgelehnt, da der Rechtsstreit – abgesehen vom Sitz des Unternehmens, das die Zahlungsgarantie übernommen hatte – überhaupt keine Verbindung zum Erlassstaat der Norm aufwies. Die Parteien der abgesicherten Verträge hatten weder ihren Sitz in diesem Staat, noch lag dort der Erfüllungsort der vertraglichen Verpflichtungen, sodass eine Anwendung dessen Eingriffsrechts nicht gerechtfertigt erschien.[461]

Primär auf vollstreckungsrechtliche Erwägungen, also auf die Folgen der Nichtanwendung einer drittstaatlichen Eingriffsnorm, stützten sich die Schiedsrichter schließlich im Fall ICC Nr. 16168.[462] Unter Verweis auf die

---

457 ICC Nr. 14266 (2008), ICC Bull. 2013, Special Supplement, S. 83, 86.

458 ICC Nr. 15972 (2011), ICC Bull. 1/2016, 86 ff.

459 ICC Nr. 15972 (2011), ICC Bull. 1/2016, 86, 93.

460 ICC Nr. 14792 (2012), YbCA 2012, 110 ff.; vgl. auch ICC Nr. 9333 (1998), ICC Bull. 2/1999, 102, 103; Schiedsgericht der Paris Chamber of Arbitration im Fall Nr. 9246 (1996), YbCA 1997, 28, 31 f., vgl. dazu *Beulker*, Eingriffsnormenproblematik, S. 85.

461 ICC Nr. 14792 (2012), YbCA 2012, 110, 120 f., u.a.: „[T]he dispute which arose out of the First Contract is not in any way connected (and a fortiori not most closely connected) to the law of Ukraine."

462 ICC Nr. 16168 (2013), YbCA 2013, 205 ff. Eine Überprüfung des Schiedsspruchs auf die Vereinbarkeit mit wesentlichen Rechtsprinzipien potenzieller Vollstreckungsstaaten findet sich unter Hinweis auf die ICC-Verfahrensregeln auch in ICC Nr. 10507 (2002), ICC Bull. 1/2009, 71, 73.

Verfahrensregeln betonte das Schiedsgericht seine Aufgabe, die Vollstreckbarkeit des Schiedsspruchs sicherzustellen. Dementsprechend müsse man sich bei der Frage nach der Beachtlichkeit von Eingriffsnormen eines Drittstaats vor allem daran orientieren, ob deren Nichtanwendung dazu führt, dass der Schiedsspruch nicht vollstreckt werden kann.[463] Letztlich sah das Schiedsgericht – auch aufgrund mangelnder Parteinachweise – die Vollstreckbarkeit des Schiedsspruchs nicht gefährdet und lehnte daher die Berücksichtigung der vom Beklagten geltend gemachten Eingriffsnorm ab.

### *c) Anwendung bzw. kollisionsrechtliche Berücksichtigung*

Die Zahl der zugänglichen Fälle, in denen ein Schiedsgericht tatsächlich zur Anwendung einer drittstaatlichen Eingriffsnorm gelangte, ist merklich geringer, wenngleich es durchaus einige Positivbeispiele gibt. Bereits zu der Zeit, in der manche Schiedsgerichte die Beachtung anderer Normen als die der *lex causae* noch kategorisch ablehnten, kamen in anderen Verfahren drittstaatliche Eingriffsnormen zu Anwendung.[464] So untersuchte ein Schiedsgericht – noch bevor es das Vertragsstatut ermittelt hatte – die Wirksamkeit eines Vertrags im Hinblick auf einen möglichen Verstoß gegen koreanisches Kartellrecht und die Wettbewerbsvorschriften der Europäischen Gemeinschaft.[465] Ein anderes Schiedsgericht erklärte im Rahmen der Ermittlung des in der Hauptsache anwendbaren Rechts mit Verweis auf Art. 7 EVÜ obiter, dass die von der Klägerin geltend gemachte libanesische Eingriffsnorm auch bei Geltung der *lex mercatoria* zur Anwendung gelangt wäre.[466]

Ein jüngeres Beispiel für die Anwendung einer drittstaatlichen Eingriffsnorm findet sich in der Entscheidung eines Schiedsgerichts mit Sitz in Stockholm im Fall SCC Nr. 158/2011.[467] Zwei europäische Unternehmen hatten im Rahmen

463 ICC Nr. 16168 (2013), YbCA 2013, 205, 213: „When determining whether or not to apply a third country mandatory provision, the Arbitral Tribunal primarily considers whether its non-application would render the award unenforceable."

464 Für weitere Beispiele vgl. *Drobnig*, FS Kegel, S. 95, 107 ff.; *Ungeheuer*, Eingriffsnormen, S. 81 ff.; *Beulker*, Eingriffsnormenproblematik, S. 85 ff.

465 ICC Nr. 4132 (1983), YbCA 1985, 49, 50 ff.; vgl. auch die ausführlichere Darstellung des Falles bei *Ungeheuer*, Eingriffsnormen, S. 86; *Drobnig*, FS Kegel, S. 95, 108.

466 ICC Nr. 6500 (1992), JDI (Clunet) 4/1992, 1015, 1017; dazu ausführlich *Ungeheuer*, Eingriffsnormen, S. 85 f. Ebenfalls an Art. 7 EVÜ und einer Kollisionsnorm des Schiedsverfahrensorts orientiert sich mit Blick auf die Anwendung drittstaatlichen Eingriffsrechts das Schiedsgericht in ICC Nr. 8528 (1996), YbCA 2000, 341, 346 ff., vgl. dazu die ausführliche Darstellung bei *Beulker*, Eingriffsnormenproblematik, S. 85 ff.

467 SCC Nr. 158/2011 (2013), YbCA 2013, 253 ff.

einer bereits langjährig bestehenden Geschäftsbeziehung einen Vertrag über den Vertrieb bestimmter Produkte in Frankreich geschlossen. Sie unterstellten den Vertrag schwedischem Sachrecht. Die Vereinbarung enthielt für beide Vertragsparteien ein Kündigungsrecht mit sechsmonatiger Frist, wobei jegliche Schadensersatz- und Entschädigungsansprüche bei Vertragsbeendigung ausdrücklich ausgeschlossen wurden. Das Herstellerunternehmen kündigte den Vertrag fristgemäß und beauftragte noch vor Vertragsende ein zweites Unternehmen mit dem Produktvertrieb in Frankreich. Das gekündigte Vertriebsunternehmen war der Ansicht, diese Vorgehensweise verstoße gegen die vertraglichen Vereinbarungen, und machte Ersatzansprüche für daraus entstandene Schäden geltend. Zur Begründung berief sich die Klägerin auf eine Vorschrift des französischen Rechts, die Schadensersatzansprüche für den Fall vorsieht, dass eine gefestigte Handelsbeziehung plötzlich und ohne Einhaltung einer angemessenen Kündigungsfrist abgebrochen wird. Dagegen wendete der Beklagte u.a. ein, dass die französische Regelung aufgrund der Rechtswahl nicht anzuwenden sei; zudem hätten die Parteien jegliche Ersatzansprüche im Zusammenhang mit der Beendigung des Vertrags ausdrücklich ausgeschlossen. Entgegen dem Vorbringen des Beklagten war das Schiedsgericht der Auffassung, dass die französische Vorschrift trotz der anderweitigen Rechtswahl und der expliziten Ausschlussvereinbarung in diesem Fall anzuwenden sei. Bei der Subsumtion des Sachverhalts kam es allerdings zu dem Schluss, dass die Beendigung des Vertriebsvertrags nicht als unangemessen im Sinne dieser Norm angesehen werden könne. Im Hinblick auf die Anwendbarkeit der französischen Regelung stellte der Schiedsrichter zunächst fest, dass es sich dabei um eine international zwingende Norm handele, deren Anwendung weder durch eine anderslautende Rechtswahl noch durch einen vertraglichen Verzicht auf Schadensersatz ausgeschlossen werden könne.[468] Auch ein Schiedsgericht sei – unabhängig vom grundsätzlich geltenden Recht und entgegenstehender Parteiabreden – verpflichtet, Eingriffsnormen anzuwenden, wenn diese einen engen Bezug zum Rechtsstreit hätten und ihr Anwendungsbereich eröffnet sei.[469] Zur Begründung verwies der Schiedsrichter zum einen auf die Schiedsfähigkeit solcher Ansprüche, deren Kehrseite die Pflicht zur Beachtung betroffener Eingriffsnormen sei. Zum anderen wies er auf

468 SCC Nr. 158/2011 (2013), YbCA 2013, 253, 268.

469 SCC 158/2011 (2013), YbCA 2013, 253, 269: „[I]t is generally acknowledged that arbitrators have a duty to apply the overriding mandatory rules of the laws having a significant connection to the dispute, regardless of the governing law of the relevant relationship.“

eine Vorschrift des schwedischen Schiedsverfahrensgesetzes hin, die ein Schiedsgericht ausdrücklich zur Entscheidung über die zivilrechtlichen Auswirkungen von Wettbewerbsvorschriften ermächtigt, und leitete daraus ein allgemeines Prinzip auch im Hinblick auf andere international zwingende Normen her.

Als weiteres Motiv für die Berücksichtigung drittstaatlicher Eingriffsnormen lässt sich auch der schiedsgerichtlichen Praxis die Vollstreckbarkeit des Schiedsspruchs entnehmen.[470] So hat das Schiedsgericht in der Entscheidung ICC Nr. 11761 neben dem anwendbaren texanischen Recht eine Norm der Rechtsordnung Guatemalas berücksichtigt.[471] Damit wollten die Schiedsrichter sicherstellen, dass der Schiedsspruch nicht der öffentlichen Ordnung Guatemalas, dem Heimatstaat des Beklagten als möglicher Vollstreckungsort, widerspricht. Ebenfalls mit Blick auf den ordre public potenzieller Vollstreckungsstaaten reduzierte ein anderes Schiedsgericht – allerdings im Rahmen des anwendbaren Sachrechts – die Höhe vertraglich vereinbarter Verzugszinsen, um die Vollstreckbarkeit des Schiedsspruchs nicht zu gefährden.[472]

### 4. *Zusammenfassung*

Wie eingangs angedeutet, lässt die internationale Schiedspraxis – trotz der eingeschränkten Zugriffsmöglichkeiten – durchaus gewisse Tendenzen im Umgang mit international zwingenden Normen erkennen. So werden Eingriffsnormen der *lex causae* von Schiedsgerichten seit jeher als integraler Bestandteil des geltenden Sachrechts angesehen und gelangen dementsprechend völlig selbstverständlich zur Anwendung. Dabei macht es offenbar keinen Unterschied, ob es sich um rein nationale Vorschriften oder Rechtsakte europäischer Provenienz handelt.

Angesichts dieser Selbstverständlichkeit ist es wenig überraschend, dass bei Eingriffsnormen außerhalb des Hauptvertragsstatuts nicht der gleiche Maßstab angelegt wird. Im Gegensatz zu einem staatlichen Gericht muss ein internationales Schiedsgericht die Eingriffsnormen seines Sitzstaats nicht zwingend

470 Vgl. ICC Nr. 8528 (1996), YbCA 2000, 341, 349: „Furthermore, [...] the Arbitral Tribunal shall make every effort to make sure that the award is enforceable at law."; ebenso ICC Nr. 10507 (2002), ICC Bull. 1/2009, 71, 73; abweichend allerdings ICC Nr. 14266 (2008), ICC Bull. 2013, Special Supplement, S. 83, 86, dazu bereits oben § 4 B. III. 3. b). Zu diesem Anknüpfungskriterium im Rahmen des theoretischen Ansatzes in der Literatur vgl. § 4 B. II 2. a) cc).

471 ICC Nr. 11761 (2003), ICC Bull. 1/2016, 71, 73, 75.

472 ICC Nr. 11038 (2001), ICC Bull. 1/2016, 68, 71.

anwenden. Dennoch hat sich gezeigt, dass Schiedsgerichte bereit sind, auch diese Eingriffsnormen zu beachten. In den Entscheidungen wird zwar kein ausdrücklicher Anwendungsmaßstab festgelegt, jedoch liegt – auch mit Blick auf die teilweise Inbezugnahme des sitzstaatlichen ordre public – die Vermutung nahe, dass dieses Vorgehen wesentlich durch die ansonsten bestehende Gefahr der Aufhebung des Schiedsspruchs motiviert ist.

Im Hinblick auf drittstaatliche Eingriffsnormen lässt die Schiedspraxis hingegen ausdrücklich einen konkreten Beurteilungsmaßstab erkennen. Insoweit hat sich zunächst gezeigt, dass sich Schiedsgerichte drittstaatlichen Eingriffsnormen nicht mehr generell verschließen. Entgegen älterer Entscheidungen ist auch in der Schiedspraxis inzwischen anerkannt, „that an arbitral tribunal [...] may not refuse to apply 'foreign' mandatory rules (lois d'application immédiate, drittstaatliche Eingriffsnormen) simply by referring to a choice of law made by the parties".[473] In diesem Bewusstsein zeigen sich Schiedsgerichte grundsätzlich bereit, drittstaatliche Eingriffsnormen zu beachten, wobei als Grundvoraussetzung eine Nähebeziehung zwischen Sachverhalt und Erlassstaat gefordert wird. Als ergänzende Komponenten werden der Zweck der Eingriffsnorm sowie die Folgen ihrer Nichtanwendung herangezogen, wobei die Bereitschaft zur Anwendung einer Eingriffsnorm insbesondere mit der internationalen Anerkennung ihres Schutzzwecks ansteigt.

## C. Zwischenergebnis

Da internationale Schiedsgerichte nicht an das allgemeine Kollisionsrecht ihres Sitzstaats gebunden sind, stehen ihnen sowohl bei der Rechtsfindung als auch bei der Rechtsanwendung größere Freiräume zur Verfügung als staatlichen Gerichten. Gleiches gilt für den Umgang mit Eingriffsnormen, denn auch insoweit unterliegen sie keinen unmittelbaren gesetzlichen Vorgaben. Zwar kann sich ein internationales Schiedsgericht freiwillig an den Regelungen des geltenden Kollisionsrechts orientieren, jedoch bieten die starren Vorgaben des Art. 9 Rom I-VO für die Beachtlichkeit von Eingriffsnormen in der Schiedsgerichtsbarkeit keinen geeigneten Maßstab. Neben dem Parteiauftrag und dem Schutz der Institution Schiedsgerichtsbarkeit als handlungsleitende Interessen für die Schiedsrichter stecken stattdessen insbesondere die staatlichen Kontrollmechanismen den Rahmen ab, in dem sich Schiedsgerichte bei der Eingriffsnormenproblematik

---

473 ICC Nr. 15972 (2011), ICC Bull. 1/2016, 86, 92; vgl. auch ICC Nr. 16981 (2012), ICC Bull. 1/2016, 111, 113: „[T]he freedom that the parties enjoy to chose the law governing the merits of their dispute is not unlimited."

bewegen können.[474] Zu dessen Konkretisierung haben sich in der Rechtsliteratur – von einer grundsätzlichen Gleichstufigkeit international zwingender Normen ausgehend – inzwischen allgemein anerkannte Wertungskriterien entwickelt, anhand derer die Frage der Beachtlichkeit einer Eingriffsnorm beantwortet werden kann. Dazu gehören neben einem engen Sachverhaltsbezug als grundlegendem Anknüpfungspunkt noch ein konkreter Geltungsanspruch sowie die Anwendungswürdigkeit der Eingriffsnorm, welche maßgeblich von der internationalen Anerkennung ihres Regelungszwecks abhängig ist. Obgleich es sich weiterhin stets um eine Einzelfallentscheidung handelt, kann damit die bestehende Rechtsunsicherheit bei der Eingriffsnormenproblematik bis zu einem gewissen Grad ausgeglichen und ihre Handhabung vorhersehbarer gestaltet werden.[475] Dies zeigt sich auch in der ausgewerteten Schiedspraxis, die sich inzwischen zur grundsätzlichen Beachtung von Eingriffsnormen bekennt und bei der Frage nach deren Anwendung ebenfalls auf die genannten Wertungskriterien zurückgreift.

Mit Blick auf die untersuchte Fragestellung und die Vorgehensweise deutscher Gerichte führen diese Befunde zur Eingriffsnormenproblematik zu einem gemischten Bild: Als im Ergebnis zutreffend kann die Einschätzung des BGH angesehen werden, dass ein Rechtsumschwung bei der Geltung deutschen Sachrechts nicht zu befürchten ist.[476] Angesichts der eindeutigen Schiedspraxis bei Eingriffsnormen der *lex causae* ist von deren Anwendung im Schiedsverfahren auszugehen – und zwar unabhängig davon, ob ein inländisches oder ein ausländisches Schiedsverfahren vereinbart wurde. Weil dann jedoch überhaupt kein Bedürfnis besteht, die Anerkennung der Schiedsvereinbarung zu versagen, wird diese Konstellation – Vereinbarung eines Schiedsverfahrens unter Geltung deutschen Sachrechts als Hauptsachestatut – in der weiteren Untersuchung ausgeblendet.

Im Grundsatz begründet ist auch die Annahme, dass die Beachtung deutscher Eingriffsnormen bei der Wahl eines ausländischen Sachrechts nicht sichergestellt ist. Unangebracht ist hingegen die enorme Skepsis, welche die Rechtsprechung gegenüber der Schiedsgerichtsbarkeit in diesen Fällen zum Ausdruck bringt. Denn obwohl die Schiedspraxis dort einen restriktiveren Maßstab anlegt, schließt die Geltung ausländischen Rechts eine Beachtung deutscher

474 *Beulker*, Eingriffsnormenproblematik, S. 352.

475 *Beulker*, Eingriffsnormenproblematik, S. 356.

476 Vgl. BGH 6.6.1991 – III ZR 68/90, NJW 1991, 2215 f.; BGH 13.1.2005 – III ZR 265/03, BGHZ 162, 9 ff.; dazu oben § 3 B. III. 1. c) und e).

Eingriffsnormen keineswegs automatisch aus – selbst wenn der Schiedsort ebenfalls im Ausland liegt. Auf dieser Grundlage bleibt für die weitere Untersuchung festzuhalten, dass eine präventive Kontrolle in dieser Konstellation – Vereinbarung eines Schiedsverfahrens unter Geltung ausländischen Sachrechts als Hauptsachestatut – zwar nicht unplausibel ist. Allerdings muss dabei die durch die genannten Wertungskriterien konkretisierte Flexibilität und Bereitschaft internationaler Schiedsgerichte, Eingriffsnormen zu beachten, deutlich stärker mit einbezogen werden.

# Teil III Lösungsvorschlag für die Kontrolle der Schiedsvereinbarung aus Sicht des Einredegerichts

Im zweiten Teil dieser Arbeit hat sich gezeigt, dass die Befürchtung der Rechtsprechung und Teilen der Literatur, die Beachtung deutscher Eingriffsnormen sei in internationalen Schiedsverfahren nicht sichergestellt, teilweise durchaus berechtigt ist.[477] Gleichzeitig wurde festgestellt, dass die in der Praxis vorgenommene Präventivkontrolle von Schiedsvereinbarungen in der Einredesituation erhebliche dogmatische und strukturelle Defizite aufweist.[478] In diesem dritten Teil wird daher der Versuch unternommen, aus der Perspektive des Einredegerichts eine dogmatisch fundierte und methodisch nachvollziehbare Lösung für die Kontrolle einer Schiedsvereinbarung zur Verteidigung von Eingriffsnormen bzw. deren Normzweck zu entwickeln, die zugleich dem Umgang mit Eingriffsnormen in der Schiedsgerichtsbarkeit gerecht wird. Dabei konzentriert sich die Untersuchung auf die verbliebene Konstellation eines Schiedsverfahrens unter Geltung eines fremden Hauptsachestatuts.[479]

Grundlegend werden dazu zunächst einige Vorüberlegungen zum rechtlichen Ausgangspunkt der Kontrolle, ihrem verfassungsrechtlichen Kontext und ihrem Umfang in der Einredesituation angestellt (§ 5). Darauf aufbauend wird nach einem dogmatischen Anknüpfungspunkt im Tatbestand einer Schiedsvereinbarung gesucht, über den international zwingende Sachnormen bzw. ein darauf bezogener Rechtsumschwung in der Hauptsache zur Unbeachtlichkeit einer Schiedsabrede führen können. Die tatbestandlichen Voraussetzungen einer gültigen Schiedsvereinbarung – negativ formuliert: die Anknüpfungspunkte für die Unbeachtlichkeit einer Schiedsvereinbarung – werden dazu in zwei Gruppen unterteilt:[480] Einerseits Vorgaben, die tatbestandlich konkret an

---

477 Vgl. zusammenfassend soeben § 4 C.

478 Siehe die ausführliche Analyse der deutschen Rechtsprechung oben § 3 B., zusammenfassend § 3 B. V.; zu den Ansätzen in der Literatur § 3 A.

479 Bei Geltung deutschen Sachrechts als Hauptsachestatut ist – unabhängig vom Schiedsort – davon auszugehen, dass auch deutsche Eingriffsnormen im Schiedsverfahren beachtet werden, sodass sich die untersuchte Problematik letztlich nicht stellt, vgl. soeben § 4 C.

480 Vgl. auch MüKo-ZPO/*Münch*, § 1030 Rn. 8; ähnlich *Weller*, Ordre-public-Kontrolle internationaler Gerichtsstandsvereinbarungen, S. 34.

Schiedsvereinbarungen anknüpfen und deren Anerkennung unmittelbar auf der Ebene des Schiedsverfahrensrechts beschränken (§ 6); andererseits Regelungen, die nicht speziell auf Schiedsvereinbarungen abzielen, sondern deren Gültigkeit als Vertrag aus dem allgemeinen Rechtsgeschäftsrecht heraus reglementieren (§ 7). Da eine internationale Schiedsvereinbarung stets Berührungspunkte zu mindestens zwei verschiedenen Staaten aufweist,[481] ist in beiden Gruppen jeweils auf die Vorfrage einzugehen, nach welchem Recht das einzelne Gültigkeitserfordernis in der Einredesituation überhaupt zu beurteilen ist.

Darauf aufbauend ist anschließend zu klären, welche kollisionsrechtlichen Möglichkeiten für das Einredegericht bestehen, etwaige Schutzmechanismen des deutschen Rechts bei Geltung einer ausländischen Rechtsordnung zu erhalten (§ 8). Daraus ergeben sich entscheidende Rückschlüsse auf die bis dahin offengelassene Frage, wann aus Sicht der deutschen Anknüpfungspunkte ein relevanter, d.h. die Gültigkeit der Schiedsvereinbarung beeinflussender Rechtsumschwung anzunehmen ist (§ 9).

Nach der dogmatischen Konstruktion einer sachnormzweckverteidigenden Kontrolle von Schiedsvereinbarungen und der Konkretisierung ihres Tatbestands stellt sich schließlich die Frage nach deren Rechtsfolgen (§ 10). Abschließend wird dann noch überprüft, ob der entwickelte Lösungsansatz insgesamt mit internationalen Übereinkommen zur Schiedsgerichtsbarkeit vereinbar ist (§ 11).

481 Zum Begriff der Internationalität siehe oben § 2 B. I.

# § 5 Vorüberlegungen

Zur Entwicklung einer dogmatisch fundierten Lösung bedarf es zunächst der Festlegung des rechtlichen Ausgangspunkts für die Überprüfung der Schiedsvereinbarung (A.). Da es sich dabei um einen Akt staatlicher Kontrolle handelt, ist es zudem erforderlich, den Abschluss einer Schiedsvereinbarung in einen verfassungsrechtlichen Kontext zu bringen (B.) und den Umfang der gerichtlichen Überprüfung in der Einredesituation zu bestimmen (C.).

## A. § 1032 Abs. 1 ZPO als rechtlicher Ausgangspunkt

Aus der Perspektive des angerufenen Gerichts stellt sich die untersuchte Situation folgendermaßen dar: Im Rahmen eines Hauptsacheverfahrens erhebt die beklagte Partei die Schiedseinrede, die der Kläger wiederum mit dem Argument zurückweist, die Schiedsvereinbarung führe zu einer Umgehung deutscher Eingriffsnormen. Aufgrund des gegensätzlichen Parteivortrags muss das Gericht nun über die Anerkennung der Schiedsvereinbarung entscheiden. Gesetzlicher Ausgangspunkt für die rechtliche Bewertung einer Schiedsvereinbarung in dieser Verfahrenssituation ist § 1032 Abs. 1 ZPO. Danach hat das Einredegericht eine Klage, die einen schiedsgebundenen Streitgegenstand betrifft, als unzulässig abzuweisen, sofern es nicht feststellt, dass die Schiedsvereinbarung „nichtig, unwirksam oder undurchführbar" ist. Die tatbestandlichen Begriffe „nichtig" und „unwirksam" lassen sich dabei unter dem Oberbegriff „Gültigkeit der Schiedsvereinbarung" zusammenfassen; sie differenzieren lediglich danach, ob der Schiedsvereinbarung von Anfang an keine Wirkungen zukommen oder diese erst nachträglich entfallen.[482]

Diese Vorgehensweise gilt grundsätzlich auch im Geltungsbereich des NYÜ und des EuÜ.[483] Ein abweichende verfahrensrechtliche Vorgabe ergibt sich innerhalb des EuÜ lediglich für den Fall einer vorherigen Schiedshängigkeit des

482 MüKo-ZPO/*Münch*, § 1032 Rn. 7; *Schwab/Walter*, Kap. 7 Rn. 7 f.; *Lew/Mistelis/Kröll*, Comparative Arbitration, Rn. 14–42, 14–45; vgl. auch die „Gültigkeitskontrolle" gem. § 1059 Abs. 2 Nr. 1 lit. a) ZPO bzw. Art. V Abs. 1 lit. a) NYÜ.

483 Die offen formulierte Rechtsfolge des auf Tatbestandsseite inhaltsgleichen Art. II Abs. 3 NYÜ wird durch die in § 1032 Abs. 1 ZPO vorgesehene Klageabweisung in übereinkommenskonformer Weise konkretisiert. Zu den Modalitäten der Verweisung i.S.d. Art. II Abs. 3 NYÜ vgl. Kronke/*Schramm/Geisinger/Pinsolle*, Global Commentary NYC, S. 110 ff.; Wolff/*Wilske/Fox*, NYC, Art. II Rn. 317 ff.; jeweils m.w.N.

Hauptsacheverfahrens. Gem. Art. VI Abs. 3 EuÜ hat das Einredegericht das Verfahren dann bis zum Erlass des Schiedsspruchs auszusetzen, sofern dem kein wichtiger Grund entgegensteht. Diese Konstellation ist als Sonderfall anzusehen, der – auch aufgrund des begrenzten Anwendungsbereichs des EuÜ[484] – eher selten relevant wird. Dementsprechend geht die weitere Untersuchung zunächst nur am Rande auf die Bedeutung des Art. VI Abs. 3 EuÜ ein und analysiert dessen Auswirkungen auf das entwickelte Prüfungsverfahren anschließend gesondert.[485]

## B. Verfassungsrechtliche Perspektive

Der Blick auf die Ebene des Verfassungsrechts rechtfertigt sich daraus, dass es sich bei den Vorschriften zur Kontrolle einer Schiedsvereinbarung, einschließlich der im internationalen Kontext relevanten Kollisionsnormen, um einfaches Gesetzesrecht handelt. Für dessen Regelungsgehalt enthält das Verfassungsrecht den entscheidenden Kontrollmaßstab und bietet zugleich die wesentlichen Richtlinien für die Gesetzesauslegung.[486] Da die Schiedsvereinbarung eine Abrede ist, mit der die Parteien ihre privaten Lebensverhältnisse rechtsgeschäftlich gestalten, rückt dabei als verfassungsrechtliches Prinzip die Privatautonomie in den Fokus.[487]

### I. Materiellrechtliche Privatautonomie

Der Begriff der Privatautonomie umschreibt das Recht des Einzelnen, seine persönlichen Rechtsverhältnisse nach eigener Entscheidung selbstbestimmt zu gestalten.[488] Angesichts der enormen praktischen Bedeutung des Vertrags als Instrument zur Gestaltung privater Rechtsverhältnisse ist die wichtigste Ausprägung der Privatautonomie das Prinzip der Vertragsfreiheit. Es ist grundsätzlich dem Einzelnen überlassen, ob und gegebenenfalls mit wem und mit welchem

---

484 Siehe oben § 2 D. II.

485 Siehe unten § 11 B. II.

486 Vgl. BVerfG 15.1.1958 – 1 BvR 400/51, BVerfGE 7, 198, 205 f.; BGH 5.3.2008 – XII ZB 182/04, NJW 2008, 1740; Krüper/*Sauer*, Grundlagen des Rechts, § 9 Rn. 33. Methodisch ebenso *Weller*, Ordre-public-Kontrolle internationaler Gerichtsstandsvereinbarungen, S. 22.

487 Vgl. auch *Weller*, Ordre-public-Kontrolle internationaler Gerichtsstandsvereinbarungen, S. 25 ff.

488 Vgl. nur BVerfG 19.10.1993 – 1 BvR 567/89, BVerfGE 89, 214, 231; Maunz/Dürig/*di Fabio*, Art. 2 Rn. 101 m.w.N.

Inhalt er einen Vertrag schließt. Die Vertragsfreiheit unterliegt, ebenso wie die umfassendere Privatautonomie, dem verfassungsrechtlichen Grundrechtsschutz. Soweit sich die Vertragsfreiheit als Ausübungsmodalität besonderer Freiheitsrechte darstellt, fällt sie in den Schutzbereich des jeweiligen Grundrechts; außerhalb besonderer Grundrechtsbestimmungen wird sie als Ausdruck der allgemeinen Handlungsfreiheit subsidiär von Art. 2 Abs. 1 GG geschützt.[489] Der Schutz der Vertragsfreiheit beschränkt sich jedoch nicht auf den Geltungsbereich des Grundgesetzes, sondern erstreckt sich auch auf die europäische Ebene. Die Vertragsfreiheit ist als Bestandteil der besonderen Freiheitsverbürgungen der EU-Grundrechtecharta, insbesondere von Art. 16 GRCh allgemein anerkannt.[490] Außerhalb der besonderen Freiheitsgrundrechte kommt – ähnlich der Systematik des Grundgesetzes – ein Rückgriff auf die Grundnorm des Art. 6 GRCh in Betracht, die jeder Person ein Recht auf Freiheit gewährt. Selbst wenn man die allgemeine Handlungsfreiheit und dementsprechend auch die Vertragsfreiheit als nicht vom Schutzbereich des Art. 6 GRCh erfasst ansieht,[491] bleibt diese außerhalb sektoraler Freiheitsrechte nicht schutzlos: Der EuGH hat die allgemeine Handlungsfreiheit in eine Reihe mit den Grundsätzen der freien Berufsausübung (Art. 15 GRCh) und der Wettbewerbsfreiheit (Art. 16 GRCh) gestellt und sie als einen „allgemeinen Grundsatz des Gemeinschaftsrechts" i.S.d. Art. 6 EUV anerkannt.[492]

## II. Verfahrensrechtliche Dispositionsmaxime als prozessuales Pendant

Das Prinzip der Vertragsfreiheit ist nicht auf das materielle Privatrecht beschränkt, sondern setzt sich im Prozessrecht fort. Der Zivilprozess bezweckt primär die Verwirklichung subjektiver Privatrechte; objektiven Interessen, wie der Sicherung der Rechtseinheit und des Rechtsfriedens, dient er lediglich

---

489 Ständige Rechtsprechung seit BVerfG 12.11.1958 – 2 BvL 4/56, BVerfGE 8, 274, 328; zuletzt etwa BVerfG 23.10.2013 – 1 BvR 1842/11, BVerfGE 134, 204, 222 m.w.N.; vgl. auch Maunz/Dürig/*di Fabio*, Art. 2 Rn. 101, 103 m.w.N.

490 Vgl. nur EuGH 18.7.2013 – C-426/11 (*Alemo-Herron*), Rn. 32, EuZW 2013, 747, 748; *Jarass*, EU-Grundrechte-Charta, Art. 16 Rn. 9; jeweils m.w.N.

491 So die wohl überwiegende Meinung, vgl. nur *Jarass*, EU-Grundrechte-Charta, Art. 6 Rn. 6 m.w.N.; a.A. etwa Calliess/Ruffert/*Calliess*, GRCh, Art. 6 Rn. 12 m.w.N.

492 EuGH 21.5.1987 – 133/85 (*Berlin-Butter*), Rn. 15 ff., NJW 1987, 2148 f.; EuGH 21.9.1989 – 46/87 (*Hoechst Polyäthylen*), Rn. 19, NJW 1989, 3080, 3081; EuGH 22.10.2002 – C-94/00 (*Roquette Frères*), Rn. 27, NJW 2003, 35, 36; dazu *Streinz*, GRCh, Art. 6 Rn. 5.

nachrangig und mittelbar.[493] Versteht man davon ausgehend den Zivilprozess als „Rechtsausübungsmodus" privatautonom begründeter materieller Rechtspositionen, wäre es widersprüchlich, bei deren prozessualer Durchsetzung keine Freiräume zur privatautonomen Gestaltung zuzulassen.[494] Es wäre nicht nachvollziehbar, wenn die Parteien materiellrechtlich frei über einen Anspruch disponieren, aber nicht über Einleitung, Verlauf und Beendigung eines darauf bezogenen Prozesses bestimmen könnten. Dementsprechend findet die materiellrechtliche Privatautonomie ihre Fortsetzung im Prozessrecht und zwar in Form der dort geltenden Dispositionsfreiheit.[495] Diese befähigt die Parteien, selbst über die Einleitung, den Inhalt und den Fortgang sowie die Beendigung des Verfahrens zu verfügen und diesbezügliche Vereinbarungen zu treffen.[496] Die Herrschaft der Parteien über den Zivilprozess spiegelt die Freiheit wider, die dem Einzelnen bei der Gestaltung seiner materiellrechtlichen Beziehungen zusteht. Dementsprechend unterfällt die Dispositionsmaxime als verfahrensrechtliche Vertragsfreiheit ebenfalls dem verfassungsrechtlichen Schutz der allgemeinen Handlungsfreiheit gem. Art. 2 Abs. 1 GG.[497] Der öffentlich-rechtliche Charakter des Prozessrechts steht einer verfahrensrechtlichen Dimension der Privatautonomie nicht entgegen, da dadurch der soeben beschriebene normative Zusammenhang zwischen materiellrechtlicher Privatautonomie und verfahrensrechtlicher Dispositionsmaxime nicht entfällt.[498]

## III. Schiedsvereinbarung als Instrument der verfahrensrechtlichen Dispositionsmaxime

Auch das Zuständigkeitsrecht ist vom Prinzip der Vertragsfreiheit nicht ausgenommen. Es unterfällt als Bestandteil des Prozessrechts ebenfalls der Dispositionsmaxime als verfahrensrechtlichem Gegenstück zur materiellen

---

493 Inzwischen allgemeine Meinung, vgl. nur MüKo-ZPO/*Rauscher*, Einleitung Rn. 8 ff.; Musielak/Voit/*Musielak*, Einl. Rn. 5; jeweils m.w.N.

494 *Weller*, Ordre-public-Kontrolle internationaler Gerichtsstandsvereinbarungen, S. 27; vgl. auch *Wagner*, Prozeßverträge, S. 89.

495 MüKo-ZPO/*Rauscher*, Einleitung Rn. 312; Musielak/Voit/*Musielak*, Einl. Rn. 35; *Wagner*, Prozeßverträge, S. 64, 89; *Weller*, Ordre-public-Kontrolle internationaler Gerichtsstandsvereinbarungen, S. 27.

496 Zu den einzelnen Ausprägungen der Dispositionsmaxime vgl. MüKo-ZPO/*Rauscher*, Einleitung Rn. 318 ff.

497 MüKo-ZPO/*Rauscher*, Einleitung Rn. 294; Wieczorek/Schütze/*Prütting*, Einl. Rn. 86.

498 *Wagner*, Prozeßverträge, S. 59; *Weller*, Ordre-public-Kontrolle internationaler Gerichtsstandsvereinbarungen, S. 27 f.

Privatautonomie.[499] Es steht jeder Partei nicht nur frei, ob sie ihre Rechtspositionen prozessual verwirklichen oder auf jegliche gerichtliche Durchsetzung verzichten will. Sie kann grundsätzlich auch frei entscheiden, wo sie die Rechtspositionen geltend macht, also welcher Zuständigkeit sie sich zur Durchsetzung ihrer Rechte unterwirft. So steht ihr zum einen der Weg zu staatlichen Gerichten offen, wobei die Parteien insoweit in Ausübung zuständigkeitsrechtlicher Privatautonomie Vereinbarungen über die Zuständigkeit der Gerichte treffen können.[500] Daneben haben die Parteien aber auch die Möglichkeit, die Entscheidungsbefugnis staatlicher Gerichte auszuschließen und stattdessen die Zuständigkeit eines Schiedsgerichts zu begründen, um ihre Rechte in einem Schiedsverfahren durchzusetzen. Auch die Derogation der Entscheidungszuständigkeit staatlicher Gerichte durch den Abschluss einer Schiedsvereinbarung ist Ausübung prozessrechtlicher Privatautonomie in Form der Dispositionsfreiheit.[501] Sie ist damit ebenfalls Ausdruck der verfassungsrechtlich geschützten allgemeinen Handlungsfreiheit.

Dem Freiheitsgedanken des Art. 2 Abs. 1 GG entspricht die einfachgesetzliche Ausgestaltung des Schiedsverfahrens. Wie § 1030 ZPO zeigt, ist der Abschluss einer Schiedsvereinbarung als grundsätzliche Freiheit mit einzelnen Verbotsvorbehalten ausgestaltet. Ausgeschlossen ist die Vereinbarung eines Schiedsverfahrens lediglich in den dort und in sonstigen Gesetzen ausdrücklich vorgesehenen Fällen; positiv formuliert ist eine Schiedsvereinbarung also zulässig, soweit gesetzlich nichts Gegenteiliges angeordnet ist.[502] Die freiheitsgewährende Perspektive, aus der § 1030 ZPO formuliert ist, wird noch deutlicher, wenn man vergleichend die einfachgesetzlichen Regelungen zur Gerichtsstandsvereinbarung als zweitem Gestaltungsinstrument zuständigkeitsrechtlicher Privatautonomie in den Blick nimmt: Die §§ 38 ff. ZPO sind konträr zu § 1030 ZPO als Verbot mit Erlaubnistatbeständen ausgestaltet.[503] Bereits die Überschrift des

---

499 *Weller*, Ordre-public-Kontrolle internationaler Gerichtsstandsvereinbarungen, S. 28; *Steiner*, SchiedsVZ 2013, 15, 16.

500 Dies betrifft sowohl die örtliche als auch die internationale Zuständigkeit, vgl. §§ 38 ff. ZPO und Art. 25 Brüssel Ia-VO, sowie Art. 5 HGÜ. Dazu MüKo-ZPO/*Patzina*, § 38 Rn. 3, 25; Rauscher/*Mankowski*, Brüssel Ia-VO, Art. 25 Rn. 1, 12.

501 MüKo-ZPO/*Münch*, § 1030 Rn. 2; Wieczorek/Schütze/*Prütting*, Einl. Rn. 84; *Prütting*, FS Schlosser, S. 705, 708; *Duve/Sattler*, FS Graf v. Westphalen, S. 81, 83; *Schütze*, Probleme des IZPR, S. 245, 254; Zöller/*Geimer*, Vor § 1025 Rn. 3.

502 MüKo-ZPO/*Münch*, § 1030 Rn. 1: „Schiedsfähigkeit ist Regeltatbestand". Zur Schiedsfähigkeit und deren Einschränkungen näher unten § 6 C. I. 2. und § 6 C. II. 2.

503 BGH 6.10.1982 – VIII ZR 201/81, NJW 1983, 159, 162; MüKo-ZPO/*Patzina*, § 38 Rn. 1; Musielak/Voit/*Heinrich*, § 38 Rn. 1 m.w.N.

§ 38 ZPO („zugelassene Gerichtsstandsvereinbarungen“) verdeutlicht, dass eine privatautonome Gestaltung der Zuständigkeit durch Gerichtsstandsvereinbarungen über den gesetzlichen Rahmen hinaus unzulässig ist. Positiv formuliert ist der Abschluss einer Gerichtsstandsvereinbarung also nur dann möglich, wenn diese gesetzlich zugelassen ist. Hier wird deutlich, dass die zuständigkeitsrechtliche Privatautonomie vom Gesetzgeber für Schiedsvereinbarungen sogar in größerem Umfang anerkannt wird als für Vereinbarungen über die Zuständigkeit staatlicher Gerichte. Ob vor diesem Hintergrund im Zusammenhang mit Gerichtsstandsvereinbarungen noch von einem Prinzip zuständigkeitsrechtlicher Privatautonomie gesprochen werden kann,[504] bedarf hier keiner weiteren Untersuchung. Für Schiedsvereinbarungen lässt sich jedenfalls sowohl aus verfassungsrechtlicher Sicht ausgehend von Art. 2 Abs. 1 GG als auch aus einfachgesetzlicher Perspektive mit Blick auf § 1030 ZPO von einem Prinzip schiedsrechtlicher Privatautonomie sprechen.

Mit dieser Erkenntnis verbunden ist eine Verlagerung der Rechtfertigungslast im Hinblick auf die Anerkennung der Schiedsvereinbarung: Die Vertragsfreiheit auf prozessualer Ebene spricht zunächst für ihre Gültigkeit. Für die Ungültigkeit der Schiedsvereinbarung kommt es entscheidend darauf an, ob der schiedsrechtlichen Privatautonomie insoweit Grenzen gesetzt sind.[505] Bei der Ausgestaltung dieser Grenzen folgt aus dem verfassungsrechtlichen Übermaßverbot, dass die Freiheit der Parteien, ihre Rechtsverhältnisse auch auf zuständigkeitsrechtlicher Ebene autonom zu gestalten, nur soweit eingeschränkt werden darf, wie es zur Durchsetzung legitimer Ziele der öffentlichen Ordnung erforderlich ist.[506]

---

504 So *Weller*, Ordre public-Kontrolle internationaler Gerichtsstandsvereinbarungen, S. 29 ff.; anders die herrschende Meinung, vgl. BGH 6.10.1982 – VIII ZR 201/81, NJW 1983, 159, 162 („grundsätzliche[s] Verbot von Gerichtsstandsvereinbarungen“); ebenso MüKo-ZPO/*Patzina*, § 38 Rn. 1; Musielak/Voit/*Heinrich*, § 38 Rn. 1; Zöller/*Schultzky*, Vor § 38 Rn. 1 m.w.N.

505 Vgl. auch *Weller*, Ordre-public-Kontrolle internationaler Gerichtsstandsvereinbarungen, S. 33.

506 *Kleinheisterkamp*, RabelsZ 73 (2009), 818, 828 f. Zum Verhältnismäßigkeitsgrundsatz BVerfG 12.11.1958 – 2 BvL 40/56, BVerfGE 8, 274, 328; BVerfG 6.6.1989 – 1 BvR 921/85, BVerfGE 80, 137, 153 159 ff.; Maunz/Dürig/*di Fabio*, Art. 2 Rn. 41; auf europäischer Ebene vgl. Art. 52 Abs. 1 GRCh, dazu ausführlich Calliess/Ruffert/*Calliess*, GRCh, Art. 52 Rn. 65 ff.

## C. Prüfungsumfang in der Einredesituation

Dass die Gestaltungsfreiheit auch im Recht der schiedsgerichtlichen Zuständigkeit nicht absolut gilt, sondern durch andere Prinzipien der Rechtsordnung begrenzt ist, beweist bereits die Befugnis staatlicher Gerichte zur Kontrolle von Schiedsvereinbarungen. Von einem Grundsatz schiedsrechtlicher Privatautonomie ausgehend, lässt sich als Vorfrage zur Kontrolle einer Schiedsvereinbarung dennoch die Frage aufwerfen, in welchem Umfang deren Vorliegen von staatlichen Gerichten in der Einredesituation überhaupt überprüft werden darf. Als Antwort kommen im Wesentlichen zwei Möglichkeiten in Betracht: Einerseits könnte man bereits dem Einredegericht eine umfassende Prüfungskompetenz zubilligen, sodass neben der Erfüllung von Formvorschriften auch die materielle Wirksamkeit der Schiedsvereinbarung vollumfänglich, einschließlich einer gegebenenfalls erforderlichen Beweisaufnahme, überprüft werden kann.[507] Andererseits ließe sich die Kontrollbefugnis in der Einredesituation auf eine *prima facie*-Prüfung beschränken mit der Folge, dass lediglich die Existenz einer Schiedsabrede, ihre Reichweite und das Vorliegen offensichtlicher Unwirksamkeitsgründe überprüft werden dürfen.[508] Relevant wird diese Frage insbesondere, wenn das Schiedsgericht – wie in der Einredekonstellation regelmäßig – noch nicht mit der Sache befasst war.[509] Die Antwort ist dann eng damit verknüpft, inwieweit man dem Schiedsgericht eine vorrangige Kompetenz zur Entscheidung über seine eigene Zuständigkeit einräumt.[510]

---

507 So der „traditionelle Ansatz", vgl. dazu *Bishop/Coriell/Campos*, in: Enforcement of Arbitration Agreements, S. 275, 281 ff.; *Born*, S. 226.

508 So der „moderne Ansatz", vgl. dazu *Bishop/Coriell/Campos*, in: Enforcement of Arbitration Agreements, S. 275, 283 ff.; *Born*, S. 226. Zum Umfang einer *prima facie*-Prüfung vgl. auch Art. 6 Abs. 4 ICC Rules; dazu Nedden/Herzberg/*Bassiri*, ICC-SchO, Art. 6 Rn. 110 f.; *Craig/Park/Paulsson*, ICC Arbitration, S. 156.

509 Nach Erlass eines Schiedsspruchs, der über die Zuständigkeit des Schiedsgerichts (mit)entscheidet, kann eine Überprüfung nur noch im Rahmen des Aufhebungs- bzw. Anerkennungs-/Vollstreckungsverfahrens gem. §§ 1059 ff. ZPO erfolgen, vgl. *Huber*, SchiedsVZ 2003, 73, 75; *Lachmann*, Rn. 731 f.; bei Erlass eines Zwischenbescheids über die Zuständigkeit kann die Wirksamkeit der Schiedsvereinbarung gem. § 1040 Abs. 3 S. 2 ZPO überprüft werden, vgl. *Lachmann*, Rn. 733.

510 Sog. negative Kompetenz-Kompetenz; zur Differenzierung zwischen positiver und negativer Kompetenz-Kompetenz vgl. *Kröll*, NJW 2001, 1173, 1178; *Fouchard/Gaillard/Goldman*, Rn. 660; Kronke/*Schramm/Geisinger/Pinsolle*, Global Commentary NYC, S. 95; zum Begriff Kompetenz-Kompetenz allgemein vgl. *Lachmann*, Rn. 688; *Schwab/Walter*, Kap. 6 Rn. 9; *Schlosser*, in: Neues Schiedsverfahrensrecht, S. 163, 168 f.

## I. Autonomes Schiedsverfahrensrecht

§ 1032 Abs. 1 ZPO beantwortet die Frage nach dem Prüfungsumfang nicht ausdrücklich – weder in die eine noch in die andere Richtung. Die Vorschrift begründet lediglich die Kompetenz des staatlichen Gerichts, die Gültigkeit einer Schiedsvereinbarung auf Einrede hin zu überprüfen, ohne den dabei anzulegenden Prüfungsmaßstab näher zu bestimmen. Auch Art. 8 Abs. 1 UNCITRAL ModellG, dem die deutsche Regelung nachgebildet ist, enthält insoweit keine eindeutige Aussage.[511]

Die deutschen Gerichte folgen in ihren Entscheidungen zu § 1032 Abs. 1 ZPO soweit ersichtlich einhellig dem traditionellen Ansatz einer umfassenden Präventivkontrolle. Die vollumfängliche Prüfungskompetenz des Einredegerichts scheint für sie derart selbstverständlich zu sein, dass in den Entscheidungsbegründungen regelmäßig gar keine Ausführungen bezüglich des anzulegenden Prüfungsmaßstabs zu finden sind. Die Modalitäten der Kontrolle der Schiedsvereinbarung und die Gründe, mit denen die Schiedseinrede – etwa in den hier näher untersuchten Entscheidungen[512] – zurückgewiesen wird, machen jedoch deutlich, was kaum ein Gericht ausdrücklich formuliert: Bereits im Einredeverfahren sind deutsche Gerichte nicht auf eine summarische Offensichtlichkeitsprüfung beschränkt, sondern können unter Zugrundelegung eines „weitergehenden Prüfungsmaßstabs"[513] vollumfänglich prüfen, ob eine Schiedsbindung besteht und die Schiedsvereinbarung nichtig, unwirksam oder undurchführbar ist.

Der weit überwiegende Teil des Schrifttums stimmt dieser Ansicht zu.[514] Begründet wird dies insbesondere mit den Konsequenzen der in § 1032 Abs. 1

511 Zur Diskussion des Prüfungsmaßstabs im Rahmen des Art. 8 Abs. 1 UNCITRAL ModellG ausführlich *Bachand*, 22 Arb. Int'l (2006), 463 ff.; *Born*, S. 1082 ff.; beide m.w.N.

512 Siehe oben § 3 B.

513 So OLG München 7.7.2014 – 34 SchH 18/13, SchiedsVZ 2014, 262, 264 im Rahmen eines Feststellungsverfahrens gem. § 1032 Abs. 2 ZPO. Dort gilt allerdings der gleiche Prüfungsmaßstab, vgl. BGH 19.7.2012 – III ZB 66/11, SchiedsVZ 2012, 281, 282. Die in mehreren Feststellungsverfahren verwendete Formel, die Prüfung sei darauf beschränkt, „ob eine wirksame Schiedsvereinbarung besteht, diese durchführbar ist und der Gegenstand des Schiedsverfahrens der Schiedsvereinbarung unterfällt" lässt hingegen offen, mit welcher Intensität die Gültigkeit der Schiedsvereinbarung überprüft wird, vgl. etwa BGH 19.7.2012 – III ZB 66/11, SchiedsVZ 2012, 281, 282 m.w.N.; dazu MüKo-ZPO/*Münch*, § 1032 Rn. 25.

514 MüKo-ZPO/*Münch*, § 1032 Rn. 18c; Stein/Jonas/*Schlosser*, § 1032 Rn. 18a; *ders.*, in: Neues Schiedsverfahrensrecht, S. 163, 186 f.; Böckstiegel/*Huber*/*Bach*, Arbitration

ZPO vorgesehenen Rechtsfolge der Klageabweisung. Die Rechtskraft des Prozessurteils, das die Klage aufgrund begründeter Schiedseinrede abweist, erstreckt sich nach überwiegender Auffassung grundsätzlich auch auf die Feststellung, dass eine gültige Schiedsvereinbarung vorliegt.[515] Bei einer erneuten Klage oder im Aufhebungs- bzw. Vollstreckungsverfahren, wo die Gültigkeit der Schiedsvereinbarung normalerweise erneut überprüft werden kann, ist dann vom Vorliegen einer gültigen Schiedsvereinbarung auszugehen. Aufgrund dieser Bindungswirkung müsse das Einredegericht befugt sein, die Schiedsvereinbarung vollumfänglich und nicht nur summarisch zu überprüfen.[516] Darüber hinaus ist zu bedenken, dass staatlichen Gerichten ohnehin das letzte Wort über die Gültigkeit der Schiedsvereinbarung zusteht, vgl. § 1040 Abs. 3 S. 2 ZPO sowie § 1059 Abs. 2 Nr. 1 lit. a) ZPO bzw. Art. V Abs. 1 lit. a) NYÜ. Dann ist es im Prinzip nur folgerichtig und auch interessengerecht, ihnen auch in früheren Verfahrensstadien bereits eine umfassende Prüfungskompetenz zuzubilligen, um die Schiedsbindung des Rechtsstreits frühzeitig zu klären und im Ergebnis unnötige Investitionen in ein Schiedsverfahren zu verhindern.[517]

## II. Internationale Übereinkommen

Gem. § 1025 Abs. 2 ZPO richtet sich die Vorgehensweise in der Einredesituation unabhängig vom Ort des Schiedsverfahrens nach § 1032 Abs. 1 ZPO. Dementsprechend bleibt es in allen Fällen grundsätzlich auch bei dem dort anzulegenden Prüfungsmaßstab. Bei Schiedsverfahren, die in den Anwendungsbereich internationaler Übereinkommen fallen, stellt sich allerdings die Frage, ob sich daraus Restriktionen bezüglich des zulässigen Prüfungsumfangs ergeben. Etwaige Modifikationen hätten deutsche Gerichte aufgrund des Gebots

---

in Germany, S. 118, Rn. 7; *Harbst*, Staatliche Gerichte im Schiedsverfahren, S. 36; *Kröll*, NJW 2001, 1173, 1178; *Walter*, ZZP 114 (2001), 99, 103. Umstritten ist hingegen der Prüfungsumfang im Rahmen staatsgerichtlicher Hilfsverfahren (z.B. § 1035 ZPO), vgl. dazu *Steinbrück*, Unterstützung ausländischer Schiedsverfahren, S. 326 ff. m.w.N.

515 OLG Celle 31.5.2007 – 8 Sch 6/06, BeckRS 2007, 10067; MüKo-ZPO/*Münch*, § 1032 Rn. 21; Stein/Jonas/*Leipold*, § 322 Rn. 133; *Schwab*/*Walter*, Kap. 7 Rn. 3; *Huber*, SchiedsVZ 2003, 73, 74; a.A. BeckOK-ZPO/*Gruber*, § 322 Rn. 38; Musielak/Voit/*Voit*, § 1032 Rn. 9.

516 Böckstiegel/*Huber*/*Bach*, Arbitration in Germany, S. 118, Rn. 7; *Kröll*, NJW 2001, 1173, 1178; *Walter*, ZZP 114 (2001), 99, 103.

517 *Schlosser*, in: Neues Schiedsverfahrensrecht, S. 163, 185; *Walter*, ZZP 114 (2001), 99, 103; vgl. auch Stein/Jonas/*Schlosser*, § 1032 Rn. 21.

völkerrechtsfreundlicher Auslegung nationalen Rechts bei ihrem Vorgehen in der Einredesituation beachten.

## *1. NYÜ*

Art. II Abs. 3 NYÜ enthält im Hinblick auf die Kontrolle einer Schiedsvereinbarung eine im Vergleich zu § 1032 Abs. 1 ZPO weitgehend identische Regelung. Auch das NYÜ begründet lediglich allgemein eine Prüfungskompetenz des Einredegerichts, ohne den Prüfungsumfang in irgendeiner Weise zu konkretisieren.[518] Dies hat zur Folge, dass die Frage nach dem Kontrollmaßstab im Anwendungsbereich des Übereinkommens international unterschiedlich beantwortet wird. Einige Staaten folgen hier ebenfalls dem traditionellen Ansatz und gestatten den staatlichen Gerichten bereits in der Einredesituation eine uneingeschränkte Kontrolle der Schiedsvereinbarung.[519] Als zentrales Argument wird auch im internationalen Bereich die Verfahrensökonomie angeführt. Es soll verhindert werden, dass die Parteien ihre Ressourcen in ein Schiedsverfahren investieren, dem ein staatliches Gericht später wegen fehlender Schiedsbindung des Streitgegenstands die Grundlage entzieht.[520] In anderen Ländern wird hingegen die Kompetenz-Kompetenz der Schiedsgerichte in den Vordergrund gerückt, sodass – entsprechend dem modernen Ansatz – die Kompetenz des Einredegerichts auf eine *prima facie*-Kontrolle beschränkt ist.[521] Dahinter steht

518 *Born*, S. 1055; Kronke/*Schramm*/*Geisinger*/*Pinsolle*, Global Commentary NYC, S. 109 f.; Wolff/*Wilske*/*Fox*, NYC, Art. II Rn. 299.

519 So etwa Australien: *APC Logistics Pty Ltd. v. C.J. Nutracon Pty Ltd.*, [2007] FCA 136; Mexiko: *LDC v. ADT Security Services, et al.* (Suprema Corte de Justicia de la Nación, 2006), YbCA 2007, 410 ff.; Neuseeland: *Clarence Holdings Ltd. v. Prendos Ltd.*, [2000] DCR 404 (Auckland District Court); UK: *Golden Ocean Group Ltd. v. Humpuss Intermoda Transportasi TBK Ltd., et al.*, [2013] EWHC 1240 (Comm); weitere Nachweise bei *Born*, S. 1086 f. Zustimmend etwa *Poudret*/*Besson*, Rn. 489, 491.

520 *Bachand*, 22 Arb. Int'l (2006), 463, 465; *Fouchard*/*Gaillard*/*Goldman*, Rn. 678; vgl. auch UNCITRAL, UN-Dokument A/40/17, S. 20, Art. 8 Rn. 92.

521 So etwa Frankreich: Cour de Cassation, 7.6.2006, YbCA 2007, 290 ff.; Cour d'Appel Paris, 15.6.2006, YbCA 2006, 635 ff.; Italien: Corte di Cassazione 12.1.2007, YbCA 2008, 600 ff.; Hongkong: *New Sound Indus. Ltd. v. Meliga (H.K.) Ltd.*, [2005] HKCU 66; Indien: *Shin-Etsu Chemical Co. Ltd. v. Aksh Optifibre Ltd.* (Supreme Court, 2005), YbCA 2006, 747 ff.; Singapur: *FirstLink Investments Corp. Ltd. v. GT Payment Pte. Ltd.* [2014] SGHCR 12; *Tomolugen Holdings Ltd. v. Silica Investors Ltd.* [2015] SGCA 57; Venezuela: *Astivenca Astilleros de Venezuela, C.A. v. Oceanlink Offshore III AS* (Tribunal Supremo de Justicia, 2010), YbCA 2011, 496 ff.; grundsätzlich auch Kanada: *Dell Computer Corp. v. Union des Consommateurs* (Supreme Court 2007), YbCA 2008,

insbesondere das Bestreben, Verzögerungstaktiken durch abredewidrige Klagen vor staatlichen Gerichten einen Riegel vorzuschieben und die Effektivität des Schiedsverfahrens zu wahren.[522] Neben diesen konträren Ansätzen werden vereinzelt auch Mittelwege beschritten. So differenzieren etwa die Gerichte in der Schweiz nach dem Ort des Schiedsverfahrens und sehen sich nur bei ausländischen Schiedsverfahren befugt, eine umfassende Kontrolle der Schiedsvereinbarung vorzunehmen.[523]

Aus deutscher Sicht bedarf es bezüglich des Prüfungsumfangs in der Einredesituation keiner Differenzierung zwischen Schiedsvereinbarungen innerhalb und außerhalb des NYÜ. Rechtsprechung und Literatur gehen auch bei Anwendbarkeit des NYÜ ohne nähere Ausführungen von einer unbeschränkten Prüfungsbefugnis aus.[524] Diese Vorgehensweise mag schiedsunfreundlicher sein, begründet jedoch keine Verletzung des NYÜ, da dieses den Prüfungsmaßstab nicht autonom festlegt, sondern dem nationalen Recht überlässt.[525]

## 2. *EuÜ*

Im Anwendungsbereich des EuÜ wird die Kompetenzverteilung zwischen dem vereinbarten Schiedsgericht und staatlichen Gerichten in der Einredesituation durch Art. VI EuÜ geregelt. Dieser geht – wie Art. II Abs. 3 NYÜ und § 1032 Abs. 1 ZPO – von einer Kompetenz des staatlichen Gerichts aus, über „das Bestehen und die Gültigkeit einer Schiedsvereinbarung zu entscheiden". Bezüglich des dabei anzulegenden Prüfungsmaßstabs ergibt sich allerdings ein wesentlicher Unterschied zum NYÜ bzw. dem deutschen Schiedsverfahrensrecht. Denn die bereits angesprochene verfahrensrechtliche Differenzierung des EuÜ anhand der Schiedshängigkeit des Hauptsacheverfahrens wird an dieser

---

446 ff.; weitere Nachweise bei *Born*, S. 1088. Zustimmend etwa *Mayer*, ASA Bull. 1996, 361, 378; *Fouchard/Gaillard/Goldman*, Rn. 682.

522 *Bachand*, 22 Arb. Int'l (2006), 463, 466; *Fouchard/Gaillard/Goldman*, Rn. 680.

523 Vgl. schweiz. Bundesgericht 6.8.2012, ASA Bull. 2012, 864 ff. m.w.N.; schweiz. Bundesgericht 29.4.1996, ASA Bull. 1996, 527 ff.; schweiz. Bundesgericht 16.1.1995, ASA Bull. 1995, 503 ff.; krit. dazu *Mayer*, ASA Bull. 1996, 361 ff.; *Walter*, SchiedsVZ 2005, 57, 61 f.

524 Vgl. etwa BGH 13.1.2005 – III ZR 265/03, BGHZ 162, 9 ff.; BGH 13.1.2009 – XI ZR 66/08, SchiedsVZ 2009, 122; MüKo-ZPO/*Adolphsen*, § 1061 Anh. 1, Art. II UNÜ Rn. 28; Stein/Jonas/*Schlosser*, Anh. § 1061 Rn. 45; *Lionnet/Lionnet*, S. 185. Vgl. auch Kronke/*Schramm/Geisinger/Pinsolle*, Global Commentary NYC, S. 99 f.

525 *Born*, S. 1052 ff.; *Poudret/Besson*, Rn. 491; Kronke/*Schramm/Geisinger/Pinsolle*, Global Commentary NYC, S. 109 f.

Stelle relevant.[526] Für den Sonderfall einer vorherigen Schiedshängigkeit gem. Art. VI Abs. 3 EuÜ sei hier noch lediglich darauf verwiesen, dass das Übereinkommen in dieser Konstellation von einer vorläufigen Komeptenz-Kompetenz des Schiedsgerichts ausgeht und die Kontrolle der Schiedsvereinbarung durch das Einredegericht daher auf eine *prima facie*-Prüfung beschränkt ist.[527]

Für die Grundkonstellation, dass ein staatliches Gericht bereits vor Einleitung eines Schiedsverfahrens mit dem Streitgegenstand befasst ist, gelten hingegen die allgemeinen Regelungen des Art. VI EuÜ, die eine Prüfungskompetenz des Einredegerichts zwar voraussetzen, aber keine Vorgaben bezüglich des Kontrollumfangs machen. Eine entsprechende Anwendung des Art. VI Abs. 3 EuÜ in der Weise, dass sich die Kompetenz des staatlichen Gerichts auch bereits vor Einleitung eines Schiedsverfahrens auf eine summarische Prüfung der Schiedsvereinbarung beschränkt, ließe sich zwar erwägen, muss im Ergebnis aber ausscheiden. Die in Art. VI Abs. 3 EuÜ vorgesehene Sonderregelung mit einer ausdrücklichen Restriktion des Prüfungsmaßstabs spricht für eine bewusste Differenzierung zwischen den verschiedenen Verfahrensstadien. Daraus folgt, dass in der Grundkonstellation fehlender Schiedshängigkeit der restriktive Maßstab gerade nicht gelten soll. Ob daraus im Umkehrschluss eine unbeschränkte Kontrollbefugnis des Einredegerichts abzuleiten ist oder eine Lücke besteht, die durch nationales Recht zu schließen ist, kann letztlich offenbleiben. Die Pflicht zur völkerrechtskonformen Auslegung des § 1032 Abs. 1 ZPO führt in dieser Verfahrenskonstellation jedenfalls nicht dazu, dass der anzulegende Kontrollmaßstab auf eine summarische Prüfung der Schiedsvereinbarung zu reduzieren ist.

## III. Zwischenergebnis

Die Kompetenz deutscher Gerichte zur Überprüfung der Schiedsvereinbarung ist im Regelfall nicht auf eine *prima facie*-Kontrolle beschränkt, sondern umfasst bereits in der Einredesituation das Recht einer vollumfänglichen Prüfung, einschließlich einer gegebenenfalls erforderlichen Beweisaufnahme. Auch die

526 Vgl. Denkschrift zum EuÜ, BT-Drucks. 4/1597, S. 33 re. Sp.; Wieczorek/Schütze/*Schütze*, IntZPR, S. 1115. Zur verfahrensrechtlichen Differenzierung im Rahmen des EuÜ siehe oben § 5 A.

527 OLG München 24.11.2016 – 34 SchH 5/16 (juris-Rn. 44); *Lew/Mistelis/Kröll*, Comparative Arbitration, Rn. 14–57; Wolff/*Wilske/Fox*, NYC, Art. II Rn. 325. Zu den Auswirkungen dieser eingeschränkten Prüfungskompetenz auf das entwickelte Prüfungsmodell siehe unten § 11 B. II.

schiedsrechtlichen Übereinkommen NYÜ und EuÜ schreiben grundsätzlich keinen restriktiveren Kontrollmaßstab vor.

Eine Ausnahme von diesem Grundsatz besteht lediglich, wenn die Schiedsvereinbarung in den Anwendungsbereich des EuÜ fällt und bereits vor Anrufung des staatlichen Gerichts ein Schiedsverfahren eingeleitet wurde. Dann ergibt sich aus Art. VI Abs. 3 EuÜ ein eingeschränkter Prüfungsmaßstab, der das Einredegericht auf eine Offenkundigkeitskontrolle beschränkt. Diese Konstellation stellt allerdings einen Sonderfall dar, der vergleichsweise selten relevant wird. Dementsprechend erfolgt die weitere Untersuchung zunächst auf der Grundlage einer vollumfänglichen Prüfungskompetenz des Einredegerichts. Wie sich der restriktivere Maßstab des Art. VI Abs. 3 EuÜ auf das entwickelte Überprüfungsverfahren auswirkt, wird anschließend analysiert.[528]

528 Siehe unten § 11 B. II.

# § 6 Anknüpfungspunkte im Schiedsverfahrensrecht

Mit einer uneingeschränkten Prüfungskompetenz ausgestattet, kann das Einredegericht sämtliche Gültigkeitserfordernisse der Schiedsvereinbarung umfassend überprüfen. Fraglich ist allerdings, welches tatbestandliche Element als Anknüpfungspunkt für die Kontrolle im Fall eines möglichen Rechtsumschwungs dienen kann. Entsprechend der zu Beginn von Teil III vorgenommenen Differenzierung zwischen schiedsrechtlichen und rechtsgeschäftlichen Voraussetzungen werden nun zunächst die speziellen Vorgaben des Schiedsverfahrensrechts dahingehend untersucht, ob und inwieweit damit materielle Sachnormzwecke abgesichert werden bzw. wie diese auf das Problem des Rechtsumschwungs reagieren.[529] Dazu zählt neben dem Bestimmtheitserfordernis (A.) und gewissen Formanforderungen (B.) insbesondere das Element der Schiedsfähigkeit (C.).

## A. Bestimmtheitserfordernis

§ 1029 Abs. 1 ZPO und Art. II Abs. 1 NYÜ setzen voraus, dass sich die Schiedsvereinbarung auf Streitigkeiten aus einem „bestimmten Rechtsverhältnis“ bezieht. Sowohl im nationalen Schiedsverfahrensrecht als auch im Anwendungsbereich des NYÜ unterliegen Schiedsvereinbarungen also grundsätzlich einem Bestimmtheitserfordernis. Eine Ausnahme kommt nur in Betracht, wenn die Schiedsvereinbarung in den Anwendungsbereich des EuÜ fällt, weil dort keine Beschränkung auf Rechtsstreitigkeiten aus einem bestimmten Rechtsverhältnis vorgesehen ist.[530] Die Anforderungen, die sich aus dem autonom auszulegenden Art. II Abs. 1 NYÜ für die Bestimmtheit ergeben, unterscheiden sich im Ergebnis kaum von denen des § 1029 Abs. 1 ZPO. Nach beiden Regelwerken ist ein Rechtsverhältnis letztlich immer dann hinreichend bestimmt,

529 Zu rechtsgeschäftlichen Anknüpfungspunkten im allgemeinen Vertragsrecht siehe unten § 7.

530 BGH 20.3.1980 – III ZR 151/79, BGHZ 77, 32, 37; MüKo-ZPO/*Adolphsen*, § 1061 Anh. 2, Art. 1 EuÜ Rn. 9; Staudinger/*Hausmann*, IntVertrVerfR, Rn. 510. Zum Konkurrenzverhältnis zwischen EuÜ und nationalem Recht einerseits und EuÜ und NYÜ andererseits im Hinblick auf das Bestimmtheitserfordernis vgl. Reithmann/Martiny/*Hausmann*, Rn. 8.362 f. m.w.N.

wenn es bei Abschluss der Schiedsvereinbarung auf einer zumindest konkret individualisierbaren Grundlage beruht.[531] Dadurch werden insbesondere sog. Globalschiedsvereinbarungen ausgeschlossen, die ohne nähere Differenzierung alle Streitfragen aus einer Geschäftsbeziehung erfassen.[532] Der Sinn und Zweck des Bestimmtheitserfordernisses besteht darin, die Zuständigkeitsinteressen der Parteien zu schützen und dadurch zugleich die Legitimation der schiedsrichterlichen Entscheidungsbefugnis zu stärken. Die Beteiligten sollen schon bei Abschluss der Vereinbarung vorhersehen und überschauen können, in welchem Umfang sie die Zuständigkeit eines Schiedsgerichts begründen und auf die Möglichkeit der Anrufung staatlicher Gerichte verzichten.[533]

Einen Einfluss auf die Problematik eines durch eine Schiedsvereinbarung herbeigeführten Rechtsumschwungs hat das Bestimmtheitserfordernis jedoch nicht. Dies ergibt sich bereits daraus, dass lediglich die Konkretisierung des Streitgegenstandes, nicht aber ein Hinweis auf die Gefahr eines Rechtsumschwungs verlangt wird.[534] Zudem kann die Absicherung bestimmter Sachnormzwecke durch Art. II Abs. 1 NYÜ bzw. § 1029 Abs. 1 ZPO deshalb nicht erfolgen, weil sich das Bestimmtheitserfordernis allgemein auf das Rechtsverhältnis als solches bezieht und gar nicht auf dessen sachrechtlichen Inhalt abstellt.

## B. Formanforderungen

Die Gültigkeit einer Schiedsvereinbarung setzt weiterhin die Wahrung bestimmter Formanforderungen bei deren Abschluss voraus. So statuiert Art. II Abs. 1 NYÜ im Wege eines vereinheitlichten Sachrechts ein Schriftformerfordernis, dass durch Abs. 2 in zwei Varianten näher konkretisiert wird. Eine vergleichbare Regelung enthält Art. I Abs. 2 lit. a) EuÜ, der in nahezu wortlautgetreuer Übereinstimmung mit Art. II Abs. 2 NYÜ ebenfalls die Schriftlichkeit der Schiedsabrede verlangt. Sowohl das NYÜ als auch das EuÜ lassen in ihrem Anwendungsbereich einen Rückgriff auf nationale Formvorschriften nur dann zu, wenn diese erleichterte Anforderungen für die formelle Wirksamkeit einer

531 MüKo-ZPO/*Münch*, § 1029 Rn. 75; *Schwab*/*Walter*, Kap. 3 Rn. 15 und Kap. 44 Rn. 4; Staudinger/*Hausmann*, IntVertrVerfR, Rn. 509, 511.

532 MüKo-ZPO/*Adolphsen*, § 1061 Anh. 1, Art. II UNÜ Rn. 8; Musielak/Voit/*Voit*, § 1029 Rn. 16. Zu weiteren Einzelfällen vgl. MüKo-ZPO/*Münch*, § 1029 Rn. 74 m.w.N.

533 MüKo-ZPO/*Adolphsen*, § 1061 Anh. 1, Art. II UNÜ Rn. 8; MüKo-ZPO/*Münch*, § 1029 Rn. 73.

534 Vgl. auch *Weller*, Ordre-public-Kontrolle internationaler Gerichtsstandsvereinbarungen, S. 49 zum Bestimmtheitserfordernis gem. § 40 ZPO.

Schiedsvereinbarung vorsehen.[535] Soweit die Anwendung nationaler Formvorschriften zulässig ist, sieht § 1031 ZPO für Schiedsvereinbarungen, die dem deutschen Formstatut[536] unterliegen, eine differenzierte Regelung vor. Dabei knüpft die Grundregel des § 1031 Abs. 1 ZPO an das NYÜ an und sieht ebenfalls das Gebot der sog. vollen Schriftlichkeit[537] vor. In den nachfolgenden Absätzen finden sich hingegen nationale Eigenwege, die im Vergleich zum NYÜ teilweise erleichternd, teilweise verschärfend ausgestaltet sind. Im Geschäftsverkehr lässt § 1031 Abs. 2 ZPO bei Bestehen eines entsprechenden Handelsbrauchs auch einseitige Schriftlichkeit ausreichen und § 1031 Abs. 3 ZPO ermöglicht den Abschluss einer Schiedsvereinbarung durch eine – den Formanforderungen des Abs. 1 oder des Abs. 2 genügende[538] – Bezugnahme auf andere Schriftstücke, insbesondere Allgemeine Geschäftsbedingungen. Im Gegensatz dazu sieht § 1031 Abs. 5 ZPO bei Verbraucherbeteiligung eine verschärfte Schriftform vor und verlangt grundsätzlich eine gesonderte, von beiden Parteien eigenhändig unterzeichnete Urkunde, die ausschließlich auf das Schiedsverfahren bezogene Vereinbarungen enthalten darf.

Neben der Beweisfunktion liegt das grundlegende Ziel der Formvorschriften darin, einen voreiligen Verzicht auf staatsgerichtlichen Rechtsschutz durch den Abschluss einer Schiedsvereinbarung zu verhindern (Warnfunktion). Dies gilt sowohl für die internationalen Übereinkommen[539] als auch für § 1031 ZPO[540], wobei sich im nationalen Recht der Schwerpunkt des Schutzzwecks in Abhängigkeit von den beteiligten Personengruppen in die eine oder andere Richtung verschiebt.[541] Im Hinblick auf die Problematik eines durch eine Schiedsvereinbarung

---

535 Während im Anwendungsbereich des NYÜ sämtliche günstigeren Formvorschriften nationaler Rechtsordnungen über die Meistbegünstigungsklausel des Art. VII NYÜ berücksichtigt werden können, lässt das EuÜ selbst bei günstigerer Regelung einen Rückgriff nur dann zu, wenn die nationalen Rechtsordnungen auf die Schriftform der Schiedsvereinbarung verzichten, vgl. Art. I Abs. 2 lit. a) Hs. 2 EuÜ. Zum Ganzen MüKo-ZPO/*Adolphsen*, § 1061 Anh. 1, Art. II UNÜ Rn. 17 f. und § 1061 Anh. 2, Art. I EuÜ Rn. 11 ff.; Reithmann/Martiny/*Hausmann*, Rn. 8.292 ff., 8.324 ff.

536 Zur Anknüpfung des Formstatuts außerhalb des unmittelbaren Anwendungsbereichs von NYÜ und EuÜ vgl. Reithmann/Martiny/*Hausmann*, Rn. 8.330 ff. m.w.N.

537 MüKo-ZPO/*Münch*, § 1031 Rn. 1, 27.

538 MüKo-ZPO/*Münch*, § 1031 Rn. 37; Stein/Jonas/*Schlosser*, § 1031 Rn. 13.

539 Redfern/Hunter/*Blackaby*/*Partasides*, Rn. 2.13; Reithmann/Martiny/*Hausmann*, Rn. 8.291; *Schwab*/*Walter*, Kap. 44 Rn. 7.

540 Reithmann/Martiny/*Hausmann*, Rn. 8.342; *Schlosser*, RipS, Rn. 373.

541 Bei Verbraucherbeteiligung steht über § 1031 Abs. 5 ZPO die Schutz- und Warnfunktion im Vordergrund; im geschäftlichen Verkehr dienen die Formvorschriften

ausgelösten Rechtsumschwungs verhalten sich die Formvorschriften allerdings indifferent. Ihre Schutzfunktion beschränkt sich auf die äußeren Modalitäten des Abschlusses der Schiedsvereinbarung. Einen inhaltlichen Hinweis auf die möglichen Folgen der Vereinbarung eines Schiedsverfahrens bzw. eine diesbezügliche Aufklärung, wie sie etwa bei der Notwendigkeit einer notariellen Beurkundung der Schiedsvereinbarung erfolgen würde, verlangen die Vorschriften nicht.

## C. Schiedsfähigkeit

Das schärfste Schwert zur Regulierung der schiedsrechtlichen Privatautonomie ist die Entziehung oder Beschränkung der Schiedsfähigkeit. Zusammengefasst umschreibt der Begriff die Fähigkeit einer Person, für einen bestimmten Streitgegenstand die Entscheidungsbefugnis eines Schiedsgerichts zu begründen.[542] Negativ formuliert fehlt es damit an der Schiedsfähigkeit, wenn der Vereinbarung eines Schiedsverfahrens partei- oder streitgegenstandsbezogene Hindernisse entgegenstehen.[543] Diese Begriffsumschreibung deutet bereits darauf hin, dass das Instrument der Schiedsfähigkeit grundsätzlich ein geeigneter Anknüpfungspunkt ist, um materiellrechtliche Schutzzwecke gegen eine Schiedsvereinbarung abzusichern. Fraglich ist jedoch, ob dies auch für die hier untersuchten Konstellationen eines Rechtsumschwungs gilt. Zur Klärung dieser Frage wird im Folgenden – entsprechend der Differenzierung in internationalen Übereinkommen und dem nationalen Schiedsverfahrensrecht – zwischen streitgegenstandsbezogenen Hindernissen als Frage der objektiven Schiedsfähigkeit (I.) und parteibezogenen Hindernissen als Frage der subjektiven Schiedsfähigkeit (II.) unterschieden.

### I. Objektive Schiedsfähigkeit

Bei der objektiven Schiedsfähigkeit geht es darum, ob eine bestimmte Rechtsstreitigkeit der Entscheidung durch ein Schiedsgericht unterworfen werden darf. Eine Übertragung der Entscheidungsbefugnis auf Schiedsgerichte ist ausgeschlossen, wenn „sich der Staat im Interesse besonders schutzwürdiger Rechtsgüter ein Rechtsprechungsmonopol in dem Sinne vorbehalten hat, dass

---

des § 1031 Abs. 1–3 ZPO hingegen in erster Linie Beweiszwecken. Vgl. Musielak/Voit/*Voit*, § 1031 Rn. 1; MüKo-ZPO/*Münch*, § 1031 Rn. 7 ff.; *Coester-Waltjen*, FS Siehr, S. 595, 599.

542 *Niedermaier*, Schiedsvereinbarungen in strukturellen Ungleichgewichtslagen, S. 156; *Lachmann*, Rn. 278.

543 *Niedermaier*, Schiedsvereinbarungen in strukturellen Ungleichgewichtslagen, S. 156.

allein der staatliche Richter in der Lage sein soll, durch seine Entscheidung den angestrebten Rechtszustand herbeizuführen".[544] Anknüpfungspunkt ist dabei der materiellrechtliche Inhalt des Rechtsverhältnisses. Konkret lässt sich fragen: Kann ein bestimmter Anspruch Gegenstand einer Schiedsvereinbarung sein oder ist die Entscheidung darüber staatlichen Gerichten vorbehalten? Dazu ist zunächst zu klären, nach welchem Recht diese Frage von einem deutschen Einredegericht zu beantworten ist.

### 1. *Statut der objektiven Schiedsfähigkeit*

Die deutsche Regelung zur Schiedsfähigkeit in § 1030 ZPO ist keine echte prozessuale Schranke der Zulässigkeit von Schiedsvereinbarungen in dem Sinne, dass sie streng nach dem *lex fori*-Prinzip im Verfahren vor dem deutschen Einrederichter immer automatisch zu beachten ist.[545] Als Teil des kollisionsrechtlichen Konglomerats der Schiedsvereinbarung ist das Statut der objektiven Schiedsfähigkeit vielmehr eigenständig anzuknüpfen.[546] Dabei ist danach zu unterscheiden, ob die Schiedsvereinbarung in den Geltungsbereich internationaler Übereinkommen oder allein unter das autonome Schiedsverfahrensrecht fällt.

#### *a) Internationale Übereinkommen*

##### aa) NYÜ

Nach Art. V Abs. 2 lit. a) NYÜ ist die objektive Schiedsfähigkeit nach dem Recht des Vollstreckungsstaats zu bestimmen. Diese Anknüpfung nach der *lex fori* des mit der Sache befassten Gerichts gilt nach Wortlaut und Systematik nur im Vollstreckungsverfahren unmittelbar. Für die Einredesituation enthält das Übereinkommen hingegen keine Regelung zur objektiven Schiedsfähigkeit. Art. II Abs. 1 NYÜ setzt zwar die Schiedsfähigkeit des Streitgegenstands voraus, schweigt jedoch hinsichtlich des darauf anzuwendenden Rechts.[547] Daraus

---

544 BGH 19.7.2004 – II ZR 65/03, BGHZ 160, 127, 133; BGH 29.3.1996 – II ZR 124/95, BGHZ 132, 278, 283; ähnlich BT-Drucks. 13/5274, S. 34 re. Sp.; vgl. auch *Lachmann*, Rn. 278; *Schwab/Walter*, Kap. 4 Rn. 1.

545 Vgl. Reithmann/Martiny/*Hausmann*, Rn. 8.189; *Bork/Stöve*, Börsentermingeschäfte, S. 53.

546 Reithmann/Martiny/*Hausmann*, Rn. 8.357, 8.372 ff.; *Schlosser*, RipS, Rn. 299 ff.; MüKo-ZPO/*Münch*, § 1030 Rn. 22; Zöller/*Geimer*, § 1030 Rn. 24 ff.

547 MüKo-ZPO/*Adolphsen*, § 1061 Anh. 1, Art. II UNÜ Rn. 11; *Schwab/Walter*, Kap. 44 Rn. 1.

wird vereinzelt geschlossen, die objektive Schiedsfähigkeit sei im Einredestadium übereinkommensautonom nach transnationalen Grundsätzen zu bestimmen.[548] Dieser Ansatz hat sich jedoch zu Recht nicht durchsetzen können. Zum einen ist nicht davon auszugehen, dass die objektive Schiedsfähigkeit je nach Verfahrensstadium derart unterschiedlich geregelt werden sollte. Sofern eine autonom-vereinheitlichte Lösung gewollt gewesen wäre, hätte diese auch für das Vollstreckungsstadium gelten müssen, um widersprüchliche Entscheidungen in verschiedenen Verfahrensstadien zu vermeiden.[549] Für das Vollstreckungsverfahren schließt die Kollisionsregel des Art. V Abs. 2 lit. a) NYÜ eine autonome Bestimmung der objektiven Schiedsfähigkeit jedoch explizit aus. Darüber hinaus widerspräche eine autonome Bestimmung der objektiven Schiedsfähigkeit auch vollkommen deren Zweck. Dieser besteht darin, zur Wahrung besonders schutzwürdiger Rechtsgüter und Interessen ein staatliches Rechtsprechungsmonopol zu gewährleisten.[550] Behält sich ein Staat durch eine Einschränkung der Schiedsfähigkeit vor, bestimmte Rechtsstreitigkeiten durch staatliche Gerichte selbst zu entscheiden, und wird ein solches Entscheidungsmonopol – wie in Artt. II Abs. 1, V Abs. 2 lit. a) NYÜ geschehen – akzeptiert, kann die Frage der objektiven Schiedsfähigkeit nicht autonom entschieden werden. Die Durchsetzung des Entscheidungsmonopols verlangt vielmehr, dass das Recht des mit der Sache befassten Gerichts diese Frage beantwortet; anderenfalls würden nationale Rechtsprechungsmonopole durch das Recht eines Drittstaats oder transnationale Wertungen festgelegt.[551] Diesem Gedanken folgt auch die Regelung in Art. V Abs. 2 lit. a) NYÜ. Die überwiegende Meinung wendet diese Vorschrift daher im Einredeverfahren entsprechend an und knüpft dort ebenfalls an die *lex fori* des mit der Sache befassten Gerichts an, sodass sich die objektive Schiedsfähigkeit in diesem Verfahrensstadium nach dem Recht des Einredegerichts richtet.[552] Die parallele kollisionsrechtliche Anknüpfung bewahrt zudem den internen Entscheidungseinklang, indem sie einander widersprechende Entscheidungen im Einrede- und Vollstreckungsstadium verhindert.

---

548 Etwa *Born/Koepp*, FS Schlosser, S. 59, 72 f. mit Verweis auf *Meadows Indemnity Co. Ltd v. Baccal & Shopp Ins. Serv. Inc.*, 760 F. Supp. 1036 (U.S. District Court, E.D. New York).

549 Vgl. auch Wolff/*Wolff*, NYC, Art. II Rn. 160; Balthasar/*Solomon*, § 2 Rn. 125.

550 BT-Drucks. 13/5274, S. 34 re. Sp.; so auch BGH 19.7.2004 – II ZR 65/03, BGHZ 160, 127, 133 m.w.N.; Wieczorek/Schütze/*Schütze*, § 1030 Rn. 2.

551 *Bork/Stöve*, Börsentermingeschäfte, S. 56; *Thorn*, IPRax 1997, 98, 102.

552 MüKo-ZPO/*Adolphsen*, § 1061 Anh. 1, Art. II UNÜ Rn. 11; Stein/Jonas/*Schlosser*, Anh. § 1061 Rn. 75; Balthasar/*Solomon*, § 2 Rn. 125; *Geimer*, IZPR, Rn. 3811; Reithmann/Martiny/*Hausmann*, Rn. 8.357; *Schwab/Walter*, Kap. 44 Rn. 1; alle m.w.N.

Teilweise wird – für alle Verfahrensstadien übereinstimmend – ergänzend auf das Schiedsvereinbarungsstatut abgestellt. Der Streitgegenstand müsse kumulativ nach dem Recht der *lex fori* und dem Recht, welchem die materielle Wirksamkeit der Schiedsvereinbarung unterliegt, schiedsfähig sein.[553] Diese Auffassung sieht die objektive Schiedsfähigkeit zugleich als Element der materiellen Wirksamkeit der Schiedsvereinbarung, sodass die Schiedsunfähigkeit nach dem Schiedsvereinbarungsstatut einen weiteren, selbstständigen Grund für die Unwirksamkeit der Vereinbarung gem. Art. II Abs. 3 NYÜ begründet. Dabei wird jedoch übersehen, dass das NYÜ systematisch deutlich zwischen der objektiven Schiedsfähigkeit und der Wirksamkeit der Schiedsvereinbarung im Übrigen differenziert.[554] Die objektive Schiedsfähigkeit ist Voraussetzung für die Zulässigkeit der Derogation der staatlichen Gerichtsbarkeit, nicht aber für deren rechtsgeschäftliche Wirksamkeit; es handelt sich um eine eigenständig anzuknüpfende, dem wirksamen Zustandekommen der Vereinbarung vorgelagerte Frage.[555] Eine kumulative Anknüpfung an das Statut der Schiedsvereinbarung ist daher abzulehnen.[556] Im Anwendungsbereich des NYÜ ist die Schiedsfähigkeit des Streitgegenstandes von einem deutschen Gericht sowohl im Anerkennungs- und Vollstreckungsverfahren als auch im vorgelagerten Einredestadium allein nach deutschem Recht zu beurteilen.

#### bb) EuÜ

Im Gegensatz zum NYÜ enthält das EuÜ eine ausdrückliche Kollisionsregel bereits für die Einredesituation. Gem. Art. VI Abs. 2 S. 2 EuÜ kann das Einredegericht einer Schiedsvereinbarung die Anerkennung versagen, wenn die Streitigkeit nach der *lex fori* nicht schiedsfähig ist. In der hier untersuchten

---

553 *Bork/Stöve*, Börsentermingeschäfte, S. 56 ff.; Wolff/*Wolff*, NYC, Art. II Rn. 160; *Nagel/Gottwald*, IntZPR, § 18 Rn. 25; allein auf das Schiedsvereinbarungsstatut abstellend Schütze/Tscherning/Wais/*Schütze*, Rn. 563.

554 Dies ergibt sich zum einen aus dem Dualismus der Aufhebungsgründe in Art. V Abs. 1 lit. a) NYÜ einerseits und Art. V Abs. 2 lit. a) NYÜ andererseits; zum anderen unterscheidet auch Art. II NYÜ ausdrücklich zwischen Schiedsfähigkeit (Abs. 1) und Wirksamkeit der Schiedsvereinbarung (Abs. 3). Vgl. auch *Kröll*, SchiedsVZ 2009, 40, 44 f.

555 *Lew/Mistelis/Kröll*, Comparative Arbitration, Rn. 9–17 f.; *Kröll*, SchiedsVZ 2009, 40, 44 f.; *Weller*, IPRax 2016, 48, 50.

556 So auch die überwiegende Meinung, vgl. nur OLG Hamm 2.11.1983 – 20 U 57/83, IPRax 1985, 218; MüKo-ZPO/*Adolphsen*, § 1061 Anh. 1, Art. II UNÜ Rn. 11; jeweils m.w.N.

Konstellation eines Hauptsacheverfahrens vor einem deutschen Einredegericht verweist Art. VI Abs. 2 S. 2 EuÜ für die objektive Schiedsfähigkeit also stets auf deutsches Recht.

Vereinzelt wird im Anwendungsbereich des EuÜ ebenfalls eine zusätzliche Anknüpfung an das Schiedsvereinbarungsstatut vorgenommen.[557] Wie im Rahmen des NYÜ ist allerdings auch hier aus den genannten Gründen eine einheitliche und abschließende Beurteilung der objektiven Schiedsfähigkeit nach den Vorschriften der *lex fori* des Einredegerichts einer kumulativen Prüfung anhand des Schiedsvereinbarungsstatuts vorzuziehen.[558]

### b) Autonomes Schiedsverfahrensrecht

Das autonome deutsche Schiedsverfahrensrecht sieht keine ausdrückliche Kollisionsregel zur Bestimmung der objektiven Schiedsfähigkeit in der Einredesituation vor. Aus dem in § 1025 Abs. 1 ZPO verankerten Territorialitätsprinzip folgt allerdings, dass die Schiedsfähigkeit des Streitgegenstands nach deutschem Recht zu beurteilen ist, wenn der vereinbarte Schiedsort in Deutschland liegt.[559] Für das Aufhebungs- bzw. Vollstreckungsverfahren bestätigt dies § 1059 Abs. 2 Nr. 2 lit. a) ZPO, der die fehlende objektive Schiedsfähigkeit nach deutschem Recht ausdrücklich als Aufhebungs- bzw. Vollstreckungsversagungsgrund eines inländischen Schiedsspruchs vorsieht. Um einander widersprechende Entscheidungen deutscher Gerichte in verschiedenen Verfahrensstadien zu vermeiden, muss diese Anknüpfung an deutsches Recht im Einredestadium entsprechend gelten.[560] Auf die objektive Schiedsfähigkeit nach dem Schiedsvereinbarungsstatut kommt es auch innerhalb des autonomen Schiedsverfahrensrechts nicht an; die Gründe, die im Rahmen der Staatsverträge gegen eine kumulative Anknüpfung sprechen, gelten hier entsprechend.[561]

557 So etwa BGH 20.3.1980 – III ZR 151/79, BGHZ 77, 32, 39.

558 Reithmann/Martiny/*Hausmann*, Rn. 8.364; MüKo-ZPO/*Adolphsen*, § 1061 Anh. 2, Art. VI EuÜ Rn. 12; Stein/Jonas/*Schlosser*, Anh. § 1061 Rn. 420; generell krit. zur *lex fori*-Anknüpfung *Mezger*, RabelsZ 29 (1965), 231, 273.

559 OLG München 7.7.2014 – 34 SchH 18/13, SchiedsVZ 2014, 262, 264; MüKo-ZPO/*Münch*, § 1030 Rn. 22; Zöller/*Geimer*, § 1030 Rn. 24; *Raeschke-Kessler*/*Berger*, Rn. 165.

560 Staudinger/*Hausmann*, IntVertrVerfR, Rn. 515; Zöller/*Geimer*, § 1030 Rn. 26.

561 Auch das deutsche Schiedsverfahrensrecht unterscheidet systematisch zwischen Schiedsfähigkeit und Wirksamkeit der Schiedsvereinbarung, vgl. § 1059 Abs. 2 Nr. 1 lit. a) ZPO und § 1059 Abs. 2 Nr. 2 lit. a) ZPO sowie §§ 1030, 1032 Abs. 1 ZPO. I.E. ebenso MüKo-ZPO/*Münch*, § 1030 Rn. 22; Staudinger/*Hausmann*, IntVertrVerfR, Rn. 515; Stein/Jonas/*Schlosser*, § 1030 Rn. 30; vgl. auch BR-Drucks. 211/96, S. 185 f.;

Liegt der Ort des Schiedsverfahrens im Ausland, hilft das Territorialitätsprinzip nicht weiter. Jedoch führt in diesen Fällen das NYÜ selbst dann zur Anwendung deutschen Rechts als Schiedsfähigkeitsstatut, wenn der vereinbarte Schiedsort nicht in einem Vertragsstaat des Übereinkommens belegen ist. Denn auch dann gelten für das Einredegericht die Vorschriften des NYÜ,[562] sodass über Art. V Abs. 2 lit. a) NYÜ analog die objektive Schiedsfähigkeit nach deutschem Recht als *lex fori* des Einredegerichts zu beurteilen ist.[563]

## *2. Regelung der objektiven Schiedsfähigkeit*

Nach den obigen kollisionsrechtlichen Ausführungen beurteilt ein deutsches Gericht im Einredeverfahren die Schiedsfähigkeit des Streitgegenstands stets und ausschließlich nach deutschem Recht.[564] Maßgeblich ist also § 1030 ZPO als zentrale Norm zur objektiven Schiedsfähigkeit. Die dortigen Regelungen sind aus einer freiheitsgewährenden Perspektive formuliert. Die Zulässigkeit einer Schiedsvereinbarung ist – anders als die Zulässigkeit von Gerichtsstandsvereinbarungen[565] – nicht allgemein an bestimmte Voraussetzungen geknüpft, sondern zumindest bei den hier relevanten vermögensrechtlichen Streitigkeiten als Regeltatbestand ausgestaltet.[566] Ausnahmen von dieser grundsätzlichen Zulässigkeit von Schiedsverfahren ordnet die Vorschrift lediglich für bestimmte nichtvermögensrechtliche Streitigkeiten (§ 1030 Abs. 1 S. 2 ZPO) und einige Fragen im Zusammenhang mit Wohnraummietverträgen (§ 1030 Abs. 2 ZPO) an. Weitere Einschränkungen der Schiedsfähigkeit lässt § 1030 Abs. 3 ZPO nur durch spezielle Sondervorschriften außerhalb des 10. ZPO-Buches zu.

### *a) Vermögensrechtliche Ansprüche*

Die in § 1030 Abs. 1 S. 1 ZPO getroffene Regelung enthält anders als die Vorgängervorschrift des § 1025 Abs. 1 Hs. 2 ZPO a.F.[567] keine Beschränkung der

---

a.A. Musielak/Voit/*Voit*, § 1030 Rn. 10; *Schmidt-Ahrendts/Höttler*, SchiedsVZ 2011, 267, 276.

562 Zum Anwendungsbereich des NYÜ in der Einredesituation siehe oben § 2 D. I.

563 I.E. ebenso MüKo-ZPO/*Münch*, § 1030 Rn. 23; Staudinger/*Hausmann*, IntVertrVerfR, Rn. 515; Zöller/*Geimer*, § 1030 Rn. 24 f.; *Epping*, Schiedsvereinbarung, S. 202 f. Zur Anknüpfung der objektiven Schiedsfähigkeit im NYÜ siehe oben § 6 C. I. 1. a) aa).

564 Zur Anknüpfung der objektiven Schiedsfähigkeit soeben § 6 C. I. 1.

565 Vgl. § 38 ZPO; dazu auch bereits oben § 5 B. III.

566 BeckOK-ZPO/*Wolf/Eslami*, § 1030 Rn. 1; Musielak/Voit/*Voit*, § 1030 Rn. 1.

567 § 1025 Abs. 1 ZPO a.F. lautete: „Die Vereinbarung, daß die Entscheidung einer Rechtsstreitigkeit durch einen oder mehrere Schiedsrichter erfolgen solle, hat insoweit

schiedsrechtlichen Privatautonomie mehr. Sie ordnet vielmehr positiv die umfassende Schiedsfähigkeit vermögensrechtlicher Streitigkeiten an, ohne dass es noch auf deren Vergleichsfähigkeit ankommt. Einschränkungen der objektiven Schiedsfähigkeit vermögensrechtlicher Ansprüche ergeben sich damit allein aus § 1032 Abs. 2 ZPO und den in § 1030 Abs. 3 ZPO vorausgesetzten spezialgesetzlichen Bereichsausnahmen.

Mit dem Verzicht auf das Erfordernis der Vergleichsfähigkeit für vermögensrechtliche Streitigkeiten wurde die Schiedsfähigkeit zumindest auf dem Papier deutlich ausgeweitet und die Schiedsgerichtsbarkeit als „eine der staatlichen Gerichtsbarkeit im Prinzip gleichwertige Rechtsschutzmöglichkeit" gestärkt.[568] Den Ansätzen, die fehlende Schiedsfähigkeit mit einem materiellen Verzichtsverbot, wie es etwa § 89b Abs. 4 HGB für den Ausgleichsanspruch des Handelsvertreters vorsieht, zu begründen, wurde damit ebenso eine Absage erteilt wie dem Versuch, aus einer ausschließlichen prozessualen Zuständigkeit bestimmter Gerichte innerhalb der ordentlichen Gerichtsbarkeit die Schiedsunfähigkeit der Rechtsstreitigkeit herzuleiten.[569]

### *b) Vergleichsfähigkeit nichtvermögensrechtlicher Ansprüche*

Eine echte Schranke der schiedsrechtlichen Privatautonomie statuiert hingegen § 1030 Abs. 1 S. 2 ZPO. Die Vorschrift greift die in S. 1 angesprochene Differenzierung auf und regelt die Schiedsfähigkeit nichtvermögensrechtlicher Streitigkeiten. Diese sind der Schiedsgerichtsbarkeit jedoch nicht generell, sondern nur insoweit entzogen, als über den Streitgegenstand kein Vergleich geschlossen werden kann. Das zusätzliche Differenzierungskriterium der Vergleichsfähigkeit führt dazu, dass auch im Bereich nichtvermögensrechtlicher Streitigkeiten in vielen Fällen Schiedsverfahren möglich sind. So sind zwar bestimmte Ehe-, Familien- und Kindschaftssachen, insbesondere Statusverfahren des

---

rechtliche Wirkung, als die Parteien berechtigt sind, über den Gegenstand des Streites einen Vergleich zu schließen."; vgl. dazu MüKo-ZPO/*Münch*, § 1030 Rn. 5 ff.

568 Vgl. BT-Drucks. 13/5274, S. 34 re. Sp.; vgl. auch MüKo-ZPO/*Münch*, § 1030 Rn. 1; *Lionnet/Lionnet*, S. 69. In der Praxis waren vermögensrechtliche Streitigkeiten, die aufgrund fehlender Vergleichsfähigkeit nach § 1025 Abs. 1 Hs. 2 a.F. nicht schiedsfähig waren, äußerst selten, vgl. Prütting/Gehrlein/*Prütting*, § 1030 Rn. 1; jeweils mit Beispielen *Schlosser*, in: Neues Schiedsverfahrensrecht, S. 163, 181; *Voit*, JZ 1997, 120, 125.

569 BT-Drucks. 13/5274, S. 34 f.; *Lachmann*, Rn. 281, 283; *Schwab/Walter*, Kap. 4 Rn. 4, 6; *Mäsch*, FS Schlosser, S. 529, 537 f.; Zöller/*Geimer*, § 1030 Rn. 4, 8.

Familienrechts, der staatlichen Gerichtsbarkeit vorbehalten.[570] Anderes gilt jedoch für sonstige typische nichtvermögensrechtliche Ansprüche, wie beispielsweise Widerrufs- und Unterlassungsansprüche bei Persönlichkeitsrechtsverletzungen, die Begehrung presserechtlicher Gegendarstellungen und Streitigkeiten über Vereinsausschlüsse. Diese Rechtsstreitigkeiten werden mangels Interesse an einem staatlichen Entscheidungsmonopol allgemein als vergleichs- und dementsprechend als schiedsfähig angesehen.[571]

Da die hier betrachteten Beispiele – ebenso wie die weit überwiegende Zahl der Praxisfälle[572] – ausschließlich vermögensrechtliche Ansprüche betreffen, ist der genaue Inhalt der Vorschrift an dieser Stelle weniger relevant. Bedeutsamer ist das ihr zugrundeliegende Regelungskonzept: Eine Schiedsvereinbarung kann aufgrund des materiellrechtlichen Inhalts der Rechtsstreitigkeit, auf die sie sich bezieht, unzulässig sein. Dieser dem Instrument der objektiven Schiedsfähigkeit prinzipiell innewohnende Gedanke wird in § 1030 Abs. 1 S. 2 ZPO durch Anknüpfung an ein allgemeines Merkmal des Rechtsverhältnisses, nämlich seine Vergleichsfähigkeit, realisiert. Überträgt man diese Rechtstechnik auf die hier untersuchte Problematik, könnte einem Rechtsumschwung zulasten deutscher Eingriffsnormen damit begegnet werden, dass man deren Betroffenheit als ein allgemeines Merkmal des Rechtsverhältnisses ansieht, welches generell zur Schiedsunfähigkeit des Streitgegenstands führt. Damit wäre sichergestellt, dass ein staatliches Gericht über solche Rechtsstreitigkeiten entscheidet und *lex fori*-Eingriffsnormen zur Anwendung bringt. Allerdings ist anerkannt, dass allein die Betroffenheit von Eingriffsnormen die Schiedsfähigkeit des Streitgegenstandes nicht generell ausschließt.[573]

### c) *Ausschluss der Schiedsfähigkeit von Rechtsstreitigkeiten im Rahmen von Wohnraummietverhältnissen*

Unmittelbar an den konkreten Inhalt eines Rechtsverhältnisses knüpft hingegen die Regelung in § 1030 Abs. 2 ZPO an. Danach sind Rechtsstreitigkeiten über den Bestand eines Wohnraummietverhältnisses grundsätzlich nicht schiedsfähig. Diese Streitigkeiten betreffen in erster Linie das Entstehen, Bestehen

570 BT-Drucks. 13/5274, S. 35 re. Sp.; Prütting/Gehrlein/*Prütting*, § 1030 Rn. 4; zwischen einzelnen Verfahren differenzierend MüKo-ZPO/*Münch*, § 1030 Rn. 17 ff.

571 BT-Drucks. 13/5274, S. 35 re. Sp.; BeckOK-ZPO/*Wolf/Eslami*, § 1030 Rn. 9; MüKo-ZPO/*Münch*, § 1030 Rn. 20 m.w.N.

572 Vgl. MüKo-ZPO/*Münch*, § 1030 Rn. 13.

573 Stein/Jonas/*Schlosser*, § 1030 Rn. 5; Reithmann/Martiny/*Hausmann*, Rn. 8.359, 8.378; *Horn*, SchiedsVZ 2008, 209, 217 f.; *Quinke*, SchiedsVZ 2007, 246, 247.

und Fortbestehen eines Mietvertrages.[574] Der Zweck dieser Vorschrift besteht darin, „Umgehungen der zum Schutz des Mieters geschaffenen ausschließlichen Gerichtsstandsregelung des § 29a ZPO durch Schiedsvereinbarungen zu verhindern".[575] Dem als sozial schwächer empfundenen Wohnraummieter soll der Zugang zur staatlichen Gerichtsbarkeit und so auch der durch das materielle Recht normierte Mieterschutz garantiert werden. § 1030 Abs. 2 S. 1 ZPO stellt damit eine prozessuale Komponente des sozialen Mietrechts dar; die Vorschrift ergänzt den durch die international zwingenden Vorschriften geschaffenen Sozialschutz des Wohnraummieters auf zuständigkeitsrechtlicher Ebene.[576] Aus diesem Schutzzweck erklärt sich auch die in § 1030 Abs. 2 S. 2 ZPO vorgesehene Ausnahmeregelung. Für die in § 549 Abs. 2 Nr. 1 bis 3 BGB aufgeführten Wohnraummietverhältnisse gilt bereits auf materiellrechtlicher Ebene nur ein eingeschränkter Sozialschutz. Dementsprechend sind diese Rechtsverhältnisse auch von dem prozessualen Schutz durch Anordnung der Schiedsunfähigkeit ausgenommen.[577]

Auch hier ist weniger die inhaltliche Ausgestaltung der Vorschrift als vielmehr die in ihr zum Ausdruck kommende Rechtstechnik interessant. Einerseits wird das bereits oben angesprochene Grundkonzept bestätigt, dass die Vereinbarung eines Schiedsverfahrens aufgrund des materiellrechtlichen Inhalts der Rechtsstreitigkeit unzulässig sein kann. Dabei erfolgt der Eingriff im Rahmen des § 1030 Abs. 2 ZPO jedoch gezielter, nämlich durch Anknüpfung an den konkreten Gegenstand des Rechtsverhältnisses. Daran orientiert ergäbe sich für die vorliegende Problematik die Möglichkeit, statt auf das allgemeine Merkmal „Relevanz einer Eingriffsnorm" abzustellen, an den konkreten Inhalt der jeweiligen Eingriffsnorm anzuknüpfen. So ließe sich für jede Eingriffsnorm ganz individuell entscheiden, ob eine darauf bezogene Rechtsstreitigkeit schiedsfähig sein soll. Ein Kriterium für diese Entscheidung könnte etwa der abstrakte Gefahrengrad einer Ausschaltung der konkreten Eingriffsnorm durch die Schiedsvereinbarung sein.[578] Derartige Bereichsausnahmen, die für ganz bestimmte

574 Im Einzelnen vgl. MüKo-ZPO/*Münch*, § 1030 Rn. 27 ff.; Musielak/Voit/*Voit*, § 1030 Rn. 5.

575 BT-Drucks. 13/5274, S. 35 re. Sp.; vgl. auch Stein/Jonas/*Schlosser*, § 1030 Rn. 19.

576 MüKo-ZPO/*Münch*, § 1030 Rn. 3, 25; Zöller/*Geimer*, § 1030 Rn. 20; vgl. auch *Becker*, RabelsZ 60 (1996), 691, 711. Zum international zwingenden Charakter der Mieterschutzvorschriften vgl. Reithmann/Martiny/*Freitag*, Rn. 5.62; Rauscher/*Thorn*, Rom I-VO, Art. 9 Rn. 54.

577 MüKo-ZPO/*Münch*, § 1030 Rn. 30; Musielak/Voit/*Voit*, § 1030 Rn. 4.

578 Zur Bedeutung des Inhalts einer Eingriffsnorm für ihre Beachtung im Schiedsverfahren siehe oben § 4 B. II. 2. c).

Eingriffsnormen die objektive Schiedsfähigkeit beschränken, waren dem deutschen Recht keineswegs unbekannt. So schränkte etwa § 91 GWB a.F. die Schiedsfähigkeit bestimmter Kartellrechtsstreitigkeiten erheblich ein und sicherte auf diese Weise ganz konkret die international zwingenden Kartellvorschriften auch zuständigkeitsrechtlich ab. Nachdem diese Vorschrift 1997 im Rahmen der Neuregelung des Schiedsverfahrensrechts aufgehoben wurde, ist die objektive Schiedsfähigkeit von Rechtsstreitigkeiten mit Kartellrechtsbezug allerdings allgemein anerkannt.[579] Gleiches gilt für den Ausgleichsanspruch des Handelsvertreters gem. § 89b HGB.[580] Bereits diese Beispiele zeigen, dass die Möglichkeit der zuständigkeitsrechtlichen Absicherung von Sachnormen durch eine normspezifische Einschränkung der objektiven Schiedsfähigkeit dem Gesetzgeber bekannt ist, deuten aber zugleich darauf hin, dass sie nur selten genutzt wird.

### d) *Spezialgesetzliche Schranken*

Auch außerhalb der ZPO sind Schranken der objektiven Schiedsfähigkeit zu finden, die an den Inhalt eines Rechtsverhältnisses anknüpfen. Dies wird bereits durch § 1030 Abs. 3 ZPO impliziert, demzufolge solche Vorschriften ausdrücklich unberührt bleiben. Es handelt sich um spezielle Regelungen in Sondergesetzen, die bestimmte Streitigkeiten einem schiedsgerichtlichen Verfahren entziehen oder dessen Durchführung nur unter gewissen Voraussetzungen zulassen.

#### aa) § 4 i.V.m. § 101 Abs. 1 und 2 ArbGG

Eine spezialgesetzliche Einschränkung der objektiven Schiedsfähigkeit stellt § 4 i.V.m. § 101 ArbGG, insbesondere dessen Abs. 2 dar. Dieser stuft bürgerliche Rechtsstreitigkeiten aus einem Arbeitsverhältnis als grundsätzlich schiedsunfähig i.S.d. §§ 1025 ff. ZPO ein. Davon ausgenommen sind lediglich tarifvertragsbestimmte Arbeitsverhältnisse gewisser Berufsgruppen unter bestimmten zusätzlichen Voraussetzungen.[581] Der Zweck der Regelung besteht darin, dem Arbeitnehmer als strukturell unterlegener Partei den Zugang zur staatlichen Gerichtsbarkeit zu erhalten und sicherzustellen, dass das materielle Arbeitsrecht

---

579 *Schwab/Walter*, Kap. 4 Rn. 7; *Schmidt*, BB 2006, 1397, 1398; *Wagner*, ZVglRWiss 114 (2015), 494, 509 f.; vgl. auch EuGH 1.6.1999 – C-126/97 (*Eco Swiss*), EuZW 1999, 565 ff.; ausführlich dazu *Pocsay*, Kartellrecht in Schiedsverfahren, S. 12 ff.

580 BT-Drucks. 13/5274, S. 34 re. Sp.; Zöller/*Geimer*, § 1030 Rn. 8; *Lachmann*, Rn. 281 m.w.N.

581 Dazu im Einzelnen Germelmann/Matthes/Prütting/*Germelmann*, § 101 Rn. 18 ff.

uneingeschränkt Anwendung findet.[582] Es handelt sich also um eine prozessuale Komponente des Arbeitnehmerschutzes, die den materiellrechtlichen Schutz in das Schiedsrecht verlängert. Insoweit ist die Vorschrift mit der Bereichsausnahme des § 1032 Abs. 2 ZPO vergleichbar. Materiellrechtliche Vorschriften zum Schutz einer strukturell unterlegenen Partei werden auch auf der Ebene des Zuständigkeitsrechts abgesichert, indem die Beilegung darauf bezogener Rechtsstreitigkeiten den staatlichen Gerichten vorbehalten bleibt. Auch die rechtstechnische Umsetzung entspricht § 1032 Abs. 2 ZPO: Anknüpfend an ihren konkreten Inhalt werden bestimmte Rechtsverhältnisse der Streitbeilegung durch Schiedsgerichte entzogen.

#### bb) § 53 Abs. 3 KWG

Häufig wird auch § 53 Abs. 3 KWG als Schranke der objektiven Schiedsfähigkeit genannt.[583] Die Vorschrift enthält ein spezielles Derogationsverbot: Für zivilrechtliche Klagen mit Bezug auf den Geschäftsbetrieb einer inländischen Zweigstelle eines ausländischen Kreditinstituts darf der Gerichtsstand der Niederlassung nach § 21 ZPO nicht vertraglich ausgeschlossen werden. Damit statuiert der Gesetzgeber für ausländische Kreditunternehmen, die über eine Zweigstelle in Deutschland agieren, eine hiesige Gerichtspflichtigkeit. Zwar schließt das Derogationsverbot konkurrierende gesetzliche oder vereinbarte Gerichtsstände nicht aus, jedoch bleibt dem Geschäftspartner eines ausländischen Kreditunternehmens immer auch eine inländische Zuständigkeit erhalten.[584] Der Sinn und Zweck der Vorschrift wird allgemein damit umschrieben, dass „die Schwierigkeiten einer Rechtsverfolgung im Ausland“ vermieden werden sollen.[585]

Welche Auswirkungen sich aus § 53 Abs. 3 KWG für Schiedsvereinbarungen ergeben ist unklar. Da der Wortlaut auf den ordentlichen Rechtsweg zugeschnitten ist, wird die Anwendung der Vorschrift auf Schiedsvereinbarungen von weiten Teilen des kreditrechtlichen Schrifttums abgelehnt.[586] Andere gehen

---

582 Grunsky/Waas/*Grunsky*, § 4 Rn. 2; Germelmann/Matthes/Prütting/*Germelmann*, § 4 Rn. 1; vgl. auch *Becker*, RabelsZ 60 (1996), 691, 711.

583 Vgl. etwa Baumbach/Lauterbach/Albers/*Hartmann*, § 1030 Rn. 12; MüKo-ZPO/*Münch*, § 1030 Rn. 33; Prütting/Gehrlein/*Prütting*, § 1030 Rn. 7.

584 Bähre/*Schneider*, § 53 Anm. 7; Szagunn/*Haug*/*Ergenzinger*, § 53 Rn. 33; *Weller*, Ordre-public-Kontrolle internationaler Gerichtsstandsvereinbarungen, S. 103.

585 Boos/Fischer/*Vahldiek*, § 53 Rn. 121; ähnlich Schwennicke/Auerbach/*Auerbach*, § 53 Rn. 57.

586 Bähre/*Schneider*, § 53 Anm. 7; Boos/Fischer/*Vahldiek*, § 53 Rn. 124; vgl. auch *Schlosser*, RipS, Rn. 309.

mit Verweis auf den Schutzzweck des § 53 Abs. 3 KWG hingegen davon aus, dass Schiedsvereinbarungen, die einen von der Zweigstelle abweichenden Sitz des Schiedsgerichts vorsehen, ebenfalls unwirksam sind.[587] Der BGH hat die Frage bisher ausdrücklich offen gelassen.[588]

### cc) Art. 34 Montrealer Übereinkommen

Eine weitere Einschränkung der objektiven Schiedsfähigkeit enthält das Montrealer Übereinkommen (MÜ)[589], welches zentrale Fragen der grenzüberschreitenden Beförderung im Luftverkehr durch international vereinheitlichtes Sachrecht regelt. Vom Anwendungsbereich des Übereinkommens sind sowohl die Beförderung von Personen und Reisegepäck als auch Luftfrachtverträge erfasst, vgl. Art. 1 Abs. 1 MÜ. Diese grundsätzliche Gleichstellung wird allerdings im Hinblick auf die Zulässigkeit von Schiedsvereinbarungen durch Art. 34 MÜ durchbrochen. Nach dessen Abs. 1 sind nämlich nur Parteien eines Vertrags über die Beförderung von Gütern berechtigt, eine Schiedsvereinbarung abzuschließen. Im Umkehrschluss sind Schiedsvereinbarungen in Verträgen über die Beförderung von Personen oder Reisegepäck unzulässig, solche Streitigkeiten also nicht schiedsfähig. Die Differenzierung zwischen Reisenden und Gepäck einerseits und Gütern andererseits wird damit begründet, dass es sich bei Reisenden typischerweise um Verbraucher handelt, die vor den Gefahren einer Schiedsvereinbarung geschützt werden sollen.[590] Im Gegensatz dazu sind die Parteien eines Frachtvertrags regelmäßig Kaufleute und als solche im internationalen Rechtsverkehr grundsätzlich weniger schutzwürdig. Trotz der geringeren Schutzbedürftigkeit sieht Art. 34 MÜ aber auch bei Schiedsvereinbarungen in Frachtverträgen zwei ergänzende Schutzinstrumente vor, die über Art. 34 Abs. 4 MÜ als zwingender Bestandteil jeder Schiedsvereinbarung fingiert werden: Zum einen legt Art. 34 Abs. 2 MÜ fest, dass das Schiedsverfahren an einem der in Art. 33 MÜ genannten Gerichtsstände stattfindet und gewährleistet damit, dass sich der Schiedsort im Hoheitsgebiet eines Vertragsstaats befindet. Ergänzend verpflichtet Art. 34 Abs. 3 MÜ das Schiedsgericht, die Regelungen

---

587 Schwennicke/Auerbach/*Auerbach*, § 53 Rn. 57; MüKo-ZPO/*Münch*, § 1030 Rn. 33; tendenziell auch Szagunn/*Haug*/*Ergenzinger*, § 53 Rn. 33.

588 BGH 20.3.1980 – III ZR 151/79, BGHZ 77, 32, 40 m.w.N.

589 Übereinkommen zur Vereinheitlichung bestimmter Vorschriften über die Beförderung im internationalen Luftverkehr vom 28. Mai 1999 (Montrealer Übereinkommen), BGBl. II 2004, 458 ff.

590 MüKo-HGB/*Ruhwedel*, MÜ, Art 34 Rn. 1; *Reuschle*, Montrealer Übereinkommen, Art. 34 Rn. 1.

des Übereinkommens anzuwenden. Beide Vorschriften sollen gewährleisten, dass die zwingenden Vorschriften des MÜ nicht durch die Vereinbarung eines Schiedsverfahrens ausgeschaltet werden; sie sichern den materiellrechtlich zwingenden Charakter des Übereinkommens zuständigkeitsrechtlich auch gegen Schiedsvereinbarungen ab.[591]

Art. 34 MÜ sieht also letztlich zwei verschiedene Rechtstechniken zur Absicherung der Sachnormen des Übereinkommens gegen Schiedsvereinbarungen vor. Einerseits wird, konkret an den Inhalt des Rechtsverhältnisses anknüpfend, die Schiedsfähigkeit von Rechtsstreitigkeiten über Personen- und Gepäckbeförderung eingeschränkt. Im Gegensatz zu dieser bereits bekannten Vorgehensweise ist der zweite Ansatz des MÜ dem deutschen Recht ansonsten unbekannt. Die Absicherung gelingt hier dadurch, dass die Regelung über den Schiedsort und der Anwendungsbefehl bezüglich des Übereinkommens als zwingender und nicht verhandelbarer Bestandteil jeder Schiedsvereinbarung fingiert werden.

#### dd) Art. 33 CMR

Eine ähnliche Regelung findet sich im Übereinkommen über den Beförderungsvertrag im internationalen Straßengüterverkehr vom 19. Mai 1956 (CMR)[592], welches zentrale Fragen des grenzüberschreitenden Güterfernverkehrs international einheitlich regelt. Gem. Art. 41 CMR können die Parteien eines Frachtvertrags von den Vorschriften der CMR nicht durch Vereinbarung abweichen; das Übereinkommen ist von den Gerichten der Vertragsstaaten zwingend anzuwenden, sobald sein Anwendungsbereich eröffnet ist.[593] Der Möglichkeit, die Regelungen der CMR durch die Übertragung der Entscheidungskompetenz auf ein Schiedsgericht auszuschalten, schiebt Art. 33 CMR einen Riegel vor. Die Zuständigkeit eines Schiedsgerichts kann vor Entstehung der Streitigkeit[594] nur vereinbart werden, wenn die Schiedsvereinbarung ausdrücklich vorschreibt,

---

591 MüKo-HGB/*Ruhwedel*, MÜ, Art 34 Rn. 6; *Reuschle*, Montrealer Übereinkommen, Art. 34 Rn. 7 f.

592 Übereinkommen über den Beförderungsvertrag im internationalen Straßengüterverkehr vom 19. Mai 1956 (CMR), BGBl. II 1961, 1119 ff.

593 MüKo-HGB/*Jesser-Huß*, CMR, Art. 41 Rn. 1; Ferrari/Kieninger/*Otte*, CMR, Art. 33 Rn. 9.

594 Für Schiedsvereinbarungen, die nach Entstehung des Streitfalls getroffen werden, gelten die Vorgaben des Art. 33 CMR nicht, vgl. MüKo-HGB/*Jesser-Huß*, CMR, Art. 33 Rn. 4; Ferrari/Kieninger/*Otte*, CMR, Art. 33 Rn. 17.

dass das Schiedsgericht das Übereinkommen anzuwenden hat.[595] Fehlt ein solcher Zusatz, ist die Streitbeilegung durch ein Schiedsgericht unzulässig und die Parteien können lediglich staatliche Gerichte anrufen. Durch dieses Erfordernis einer Anwendungsvereinbarung wird sichergestellt, dass die CMR auch im Schiedsverfahren inhaltlich Beachtung findet, und so der materiellrechtlich zwingende Charakter des Übereinkommens auch zuständigkeitsrechtlich abgesichert. Im Unterschied zu Art. 34 MÜ wird die Anwendung der CMR jedoch nicht als Bestandteil der Schiedsvereinbarung fingiert, sondern ist als Voraussetzung für die Anerkennung der Schiedsabrede ausgestaltet. Die Vertragsparteien müssen die Schiedsvereinbarung also selbst entsprechend formulieren, um die gewünschte Wirkung – Ausschluss der staatlichen Gerichtsbarkeit – zu erzielen.

Überträgt man dieses Modell auf die vorliegende Problematik, wäre die Anerkennung der Schiedsvereinbarung bezüglich einer Rechtsstreitigkeit, die von einer bestimmten Eingriffsnorm dominiert wird, davon abhängig, dass die Parteien zugleich die Anwendung dieser Norm im Schiedsverfahren vereinbaren. Dadurch würde die Gefahr eines Rechtsumschwungs erheblich reduziert: Liegt eine solche Parteivereinbarung vor, wird das Schiedsgericht diese regelmäßig beachten und die betreffende Norm anwenden.[596] Fehlt es hingegen an einer zusätzlichen Anwendungsvereinbarung, bliebe es bei einer Sachentscheidung durch das staatliche Gericht, das die Eingriffsnorm der *lex fori* ohnehin anzuwenden hat. Allerdings ist – auch für einzelne Eingriffsnormen – eine derartige Dependenz der Schiedsfähigkeit im deutschen Recht nicht vorgesehen.

#### ee) Materiellrechtliche Eingriffsnormen als gesetzliche Vorschriften i.S.d. § 1030 Abs. 3 ZPO

Im Zusammenhang mit spezialgesetzlichen Schiedsverboten stellt sich schließlich die Frage, ob deutsche Eingriffsnormen als „gesetzliche Vorschriften" i.S.d. § 1030 Abs. 3 ZPO angesehen werden können, um so die Ungültigkeit der Schiedsabrede zu begründen. Auf diesem Weg ließe sich möglicherweise auch die teilweise vorgeschlagene Projektion von Eingriffsnormen auf die Zuständigkeitsebene in das Schiedsverfahrensrecht einbetten.[597]

---

595 Zur umstrittenen Frage eines Formerfordernisses für die Schiedsabrede vgl. MüKo-HGB/*Jesser-Huß*, CMR, Art. 33 Rn. 3, die von Formfreiheit ausgeht; für Schriftlichkeit hingegen Ferrari/Kieninger/*Otte*, CMR, Art. 33 Rn. 9.

596 Andernfalls bestünde die Gefahr, dass der Schiedsspruch nicht anerkannt und vollstreckt wird, siehe oben § 4 B. II. 1. a), sowie unter § 8 C. III. 2. c).

597 Zu dieser Ansicht siehe oben § 3 A. I.

Gegen eine solche Einstufung spricht allerdings bereits der Wortlaut des § 1030 Abs. 3 ZPO. Dieser spricht von gesetzlichen Vorschriften, „nach denen Streitigkeiten einem schiedsrichterlichen Verfahren nicht oder nur unter bestimmten Voraussetzungen unterworfen werden dürfen". Nach dieser Formulierung bedarf es einer besonderen Norm, die nach ihrem Inhalt speziell eine Einschränkung der Schiedsfähigkeit anordnet.[598] Eingriffsnormen weisen hingegen inhaltlich gar keinen Bezug zur Schiedsfähigkeit oder zur Schiedsgerichtsbarkeit generell auf, sondern beschränken sich auf die kollisionsrechtliche Durchsetzung ihres sachlichen Regelungsgehalts. Dementsprechend steht einer Qualifikation von Eingriffsnormen als gesetzliche Vorschriften i.S.d. § 1030 Abs. 3 ZPO auch die eingangs dargelegte Unterscheidung zwischen der prozessualen und der materiellrechtlichen Ebene entgegen.[599] International zwingende Sachvorschriften zielen auf eine Durchsetzung bestimmter Regelungsinhalte auf der Ebene des materiellen Rechts. Um diese Regelungsinhalte auch auf der Ebene des Prozessrechts umfassend abzusichern, bedarf es eines entsprechenden prozessualen Vorbehalts; der Schutz muss von der materiellrechtlichen Ebene auf die prozessuale Ebene angehoben werden. Dass es sich dabei um keinen Automatismus handelt, verdeutlichen gerade die beschriebenen gesetzlichen Einschränkungen der Schiedsfähigkeit, mit denen die Schutzanliegen des materiellen Rechts in das Schiedsverfahrensrecht verlängert werden.[600] Diese wären schlicht überflüssig, wenn sich aus dem materiellrechtlichen Schutz zugleich ein schiedsrechtlicher Vorbehalt ergäbe. Daher können international zwingende Normen des deutschen Sachrechts nicht als Bereichsausnahmen i.S.d. § 1030 Abs. 3 ZPO angesehen werden.

## II. Subjektive Schiedsfähigkeit

Im Gegensatz zur objektiven Schiedsfähigkeit knüpft das Erfordernis der subjektiven Schiedsfähigkeit nicht an den Streitgegenstand der Schiedsvereinbarung, sondern an die daran beteiligten Personen an. Es geht dabei um die persönliche Fähigkeit der Parteien zum Abschluss einer Schiedsvereinbarung.[601]

598 MüKo-ZPO/*Münch*, § 1030 Rn. 32; *Quinke*, SchiedsVZ 2007, 246, 247.

599 Siehe oben § 2 A.

600 So auch *Handorn*, Sonderkollisionsrecht, S. 215; zu den sachrechtsbezogenen Einschränkungen der objektiven Schiedsfähigkeit nach deutschem Recht soeben § 6 C. 2. c) und d).

601 *Lachmann*, Rn. 278; MüKo-ZPO/*Münch*, § 1030 Rn. 11; Czernich/Geimer/*Roth*, S. 366, Rn. 11.

Fehlt einer Partei die Schiedsfähigkeit, ist sie an eine von ihr abgeschlossene Schiedsvereinbarung nicht gebunden, sodass das Gericht in der Einredesituation gem. § 1032 Abs. 1 ZPO auch deren Vorliegen überprüfen kann. Vor der Untersuchung einzelner Schranken stellt sich auch hier die vorgelagerte Frage, nach welchem Recht die subjektive Schiedsfähigkeit in der Einredesituation zu beurteilen ist.

### *1. Statut der subjektiven Schiedsfähigkeit*

Bei der Ermittlung des für die subjektive Schiedsfähigkeit maßgeblichen Rechts ist – jedenfalls im Ausgangspunkt – wiederum danach zu unterscheiden, ob die Schiedsvereinbarung internationalen Übereinkommen oder allein dem autonomen Schiedsverfahrensrecht unterfällt.

#### *a) Internationale Übereinkommen*

##### aa) NYÜ

Das NYÜ überlässt die kollisionsrechtliche Anknüpfung der subjektiven Schiedsfähigkeit gem. Art. V Abs. 1 lit. a) NYÜ dem nationalen Recht, das für die Parteien persönlich maßgebend ist. Diese Gesamtverweisung auf das Personalstatut der Beteiligten gilt nicht nur im Anerkennungs- und Vollstreckungsverfahren, sondern nach allgemeiner Meinung entsprechend in der Einredesituation.[602] Ein deutsches Einredegericht bestimmt die persönliche Fähigkeit zum Abschluss einer Schiedsvereinbarung bei natürlichen Personen also gem. Art. 7 Abs. 1 EGBGB nach deren Heimatrecht,[603] für juristische Personen gilt deren Gesellschaftsstatut.[604]

##### bb) EuÜ

Art. VI Abs. 2 EuÜ verweist zur Prüfung der subjektiven Schiedsfähigkeit in der Einredesituation ebenfalls auf das für die Parteien persönlich maßgebende Recht, ohne ein konkretes Anknüpfungsmerkmal festzulegen. Dementsprechend ist

602 BGH 8.6.2010 – XI ZR 349/08, SchiedsVZ 2011, 46, 48; Reithmann/Martiny/*Hausmann*, Rn. 8.360; *Schlosser*, RipS, Rn. 325; *Schwab/ Walter*, Kap. 44 Rn. 18.

603 MüKo-ZPO/*Adolphsen*, § 1061 Anh. 1, Art. V UNÜ Rn. 20; Staudinger/*Hausmann*, IntVertrVerfR, Rn. 517; Schütze/Tscherning/Wais/*Schütze*, Rn. 562.

604 *Born*, S. 626 f.; Reithmann/Martiny/*Hausmann*, Rn. 8.360; Wolff/*Wilske/Fox*, Art. V NYÜ Rn. 107. Zur der Frage, ob als Gesellschaftsstatut das Sitz- oder das Gründungsrecht anzusehen ist vgl. Reithmann/Martiny/*Hausmann*, Rn. 7.1 ff.; *Brödermann*, FS Wegen, S. 591, 595.

auch hier nach nationalem Recht gem. Art. 7 Abs. 1 EGBGB die Staatsangehörigkeit der Schiedsparteien bzw. das Sitz- oder Gründungsrecht der juristischen Person das entscheidende Anknüpfungskriterium.[605]

### *b) Autonomes Schiedsverfahrensrecht*

Auch für Konstellationen, die unter keinen der beiden Staatsverträge fallen, ergibt sich im Ergebnis keine andere Beurteilung. Hier kann zur eigenständigen Anknüpfung der subjektiven Schiedsfähigkeit im Einredeverfahren unmittelbar auf Art. 7 Abs. 1 EGBGB bzw. das Gesellschaftsstatut zurückgegriffen werden.[606] Für das Vollstreckungsverfahren bestätigt dies die in § 1059 Abs. 2 Nr. 1 lit. a) Alt. 1 ZPO enthaltene Kollisionsregel, die ebenfalls auf das für die Parteien persönlich maßgebende Recht verweist.

## *2. Schranken der subjektiven Schiedsfähigkeit*

Wie gerade festgestellt, überprüft das Einredegericht die subjektive Schiedsfähigkeit der Beteiligten stets nach deren Heimatrecht bzw. dem Gesellschaftsstatut. Jedenfalls für den – die untersuchte Situation kennzeichnenden[607] – inländischen Kläger des Einredeverfahrens gelten insoweit also die Vorgaben des deutschen Rechts. Grundvoraussetzungen für die persönliche Fähigkeit zum Abschluss einer Schiedsvereinbarung sind danach die Rechts- und Geschäftsfähigkeit der am Schiedsvertrag beteiligten Parteien; dies ergibt sich bereits aus der vertraglichen Rechtsnatur der Schiedsvereinbarung.[608] Weitere allgemeine Voraussetzungen für die subjektive Schiedsfähigkeit enthält das deutsche Recht nicht, sodass diese im Regelfall vorliegt. Insbesondere existiert keine Regelung, die – ähnlich wie für die objektive Schiedsfähigkeit § 1030 Abs. 1 S. 2 ZPO – die subjektive Schiedsfähigkeit für bestimmte Personengruppen, wie etwa Verbraucher[609] oder

---

605 MüKo-ZPO/*Adolphsen*, § 1061 Anh. 2, Art. VI EuÜ Rn. 8; *Schwab/Walter*, Kap. 44 Rn. 20.

606 Staudinger/*Hausmann*, IntVertrVerfR, Rn. 517; Zöller/*Geimer*, § 1029 Rn. 11; *Schlosser*, RipS, Rn. 333.

607 Siehe oben § 2 A.

608 BeckOK-ZPO/*Wolf/Eslami*, § 1029 Rn. 7; Musielak/Voit/*Voit*, § 1029 Rn. 5; Zöller/*Geimer*, § 1029 Rn. 19.

609 Anders etwa § 617 Abs. 1 öZPO, der Schiedsvereinbarungen über künftige Streitigkeiten zwischen Verbrauchern und Unternehmern generell ausschließt, vgl. dazu ausführlich Czernich/Geimer/*Czernich/Schneider*, S. 436 f., Rn. 43 ff. Eine ähnliche Regelung enthält auch § 7 Abs. 2 des dänischen Schiedsgesetzes.

Handelsvertreter[610], generell ausschließt. Die wenigen gesetzlichen Schranken entziehen die subjektive Schiedsfähigkeit vielmehr nur situationsbezogen, knüpfen also ergänzend an objektive Kriterien an. Damit trägt der deutsche Gesetzgeber der schiedsrechtlichen Privatautonomie Rechnung und zeichnet ganz im Sinne der Vertragsfreiheit das „Bild eines mündigen Bürgers".[611]

### *a) § 101 WpHG n.F. (§ 37h WpHG a.F.)*

Die in der Praxis wohl relevanteste Einschränkung der subjektiven Schiedsfähigkeit enthält § 101 WpHG n.F. (§ 37h WpHG a.F.). Danach sind Schiedsvereinbarungen über künftige Streitigkeiten aus Wertpapierdienstleistungen oder Finanztermingeschäften nur verbindlich, wenn beide Parteien Kaufleute oder juristische Personen des öffentlichen Rechts sind. Anders als die Vorgängerregelung in § 28 BörsG 1908 erfasst § 101 WpHG n.F. (§ 37h WpHG a.F.) nicht nur spezielle Börsenschiedsgerichte, sondern alle Schiedsgerichte, die im Zusammenhang mit Wertpapierdienstleistungen vereinbart werden.[612] Die Vorschrift bezweckt eine Verbesserung des Schutzes von Privatanlegern vor den negativen Folgen einer für künftige Rechtsstreitigkeiten abgeschlossenen Schiedsvereinbarung. Es soll insbesondere verhindert werden, „dass durch die Vereinbarung eines ausländischen Schiedsverfahrens der Schutz der inländischen Privatanleger ohne weiteres umgangen" wird.[613] Diese Formulierung greift das Anliegen der BGH-Rechtsprechung zu Termingeschäften[614] auf und verdeutlicht, dass mit § 101 WpHG n.F. (§ 37h WpHG a.F.) die materiellrechtlichen Anlegerschutzvorschriften – aus heutiger Sicht insbesondere §§ 63 ff. WpHG n.F. (§§ 31 ff. WpHG a.F.) – auch auf der Ebene des Zuständigkeitsrechts gegen einen Rechtsumschwung durch die Vereinbarung eines Schiedsverfahrens abgesichert werden sollen.

Dabei ist die Skepsis des Gesetzgebers gegenüber der Schiedsgerichtsbarkeit im Bereich der Termingeschäfte offenbar größer als die des BGH, denn § 101 WpHG n.F. (§ 37h WpHG a.F.) ist deutlich strenger. Im Gegensatz zur Rechtsprechung schließt die Vorschrift präventive Schiedsvereinbarungen bei Privatanlegern generell, unabhängig vom Schiedsort und einer korrespondierenden

---

610 So z.B. in Italien, wo Rechtsstreitigkeiten mit Handelsvertretern grundsätzlich nicht schiedsfähig sind, vgl. dazu *v. Hase/Krolovitsch*, RIW 2009, 836, 840.

611 *Niedermaier*, Schiedsvereinbarungen in strukturellen Ungleichgewichtslagen, S. 182.

612 Fuchs/*Jung*, § 37h Rn. 1; *Lehmann*, SchiedsVZ 2003, 219, 220.

613 BT-Drucks. 14/8017, S. 96 re. Sp.; zum Schutzzweck vgl. auch Assmann/Schneider/*Sethe*, § 37h Rn. 4 f.; Fuchs/*Jung*, § 37h Rn. 1 f.; Schwark/Zimmer/*Zimmer*, § 37h Rn. 1.

614 Siehe dazu ausführlich oben § 3 B. III.

Rechtswahl aus; auch die Vereinbarung eines deutschen Schiedsgerichts, das den Rechtsstreit nach deutschem Recht entscheiden soll, ist damit nicht mehr möglich.[615] Ein „überschießender Anlegerschutz" ist folglich ein Aspekt der weitreichenden Kritik, der die Regelung in der Literatur ausgesetzt ist.[616] Der vereinzelt proklamierte Verstoß gegen das NYÜ wurde inzwischen vom BGH zurückgewiesen,[617] sodass § 101 WpHG n.F. (§ 37h WpHG a.F.) auch im internationalen Rechtsverkehr als wirksame Einschränkung der subjektiven Schiedsfähigkeit deutscher[618] Anleger anzusehen ist, die ein Gericht in der Einredesituation zu beachten hat.

Daraus ergibt sich unmittelbar die Lösung des eingangs geschilderten Beispielsfalls 1[619]: Die im Voraus getroffene Schiedsvereinbarung zwischen dem deutschen Privatanleger und dem Finanzdienstleister ist gem. § 101 WpHG n.F. (§ 37h WpHG a.F.) unwirksam, sodass das Einredegericht die Schiedseinrede zurückweisen und den Rechtsstreit selbst in der Sache entscheiden kann.

#### b) *Sonstige Einschränkungen der subjektiven Schiedsfähigkeit*

Weitere Einschränkungen der subjektiven Schiedsfähigkeit sind im Familienrecht vorgesehen. Gem. § 1822 Nr. 12 BGB bedarf der Vormund zum Abschluss einer Schiedsvereinbarung einer gerichtlichen Genehmigung, es sei denn, der in

---

615 Nach BGH 6.6.1991 – III ZR 68/90, NJW 1991, 2215 f. war die Vereinbarung eines solchen Schiedsverfahrens hingegen zulässig; näher dazu oben § 3 B. III. 1. c).

616 Assmann/Schneider/*Sethe*, § 37h Rn. 8 ff.; *Berger*, ZBB 2003, 77, 85 ff.; krit. auch Fuchs/*Jung*, § 37h Rn. 2; *Lehmann*, SchiedsVZ 2003, 219, 221 ff.; für eine Aufhebung der Vorschrift plädieren *Wagner/Quinke*, JZ 2005, 932, 939; *Berger*, ZBB 2003, 77, 92; a.A. *Samtleben* IPRax 2011, 469, 478 („praktisch notwendig").

617 BGH 8.6.2010 – XI ZR 349/08, SchiedsVZ 2011, 46, 48; ebenso Assmann/Schneider/*Sethe*, § 37h Rn. 49; Schwark/Zimmer/*Zimmer*, § 37h Rn. 7; *Samtleben*, IPRax 2011, 469, 477; MüKo-ZPO/*Adolphsen*, § 1061 Anh. 1, Art. V UNÜ Rn. 20; a.A. *Lehmann*, SchiedsVZ 2003, 219, 224 f.; *Jordans*, Schiedsgerichte bei Termingeschäften, S. 263 ff., 267. Zur Vereinbarkeit des § 101 WpHG n.F. (§ 37h WpHG a.F.) mit Unionsrecht vgl. Fuchs/*Jung*, § 37h Rn. 48 m.w.N.; a.A. *Jordans*, Schiedsgerichte bei Termingeschäften, S. 267 ff.

618 Für § 101 WpHG n.F. (§ 37h WpHG a.F.) wird teilweise gefordert, die subjektive Schiedsfähigkeit nicht mehr an das Personalstatut der Staatsangehörigkeit, sondern an den gewöhnlichen Aufenthalt des Anlegers anzuknüpfen, vgl. Assmann/Schneider/*Sethe*, § 37h Rn. 12; *Samtleben*, ZBB 2003, 69, 77; a.A. Fuchs/*Jung*, § 37h Rn. 46; *Berger*, ZBB 2003, 77, 82; offen gelassen in BGH 9.3.2010 – XI ZR 93/09, BGHZ 184, 365, 371 f.

619 Siehe oben § 2 C. I. 2.

Geld bezifferbare Wert des Streitgegenstands liegt nicht höher als 3000 €. Dieser Genehmigungsvorbehalt gilt gem. § 1908i Abs. 1 BGB auch für den Betreuer sowie gem. § 1915 Abs. 1 BGB für den Pfleger. Die Beteiligung des Familiengerichts dient ganz allgemein dem Schutz des Mündels bzw. des Betreuten oder des Pfleglings.[620]

Für Streitigkeiten in Insolvenzverfahren stellt § 160 Abs. 2 Nr. 3 InsO den Abschluss einer Schiedsvereinbarung unter einen Zustimmungsvorbehalt des Gläubigerausschusses bzw. der Gläubigerversammlung, sofern es sich um einen Rechtsstreit mit erheblichem Streitwert handelt. Diese Regelung dient der Autonomie und dem Schutz der Gläubiger im Insolvenzverfahren.[621] Allerdings schützt der Zustimmungsvorbehalt lediglich im Innenverhältnis; im Außenverhältnis lässt die fehlende Zustimmung die Wirksamkeit der Schiedsvereinbarung gem. § 164 InsO unberührt, sodass keine Beschränkung der subjektiven Schiedsfähigkeit des Insolvenzverwalters im eigentlichen Sinne vorliegt.[622]

## III. Schlussfolgerung

Die vorstehende Analyse des deutschen Rechts zeigt, dass die Beschränkung der Schiedsfähigkeit ein äußerst effektives Instrument zur präventiven Absicherung von Sachnormzwecken auf der Zuständigkeitsebene ist. Dies gilt sowohl für die objektive als auch für die subjektive Schiedsfähigkeit. Indem bereits die Übertragung der Entscheidungsbefugnis auf ein Schiedsgericht eingeschränkt wird, kann einer möglichen Missachtung von Eingriffsnormen im Schiedsverfahren von vornherein ein Riegel vorgeschoben werden. Bei der rechtstechnischen Ausgestaltung der Schranken bieten sich verschiedene Möglichkeiten, deren Eingriffspräzision und -intensität variieren: Vom strikten Ausschluss der Schiedsfähigkeit allgemein umschriebener Rechtsstreitigkeiten, über die Anknüpfung an den konkreten materiellen Inhalt eines Rechtsverhältnisses, bis hin zur Abhängigkeit der Schiedsfähigkeit von zusätzlichen Parteivereinbarungen oder der inhaltlichen Ergänzung der Schiedsvereinbarung durch gesetzliche Fiktion. Vor allem die Kombination personaler und situativer Anknüpfungskriterien – wie etwa bei § 101 WpHG n.F. (§ 37h WpHG a.F.) – ermöglicht eine Feinsteuerung der Schrankensetzung und damit äußerst präzise Eingriffe in die Privatautonomie.[623] Die Einflussmöglichkeiten des deutschen Gesetzgebers sind

620 BeckOK-BGB/*Bettin*, § 1821 Rn. 1; MüKo-BGB/*Kroll-Ludwigs*, § 1822 Rn. 1.

621 MüKo-InsO/*Görg/Janssen*, § 160 Rn. 1, 22.

622 Musielak/Voit/*Voit*, § 1029 Rn. 5; MüKo-InsO/*Görg/Janssen*, § 160 Rn. 36; *Lachmann*, Rn. 295; a.A. wohl Zöller/*Geimer*, § 1030 Rn. 1a.

623 *Niedermaier*, Schiedsvereinbarungen in strukturellen Ungleichgewichtslagen, S. 182.

zudem dadurch gestärkt, dass die objektive Schiedsfähigkeit in einem inländischen Einredeverfahren stets nach deutschem Recht zu beurteilen ist. Gleiches gilt für die subjektive Schiedsfähigkeit, wenn – wie in den untersuchten Fallkonstellationen – der an der Schiedsvereinbarung beteiligte Kläger eine deutsche Partei ist.

Von der Möglichkeit, einzelne Eingriffsnormen punktgenau auf der Ebene des Schiedsverfahrensrechts präventiv abzusichern, hat der deutsche Gesetzgeber allerdings nur in wenigen Fällen Gebrauch gemacht; der Großteil international zwingender Sachnormen wird nicht durch eine korrespondierende Regelung zur Schiedsfähigkeit ergänzt. Dennoch zeigen die vorhandenen gesetzlichen Einschränkungen, dass der Gesetzgeber die Möglichkeit eines Rechtsumschwungs durch die Vereinbarung eines Schiedsverfahrens erkannt hat und das Interesse an der Anwendung bestimmter Sachnormen als Kriterium zur Regelung der Schiedsfähigkeit verwendet. Dass die Schranken nur in einzelnen, als besonders sensibel angesehenen Gebieten, wie etwa dem Schutz von Mietern, Arbeitnehmern oder Privatanlegern, gesetzt sind, kann daher als gesetzgeberische Wertentscheidung angesehen werden. Soweit er auf eine präventive Absicherung durch Einschränkungen der Schiedsfähigkeit verzichtet, bleibt der Gesetzgeber bei seinem Prinzip der Gleichwertigkeit von staatlicher Gerichtsbarkeit und Schiedsgerichtsbarkeit. Er traut Schiedsgerichten eine aus seiner Sicht inhaltlich „richtige" Entscheidung des Rechtsstreits zu und hält eine nachträgliche Kontrolle des Schiedsspruchs im Anerkennungs- und Vollstreckungsverfahren grundsätzlich für ausreichend.

Für die Kontrolle einer Schiedsvereinbarung in der Einredesituation bedeutet dies, dass die Gefahr eines Rechtsumschwungs nicht zur generellen Schiedsunfähigkeit der betroffenen Rechtsstreitigkeit führen kann. Eine solche Annahme liefe der Wertentscheidung des Gesetzgebers zuwider. Darüber hinaus wäre sie mit dem in § 1030 ZPO geltenden Gesetzesvorbehalt nicht vereinbar. Zwar steht die Schiedsfähigkeit als Teil der verfassungsmäßigen Privatautonomie grundsätzlich nur unter dem Vorbehalt der Schrankentrias des Art. 2 Abs. 1 S. 2 GG, sodass prinzipiell auch eine Beschränkung im Wege richterlicher Rechtsfortbildung möglich wäre.[624] Jedoch spricht die wesentliche Bedeutung, die der Privatautonomie im deutschen Schiedsrecht zukommt, ebenso für eine ausschließlich legislative Beschränkung der Schiedsfähigkeit wie der Wortlaut

624 Vgl. BVerfG 14.1.1987 – 1 BvR 1052/79, BVerfGE 74, 129, 152; BVerfG 13.1.1982 – 1 BvR 848/77, BVerfGE 59, 231, 256 f.

der Öffnungsklausel des § 1030 Abs. 3 ZPO.[625] Eingriffsnormen selbst können allerdings nicht als derartige Schiedsverbote angesehen werden, sodass es an einer „gesetzlichen Vorschrift" i.S.d. § 1030 Abs. 3 ZPO fehlt. Über die oben aufgezeigten, gesetzlich vorgesehenen Ausnahmen hinaus ist das Instrument der Schiedsfähigkeit also der falsche Ansatzpunkt, um auf die Gefahr der Missachtung deutscher Eingriffsnormen bereits im Einredestadium zu reagieren.[626]

---

625 So auch *Niedermaier*, Schiedsvereinbarungen in strukturellen Ungleichgewichtslagen, S. 182; Zöller/*Geimer*, § 1030 Rn. 1a; *Quinke*, SchiedsVZ 2007, 246, 247; offen hingegen *Epping*, Schiedsvereinbarung, S. 197, 199.

626 So i.E. auch *Thorn/Grenz*, in: Conflict of Laws in International Arbitration, S. 187, 196; *Quinke*, SchiedsVZ 2007, 246, 247 f.; *Horn*, SchiedsVZ 2008, 209, 217 f.

# § 7 Anknüpfungspunkte im allgemeinen Vertragsrecht

Die fehlende Anknüpfungsmöglichkeit im Schiedsverfahrensrecht bedeutet nicht, dass die Gefahr eines Rechtsumschwungs im Schiedsverfahren nicht im konkreten Einzelfall auf einem anderen Weg zur Ungültigkeit der Schiedsvereinbarung führen kann. Ein Einfallstor könnte insoweit das allgemeine Vertragsrecht bieten. Bereits aus der Begriffsbestimmung des § 1029 Abs. 1 ZPO und der Systematik des § 1066 ZPO ergibt sich, dass die Schiedsvereinbarung letztlich unabhängig von ihrer genauen Rechtsnatur dem tradierten Vertragstypus unterfällt.[627] Die Zuständigkeitsübertragung auf ein Schiedsgericht setzt dementsprechend voraus, dass sich die Parteien wirksam auf eine derartige Gestaltung ihrer Rechtsbeziehungen geeinigt haben. Neben der fehlerfreien Bildung und Ausübung des rechtsgeschäftlichen Willens ist insbesondere erforderlich, dass die Vereinbarung auch inhaltlich wirksam ist. Für die vertraglichen Voraussetzungen und Grenzen der Wirksamkeit einer Schiedsvereinbarung gelten – teilweise modifiziert durch Besonderheiten des Schiedsverfahrensrechts – die allgemeinen Regeln der Rechtsgeschäftslehre.[628]

Im Folgenden wird zunächst untersucht, welcher Rechtsordnung diese Regeln im Einredeverfahren zu entnehmen sind (A.), bevor anschließend einzelne rechtsgeschäftliche Anknüpfungspunkte auf ihre Tauglichkeit im Fall eines Rechtsumschwungs überprüft werden (B.).

## A. Schiedsvereinbarungsstatut

Welchem Recht die relevanten Vorschriften zu entnehmen sind, ergibt sich aus dem Schiedsvereinbarungsstatut. Dieses beantwortet als eine Art Auffangbecken sowohl die allgemeinen vertraglichen als auch die speziell schiedsrechtlichen Fragen, die im Zusammenhang mit dem Zustandekommen und der materiellen Wirksamkeit der Schiedsvereinbarung stehen und keiner Sonderanknüpfung

---

627 MüKo-ZPO/*Münch*, § 1029 Rn. 15; *Schwab/Walter*, Kap. 7 Rn. 37. Zur Rechtsnatur der Schiedsvereinbarung ausführlich *Schäfer*, Verträge zur Durchführung des Schiedsverfahrens, S. 94 ff.

628 Zöller/*Geimer*, § 1029 Rn. 18; MüKo-ZPO/*Münch*, § 1029 Rn. 16; *Schwab/Walter*, Kap. 7 Rn. 37 und Kap. 8 Rn. 9; Musielak/Voit/*Voit*, § 1029 Rn. 3; *Duve/Sattler*, FS Graf v. Westphalen, S. 81, 99.

unterliegen.[629] Auf Grundlage des Autonomieprinzips ist anerkannt, dass das Schiedsvereinbarungsstatut auch kollisionsrechtlich vom Statut des Hauptvertrags zu unterscheiden und eigenständig anzuknüpfen ist.[630] Die Frage, nach welchen Kollisionsregeln die Anknüpfung der Schiedsvereinbarung im Einredestadium erfolgen soll, ist aufgrund der meist fehlenden ausdrücklichen Regelung hingegen schwieriger zu beantworten und entsprechend kontrovers diskutiert.

## I. Internationale Übereinkommen

### *1. NYÜ*

Das NYÜ kennt keine ausdrückliche Kollisionsnorm, die das auf die Schiedsvereinbarung anwendbare Recht stadienübergreifend festlegt.[631] Die Anknüpfungsregeln des Art. V Abs. 1 lit. a) NYÜ gelten unmittelbar nur für die Anerkennung und Vollstreckung von Schiedssprüchen. Dort ist dem Prinzip der Parteiautonomie folgend primär an den Parteiwillen anzuknüpfen. Liegt keine Rechtswahl bezüglich der Schiedsvereinbarung vor, verweist die Vorschrift auf das Sachrecht[632] des Landes, in dem der Schiedsspruch ergangen ist. Im Einredeverfahren fehlt es hingegen an einer ausdrücklichen einheitsrechtlichen Kollisionsregel für das Schiedsvereinbarungsstatut. Art. II Abs. 3 NYÜ statuiert lediglich eine antragsabhängige Verweisungspflicht des Einredegerichts, sofern es nicht feststellt, dass die Schiedsvereinbarung hinfällig, unwirksam oder nicht erfüllbar ist. Nach welchem rechtlichen Maßstab diese Feststellung zu treffen ist, lässt die Vorschrift offen.

---

629 OLG Hamm 9.7.2013 – 21 U 16/13, SchiedsVZ 2014, 38, 41; MüKo-ZPO/*Münch*, § 1029 Rn. 28, 39; Zöller/*Geimer*, § 1029 Rn. 108; zur Reichweite des Schiedsvereinbarungsstatuts im Einzelnen vgl. Reithmann/Martiny/*Hausmann* Rn. 8.266 ff. Neben den oben genannten schiedsrechtlichen Schranken unterliegt v.a. die Frage nach der Wirksamkeit einer Vollmacht zum Abschluss einer Schiedsvereinbarung einer selbstständigen Anknüpfung (Vollmachtstatut), vgl. *Schwab/Walter*, Kap. 44 Rn. 19; Zöller/*Geimer*, § 1025 Rn. 16.

630 BGH 8.6.2010 – XI ZR 349/08, SchiedsVZ 2011, 46, 48; OLG Hamm 9.7.2013 – 21 U 16/13, SchiedsVZ 2014, 38, 41; OLG Düsseldorf 15.11.2017 – VI-U (Kart) 8/17, SpuRt 2018, 73, 74; MüKo-ZPO/*Münch*, § 1029 Rn. 29; *Elsing*, FS Graf v. Westphalen, S. 109, 110 f.

631 Kronke/*Schramm/Geisinger/Pinsolle*, Global Commentary NYC, S. 54; *Wolff*, SchiedsVZ 2016, 293, 298.

632 Wolff/*Wilske/Fox*, NYC, Art. V Rn. 116; Kronke/*Nacimiento*, Global Commentary NYC, S. 227; Reithmann/Martiny/*Hausmann*, Rn. 8.242; zurückhaltender *Rüßmann/Timár*, FS Kaissis, S. 837, 843, 852.

Teilweise wird vorgeschlagen, die Unwirksamkeitsgründe in der Einredesituation übereinkommensautonom – orientiert an internationalen Standards und ausgehend von einem Prinzip der Anerkennung von Schiedsvereinbarungen – zu bestimmen.[633] Dieser schiedsfreundliche Ansatz mag dem Ziel des Übereinkommens auf den ersten Blick zwar durchaus förderlich sein, allerdings ist äußerst zweifelhaft, ob die Vorgaben des Art. II Abs. 3 NYÜ hinreichend bestimmt sind, um alle Fragen des Zustandekommens und der materiellen Wirksamkeit einer Schiedsvereinbarung vollumfänglich autonom zu beantworten.[634] Muss für andere Aspekte als die angeführten Ungültigkeitsgründe, etwa den Zugang oder die Reichweite der die Schiedsvereinbarung konstituierenden Willenserklärungen, aber ohnehin auf nationales Recht zurückgegriffen werden, erscheint es wenig sinnvoll, das Schiedsvereinbarungsstatut aufzuspalten, zumal eine trennscharfe Abgrenzung der einzelnen Aspekte kaum möglich sein dürfte. Darüber hinaus ist zu berücksichtigen, dass in der Vollstreckungssituation Art. V Abs. 1 lit. a) NYÜ die Gültigkeit der Schiedsvereinbarung ausdrücklich nationalem Recht überlässt und damit eine übereinkommensautonome Bestimmung der Unwirksamkeitsgründe in diesem Verfahrensstadium ausschließt. Die kurzfristige Einfügung des Art. II NYÜ legt nahe, dass jedenfalls keine derart unterschiedliche kollisionsrechtliche Behandlung der Schiedsvereinbarung in den verschiedenen Verfahrensstadien beabsichtigt war, zumal damit auch die Gefahr widersprüchlicher Entscheidungen deutlich erhöht würde.[635]

Ist eine übereinkommensautonome Lösung der Gültigkeitsfrage im Rahmen des Art. II Abs. 3 NYÜ daher richtigerweise abzulehnen, schließt sich automatisch die Frage nach dem anwendbaren nationalen Recht an. Der BGH hat

---

633 So etwa *Born/Koepp*, FS Schlosser, S. 59, 68 f.; *Lew/Mistelis/Kröll*, Comparative Arbitration, Rn. 14–41; Kronke/*Schramm/Geisinger/Pinsolle*, Global Commentary NYC, S. 105; *Graffi*, in: Conflict of Laws in International Arbitration, S. 19, 62. In diese Richtung tendiert insbesondere auch die US-amerikanische Rechtsprechung, vgl. *Chloe Z Fishing Co. v. Odyssey Re (London) Ltd.*, 109 F. Supp. 2d 1236, 1258 f. (S.D. Cal. 2000): „[I]t is well-established that it is not state law, but internationally recognized defenses to contract formation or public policy concerns of the forum nation, which makes a valid agreement to arbitrate the subject of the dispute unenforceable under Article II, section 3 of the Convention.“; vgl. auch *Ledee v. Ceramiche Ragno*, 684 F.2d 184 (1st Cir. 1982); *Bautista v. Star Cruises, Ltd.*, 396 F.3d 1289 (11th Cir. 2005).

634 *Rüßmann/Timár*, FS Kaissis, S. 837, 850; *Steinbrück*, Unterstützung ausländischer Schiedsverfahren, S. 75.

635 MüKo-ZPO/*Adolphsen*, § 1061 Anh. 1, Art. II UNÜ Rn. 30; Reithmann/Martiny/*Hausmann*, Rn. 8.388; Stein/Jonas/*Schlosser*, Anh. § 1061, Rn. 58; *Gildeggen*, Schiedsvereinbarungen in AGB, S. 135 ff.

das Schiedsvereinbarungsstatut in der Einredesituation stets nach dem nationalen Vertragskollisionsrecht gem. Art. 27 ff. EGBGB a.F. angeknüpft.[636] Die Art. 27 ff. EGBGB a.F. wurden mit Inkrafttreten der Rom I-VO allerdings ersatzlos gestrichen. Seitdem wird in der Rechtsliteratur[637] eine analoge Anwendung der Verordnung vorgeschlagen und auch die Rechtsprechung[638] scheint in diese Richtung zu tendieren. Neben dem expliziten Ausschluss von Schiedsvereinbarungen gem. Art. 1 Abs. 2 lit. e) Rom I-VO spricht gegen eine Anknüpfung nach der Verordnung aber insbesondere die daraus resultierende Rechtsunsicherheit. Da eine Schiedsvereinbarung regelmäßig für beide Parteien die gleichen Rechte und Pflichten begründet und daher keine „charakteristische Leistung" einer Partei beinhaltet, käme es gem. Art. 4 Abs. 4 Rom I-VO auf das unbestimmte Auffangkriterium der engsten Verbindung an. Zu welchem Recht die dann vorzunehmende Gesamtabwägung führt, ist letztlich offen;[639] bereits im Rahmen des Art. 28 Abs. 1 S. 1 EGBGB a.F. gelangte der BGH insoweit zu unterschiedlichen Ergebnissen.[640]

Zur Beseitigung dieser Unsicherheit wird ein Rückgriff auf die Kollisionsvorschriften der *lex fori* überwiegend dadurch vermieden, dass die in der Einredesituation bestehende Lücke durch eine entsprechende Anwendung des Art. V Abs. 1 lit. a) NYÜ geschlossen wird.[641] Die Schiedsvereinbarung unterliegt dann

---

636 Grundlegend BGH 28.11.1963 – VII ZR 112/62, BGHZ 40, 320, 322 f.; zuletzt BGH 7.6.2016 – KZR 6/15, SchiedsVZ 2016, 218, 223; ebenso OLG Hamm 9.7.2013 – 21 U 16/13, SchiedsVZ 2014, 38, 41 f. m.w.N.; ebenso Schütze/Tscherning/Wais/*Schütze*, Rn. 559.

637 *Eichel*, IPRax 2016, 305, 309; *Schütze*, SchiedsVZ 2014, 274, 275; vgl. auch Staudinger/*Magnus*, Rom I-VO, Art. 1 Rn. 73, 78 m.w.N. Für eine fortdauernde Anwendung der Art. 27 f. EGBGB a.F. hingegen *Schack*, IZVR, Rn. 1331.

638 Vgl. BGH 8.5.2014 – III ZR 371/12, SchiedsVZ 2014, 151, 153; OLG München 24.11.2016 – 34 SchH 5/16 (juris-Rn. 39).

639 Als mögliche Anhaltspunkte werden u.a. das Hauptvertragsstatut, der Schiedsort, die Verwurzelung der Schiedsrichter in einer nationalen Rechtsordnung, der gemeinsame Aufenthaltsort der Parteien und der Sitz der Schiedsinstitution vorgeschlagen, vgl. Baumbach/Lauterbach/Albers/*Hartmann*, § 1029 Rn. 11; MüKo-ZPO/*Münch*, § 1029 Rn. 38. Ebenfalls krit. *Wolff*, SchiedsVZ 2016, 293, 298; *König*, SchiedsVZ 2012, 129, 131.

640 Vgl. nur BGH 8.6.2010 – XI ZR 349/08, SchiedsVZ 2011, 46, 48 f. (Hauptvertrag); abweichend BGH 7.6.2016 – KZR 6/15, SchiedsVZ 2016, 218, 226 (Schiedsort).

641 MüKo-ZPO/*Adolphsen*, § 1061 Anh. 1, Art. II UNÜ Rn. 29, Art. V UNÜ Rn. 21; Wolff/*Wolff*, NYC, Art. II Rn. 42; Stein/Jonas/*Schlosser*, Anh. § 1061 Rn. 68; *Born*, S. 497 ff.; Reithmann/Martiny/*Hausmann*, Rn. 8.239 ff.; *Schwab*/*Walter* Kap. 43 Rn. 2; *Kröll*, IPRax 2016, 43, 46; *Magnus*, IPRax 2016, 521, 530 f.; *Ostendorf*, SchiedsVZ 2010,

vorbehaltlich einer Rechtswahl dem Recht des Staats, in dem der Schiedsspruch voraussichtlich ergehen wird. Ein Rückgriff auf nationales Kollisionsrecht mit dem Kriterium der engsten Verbindung kommt allenfalls noch in Betracht, wenn der Schiedsort in der Einredesituation noch nicht feststellbar ist.[642]

Die letztgenannte Auffassung bietet nicht nur den Vorteil, dass sie die angesprochenen Schwierigkeiten bei Anwendung der Rom I-VO zurückdrängt, sondern kann sich noch auf andere, gewichtigere Gründe stützen. Erstens ging der europäische Gesetzgeber bei Schaffung der Rom I-VO selbst davon aus, dass Schiedsvereinbarungen „auf internationaler Ebene bereits zufriedenstellend geregelt sind".[643] Dies zeigt, dass nach Ansicht des Unionsgesetzgebers das Schiedsvereinbarungsstatut vorrangig nach Sondervorschriften der schiedsrechtlichen Staatsverträge zu ermitteln ist. Auch eine entsprechende Anwendung des allgemeinen Vertragskollisionsrechts der Rom I-VO ist demnach allenfalls zulässig, wenn auftretende Lücken nicht durch die schiedsrechtlichen Regelwerke selbst geschlossen werden können.[644] Zweitens führt die vorverlagerte Anwendung des Art. V Abs. 1 lit. a) NYÜ – wie bereits angedeutet – zu einer einheitlichen Anknüpfung des Schiedsvereinbarungsstatuts in den verschiedenen Verfahrensstadien und fördert so die Rechtssicherheit und den Entscheidungseinklang.[645] Dies gilt zunächst im Verhältnis staatlicher Gerichte untereinander: Es wird verhindert, dass Fragen des Zustandekommens und der materiellen Wirksamkeit der Schiedsvereinbarung im Einredeverfahren nach anderen Kollisionsregeln – und damit möglicherweise auch im Ergebnis anders – entschieden werden als im Anerkennungs- und Vollstreckungsverfahren. Damit sinkt die Gefahr, dass das Einredegericht die Parteien wegen einer nach dem Kollisionsrecht seiner *lex fori* berufenen Rechtsordnung als wirksam anzusehenden Schiedsvereinbarung

---

234, 241. So nun auch OLG Düsseldorf 15.11.2017 – VI-U (Kart) 8/17, SpuRt 2018, 73, 74.

642 Die engste Verbindung dürfte dann regelmäßig zum Recht des Hauptvertrags bestehen, vgl. OLG Düsseldorf 15.11.2017 – VI-U (Kart) 8/17, SpuRt 2018, 73, 74; Reithmann/Martiny/*Hausmann*, Rn. 8.263; *Schmidt-Ahrendts*/*Höttler*, SchiedsVZ 2011, 267, 274; bis zur Festlegung des Schiedsorts auch *Geimer*, IZPR, Rn. 3789; a.A. *König*, SchiedsVZ 2012, 129, 132 f. (direkte Anwendung des Sachrechts der *lex fori*).

643 Vorschlag für eine Verordnung des europäischen Parlaments und des Rates über das auf vertragliche Schuldverhältnisse anzuwendende Recht (Rom I), KOM (2005) 650 endgültig, S. 5.

644 Einen Rückgriff auf die Rom I-VO generell als methodisch unzulässig ausschließend *Stürner*/*Wendelstein*, IPRax 2014, 473, 475.

645 MüKo-ZPO/*Münch*, § 1029 Rn. 34; *Wolff*, SchiedsVZ 2016, 293, 298; *König*, SchiedsVZ 2012, 129, 132.

auf das Schiedsverfahren verweist, dem aufgrund dieser Schiedsvereinbarung ergangenen Schiedsspruch später jedoch die Anerkennung versagt wird, weil das Vollstreckungsgericht die Unwirksamkeit der Schiedsvereinbarung nach dem gem. Art. V Abs. 1 lit. a) NYÜ anwendbaren Recht feststellt.[646] Aber auch im Verhältnis zu den Entscheidungen der Schiedsgerichte über ihre eigene Zuständigkeit[647] werden Widersprüche vermieden. Internationale Schiedsgerichte neigen nämlich ebenfalls dazu, bei ihrer Zuständigkeitsprüfung für die materielle Wirksamkeit der Schiedsvereinbarung das Recht des Schiedsorts zugrunde zu legen, sofern keine Rechtswahl für die Schiedsabrede vorliegt.[648] In der Gesamtbetrachtung können durch die entsprechende Anwendung des Art. V Abs. 1 lit. a) NYÜ im Einredeverfahren und dem dadurch herbeigeführten doppelten Entscheidungseinklang zeit- und kostenintensive Schiedsverfahren vermieden werden, die im Ergebnis zu einem nicht anerkennungsfähigen Schiedsspruch führen. Die Kohärenz wird auf internationaler Ebene zusätzlich dadurch verstärkt, dass die objektive Anknüpfung an den Schiedsort den Kollisionsregeln des EuÜ entspricht.[649]

### 2. *EuÜ*

Anders als das NYÜ enthält das EuÜ auch für die Bestimmung des Schiedsvereinbarungsstatuts in der Einredesituation eine ausdrückliche Kollisionsvorschrift. Gem. Art. VI Abs. 2 EuÜ hat ein Gericht eines Vertragsstaats Fragen

---

646 Reithmann/Martiny/*Hausmann*, Rn. 8.239; *Rüßmann/Timár*, FS Kaissis, S. 837, 853.

647 Das Recht des Schiedsgerichts – wenn auch nicht letztverbindlich – über seine eigene Zuständigkeit zu entscheiden, ist allgemein anerkannt, vgl. Art. 16 UNCITRAL ModellG; *Gottwald*, FS Coester-Waltjen, S. 389, 397; *Huber*, SchiedsVZ 2003, 73, 75; *Fouchard/Gaillard/Goldman*, Rn. 650 ff.

648 Explizit über Art. V Abs. 1 lit. a) NYÜ beispielsweise ICC Nr. 15977 (2010), ICC Bull. 1/2016, 95, 99; ICC Nr. 14617 (2013), YbCA 2013, 111, 119; ICC Nr. 14046; YbCA 2010, 241, 246; ICC Nr. 6149 (1990), YbCA 1995, 41, 45; i.E. auch ICC Nr. 16751, ICC Bull. 2/2016, S. 65; ICC Nr. 16015 (2013), YbCA 2013, 174, 181 f.; ICC Nr. 14053, ICC Bull. 1/2016, 78, 79; vgl. auch Art. 16.4 LCIA Rules. Schiedsgerichte mit Sitz in Deutschland haben nach der Gesetzesbegründung bei der Prüfung ihrer eigenen Zuständigkeit ebenfalls die „Gültigkeit der Schiedsvereinbarung nach den in § 1059 Abs. 2 Nr. 1 Buchstabe a […] enthaltenen Kollisionsregeln zu beurteilen", vgl. BT-Drucks. 13/5274, S. 43 re. Sp.

649 Zudem folgen ausländische Gerichte auch außerhalb des EuÜ der hier präferierten Anwendung des Art. V Abs. 1 lit. a) NYÜ bereits im Einredeverfahren, vgl. etwa öster. Oberster Gerichtshof 19.2.2004, YbCA 2005, 416 f.; schweiz. Bundesgericht 21.3.1995, YbCA 1997, 800, 804; Corte di Appello Genova 3.2.1990, YbCA 1992, 542.

über das Bestehen und die Gültigkeit einer Schiedsvereinbarung primär nach dem Recht zu entscheiden, dem die Parteien die Schiedsvereinbarung unterstellt haben (lit. a). Fehlt es an einer ausdrücklichen oder konkludenten Rechtswahl im Hinblick auf die Schiedsvereinbarung, ist das Recht des Staats anzuwenden, in dem der Schiedsspruch ergehen soll, d.h. das Recht des voraussichtlichen Schiedsorts (lit. b).[650] Lediglich hilfsweise, wenn in der Einredesituation der Schiedsort noch nicht vorhersehbar ist, bestimmt das staatliche Gericht das anwendbare Recht durch Rückgriff auf das Kollisionsrecht der *lex fori* (lit. c). Damit entspricht die Anknüpfungsleiter des EuÜ exakt der hier bevorzugten Anknüpfung im Anwendungsbereich des NYÜ.

## II. Autonomes Schiedsverfahrensrecht

Die Situation im autonomen deutschen Recht ähnelt der Rechtslage im Geltungsbereich des NYÜ. Auch das deutsche Schiedsverfahrensrecht kennt keine Kollisionsnorm, die das Schiedsvereinbarungsstatut stadienübergreifend oder speziell für die Einredesituation explizit festlegt; § 1032 Abs. 1 ZPO schweigt insoweit ebenfalls.[651] Lediglich für das Aufhebungs- und Vollstreckungsverfahren inländischer Schiedssprüche enthält § 1059 Abs. 2 Nr. 1 lit. a) ZPO (i.V.m. § 1060 ZPO) eine Kollisionsregel, die die Anwendung deutschen Rechts anordnet, sofern die Parteien keine Rechtswahl bezüglich der Schiedsvereinbarung getroffen haben. Da inländische Schiedssprüche nach dem Territorialitätsprinzip einen Schiedsort in Deutschland voraussetzen, entspricht diese Regelung inhaltlich der in Art. V Abs. 1 lit. a) NYÜ vorgesehenen Anknüpfung.[652]

Für die Einredesituation setzt sich die bereits innerhalb des NYÜ geführte Diskussion fort, ob die dortige Lücke durch die allgemeinen Kollisionsnormen für vertragliche Schuldverhältnisse oder eine entsprechende Anwendung der schiedsrechtlichen Anknüpfungsregel zu schließen ist. Auch hier erscheint

650 BGH 20.3.1980 – III ZR 151/79, BGHZ 77, 32, 38; *Epping*, Schiedsvereinbarung, S. 40.

651 *Wolff*, SchiedsVZ 2016, 293, 298; *Elsing*, FS Graf v. Westphalen, S. 109, 112; Zöller/*Geimer*, § 1029 Rn. 109.

652 Reithmann/Martiny/*Hausmann* Rn. 8.248; *Magnus*, IPRax 2016, 521, 530; *Wolff*, SchiedsVZ 2016, 293, 298; vgl. auch OLG Düsseldorf 15.11.2017 – VI-U (Kart) 8/17, SpuRt 2018, 73, 74. Für ausländische Schiedssprüche gilt unabhängig vom konkreten Herkunftsstaat das NYÜ als staatsvertragliche Regelung; seit der Rücknahme des Vertragsstaatenvorbehalts (vgl. BGBl. II 1999, 7) hat § 1061 ZPO nur noch deklaratorische Bedeutung, vgl. auch BT-Drucks, 13/5274, S. 61 re. Sp.; MüKo-ZPO/*Münch*, § 1061 Rn. 6.

es – entgegen der Auffassung des BGH[653] und einiger Literaturstimmen[654] – vorzugswürdig, die in späteren Verfahrensstadien geltende, schiedsrechtliche Kollisionsregel des § 1059 Abs. 2 Nr. 1 lit. a) ZPO im Einredeverfahren entsprechend anzuwenden und allenfalls hilfsweise auf das allgemeine Kollisionsrecht zurückzugreifen.[655] Insoweit gelten die bereits oben angestellten Erwägungen des Entscheidungseinklangs und der Rechtssicherheit im nationalen Recht entsprechend.[656] Darüber hinaus versteht auch der deutsche Gesetzgeber § 1059 Abs. 2 Nr. 1 lit. a) ZPO als verallgemeinerungsfähige Kollisionsnorm für das Schiedsvereinbarungsstatut, die in vorgelagerte Verfahrensstadien ausstrahlt. Nach der Gesetzesbegründung hat ein inländisches Schiedsgericht nämlich sowohl bei der Prüfung seiner Zuständigkeit gem. § 1040 Abs. 1 ZPO als auch bei der Rüge einer Kompetenzüberschreitung gem. § 1040 Abs. 2 S. 3 ZPO das Schiedsvereinbarungsstatut nach der in § 1059 Abs. 2 Nr. 1 lit. a) ZPO enthaltenen Kollisionsregel zu ermitteln.[657] Dass sich dieser Hinweis lediglich in der Gesetzesbegründung zu § 1040 ZPO findet, der das Verfahren vor dem Schiedsgericht regelt, begründet keinen negativen Umkehrschluss für die Einredesituation gem. § 1032 Abs. 1 ZPO. Wenn für die vorgelagerte Entscheidung des Schiedsgerichts aus Gründen der Harmonisierung „nichts anderes gelten [kann] als für das staatliche Gericht im Rahmen des Aufhebungsverfahrens“[658], muss diese Vorgabe erst recht für dem Aufhebungsverfahren vorgelagerte Entscheidungen eines staatlichen Gerichts gelten.[659] Denn einander widersprechende Entscheidungen nationaler Gerichte sind noch weniger zu rechtfertigen als Divergenzen im Verhältnis zwischen staatlicher Gerichtsbarkeit und Schiedsgerichten. Dementsprechend muss bereits das Einredegericht das Schiedsvereinbarungsstatut im autonomen Recht gem. § 1059 Abs. 2 Nr. 1 lit. a) ZPO analog

---

653 Vgl. etwa BGH 3.5.2011 – XI ZR 373/08, NJW-RR 2011, 1350, 1353; offen gelassen in OLG Saarbrücken 23.11.2017 – 4 U 44/16 (juris-Rn. 46 ff.).

654 Baumbach/Lauterbach/Albers/*Hartmann*, § 1029 Rn. 11; *Lachmann*, Rn. 268 f.; Wieczorek/Schütze/*Schütze*, § 1029 Rn. 7, *ders.*, SchiedsVZ 2014, 274, 275.

655 So auch MüKo-ZPO/*Münch*, § 1029 Rn. 31 ff.; Musielak/Voit/*Voit*, § 1029 Rn. 20; Zöller/*Geimer*, § 1029 Rn. 113; Reithmann/Martiny/*Hausmann* Rn. 8.251, 8.261 ff.; i.E. ebenso *Wolff*, SchiedsVZ 2016, 293, 298; *Schmidt-Ahrendts/Höttler*, SchiedsVZ 2011, 267, 273 f.; grundsätzlich auch *König*, SchiedsVZ 2012, 129, 132 f.

656 Zu diesen Erwägungen im Rahmen des NYÜ siehe oben § 7 A. I. 1.

657 BT-Drucks. 13/5274, S. 43 re. Sp.; vgl. auch *Epping*, Schiedsvereinbarung, S. 46; *Elsing*, FS Graf v. Westphalen, S. 109, 116; *Schmidt-Ahrendts/Höttler*, SchiedsVZ 2011, 267, 273.

658 BT-Drucks. 13/5274, S. 43 re. Sp.

659 *Elsing*, FS Graf v. Westphalen, S. 109, 116.

bestimmen: Maßgeblich ist primär der Parteiwille, bei fehlender Rechtswahl gilt deutsches Recht. Da das autonome Schiedsverfahrensrecht nur Schiedsabreden mit inländischem Schiedsort erfasst,[660] entspricht diese Kollisionsregel auch in der Einredesituation der innerhalb des NYÜ bzw. des EuÜ geltenden subsidiären Anknüpfung an den Schiedsort.

## III. Zusammenfassung

Einer expliziten Regelung zur Anknüpfung des Schiedsvereinbarungsstatuts in der Einredesituation unterliegen lediglich Schiedsabreden im Anwendungsbereich des EuÜ. Die im NYÜ und im autonomen Schiedsverfahrensrecht bestehende Lücke ist durch eine entsprechende Anwendung der dort für das Anerkennungs- und Vollstreckungsverfahren normierten schiedsrechtlichen Kollisionsregeln zu schließen. Dies führt im Ergebnis dazu, dass das Schiedsvereinbarungsstatut bereits im Einredeverfahren stets denselben Anknüpfungskriterien unterliegt: In erster Linie ist der Parteiwille maßgebend; liegt keine Rechtswahl bezüglich der Schiedsvereinbarung vor, erfolgt eine objektive Anknüpfung an das Recht des Schiedsorts.

Dementsprechend kommen die nachfolgend untersuchten Anknüpfungspunkte aus der deutschen Rechtsgeschäftslehre nur dann unmittelbar in Betracht, wenn entweder deutsches Recht als Schiedsvereinbarungsstatut vereinbart oder ein inländischer Schiedsort festgelegt wurde. De facto ist an dieser Stelle ein deutsches Schiedsvereinbarungsstatut sogar ausschließlich in der Konstellation eines inländischen Schiedsverfahrens denkbar: Bei ausländischem Schiedsort wäre dafür nämlich – selbst bei großzügiger Auslegung[661] – eine explizite Wahl deutschen Rechts als Schiedsvereinbarungsstatut erforderlich. Eine ausdrückliche Rechtswahl bezüglich des Schiedsvereinbarungsstatuts ist in der Praxis jedoch generell äußerst selten und in der hier notwendigen Ausgestaltung – Wahl deutschen Rechts bei ausländischem Schiedsort und ausländischem Hauptsachestatut – praktisch nicht relevant.[662]

---

660 Zum Anwendungsbereich des autonomen Schiedsverfahrensrechts in der Einredesituation siehe oben § 2 D. IV.

661 Aufgrund der unterstellten Geltung eines ausländischen Hauptsachestatuts (oben § 4 C.) führte selbst die in der Rechtsprechung verbreitete Erstreckung einer Rechtswahl im Hauptvertrag auf die Schiedsabrede nicht zur Anwendbarkeit deutschen Rechts als Schiedsvereinbarungsstatut. Zu dieser Vorgehensweise näher unten § 8 B. I. 1.

662 Näher zur Wahl des Schiedsvereinbarungsstatuts unten § 8 B. I. 1.

## B. Einzelne Anknüpfungspunkte im deutschen Recht

Bei Geltung deutschen Vertragsrechts als Schiedsvereinbarungsstatut bestehen verschiedene rechtsgeschäftliche Anknüpfungspunkte für die Unwirksamkeit einer Schiedsvereinbarung. Die Gefahr eines Rechtsumschwungs durch den Abschluss einer Schiedsvereinbarung lässt sich aufgrund der nachteiligen Folgen für eine Partei insbesondere unter dem Aspekt der fehlerfreien Willensbildung und der Inhaltskontrolle untersuchen.[663]

### I. (Ergänzende) Vertragsauslegung

Gibt es Unklarheiten über den tatsächlichen Inhalt einer Schiedsvereinbarung oder sind darin regelungsbedürftige Punkte offen geblieben, können diese Lücken durch eine (ergänzende) Auslegung geschlossen werden.[664] Typische Fragen, die über eine Auslegung der Schiedsvereinbarung gelöst werden, sind beispielsweise ihre inhaltliche Reichweite[665] oder die Bestimmung einer nicht (mehr) existierenden Schiedsorganisation[666]. Während es hier regelmäßig darum geht, die Wirksamkeit der Schiedsabrede aufrechtzuerhalten, wird insbesondere für Gerichtsstandsvereinbarungen auch eine ergänzende Auslegung für möglich gehalten, die letztlich zur Unwirksamkeit der Vereinbarung führt. Dabei geht es um Fälle, in denen nach Abschluss einer ausschließlichen internationalen Gerichtsstandsvereinbarung eine Rechtsverweigerung droht, weil die Rechtsverfolgung im Ausland aus tatsächlichen oder rechtlichen Gründen scheitert. Diese Situation soll zum Eintritt einer auflösenden Bedingung – Unmöglichkeit der Rechtsverfolgung im vereinbarten Forum – führen, welche die Parteien konkludent im Rahmen ihrer Derogationsvereinbarung getroffen haben.[667]

---

663 Vgl. auch *Weller*, Ordre-public-Kontrolle internationaler Gerichtsstandsvereinbarungen, S. 195 f.

664 OLG Karlsruhe 4.4.2007 – 1 U 232/06 (Juris-Rn. 37); *Lachmann*, Rn. 321; MüKo-ZPO/*Münch*, § 1029 Rn. 105; dazu ausführlich *Elsing*, FS Graf v. Westphalen, S. 109 ff.

665 BGH 31.5.2007 – III ZR 22/06, SchiedsVZ 2007, 215, 216 f.; OLG München 7.7.2014 – 34 SchH 18/13, SchiedsVZ 2014, 262, 264; OLG Hamm 9.7.2013 – 21 U 16/13, SchiedsVZ 2014, 38, 43; *Lachmann*, Rn. 476 ff.; Zöller/*Geimer*, § 1029 Rn. 77 ff.

666 BGH 14.7.2011 – III ZB 70/10, SchiedsVZ 2011, 284, 285; OLG Frankfurt 24.10.2006 – 26 Sch 6/06, SchiedsVZ 2007, 217, 218; *Schwab*/*Walter*, Kap. 8 Rn. 13; Zöller/*Geimer*, § 1029 Rn. 101.

667 BAG 29.6.1978 – 2 AZR 973/77, NJW 1979, 1119, 1120 (Kriegszustand); OLG Koblenz 24.6.2004 – 5 U 1353/02, IHR 2005, 169, 171 (Nichtannahme der Prorogation); LG Köln 19.4.2000 – 4 O 254/98, IPRspr. 2000, 264 (Embargo); vgl. auch *Geimer*, IZPR,

Zwar ist solch eine ergänzende Vertragsauslegung durchaus auch für Schiedsvereinbarungen denkbar, jedoch wird die Konstellation des Rechtsumschwungs davon nicht erfasst. Es handelt sich nicht um Fälle einer absoluten Rechtsschutzverweigerung, da dem Kläger der Weg über das Schiedsverfahren grundsätzlich offensteht. Man könnte allenfalls überlegen, die Wirksamkeit der Schiedsvereinbarung davon abhängig zu machen, dass es im Hinblick auf international zwingende Normen des deutschen Rechts nicht zu einem Rechtsumschwung kommt.[668] Die Annahme einer solchen konkludent vereinbarten Bedingung durch ergänzende Auslegung der Schiedsvereinbarung scheitert allerdings bereits an einem übereinstimmenden hypothetischen Parteiwillen: Es widerspricht nämlich offensichtlich dem Willen der ausländischen Partei, eine Bedingung zu vereinbaren, die die Wirksamkeit der Schiedsabrede gerade dann entfallen lässt, wenn ein für sie positiver, möglicherweise siegbringender Rechtsumschwung zu erwarten ist.[669] Eine ergänzende Vertragsauslegung scheidet als Anknüpfungspunkt für die Kontrolle von Schiedsvereinbarungen mit Potenzial zum Rechtsumschwung daher aus.

## II. Anfechtung

Um den privatautonomen Charakter des Schiedsverfahrens zu wahren, unterliegt eine Schiedsvereinbarung den allgemeinen Anfechtungsregeln.[670] Die durch eine Schiedsabrede herbeigeführte Möglichkeit eines Rechtsumschwungs lässt sich dabei insbesondere unter dem Aspekt des Irrtums überprüfen. Dies liegt deshalb nahe, weil die Folgen einer Schiedsvereinbarung, v.a. im Hinblick auf die Anwendung materiellen Rechts und die Realisierbarkeit bestimmter Ansprüche,

---

Rn. 1763; *ders*, WM 1975, 910 f.; *Weller*, Ordre-public-Kontrolle internationaler Gerichtsstandsvereinbarungen, S. 198 f.

668 Zur Zulässigkeit von bedingten Schiedsvereinbarungen vgl. MüKo-ZPO/*Münch*, § 1029 Rn. 127; Stein/Jonas/*Schlosser*, § 1029 Rn. 10; *Lachmann*, Rn. 410; jeweils m.w.N.

669 *Weller*, Ordre-public-Kontrolle internationaler Gerichtsstandsvereinbarungen, S. 199; *Schütze*, RIW 1982, 773, 775. Zum hypothetischen Parteiwillen als Grundlage für die ergänzende Vertragsauslegung vgl. MüKo-BGB/*Busche*, § 157 Rn. 47 ff.; Palandt/*Ellenberger*, § 157 Rn. 7.

670 BGH 21.11.1966 – VII ZR 174/65, BB 1967, 97; Zöller/*Geimer*, § 1029 Rn. 24; *Lachmann*, Rn. 613 ff.; bis zum Beginn des Schiedsverfahrens auch Schwab/*Walter*, Kap. 8 Rn. 9. Dabei dürfen die Sonderregeln des Schiedsverfahrensrechts jedoch nicht unterlaufen werden, vgl. dazu BGH 10.3.1955 – II ZR 193/53, BGHZ 17, 7, 8 f.; *Lachmann*, Rn. 613 m.w.N.

zumindest einer unerfahrenen Vertragspartei regelmäßig nicht bewusst sein dürften.[671]

Ein derartiger Rechtsfolgenirrtum ist nach ständiger Rechtsprechung und allgemeiner Auffassung in der Literatur als Motivirrtum jedoch grundsätzlich unbeachtlich und berechtigt nicht zur Anfechtung.[672] Eine Ausnahme in Form eines relevanten Inhaltsirrtums kommt allenfalls in Betracht, „wenn infolge Verkennung oder Unkenntnis seiner rechtlichen Bedeutung ein Rechtsgeschäft erklärt ist, das nicht die mit seiner Vornahme erstrebte, sondern eine davon wesentlich verschiedene Rechtswirkung, die nicht gewollt ist, hervorbringt, nicht hingegen, wenn ein rechtsirrtumsfrei erklärtes und gewolltes Rechtsgeschäft außer der mit seiner Vornahme erstrebten Rechtswirkung noch andere, nicht erkannte und nicht gewollte Rechtswirkungen hervorbringt".[673] Angesichts dieser engen Grenzen ist davon auszugehen, dass bei Abschluss einer Schiedsvereinbarung eine Fehlvorstellung über das innerhalb des Schiedsverfahrens zur Anwendung kommende Recht keinen relevanten Rechtsfolgenirrtum darstellt. Die Möglichkeit eines Rechtsumschwungs ist lediglich eine mittelbare Folge der Schiedsvereinbarung, sodass eine diesbezügliche Fehlvorstellung lediglich als Motivirrtum anzusehen ist, der nicht zur Anfechtung berechtigt.[674]

---

671 Vgl. bereits oben § 2 A.; vgl. bezüglich internationaler Gerichtsstandsvereinbarungen auch *Weller,* Ordre-public-Kontrolle internationaler Gerichtsstandsvereinbarungen, S. 196; *Schütze*, RIW 1982, 773.

672 Ständige Rechtsprechung seit RG 3.6.1916 – V 70/16, RGZ 88, 278, 284; vgl. etwa BGH 5.6.2008 – V ZB 150/07, BGHZ 177, 62, 67; BeckOK-BGB/*Wendtland*, § 119 Rn. 32; Erman/*Arnold*, § 119 Rn. 28 f.; Palandt/*Ellenberger*, § 119 Rn. 15 f.

673 RG 3.6.1916 – V 70/16, RGZ 88, 278, 284; RG 7.3.1919 – II 382/18, RGZ 95, 112, 115. In ähnlicher Weise formuliert der BGH: „Ein derartiger Rechtsirrtum berechtigt jedoch nur dann zur Anfechtung, wenn das vorgenommene Rechtsgeschäft wesentlich andere als die beabsichtigten Wirkungen erzeugt. Dagegen ist der nicht erkannte Eintritt zusätzlicher und mittelbarer Rechtswirkungen, die zu den gewollten und eingetretenen Rechtsfolgen hinzutreten, kein Irrtum über den Inhalt der Erklärung mehr, sondern ein unbeachtlicher Motivirrtum.", vgl. BGH 5.6.2008 – V ZB 150/07, BGHZ 177, 62, 67 m.w.N. Noch enger MüKo-BGB/*Armbrüster*, § 119 Rn. 82; NK-BGB/*Feuerborn*, § 119 Rn. 50 f.

674 Vgl. auch *Weller,* Ordre-public-Kontrolle internationaler Gerichtsstandsvereinbarungen, S. 197; ebenso bezüglich eines Irrtums über die Vollstreckungsmöglichkeiten *Schütze*, RIW 1982,773, 778.

## III. Kündigung

Es ist anerkannt, dass eine Schiedsvereinbarung als Dauerschuldverhältnis aus wichtigem Grund gekündigt werden kann.[675] Strengt eine Partei – wie in den hier untersuchten Fällen – entgegen der Schiedsvereinbarung ein Verfahren vor einem ordentlichen Gericht an, kann darin der Versuch einer Kündigung der Schiedsvereinbarung erblickt werden.[676]

Eine Kündigung aus wichtigem Grund ist gem. § 314 Abs. 1 S. 2 BGB möglich, wenn der kündigenden Partei unter Berücksichtigung aller Umstände des Einzelfalls und unter Abwägung der beiderseitigen Interessen ein Festhalten an der Schiedsvereinbarung nicht mehr zugemutet werden kann. Aufgrund der im Vergleich zur staatlichen Gerichtsbarkeit prinzipiell gleichwertigen Rechtsschutzmöglichkeit sind an die Unzumutbarkeit hohe Anforderungen zu stellen: Die Kündigung der Schiedsvereinbarung kommt erst in Betracht, wenn die Gewährung effektiven Rechtsschutzes im Schiedsverfahren ernsthaft gefährdet oder nicht mehr erreichbar ist.[677] Gleiches gilt, wenn man vor Beginn des Schiedsverfahrens entweder mit einem Teil der Rechtslehre[678] ein Rücktritts- anstelle eines Kündigungsrechts annimmt oder mit dem BGH[679] auf eine Gestaltungserklärung verzichtet und auf die Undurchführbarkeit des Verfahrens gem. § 1032 Abs. 1 ZPO abstellt. Zur Unzumutbarkeit der schiedsgerichtlichen Verfahrensführung können insbesondere gravierende Pflichtverletzungen der Gegenseite führen, so z.B. die Nichtzahlung von Kostenvorschüssen[680], eine grundsätzliche

---

675 BGH 30.1.1964 – VII ZR 5/63, BGHZ 41, 104, 108; BGH 10.4.1980 – III ZR 47/79, BGHZ 77, 65, 67; MüKo-ZPO/*Münch*, § 1029 Rn. 128; BeckOK-ZPO/*Wolf/Eslami*, § 1029 Rn. 20; *Lachmann*, Rn. 617; *Schwab/Walter*, Kap. 8 Rn. 11; *Kersting*, SchiedsVZ 2013, 297, 301.

676 So auch *Kersting*, SchiedsVZ 2013, 297, 301.

677 BGH 11.7.1985 – III ZR 33/84, NJW 1986, 2765, 2766; BGH 5.12.1985 – III ZR 180/84, NJW-RR 1986, 1059, 1060; OLG Frankfurt 17.2.2011 – 26 Sch 13/10, SchiedsVZ 2013, 49, 58; OLG München 29.2.2012 – 34 SchH 6/11, SchiedsVZ 2012, 96, 99 f.; MüKo-ZPO/*Münch*, § 1029 Rn. 128; *Lachmann*, Rn. 619.

678 Stein/Jonas/*Schlosser*, § 1029 Rn. 101; Zöller/*Geimer*, § 1029 Rn. 97. Auch das Rücktrittsrecht stellt gem. § 323 Abs. 2 Nr. 3 BGB bzw. § 324 BGB auf die Unzumutbarkeit der Vertragsfortsetzung ab.

679 So nach der Reform des Schiedsverfahrensgesetzes in Abweichung von der bisherigen Rechtsprechung BGH 14.9.2000 – III ZR 33/00, BGHZ 145, 116, 119. Zum Verhältnis zwischen Kündigung und Undurchführbarkeit vgl. *Illmer*, Arglisteinwand, S. 60 ff., 136; *Walter*, ZZP 114 (2001), 99, 100.

680 BGH 30.1.1957 – V ZR 80/55, BGHZ 23, 198, 202; BGH 7.3.1985 – III ZR 169/83, BGHZ 94, 92, 95; Czernich/Geimer/*Hammer*, S. 411, Rn. 44.

und beharrliche Behinderung des Schiedsverfahrens[681], eine unlautere Beeinflussung der Schiedsrichter[682] oder ein Verstoß gegen vereinbarte Geheimhaltungspflichten[683]. Darüber hinaus hat die Rechtsprechung auch bei Umständen, die die Durchführung des Schiedsverfahrens unabhängig vom Parteiverhalten rein praktisch ausschließen, ein Kündigungsrecht angenommen.[684]

Die umfangreiche Kasuistik, die sich in Rechtsprechung und Literatur entwickelt hat, verdeutlicht, dass ein Kündigungsrecht nur bei Eintritt einer erheblichen Störung des äußeren Ablaufs bzw. der Durchführung des Schiedsverfahrens besteht. Hingegen berechtigen Umstände, die zum „sachlichen Inhalt des Streites" gehören, über den das Schiedsgericht überhaupt erst entscheiden soll, nicht zur Kündigung des Schiedsvertrags.[685] Vor diesem Hintergrund besteht auch im Fall eines möglichen Rechtsumschwungs bezüglich einer Eingriffsnorm kein Kündigungsrecht, geht es dabei doch im Kern um die materielle Rechtsanwendung durch das Schiedsgericht.

## IV. Wegfall der Geschäftsgrundlage

Eine Möglichkeit zur Kündigung der Schiedsvereinbarung kann sich als gegenüber einer Vertragsanpassung sekundäre Rechtsfolge auch aus einem Wegfall der Geschäftsgrundlage gem. § 313 Abs. 3 S. 2 BGB ergeben. Ein Wegfall der Geschäftsgrundlage einer Schiedsvereinbarung wird dabei für ähnliche Konstellationen diskutiert wie die Möglichkeit einer Kündigung aus wichtigem Grund. So finden sich Erwägungen zu § 313 BGB etwa in Fällen der kriegsbedingten

---

681 BGH 11.7.1985 – III ZR 33/84, NJW 1986, 2765, 2766; OLG Frankfurt 17.2.2011 – 26 Sch 13/10, SchiedsVZ 2013, 49, 58; OLG Stuttgart 15.11.2007 – 1 SchH 4/07, BeckRS 2009, 13147; Stein/Jonas/*Schlosser*, § 1029 Rn. 100; aufgrund der Reaktionsmöglichkeiten des Schiedsgerichts auf Verfahrensverzögerungen zurückhaltender MüKo-ZPO/*Münch*, § 1029 Rn. 129; BeckOK-ZPO/*Wolf/Eslami*, § 1029 Rn. 20.

682 *Lachmann*, Rn. 621 (Bedrohung oder Bestechung); sehr weitgehend allerdings BGH 11.7.1985 – III ZR 33/84, NJW 1986, 2765, 2766 (Drohung mit der Geltendmachung von Schadensersatzansprüchen bei Erlass eines nachteiligen Urteils).

683 *Lachmann*, Rn. 622; vgl. auch OLG Frankfurt 17.2.2011 – 26 Sch 13/10, SchiedsVZ 2013, 49, 58 f.

684 LG Kassel 2.4.1992 – 11 O 2778/91, NJW 1992, 3107 (kriegsbedingte Nichterreichbarkeit des vereinbarten Schiedsgerichts).

685 BGH 30.1.1957 – V ZR 80/55, BGHZ 23, 198, 203: „Für […] eine Kündigung aus wichtigem Grunde ist hier offensichtlich kein Raum."; vgl. auch BGH 11.7.1985 – III ZR 33/84, NJW 1986, 2765, 2766; zustimmend *Lachmann*, Rn. 624; MüKo-ZPO/*Münch*, § 1029 Rn. 129 f.; vgl. auch *Kersting*, SchiedsVZ 2013, 297, 301.

Unerreichbarkeit des Schiedsorts, der Abweisung des Schiedsverfahrens durch die vereinbarte Schiedsorganisation oder der Mittellosigkeit einer Partei.[686] Diese Störungen betreffen ebenfalls ausschließlich den äußeren Verfahrensablauf und schneiden einer Partei den Rechtsweg zum Schiedsgericht generell ab. Auch im Rahmen des § 313 BGB sind davon Umstände mit einem Bezug zum sachlichen Inhalt des Schiedsverfahrens zu unterscheiden, durch die eine Partei lediglich an der Verwirklichung eines ganz bestimmten Anspruchs gehindert wird.[687] Wird in einem internationalen Vertrag die Zuständigkeit eines Schiedsgerichts vereinbart, kann die Realisierung eines bestimmten Anspruchs, der sich so nur aus deutschem Recht ergibt, keine gemeinsame Geschäftsgrundlage der Schiedsvereinbarung sein.[688] Der ausländische Vertragspartner hat kein Interesse daran, einen Umstand zur Vertragsgrundlage zu machen, der dazu führt, dass bei für ihn günstigen Prozesschancen eine Anpassung oder Kündigung der Schiedsvereinbarung möglich ist. Es handelt sich also allenfalls um eine einseitige Vorstellung der Partei, die von der Anwendung der jeweiligen Eingriffsnorm profitiert; solche einseitigen Erwartungen einer Partei an einen Vertrag begründen jedoch grundsätzlich keine Geschäftsgrundlage.[689]

## V. AGB-Kontrolle

Schiedsvereinbarungen werden meist nicht individualvertraglich ausgehandelt, sondern sind regelmäßig als vorformulierte Klauseln in Allgemeinen Geschäftsbedingungen enthalten. Dies gilt sowohl für den unternehmerischen Rechtsverkehr als auch für Verträge mit Verbraucherbeteiligung.[690] Daher kommt als möglicher Anknüpfungspunkt die Kontrolle einer AGB-Schiedsklausel an den Anforderungen der §§ 305 ff. BGB in Betracht. Schiedsvereinbarungen mit Potenzial zum Rechtsumschwung lassen sich dabei insbesondere unter den Aspekten der überraschenden Klausel und der Inhaltskontrolle überprüfen.

---

686 Vgl. *Schlosser*, RipS, Rn. 439; *Schwab/Walter*, Kap. 8 Rn. 13; *Illmer*, Arglisteinwand, S. 38 ff.

687 Vgl. auch *Maier*, NJW 1959, 1470, 1472; *Schlosser*, RipS, Rn. 444.

688 Bezüglich einer internationalen Gerichtsstandsvereinbarung *Maier*, NJW 1959, 1470, 1472.

689 BGH 27.06.2012 – XII ZR 47/09, NJW 2012, 2728, 2729; MüKo-BGB/*Finkenauer*, § 313 Rn. 57, 272; Erman/*Böttcher*, § 313 Rn. 17 f.; jeweils m.w.N.

690 Insbesondere bei der Vereinbarung institutioneller Schiedsverfahren werden regelmäßig die von der jeweiligen Schiedsinstitution empfohlenen, vorformulierten Klauseln übernommen, vgl. *Duve/Sattler*, FS Graf v. Westphalen, S. 81, 100.

Zuvor ist jedoch zu klären, ob und inwieweit die Kontrolle von Schiedsvereinbarungen am Maßstab der AGB-Vorschriften überhaupt möglich ist.

### 1. *Anwendbarkeit der §§ 305 ff. BGB neben schiedsrechtlichen Vorschriften*

Sowohl die internationalen Übereinkommen aus dem Bereich der Schiedsgerichtsbarkeit als auch die ZPO enthalten einige spezielle Vorgaben zum Zustandekommen von Schiedsvereinbarungen. Fraglich ist, ob diese schiedsrechtlichen Sondervorschriften der Kontrolle einer Schiedsvereinbarung gem. §§ 305 ff. BGB entgegenstehen.

#### *a) Internationale Übereinkommen*

##### aa) NYÜ

Art. II Abs. 1 NYÜ sieht für den Abschluss einer Schiedsvereinbarung ein durch Abs. 2 konkretisiertes Schriftformerfordernis vor, das u.a. eine tatsächliche und bewusste rechtsgeschäftliche Einigung der Parteien über die Schiedsvereinbarung sicherstellen soll.[691] Es handelt sich um eine einheitsrechtliche Vorschrift, die in ihrem Anwendungsbereich die Obergrenze in Bezug auf die für Schiedsvereinbarungen geltenden Formerfordernisse markiert und strengere nationale Vorschriften mit ähnlicher Zielrichtung verdrängt.[692] Für die Frage nach der Anwendbarkeit der nationalen AGB-Vorschriften bedeutet dies, dass zwischen den beiden Elementen einer AGB-Kontrolle, nämlich der Einbeziehungskontrolle einerseits und der Inhaltskontrolle andererseits, zu differenzieren ist.

Bei der Einbeziehungskontrolle geht es darum, ob die Klausel in formeller Hinsicht überhaupt wirksamer Bestandteil des Vertrags geworden ist. Die von den §§ 305 Abs. 2, 3, 305c BGB statuierten Mindesterfordernisse sollen dabei – ebenso wie das Schriftformerfordernis des Art. II Abs. 1, 2 NYÜ – eine tatsächliche Willenseinigung garantieren.[693] Aufgrund des identischen Schutzzwecks

---

691 Reithmann/Martiny/*Hausmann*, Rn. 8.310; Kronke/*Schramm*/*Geisinger*/*Pinsolle*, Global Commentary NYC, S. 74. Zum Formerfordernis des Art. II NYÜ bereits oben § 6 B.

692 Kronke/*Schramm*/*Geisinger*/*Pinsolle*, Global Commentary NYC, S. 46 f., 73 f.; Stein/Jonas/*Schlosser*, Anhang § 1061 Rn. 55; *Kröll*, SchiedsVZ 2009, 40, 45.

693 Vgl. die Gesetzesbegründung zu §§ 2, 3 AGBG (inzwischen §§ 305 Abs. 2, 3; 305c BGB), BT-Drucks. 7/3919, S. 13 li. Sp.: „Demgegenüber will § 2 des Entwurfs sicherstellen, dass die Einbeziehung von AGB in den Einzelvertrag wieder fest auf dem Boden des nach dem Bürgerlichen Gesetzbuch maßgeblichen rechtsgeschäftlichen

werden die nationalen Vorschriften durch die Sonderregeln des NYÜ verdrängt.[694] Daher unterliegen Schiedsvereinbarungen, die in den Anwendungsbereich des NYÜ fallen, selbst dann nicht den abschlusskontrollierenden Vorschriften des deutschen Klauselrechts, wenn deutsches Recht das Schiedsvereinbarungsstatut stellt.

Im Gegensatz dazu verfolgt die Inhaltskontrolle gem. §§ 307 ff. BGB einen eher materiellen Ansatz, indem die inhaltliche Angemessenheit der Vereinbarung überprüft wird. Insoweit liegt ein von Art. II Abs. 1, 2 NYÜ abweichender Regelungszweck vor, sodass die nationalen Vorschriften zur Inhaltskontrolle unberührt bleiben und auch im Geltungsbereich des Übereinkommens anwendbar sind.[695]

#### bb) EuÜ

Art. I Abs. 1 lit. a) EuÜ enthält bezüglich der Form der Schiedsvereinbarung eine einheitsrechtliche Regelung, die sowohl inhaltlich als auch bezüglich ihrer Zielsetzung weitgehend mit Art. II Abs. 2 NYÜ übereinstimmt.[696] Die Vorschrift schließt ebenfalls die Anwendung strengerer Vorschriften des nationalen Rechts aus, soweit diese einen vergleichbaren Zweck verfolgen.[697] Damit ergibt sich im Hinblick auf die Anwendbarkeit des deutschen AGB-Rechts eine dem NYÜ entsprechende Rechtslage: Eine Inhaltskontrolle nach den §§ 307 ff. BGB bleibt auch im Anwendungsbereich des EuÜ möglich. Die Anwendung der Vorschriften zur Einbeziehungskontrolle scheidet hingegen aufgrund des vergleichbaren Schutzzwecks des vorrangigen Art. I Abs. 2 lit. a) EuÜ aus.

---

Vertragswillens verankert wird […]. Entsprechendes soll nach § 3 des Entwurfs für sogenannte überraschende Klauseln in AGB gelten."

694 Kronke/*Schramm*/*Geisinger*/*Pinsolle*, Global Commentary NYC, S. 73; MüKo-ZPO/*Adolphsen*, § 1061 Anh. 1, Art. II UNÜ Rn. 17; Reithmann/Martiny/*Hausmann*, Rn. 8.292; *Schwab*/*Walter*, Kap. 44 Rn. 9; *Gildeggen*, Schiedsvereinbarungen in AGB, S. 142; *Niedermaier*, Schiedsvereinbarungen in strukturellen Ungleichgewichtslagen, S. 197; *Samtleben*, IPRax 2011, 469, 473; *Eichel*, IPRax 2010, 219, 221.

695 Reithmann/Martiny/*Hausmann*, Rn. 8.292; *Schwab*/*Walter*, Kap. 44 Rn. 9; *Gildeggen*, Schiedsvereinbarungen in AGB, S. 142 f.; *Niedermaier*, Schiedsvereinbarungen in strukturellen Ungleichgewichtslagen, S. 197; *Samtleben*, IPRax 2011, 469, 473; *Eichel*, IPRax 2010, 219, 221.

696 Siehe oben § 6 B.

697 BGH 2.12.1982 – III ZR 85/81, NJW 1983, 1267, 1268; Reithmann/Martiny/*Hausmann*, Rn. 8.325 m.w.N.

### *b) Autonomes Recht*

Auch im nationalen Recht lässt sich die Frage nach den Auswirkungen der schiedsrechtlichen Formvorschriften auf die Anwendbarkeit der §§ 305 ff. BGB aufwerfen. Dies gilt insbesondere für § 1031 Abs. 5 ZPO, der Verbraucher mit erhöhten Formerfordernissen vor Schiedsvereinbarungen schützt. So wird teilweise vertreten, dass § 1031 Abs. 5 ZPO – der die Einbeziehungskontrolle zumindest faktisch überflüssig macht[698] – auch eine Inhaltskontrolle am Maßstab der §§ 307 ff. BGB verdrängt. Bei Einhaltung der Voraussetzungen des § 1031 Abs. 5 ZPO sei dem Schutzbedürfnis des Verbrauchers bereits hinreichend Rechnung getragen, sodass eine ergänzende Anwendung der allgemeinen AGB-Vorschriften entbehrlich sei.[699] Der BGH konnte die Frage, ob und inwieweit eine formularmäßige Schiedsvereinbarung über die Anforderungen des § 1031 Abs. 5 ZPO hinaus der Kontrolle nach den Vorschriften des AGB-Rechts zu unterwerfen ist, bisher offen lassen.[700]

Bezüglich der Inhaltskontrolle können die Formvorschriften des § 1031 ZPO allerdings schon deshalb keine Sperrwirkung entfalten, weil die jeweiligen Vorschriften völlig unterschiedliche Ziele verfolgen. Insbesondere § 1031 Abs. 5 ZPO ist als Formvorschrift lediglich „Garant der tatsächlichen Willenseinigung“[701], kann aber eine inhaltliche Kontrolle der Schiedsvereinbarung auf ihre Angemessenheit nicht ersetzen.[702]

---

698 Die erhöhten Formerfordernisse des § 1031 Abs. 5 ZPO sorgen bereits für die notwendige Möglichkeit der Kenntnisnahme und eine ausreichende Aufklärung des Verbrauchers, sodass die wirksame Einbeziehung der Klausel regelmäßig nicht mehr infrage gestellt werden kann. Vgl. dazu *Duve/Sattler*, FS Graf v. Westphalen, S. 81, 101; *Haas/Hauptmann*, SchiedsVZ 2004, 175, 178; siehe auch sogleich § 7 B. V. 2.

699 *Schwab/Walter*, Kap. 5 Rn. 14; Graf von Westphalen/Thüsing/*Graf von Westphalen*, Schiedsgerichtsklauseln, Rn. 9. Nicht durch das in § 1031 Abs. 5 ZPO enthaltene Erfordernis einer eigenständigen Urkunde ausgeschlossen, ist die Einordnung der Schiedsvereinbarung als AGB selbst, da § 305 Abs. 1 BGB ausdrücklich auch äußerlich gesonderte Bestandteile des Vertrags erfasst.

700 BGH 13.1.2005 – III ZR 265/03, BGHZ 162, 9, 15; BGH 1.3.2007 – III ZR 164/06, SchiedsVZ 2007, 163, 164. Die Schiedsvereinbarung genügte in beiden Fällen den Maßstäben des AGB-Rechts, sodass auch dessen Anforderungen im Ergebnis nicht zur Unwirksamkeit der Schiedsvereinbarung geführt hätten.

701 *Lindacher*, FS Habscheid, S. 167, 170.

702 BeckOGK/*Fehrenbach*, BGB, § 307 Schiedsgerichtsklausel, Rn. 76; *Haas/Hauptmann*, SchiedsVZ 2004, 175, 178; dazu ausführlicher *Jordans*, Schiedsgerichte bei Termingeschäften, S. 85 f.

Ein Ausschluss der Einbeziehungskontrolle durch § 1031 ZPO erscheint – entsprechend der teleologischen Argumentation zur Sperrwirkung der Formvorschriften des NYÜ bzw. des EuÜ[703] – hingegen durchaus naheliegend. Jedoch geht die Gesetzesbegründung zu § 1031 ZPO davon aus, dass eine AGB-Schiedsvereinbarung sowohl der Einbeziehungs- als auch der Inhaltskontrolle gem. §§ 305 ff. unterfällt.[704] Mit Blick auf die europäische Klauselrichtlinie[705] ist die konkurrierende Anwendung der Vorschriften jedenfalls im Verbraucher-Unternehmer-Verhältnis auch europarechtlich zwingend: Der EuGH hat unter Rückgriff auf lit. q) des Richtlinienanhangs entschieden, dass eine Schiedsklausel in einem Verbrauchervertrag im Einzelfall als missbräuchlich im Sinne des Art. 3 der Klauselrichtlinie angesehen werden kann.[706] Nach dem Gebot richtlinienkonformer Auslegung des nationalen Rechts[707] sind die §§ 1029 ff. ZPO deshalb dahingehend auszulegen, dass die dortigen schiedsrechtlichen Wirksamkeitserfordernisse eine Kontrolle der Schiedsklausel nach den die Klauselrichtlinie umsetzenden §§ 305 ff. BGB nicht ausschließen.[708] Für die Annahme eines Spezialverhältnisses zwischen § 1031 ZPO und den Vorschriften des AGB-Rechts ist daher sowohl aus deutscher als auch aus europäischer Sicht kein Raum.[709]

---

703 Dazu soeben § 7 B. V. 1. a).

704 BT-Drucks. 13/5274, S. 37 li. Sp.: „Zu einem Bestandteil des Vertrags wird die Schiedsvereinbarung allerdings nur, wenn die Vorschriften des AGB-Gesetzes beachtet sind."

705 Richtlinie 93/13/EWG des Rates vom 5. April 1993 über mißbräuchliche Klauseln in Verbraucherverträgen, ABlEG. 1993 L 95, S. 29 ff.; umgesetzt durch Gesetz zur Änderung des AGB-Gesetzes und der Insolvenzordnung vom 19.7.1996, BGBl. I 1996, 1013 ff.

706 EuGH 3.4.2014 – C-342/13 (*Sebestyén*), BeckRS 2014, 81587; vgl. auch EuGH 6.10.2009 – C-40/08 (*Asturcom*), SchiedsVZ 2010, 110 ff.; EuGH 26.10.2006 – C-168/05 (*Mostaza Claro*), SchiedsVZ 2007, 46 ff.

707 Dazu etwa EuGH 5.10.2004 – C-397/01 (*Pfeiffer*), Rn. 113 ff., NJW 2004, 3547, 3549 m.w.N.; EuGH 10.4.1984 – 14/83 (*von Colson*), NJW 1984, 2021, 2022.

708 Czernich/Geimer/*Hammer*, S. 414 f., Rn. 61 ff.

709 So auch die instanzgerichtliche Rechtsprechung, vgl. OLG Brandenburg 16.2.2011 – 13 U 11/10, MDR 2011, 941 f.; OLG Koblenz 23.4.2010 – 1 U 833/09, IBR 2011, 116; OLG Frankfurt 12.5.2009 – 14 Sch 4/09, NJW-RR 2010, 788, 789. Ebenso die überwiegende Literatur, vgl. etwa Ulmer/Brandner/Hensen/*Schmidt*, AGB, S. 1771 f., Rn. 3 f.; *Duve/Sattler*, FS Graf v. Westphalen, S. 81, 101; *Mäsch*, FS Schlosser, S. 529, 534; *Jordans*, Schiedsgerichte bei Termingeschäften, S. 85 f.; *Niedermaier*, Schiedsvereinbarungen in strukturellen Ungleichgewichtslagen, S. 237; *Haas/Hauptmann*, SchiedsVZ 2004, 175, 178; *Hanefeld/Wittinghofer*, SchiedsVZ 2005, 217, 219 ff.; *Wagner/Quinke*, JZ 2005, 932, 935.

## 2. *Schiedsvereinbarung als überraschende Klausel, § 305c BGB*

Eine erste Hürde für Schiedsvereinbarungen stellt die Abschlusskontrolle, insbesondere das Verbot überraschender Klauseln gem. § 305c Abs. 1 BGB dar. Sie besteht allerdings nur bei Schiedsverfahren, die weder unter das NYÜ noch unter das EuÜ fallen, insbesondere also bei inländischen Verfahren. Denn es handelt sich hierbei um eine Frage der ordnungsgemäßen Einbeziehung der Schiedsklausel,[710] die im Anwendungsbereich der Übereinkommen durch deren einheitsrechtliche Formvorschriften abschließend beantwortet wird.[711]

Inzwischen besteht weitgehend Einigkeit, dass der Vereinbarung eines Schiedsverfahrens weder im unternehmerischen Geschäftsverkehr noch bei Verbraucherbeteiligung das Überraschungsverbot entgegensteht. Bei Verbraucherbeteiligung verhindert jedenfalls das Formgebot des § 1031 Abs. 5 ZPO, welches eine eigenhändige Unterzeichnung der Schiedsvereinbarung in einer besonderen Urkunde verlangt, eine Überrumpelung des Verbrauchers durch eine im Kleingedruckten versteckte Schiedsvereinbarung, sodass das für § 305c BGB notwendige Überraschungsmoment regelmäßig entfällt.[712] Im unternehmerischen Rechtsverkehr hat sich die Schiedsgerichtsbarkeit heute zu einer derart gebräuchlichen Alternative zur staatlichen Gerichtsbarkeit entwickelt, dass eine Schiedsvereinbarung – trotz geringerer Formerfordernisse – ebenfalls kaum mehr als überraschende Klausel angesehen werden kann.[713]

## 3. *Inhaltskontrolle gem. §§ 307 ff. BGB*

Wurde die Schiedsklausel formell wirksamer Vertragsbestandteil, unterliegt sie der Inhaltskontrolle nach §§ 307 ff. BGB. Dies gilt nach dem oben Gesagten unabhängig davon, ob die Schiedsvereinbarung dem NYÜ, dem EuÜ oder

---

710 BeckOGK/*Bonin*, BGB, § 305c Rn. 1; Palandt/*Grüneberg*, § 305c Rn. 1.

711 Zum Verhältnis zwischen der klauselrechtlichen Einbeziehungskontrolle und den Formvorschriften des NYÜ bzw. des EuÜ soeben § 7 B. V. 1. a).

712 BGH 13.1.2005 – III ZR 265/03, BGHZ 162, 9, 15 m.w.N.; MüKo-ZPO/*Münch*, § 1031 Rn. 59 („prozessual geronnene Ausprägung des Überraschungsverbots"); Ulmer/Brandner/Hensen/*Schmidt*, AGB, S. 1772, Rn. 4; *Duve/Sattler*, FS Graf v. Westphalen, S. 81, 100; *Mäsch*, FS Schlosser, S. 529, 534; a.A. OLG Düsseldorf, IPRax 1997, 118, 121; *Raeschke-Kessler*, WM 1998, 1205, 1209.

713 OLG München 16.8.2017 – 34 SchH 14/16 (juris-Rn. 83); BeckOGK/*Fehrenbach*, BGB, § 307 Schiedsgerichtsklausel, Rn. 32; MüKo-ZPO/*Münch*, § 1029 Rn. 22 f.; *Duve/Sattler*, FS Graf v. Westphalen, S. 81, 100; *Hanefeld/Wittinghofer*, SchiedsVZ 2005, 217, 222.

allein der ZPO unterfällt.[714] Zweifel an der Kontrollfähigkeit einer Schiedsvereinbarung mit Blick auf § 307 Abs. 3 BGB bestehen nach heutiger Ansicht nicht mehr.[715] Zwar beruht die Schiedsvereinbarung auf der gesetzlichen Erlaubnis, ein bestimmtes Rechtsverhältnis der Entscheidung durch ein Schiedsgericht zu unterwerfen (§ 1029 Abs. 1 ZPO), sodass der Verwender einer AGB-Schiedsklausel im Prinzip nur den Gestaltungsspielraum nutzt, der sich aus dieser Erlaubnisnorm für die Vertragsgestaltung ergibt.[716] Allerdings weicht er damit von der gesetzlich vorgesehenen und ohne entsprechende Vereinbarung geltenden Grundregel eines staatlichen Gerichtsverfahrens ab, was eine Inhaltskontrolle der Schiedsvereinbarung rechtfertigt.[717]

Im Rahmen der Inhaltskontrolle sind die speziellen Klauselkataloge der §§ 308, 309 BGB gegenüber der Generalklausel des § 307 BGB vorrangig.[718] Sie enthalten allerdings keine Regelung, die sich konkret auf Schiedsvereinbarungen oder -verfahren bezieht. Auch der neu eingefügte § 309 Nr. 14 BGB ist nicht auf Schiedsvereinbarungen anwendbar. Die Vorschrift verbietet lediglich Klauseln, die der gerichtlichen Geltendmachung eines Anspruchs ein gütliches Verfahren zur außergerichtlichen Streitbeilegung vorschalten. Bei Schiedsverfahren handelt es sich hingegen um gerichtliche Verfahren, die zudem nicht auf eine gütliche Einigung, sondern eine verbindliche Streitentscheidung abzielen.[719] Im Unternehmerverkehr ist § 307 BGB gem. § 310 Abs. 1 S. 1 BGB ohnehin ausschließlicher Kontrollmaßstab. Mangels vorrangiger Sondervorschriften erfolgt die Inhaltskontrolle von Schiedsvereinbarungen daher allein nach § 307 BGB.

Gemäß § 307 Abs. 1 S. 1 BGB sind Bestimmungen in AGB unwirksam, wenn sie den Vertragspartner des Verwenders entgegen den Geboten von Treu und

---

714 Zum Verhältnis zwischen der klauselrechtlichen Inhaltskontrolle und den Vorschriften des Schiedsverfahrensrechts siehe oben § 7 B. V. 1.

715 Vgl. BeckOGK/*Fehrenbach*, BGB, § 307 Schiedsgerichtsklausel, Rn. 52; MüKo-ZPO/*Münch*, § 1029 Rn. 23; Wolf/Lindacher/Pfeiffer/*Hau*, AGB, Schiedsklauseln Rn. 3. Auch der Gesetzgeber geht davon aus, dass Schieds- und Schiedsverfahrensvereinbarungen einer Inhaltskontrolle gem. §§ 307 ff. BGB unterliegen, vgl. BT-Drucks. 13/5274, S. 37 li. Sp.

716 Diesen Gedanken aufwerfend *Duve/Sattler*, FS Graf v. Westphalen, S. 81, 100 f.; *Niedermaier*, Schiedsvereinbarungen in strukturellen Ungleichgewichtslagen, S. 251; näher zur Kontrollfähigkeit von Klauseln, die gesetzliche Gestaltungsmöglichkeiten nutzen MüKo-BGB/*Wurmnest*, § 307 Rn. 9 f.

717 MüKo-ZPO/*Münch*, § 1029 Rn. 23; *Duve/Sattler*, FS Graf v. Westphalen, S. 81, 101; *Niedermaier*, Schiedsvereinbarungen in strukturellen Ungleichgewichtslagen, S. 251.

718 Vgl. nur Palandt/*Grüneberg*, § 307 Rn. 1 f.

719 BeckOGK/*Weiler*, BGB, § 309 Nr. 14 Rn. 25; i.E. auch *Gössl*, NJW 2016, 838, 839.

Glauben unangemessen benachteiligen. Eine Benachteiligung ist nach ständiger Rechtsprechung unangemessen, wenn der Verwender der AGB durch einseitige Vertragsgestaltung missbräuchlich versucht, eigene Interessen auf Kosten seines Vertragspartners durchzusetzen, ohne auch dessen Belange hinreichend zu berücksichtigen und ihm einen angemessenen Ausgleich zu gewähren.[720] Für die vorliegende Untersuchung ergibt sich damit die Frage, wie sich die klauselrechtliche Inhaltskontrolle auf eine Schiedsvereinbarung mit Potenzial zum Rechtsumschwung auswirkt. Da der Kontrollmaßstab gem. § 310 Abs. 1 S. 2 BGB je nach den beteiligten Vertragsparteien variieren kann, ist dabei zumindest im Ausgangspunkt zwischen AGB mit Verbraucherbeteiligung und solchen zwischen Unternehmern zu differenzieren.

#### a) *Verwendung von Schiedsklauseln gegenüber Verbrauchern*

Bei Beteiligung eines Verbrauchers ist die Inhaltskontrolle von AGB wesentlich von der europäischen Klauselrichtlinie[721] geprägt, die durch §§ 305 ff. BGB in deutsches Recht umgesetzt wurde. Von besonderer Bedeutung für die richtlinienkonforme Auslegung des nationalen Rechts ist der Katalog im Anhang der Richtlinie, der beispielhaft verschiedene Klauseln enthält, die insbesondere für missbräuchlich erklärt werden können.[722] Dazu zählen nach Nr. 1 lit. q) des Anhangs auch solche Klauseln, durch die „dem Verbraucher die Möglichkeit, Rechtsbehelfe bei Gericht einzulegen oder sonstige Beschwerdemittel zu ergreifen, genommen oder erschwert wird". Als Regelbeispiel wird dazu u.a. eine Klausel genannt, mit der der Verbraucher „ausschließlich auf ein nicht unter die rechtlichen Bestimmungen fallendes Schiedsgerichtsverfahren verwiesen wird".

##### aa) Schiedsvereinbarung als solche keine unangemessene Benachteiligung

Teilweise wird unter Verweis auf dieses Klauselverbot die Einschränkung des Zugangs zu staatlichen Gerichten bei Verbraucherbeteiligung als generell missbräuchlich und eine AGB-Schiedsvereinbarung dementsprechend als vollkommen unzulässig angesehen.[723] Andere wollen Verbraucherschiedsvereinbarungen

---

720 Vgl. nur BGH 20.1.2016 – VIII ZR 26/15, NJW 2016, 1230, 1232; BGH 17.9.2009 – III ZR 207/08, NJW 2010, 57, 58; Palandt/*Grüneberg*, § 307 Rn. 12; jeweils m.w.N.

721 Richtlinie 93/13/EWG des Rates vom 5. April 1993 über mißbräuchliche Klauseln in Verbraucherverträgen, ABlEG. 1993 L 95, S. 29 ff.

722 MüKo-BGB/*Wurmnest*, § 307 Rn. 26; Palandt/*Grüneberg*, § 310 Rn. 23 ff.

723 *Thode*, DNotZ 2007, 404, 407 ff.; *Graf v. Westphalen*, ZIP 2013, 2184, 2189 f.; *Raeschke-Kessler*, WM 1998, 1205, 1207 ff.; *Gildeggen*, Schiedsvereinbarungen in AGB, S. 223.

zumindest dann noch anerkennen, wenn der Verwender ein berechtigtes Interesse an der Durchführung des Schiedsverfahrens unter Ausschluss des ordentlichen Rechtswegs nachweist.[724]

Beide Auffassungen implizieren, dass der Rechtsschutz durch Schiedsgerichte demjenigen durch staatliche Gerichte prinzipiell unterlegen ist, sodass schon die Vereinbarung eines Schiedsverfahrens als solche – zumindest grundsätzlich – zu einer unangemessenen Benachteiligung des Vertragspartners führt. Dies widerspricht jedoch der Auffassung des deutschen Gesetzgebers, der die Schiedsgerichtsbarkeit als eine der staatlichen Gerichtsbarkeit gleichwertige Rechtsschutzmöglichkeit ansieht.[725] Gleiches gilt mit Blick auf die Klauselrichtlinie für den Unionsgesetzgeber: Wie die systematische Differenzierung innerhalb des in lit. q) des Anhangs genannten Regelbeispiels zeigt, werden formularmäßige Schiedsvereinbarungen mit Verbrauchern nicht per se als missbräuchlich angesehen. Schiedsverfahren, die „unter die rechtlichen Bestimmungen“ fallen, werden gerade nicht als unangemessene Benachteiligung eingestuft. Offen bleibt allerdings, was mit dieser Formulierung genau gemeint ist. Überwiegend werden darunter jedenfalls solche Schiedsverfahren verstanden, die gesetzlich zulässig sind und sich strikt an dem vom Gesetzgeber im Heimatland des Verbrauchers für Schiedsverfahren vorgegebenen Leitbild – in Deutschland also den §§ 1025 ff. ZPO – orientieren.[726] Inwieweit Abweichungen von den dispositiven Bestimmungen des maßgeblichen Schiedsrechts vereinbart werden dürfen, ist weitgehend unklar. Geringe Abweichungen von den nationalen Verfahrensregeln, die den Grundgedanken des gesetzlichen Verfahrens nicht unterlaufen und die Rechtsstellung des Verbrauchers nicht wesentlich verschlechtern, werden meist als zulässig erachtet.[727] Dafür spricht neben § 1042 Abs. 3 ZPO, der ausdrücklich einen Dispositionsspielraum eröffnet, auch, dass bei einer grundsätzlichen Billigung der Schiedsvereinbarung kleinere Modifikationen des Verfahrens

---

724 Ulmer/Brandner/Hensen/*Schmidt*, AGB, S. 1772 f., Rn. 4, der zugleich darauf hinweist, dass ein solches Interesse nur in Ausnahmefällen bestehen dürfte; ebenso *Haas/Hauptmann*, SchiedsVZ 2004, 175, 179 f.

725 BT-Drucks. 13/5274, S. 34 li und re. Sp.: „Schiedsgerichtsbarkeit als eine der staatlichen Gerichtsbarkeit im Prinzip gleichwertige Rechtsschutzmöglichkeit“.

726 BGH 13.1.2005 – III ZR 265/03, BGHZ, 162, 9, 17 m.w.N.; Wolf/Lindacher/Pfeiffer/*Pfeiffer*, AGB, Klauselrichtlinie Anh. Rn. 148 f.

727 Wolf/Lindacher/Pfeiffer/*Pfeiffer*, AGB, Klauselrichtlinie Anh. Rn. 150; Stein/Jonas/*Schlosser*, § 1029 Rn. 45; *Mäsch*, JZ 2008, 359, 361; *ders.* FS Schlosser, S. 529, 536 f.; *Huber/Bach*, SchiedsVZ 2005, 98, 100; *Lachmann/Lachmann*, BB 2000, 1633, 1638 f.; noch weitergehend *Jordans*, Schiedsgerichte bei Termingeschäften, S. 106.

noch keine „unangemessene" Benachteiligung i.S.d. § 307 BGB begründen. Unabhängig von den genauen Grenzen lässt sich jedenfalls festhalten, dass auch der europäische Gesetzgeber in AGB-Schiedsvereinbarungen grundsätzlich keine unangemessene Benachteiligung erkennt, sondern allenfalls bestimmte Ausgestaltungsformen missbilligt.[728] Auch der BGH geht daher zutreffend davon aus, dass eine AGB-Schiedsvereinbarung mit Verbrauchern im Grundsatz keine unangemessene Benachteiligung begründet.[729] Ein besonderes Verwenderinteresse an der Vereinbarung eines Schiedsverfahrens wird – zumindest als Voraussetzung für die Wirksamkeit der Schiedsvereinbarung – ebenfalls abgelehnt.[730]

#### bb) Ausgestaltung des Schiedsverfahrens als unangemessene Benachteiligung

Dass eine Schiedsvereinbarung für sich genommen keine unangemessene Benachteiligung des Verbrauchers darstellt, lässt nicht den Umkehrschluss zu, dass jede Vereinbarung eines Schiedsverfahrens den Anforderungen des Klauselrechts standhält. Der Schwerpunkt der Inhaltskontrolle verschiebt sich lediglich von der Schiedsabrede als solcher hin zur konkreten Ausgestaltung der Klausel.[731] Schiedsvereinbarungen mit Potenzial zum Rechtsumschwung sind dabei typischerweise so ausgestaltet, dass sie neben der Schiedsabrede selbst bereits eine Festlegung des Schiedsorts enthalten.

Davon ausgehend bietet sich bereits der Schiedsort als Anknüpfungsmerkmal für eine unangemessene Benachteiligung des Vertragspartners an. Als Ausgangspunkt einer inhaltlichen Beurteilung von Vereinbarungen über den

---

728 *Niedermaier*, Schiedsvereinbarungen in strukturellen Ungleichgewichtslagen, S. 257 f.; *Mäsch*, JZ 2008, 359, 361. Auch der EuGH erkennt AGB-Schiedsvereinbarungen mit Verbrauchern grundsätzlich an, vgl. EuGH 3.4.2014 – C-342/13 (*Sebestyén*), BeckRS 2014, 81587; EuGH 6.10.2009 – C-40/08 (*Asturcom*), SchiedsVZ 2010, 110 ff.

729 BGH 1.3.2007 – III ZR 164/06, SchiedsVZ 2007, 163, 164; BGH 13.1.2005 – III ZR 265/03, BGHZ 162, 9, 16 f. Zustimmend *Duve/Sattler*, FS Graf v. Westphalen, S. 81, 99; *Herresthal*, ZIP 2014, 345, 352; *Wagner/Quinke*, JZ 2005, 932, 934; *Huber/Bach*, SchiedsVZ 2005, 98, 100; i.E. wohl auch BeckOGK/*Fehrenbach*, BGB, § 307 Schiedsgerichtsklausel, Rn. 75.

730 BGH 13.1.2005 – III ZR 265/03, BGHZ 162, 9, 16; zustimmend *Duve/Sattler*, FS Graf v. Westphalen, S. 81, 102; *Jordans*, Schiedsgerichte bei Termingeschäften, S. 93; *Herresthal*, ZIP 2014, 345, 352. Dies schließt jedoch nicht aus, ein besonderes Interesse des Verwenders als Faktor der Gesamtabwägung bei der Beurteilung der Unangemessenheit der Klausel zu berücksichtigen.

731 Vgl. etwa OLG Hamm 9.7.2013 – 21 U 16/13, SchiedsVZ 2014, 38, 44; *Hanefeld/Wittinghofer*, SchiedsVZ 2005, 217, 222 f.

Schiedsort kann auf die Rechtsprechung des EuGH zurückgegriffen werden. In der Rechtssache *Océano Grupo* hat der Gerichtshof entschieden, dass eine Gerichtsstandsvereinbarung in einem nationalen Verbrauchervertrag, die auch Rechtsstreitigkeiten mit geringem Streitwert ausschließlich dem Gericht am Sitz des Unternehmers zuweist, als missbräuchlich im Sinne des Art. 3 Abs. 1 der Klauselrichtlinie in Verbindung mit lit. q) des Anhangs anzusehen ist.[732] Diese Einordnung wurde in nachfolgenden Entscheidungen bestätigt und ausgeweitet. In der Rechtssache *Pannon GSM* hat der Gerichtshof zwar die konkrete inhaltliche Prüfung der Klausel dem nationalen Gericht überlassen, dabei jedoch erneut betont, dass eine Gerichtsstandsvereinbarung, welche für alle Streitigkeiten die ausschließliche Zuständigkeit des Gerichts vorsieht, in dessen Bezirk der Unternehmer seine Niederlassung hat, als missbräuchlich angesehen werden kann.[733] In der Entscheidung *Ferenc Schneider* wurde diese Rechtsprechung dahingehend fortgeführt, dass eine Gerichtsstandsklausel in einem Verbrauchervertrag auch dann missbräuchlich sein kann, wenn sie ein Gericht für zuständig erklärt, das sich zwar nicht unmittelbar am Sitz des Unternehmers, aber in dessen geographischer und verkehrstechnischer Nähe befindet.[734] In allen Entscheidungen begründete der Gerichtshof seine Auffassung mit der gleichen Argumentation: Aufgrund der weiteren Distanz zum Gerichtsort sei die Rechtsverfolgung für den Verbraucher mit einem deutlich erhöhten Aufwand verbunden, was sich insbesondere bei Rechtsstreitigkeiten mit geringem Streitwert als abschreckend erweisen und ihn von einer Beschreitung des Rechtswegs abhalten könne. Im Gegensatz dazu erlange der Unternehmer durch die Bündelung aller Rechtsstreitigkeiten vor einem nahegelegenen Gericht erhebliche Organisations- und Kostenvorteile. Dieses Missverhältnis von Vor- und Nachteilen, die Unternehmer und Verbraucher aus der Vereinbarung erlangten, lasse die Klausel als missbräuchlich im Sinne des Art. 3 Abs. 1 der Klauselrichtlinie erscheinen.[735] Diese Wertung lässt sich auf Vereinbarungen über den Schiedsort übertragen, da deren praktische Folgen bezüglich des Organisations- und Kostenaufwandes für

---

732 EuGH 27.6.2000 – C-240/98 (*Océano Grupo*), Rn. 24, NJW 2000, 2571, 2572.

733 EuGH 4.6.2009 – C-243/08 (*Pannon GSM*), Rn. 44, NJW 2009, 2367, 2369. Zur Kompetenzverteilung zwischen den nationalen Gerichten und dem EuGH im Hinblick auf die Qualifikation Klausel als missbräuchlich vgl. zwischenzeitlich EuGH 1.4.2004 – C-237/02 (*Freiburger Kommunalbauten*), NJW 2004, 1647.

734 EuGH 9.11.2010 – C-137/08 (*Ferenc Schneider*), Rn. 54, EuZW 2011, 27, 30.

735 EuGH 27.6.2000 – C-240/98 (*Océano Grupo*), Rn. 22 f., NJW 2000, 2571, 2572; EuGH 4.6.2009 – C-243/08 (*Pannon GSM*), Rn. 41, NJW 2009, 2367, 2369; EuGH 9.11.2010 – C-137/08 (*Ferenc Schneider*), Rn. 54 f., EuZW 2011, 27, 30.

die Beteiligten mit denen einer Gerichtsstandsvereinbarung vergleichbar sind. Dementsprechend kann bereits die Vereinbarung eines inländischen Schieds- oder Tagungsorts am Unternehmenssitz bzw. in abgelegener Entfernung vom Wohnsitz des Verbrauchers zu einer unangemessenen Benachteiligung gem. § 307 Abs. 1 S. 1 BGB führen.[736] Gibt der Unternehmer in der Schiedsvereinbarung einen Schiedsort im Ausland vor, muss dies erst recht gelten. Dann sieht sich der Verbraucher nämlich nicht nur mit einer typischerweise weiteren Distanz, sondern zusätzlich mit anderen Schwierigkeiten, wie etwa der Geltung eines fremden Schiedsverfahrensrechts, konfrontiert. Daher benachteiligt eine Schiedsvereinbarung, die einen ausländischen Schiedsort vorsieht, den Verbraucher regelmäßig selbst dann unangemessen, wenn sich der Tagungsort im Inland befindet.[737] Ein möglicher Rechtsumschwung mit der Gefahr der Umgehung inländischer Eingriffsnormen ist insoweit lediglich ein zusätzliches Kriterium, welches bei der Abwägung im Rahmen des § 307 Abs. 1 S. 1 BGB für die Unangemessenheit der Schiedsklausel streitet.

Allerdings ergibt sich aus lit. q) des Anhangs zur Klauselrichtlinie auch ein Ansatzpunkt zur Beantwortung der Frage, ob die durch die Ausgestaltung der Schiedsvereinbarung herbeigeführte Gefahr des Rechtsumschwungs für sich genommen eine unangemessene Benachteiligung des Verbrauchers begründen kann. Als „ein nicht unter die rechtlichen Bestimmungen fallendes Schiedsgerichtsverfahren" wird nämlich insbesondere ein solches Verfahren angesehen, in dem das Schiedsgericht zu einer Entscheidung nach Billigkeit ermächtigt wird.[738] Diese verfahrensrechtliche Gestaltung beeinflusst potenziell den Inhalt des Schiedsspruchs und würde eine Missachtung materiellrechtlich

---

736 Wolf/Lindacher/Pfeiffer/*Hau*, AGB, Schiedsklauseln Rn. 11; *Niedermaier*, Schiedsvereinbarungen in strukturellen Ungleichgewichtslagen, S. 276; *Quinke*, Börsenschiedsvereinbarungen, S. 311, 316 f.; *Wagner/Quinke*, JZ 2005, 932, 937; *Hilbig*, SchiedsVZ 2010, 74, 76; zurückhaltender *Mäsch*, FS Schlosser, S. 529, 537 f. Als Anhaltspunkt können dabei die gesetzlichen Gerichtsstände der ZPO und der europäischen Verordnungen dienen, vgl. auch *Niedermaier*, Schiedsvereinbarungen in strukturellen Ungleichgewichtslagen, S. 276; *Coester-Waltjen*, FS Siehr, S. 595, 607 f.; für eine Übertragung der §§ 12 ff. ZPO *Quinke*, Börsenschiedsvereinbarungen, S. 316.

737 *Niedermaier*, Schiedsvereinbarungen in strukturellen Ungleichgewichtslagen, S. 275 f.; *Quinke*, Börsenschiedsvereinbarungen, S. 321; *Duve/Sattler*, FS Graf v. Westphalen, S. 81, 106; *Coester-Waltjen*, FS Siehr, S. 595, 607; *Wagner/Quinke*, JZ 2005, 932, 937; zurückhaltender *Mäsch*, FS Schlosser, S. 529, 539.

738 Graf von Westphalen/Thüring/*Graf von Westphalen*, Schiedsgerichtsklauseln, Rn. 26; Wolf/Lindacher/Pfeiffer/*Pfeiffer*, AGB, Klauselrichtlinie Anh. Rn. 151; *Niedermaier*, Schiedsvereinbarungen in strukturellen Ungleichgewichtslagen, S. 241,

zwingender Verbraucherschutzvorschriften durch das Schiedsgericht legitimieren. Sie begründet daher typischerweise den Vorwurf der Missbräuchlichkeit der Schiedsklausel. Diese Überlegung lässt sich auf die untersuchte Konstellation übertragen, da es gleichermaßen um die Auswirkungen verfahrensrechtlicher Gestaltungen auf den Inhalt des Schiedsspruchs geht.[739] Dass das Potenzial zum Rechtsumschwung dabei nicht durch eine Ermächtigung zur Billigkeitsentscheidung, sondern durch die Veränderung anderer Verfahrensparameter – nämlich Wahl des anwendbaren Rechts bzw. des Schiedsorts – herbeigeführt wird, kann letztlich keinen Unterschied machen.

### b) *Schiedsklauseln im unternehmerischen Rechtsverkehr*

Auf den unternehmerischen Rechtsverkehr hat das europäische Klauselrecht keine Auswirkungen, da dessen Geltungsbereich auf Fälle mit Verbraucherbeteiligung beschränkt ist.[740] Für AGB zwischen Unternehmern weist § 310 Abs. 1 S. 2 Hs. 2 BGB lediglich darauf hin, dass im Rahmen der Inhaltskontrolle auf die im Handelsverkehr geltenden Gewohnheiten und Gebräuche angemessen Rücksicht zu nehmen ist.

Anders als bei Verbraucherbeteiligung besteht für den unternehmerischen Rechtsverkehr prinzipiell Einigkeit, dass die Vereinbarung eines Schiedsverfahrens als solche keine unangemessene Benachteiligung i.S.d. § 307 Abs. 1 S. 1 BGB darstellt.[741] Entscheidend ist dabei ebenfalls die Überlegung, dass der Gesetzgeber die Schiedsgerichtsbarkeit als nichtstaatliche Streitbeilegungsmethode in

---

293; *Hanefeld/Wittinghofer*, SchiedsVZ 2005, 217, 226; *Lachmann/Lachmann*, BB 2000, 1633, 1639; möglicherweise anders OLG München 22.6.2005 – 34 Sch 10/05, SchiedsVZ 2005, 308. Entgegen der Ansicht von *Jordans*, Schiedsgerichte bei Termingeschäften, S. 93 steht dem die Entscheidung des EuGH 27.4.1994 – C-393/92 (*Gemeente Almelo*), EuZW 1994, 408 ff. bereits deshalb nicht entgegen, weil an dem zugrunde liegenden Rechtstreit kein Verbraucher beteiligt war, sodass sich aus der Entscheidung keine Aussage über die Reichweite von Nr. 1 lit. q) des Anhangs der Klauselrichtlinie ergibt.

739 Vgl. *Weller*, Ordre-public Kontrolle internationaler Gerichtsstandsvereinbarungen, S. 204 f.; i.E. auch *Niedermaier*, Schiedsvereinbarungen in strukturellen Ungleichgewichtslagen, S. 313. Eine unangemessene Benachteiligung aufgrund einer potenziellen Missachtung international zwingender Sachnormen ansatzweise erwägend auch BGH 13.1.2005 – III ZR 265/03, BGHZ 162, 9, 18 f.

740 Vgl. Art. 1 Abs. 1 der Richtlinie 93/13/EWG des Rates vom 5. April 1993 über mißbräuchliche Klauseln in Verbraucherverträgen, ABlEG. 1993 L 95, S. 29, 31.

741 BGH 10.10.1991 – III ZR 141/90, BGHZ 115, 324 f.; BGH 1.3.2007 – III ZR 164/06, SchiedsVZ 2007, 163, 164; OLG Hamm 9.7.2013 – 21 U 16/13, SchiedsVZ 2014, 38,

den §§ 1025 ff. ZPO ausdrücklich anerkannt hat und von einem grundsätzlich gleichwertigen Rechtsschutz ausgeht. Aufgrund dieser gesetzgeberischen Wertung führt die Vereinbarung eines Schiedsverfahrens nicht zu einer wesentlichen Abweichung vom gesetzlichen Leitbild gem. § 307 Abs. 2 Nr. 1 BGB.[742] Hinzu kommt, dass § 1031 Abs. 3 ZPO gerade die Einbeziehung von Schiedsvereinbarungen in AGB ermöglichen soll;[743] diese Möglichkeit wäre sinnentleert, wenn die Schiedsklausel per se an der Inhaltskontrolle gem. § 307 BGB scheiterte.

Allerdings bedeutet dies auch im unternehmerischen Rechtsverkehr nicht, dass die klauselmäßige Vereinbarung eines Schiedsverfahrens uneingeschränkt möglich ist. Auch hier kann die konkrete Ausgestaltung der Schiedsklausel im Einzelfall zu einer unangemessenen Benachteiligung einer Vertragspartei führen.[744] Als möglicher Anknüpfungspunkt kommt ebenfalls die Festlegung des Schieds- oder Tagungsorts in Betracht, wobei insoweit von vornherein ein großzügigerer Maßstab anzulegen sein wird als bei Verbraucherverträgen.[745] Da von Unternehmern grundsätzlich in größerem Umfang eine eigenständige Interessenwahrnehmung erwartet werden kann, wird das Bestreben des Klauselverwenders, ein Schiedsverfahren in seinem Heimatstaat durchzuführen, hier umfassender als legitimes Interesse berücksichtigt.[746] Überschritten war die Grenze des Zulässigen nach Auffassung deutscher Gerichte jedoch in der Konstellation der sog. „*Subway*-Fälle"[747]: Eine niederländische Gesellschaft

---

44; OLG München 16.8.2017 – 34 SchH 14/16 (juris-Rn. 86); BeckOGK/*Fehrenbach*, BGB, § 307 Schiedsgerichtsklausel, Rn. 53; Graf von Westphalen/Thüring/*Graf von Westphalen*, Schiedsgerichtsklauseln, Rn. 11 f.

742 BeckOGK/*Fehrenbach*, BGB, § 307 Schiedsgerichtsklausel, Rn. 54; *Bälz/Stompfe*, SchiedsVZ 2017, 157, 162; *Hanefeld/Wittinghofer*, SchiedsVZ 2005, 217, 222; *Wagner/Quinke*, JZ 2005, 932, 934.

743 BT Drucks. 13/5274, S. 37 li. Sp.; MüKo-ZPO/*Münch*, § 1031 Rn. 40.

744 Vgl. *Hanefeld/Wittinghofer*, SchiedsVZ 2005, 217, 223 ff. mit einzelnen Fallgruppen.

745 *Hanefeld/Wittinghofer*, SchiedsVZ 2005, 217, 224; *Schulz/Niedermaier*, SchiedsVZ 2009, 196, 201; *Gildeggen*, Schiedsvereinbarungen in AGB, S. 239 (Fn. 171).

746 Vgl. etwa BGH 26.6.1986 – III ZR 200/85, BeckRS 1986, 31070067 (Schiedsgericht in den Niederlanden); OLG Hamburg 17.2.1989 – 1 U 86/87, RIW 1989, 574, 576 (Schiedsvereinbarung mit Schiedsort in Japan); zum legitimen Interesse an einem heimischen Gerichtsstand vgl. auch BGH 30.1.1961 – VII ZR 180/60, NJW 1961, 1061, 1062.

747 OLG Thüringen 13.1.2011 – 1 Sch 01/08, IPRspr 2011, 781; OLG Celle 4.12.2008 – 8 Sch 13/07 (juris); OLG Bremen 30.10.2008 – 2 Sch 2/08, MDR 2009, 465; OLG Dresden 7.12.2007 – 11 Sch 8/07, IPRax 2010, 241.

mit Sitz in Amsterdam, die für ihre in den USA ansässige Muttergesellschaft auf dem europäischen Markt auftrat, schloss mit deutschen Vertragspartnern Franchiseverträge über den Betrieb von Fast-Food-Restaurants. Die Verträge waren formularmäßig ausgestaltet und enthielten für sämtliche Streitigkeiten eine Schiedsvereinbarung, die New York als Ort der mündlichen Verhandlung (Tagungsort) bindend festlegte. Die deutschen Gerichte sahen darin eine grobe Benachteiligung des Franchisenehmers und hielten die Schiedsvereinbarung daher für unwirksam. Sie stützten sich dabei auf den aus ihrer Sicht für die Wirksamkeit der Schiedsklausel maßgebenden § 879 Abs. 3 des österreichischen ABGB, der nach Inhalt und Zweck § 307 BGB weitgehend entspricht.[748] Die Richter begründeten ihre Auffassung zum einen mit den erheblichen zeitlichen und finanziellen Aufwendungen[749] und den „Orientierungsschwierigkeiten"[750], die für einen deutschen Franchisenehmer bei einer Rechtsverfolgung in New York entstehen. Entscheidender war für die Gerichte allerdings, dass für sie auch aus Sicht der niederländischen Franchisegeberin kein sachlich nachvollziehbarer Grund erkennbar war, als Verhandlungsort New York festzulegen.[751] Werde in einem deutsch-niederländischen Vertrag, der auch vollständig in den beiden Ländern abgewickelt wird, ein entfernter Verhandlungsort vereinbart, der sich allein am Sitz der gar nicht am Vertrag beteiligten Muttergesellschaft orientiert, liege vielmehr die Vermutung nahe, dass die Klausel lediglich darauf abzielt, dem Vertragspartner die Rechtsverfolgung zu erschweren.[752] Da auch die strukturelle Unterlegenheit der international geschäftlich unerfahrenen Franchisenehmer im Vergleich zur Franchisegeberin als Tochter eines weltweit agierenden Mutterunternehmens eine wesentliche Rolle bei der Entscheidung der Gerichte spielte,[753] lassen sich deren Erwägungen nicht ohne Weiteres auf

---

748 OLG Celle 4.12.2008 – 8 Sch 13/07 (juris-Rn. 27); OLG Thüringen 13.1.2011 – 1 Sch 01/08, IPRspr 2011, 781; vgl. auch *Kraayvanger*, IHR 2008, 120, 121; krit. dazu *Schulz/Niedermaier*, SchiedsVZ 2009, 196, 198.

749 OLG Thüringen 13.1.2011 – 1 Sch 01/08, IPRspr 2011, 781, 782; OLG Celle 4.12.2008 – 8 Sch 13/07 (juris-Rn. 30 f.); OLG Bremen 30.10.2008 – 2 Sch 2/08, MDR 2009, 465.

750 OLG Dresden 7.12.2007 – 11 Sch 8/07, IPRax 2010, 241, 242.

751 OLG Thüringen 13.1.2011 – 1 Sch 01/08, IPRspr 2011, 781, 782; OLG Dresden 7.12.2007 – 11 Sch 8/07, IPRax 2010, 241, 242; insoweit krit. *Kraayvanger*, IHR 2008, 120, 121.

752 OLG Celle 4.12.2008 – 8 Sch 13/07 (juris-Rn. 32); OLG Bremen 30.10.2008 – 2 Sch 2/08, MDR 2009, 465.

753 OLG Thüringen 13.1.2011 – 1 Sch 01/08, IPRspr 2011, 781, 782; OLG Dresden 7.12.2007 – 11 Sch 8/07, IPRax 2010, 241, 242.

den gesamten Unternehmerverkehr übertragen. In der Gesamtschau lässt sich vielmehr festhalten, dass im Rechtsverkehr zwischen Unternehmen eine unangemessene Benachteiligung durch die Vereinbarung eines Schieds- oder Tagungsorts nur im Ausnahmefall in Betracht kommt.[754] Als Voraussetzung dafür dürfte neben einem strukturellen Ungleichgewicht, das trotz der Unternehmereigenschaft beider Vertragsparteien besteht, zu fordern sein, dass die Festlegung des Schiedsorts von keinen anerkennenswerten Interessen des Klauselverwenders – wie etwa Vertrags- oder Vollstreckungsnähe, Neutralität des Forums oder Interesse an heimatlicher Streitbeilegung – gedeckt ist, sondern primär auf eine einseitige Erschwerung des Rechtsschutzes abzielt.[755]

Ob die Gefahr eines Rechtsumschwungs im Sinne einer potenziellen Missachtung international zwingender Normen des deutschen Rechts als solche die Unangemessenheit einer Schiedsklausel im Unternehmerverkehr begründen kann, ist bisher kaum diskutiert worden.[756] Jedoch kann hier auf den bei Verbraucherbeteiligung angesprochenen Ansatzpunkt der Billigkeitsentscheidung zurückgegriffen werden. Auch im unternehmerischen Rechtsverkehr wird eine Schiedsklausel, die das Schiedsgericht von der Entscheidung nach Recht und Gesetz entbindet und zu einer Billigkeitsentscheidung ermächtigt, aufgrund der erheblichen Abweichung vom gesetzlichen Leitbild gem. § 307 Abs. 1 S. 1, Abs. 2 Nr. 1 BGB nicht anerkannt.[757] Verfahrensrechtliche Gestaltungen, die sich auf den Inhalt des Schiedsspruchs auswirken können, werden hier also genauso missbilligt wie bei Beteiligung eines Verbrauchers. Daher liegt die Schlussfolgerung nahe, dass eine Schiedsvereinbarung mit Potenzial zum Rechtsumschwung im Unternehmerverkehr ebenfalls die Unangemessenheit der Klausel

754 *Niedermaier*, Schiedsvereinbarungen in strukturellen Ungleichgewichtslagen, S. 274; MüKo-BGB/*Wurmnest*, § 307 Rn. 269; *Kraayvanger*, IHR 2008, 120, 121 f.

755 Vgl. auch *Niedermaier*, Schiedsvereinbarungen in strukturellen Ungleichgewichtslagen, S. 274; *Schulz/Niedermaier*, SchiedsVZ 2009, 196, 201; *Samtleben*, FS v. Hoffmann, S. 1066, 1073 f.

756 *Niedermaier*, Schiedsvereinbarungen in strukturellen Ungleichgewichtslagen, S. 313; bezüglich einer internationalen Gerichtsstandsvereinbarung *Weller*, Ordre-public-Kontrolle internationaler Gerichtsstandsvereinbarungen, S. 210; ansatzweise auch BGH 30.5.1983 – II ZR 135/82, NJW 1983, 2772, 2773.

757 Graf von Westphalen/Thüsing/*Graf von Westphalen*, Schiedsgerichtsklauseln, Rn. 26; *Niedermaier*, Schiedsvereinbarungen in strukturellen Ungleichgewichtslagen, S. 293; *Hanefeld/Wittinghofer*, SchiedsVZ 2005, 217, 226.

begründen kann, sodass sich auch dort § 307 Abs. 1 S. 1 BGB als dogmatischer Anknüpfungspunkt anbietet.[758]

## VI. Verstoß gegen ein gesetzliches Verbot

Grundsätzlich kann die Vereinbarung eines Schiedsverfahrens wegen eines Verstoßes gegen ein gesetzliches Verbot nichtig sein.[759] Insbesondere nach der älteren Rechtsprechung griff ein gesetzliches Verbot ein, wenn die vorgesehene Zusammensetzung des Schiedsgerichts gegen das Gebot der Unparteilichkeit verstieß.[760] Diesbezüglich enthält § 1034 Abs. 2 ZPO inzwischen eine Sonderregelung, welche die Schiedsvereinbarung grundsätzlich aufrechterhält. Dennoch zählt § 134 BGB auch nach der aktuellen Rechtslage noch zu den Schranken der schiedsrechtlichen Privatautonomie. So kann eine Schiedsvereinbarung nach dieser Vorschrift beispielsweise unwirksam sein, wenn sie gegen das kartellrechtliche Missbrauchsverbot verstößt.[761]

Notwendige Voraussetzung für die Unwirksamkeit gem. § 134 BGB ist allerdings, dass gerade die Schiedsvereinbarung selbst bzw. ihre Ausgestaltung gegen ein gesetzliches Verbot verstößt, sodass der Schutzzweck des Gesetzes die Unwirksamkeit der Schiedsabrede verlangt.[762] Daran fehlt es in der hier untersuchten Konstellation des Rechtsumschwungs jedoch gerade: Eine gesetzliche Vorschrift, die allgemein die Unwirksamkeit von Schiedsvereinbarungen mit Potenzial zum Rechtsumschwung anordnet, kennt das deutsche Recht nicht. Soweit man die international zwingenden Normen des deutschen Sachrechts, deren Nichtberücksichtigung in den vorliegenden Konstellationen im Raum steht, als Verbotsgesetze qualifiziert,[763] erfassen diese tatbestandlich lediglich

758 Im Hinblick auf den Differenzeinwand Wolf/Horn/Lindacher/*Wolf*, AGB (4. Auflage, 1999), § 9 Schiedsgerichtsklausel Rn. 9–10; bezüglich Gerichtsstandsvereinbarungen *Weller*, Ordre-public-Kontrolle internationaler Gerichtsstandsvereinbarungen, S. 210.

759 MüKo-ZPO/*Münch*, § 1029 Rn. 16, 21; *Lachmann*, Rn. 531.

760 BGH 19.12.1968 – VII ZR 83/66, BGHZ 51, 255, 262; BGH 5.11.1970 – VII ZR 31/69, BGHZ 54, 392, 395; zuletzt auch BGH 10.3.2016 – I ZB 99/14, NJW-RR 2016, 892, 893. Dazu näher Schütze/Tscherning/Wais/*Wais*, Rn. 156 ff.

761 Vgl. BGH 7.6.2016 – KZR 6/15, SchiedsVZ 2016, 218, 223, wo i.E. jedoch ein Verstoß gegen das Missbrauchsverbot abgelehnt wurde; insoweit abweichend noch die Vorinstanz OLG München 15.1.2015 – U 1110/14, SchiedsVZ 2015, 40, 42 f.

762 Vgl. BGH 10.3.2016 – I ZB 99/14, NJW-RR 2016, 892, 893 f.; OLG München 16.8.2017 – 34 SchH 14/16 (juris-Rn. 71 ff.).

763 Als Verbotsgesetz i.S.d. § 134 BGB werden z.B. § 89b Abs. 4 S. 1 HGB sowie die § 1 und §§ 19 f. GWB angesehen. Zu § 89b Abs. 4 S. 1 HGB vgl. BGH 25.9.2002 – VIII

den materiellen Inhalt der Streitsache und gerade nicht die Schiedsvereinbarung selbst. Diese bleibt nach dem Autonomieprinzip jedoch auch dann wirksam, wenn der Hauptvertrag wegen eines Gesetzesverstoßes nichtig ist.[764]

## VII. Verstoß gegen die guten Sitten

Die Unwirksamkeit einer Schiedsvereinbarung kann sich schließlich auch aus einem Sittenverstoß ergeben.[765] Die Rechtsprechung überprüft Schiedsvereinbarungen am Maßstab des § 138 BGB dabei insbesondere unter zwei Aspekten.

Zum einen ist eine Schiedsvereinbarung insoweit sittenwidrig, als sie den Rechtsschutz einer Partei übermäßig, d.h. nicht nur in einzelnen konkreten Ausgestaltungen, sondern in seiner Substanz einschränkt.[766] Dies hat der BGH etwa für eine Schiedsvereinbarung angenommen, die „offensichtlich handgestrickt"[767] ein ganzes Bündel einseitig benachteiligender Elemente vorsah.[768] So war die Schiedsvereinbarung für eine Partei, konkret für die Werkbestellerin, nicht bindend, billigte dieser aber für den Fall eines Schiedsverfahrens gleichzeitig das alleinige Recht zur Auswahl des Einzelschiedsrichters zu; besonders nachteilig für die Werkunternehmerin war der Ausschluss mehrerer Parallelverfahren verbunden mit der Begrenzung des Streitwerts jedes Verfahrens auf maximal 7000 DM, da sie so zur Geltendmachung ihres Werklohns in sukzessiven Teilklagen gezwungen war. Ebenfalls mit einer übermäßigen Einschränkung des Rechtsschutzes begründet der BGH die Sittenwidrigkeit von Schiedsvereinbarungen bezüglich Beschlussmängelstreitigkeiten in Gesellschafterverträgen, sofern diese nicht ganz bestimmten verfahrensrechtlichen Mindestanforderungen genügen.[769] Zur Konkretisierung der Generalklausel und zur Begründung der Sittenwidrigkeit greift der BGH dabei auf das Rechtsstaatsprinzip und

---

ZR 253/99, BGHZ 152, 121, 133 m.w.N.; zu den Vorschriften des GWB vgl. Erman/*Arnold*, § 134 Rn. 45; MüKo-BGB/*Armbrüster*, § 134 Rn. 64 m.w.N.

764 *Lachmann*, Rn. 532, 536; *Schwab/Walter*, Kap. 4 Rn. 16 ff.

765 BGH 26.1.1989 – X ZR 23/87, BGHZ 106, 336, 338 f.; Czernich/Geimer/*Hammer*, S. 410, Rn. 37 ff.; *Bälz/Stompfe*, SchiedsVZ 2017, 157, 160 f.; *Huber*, SchiedsVZ 2004, 280, 283.

766 BGH 16.4.2015 – I ZB 3/14, NJW 2015, 3234, 3237; Czernich/Geimer/*Hammer*, S. 410, Rn. 38; *Bälz/Stompfe*, SchiedsVZ 2017, 157, 161.

767 *Walter*, JZ 1989, 590.

768 BGH 26.1.1989 – X ZR 23/87, BGHZ 106, 336 ff.

769 BGH 6.4.2009 – II ZR 255/08, BGHZ 180, 221 ff.; BGH 6.4.2017 – I ZB 32/16, SchiedsVZ 2017, 197 ff.

den dort verankerten Justizgewährungsanspruch als tragende Grundsätze der Rechtsordnung zurück.[770]

Zum anderen kommt das Verdikt der Sittenwidrigkeit in Betracht, wenn sich die Schiedsvereinbarung als Knebelung einer strukturell unterlegenen Partei darstellt; im Kern geht es dabei um die Freiwilligkeit des Abschlusses der Schiedsvereinbarung. Diese Konstellationen, für die das deutsche Schiedsrecht mit § 1025 Abs. 2 ZPO a.F. lange Zeit einen eigenständigen gesetzlichen Unwirksamkeitsgrund vorsah, können nunmehr unter § 138 BGB gefasst werden.[771] Die strukturelle Unterlegenheit einer Partei allein begründet dabei jedoch noch nicht die Sittenwidrigkeit der Schiedsvereinbarung; vielmehr muss hinzukommen, dass die überlegene Partei ihre Stellung dazu ausnutzt, die Schiedsvereinbarung für sich einseitig vorteilhaft auszugestalten.[772] Damit liegt auch dieser Fallgruppe letztlich das Bestreben zugrunde, den Parteien der Schiedsvereinbarung einen effektiven Rechtsschutz zu gewährleisten und den Justizgewährungsanspruch zu bewahren. Das strukturelle Ungleichgewicht zwischen den Parteien kann dabei dazu führen, dass die Ausgestaltung der Schiedsvereinbarung einer strengeren Prüfung unterzogen wird.[773]

Aus dem Blickwinkel der Gewährleistung effektiven Rechtsschutzes kommt § 138 Abs. 1 BGB durchaus auch als Anknüpfungspunkt für die Unwirksamkeit einer Schiedsvereinbarung mit Potenzial zum Rechtsumschwung in Betracht. Allerdings dürfte die Bedeutung der Vorschrift wegen der verbreiteten Verwendung von AGB-Schiedsklauseln begrenzt sein. Die Überlegungen, die für die Bewertung der Sittenwidrigkeit relevant sind, lassen sich ebenso unter dem Aspekt einer unangemessenen Benachteiligung i.S.d. § 307 Abs. 1 S. 1 BGB anstellen und sollten aufgrund des Vorrangs des AGB-Rechts auch dort vorgenommen werden.[774] Ein Rückgriff auf den Auffangtatbestand der Sittenwidrigkeit ist nur außerhalb des Anwendungsbereichs des Klauselrechts erforderlich, also insbesondere, wenn eine Individualvereinbarung vorliegt oder der

---

770 BGH 26.1.1989 – X ZR 23/87, BGHZ 106, 336, 338 ff.; BGH 6.4.2009 – II ZR 255/08, BGHZ 180, 221, 227 ff.; BGH 6.4.2017 – I ZB 32/16, SchiedsVZ 2017, 197, 199.

771 Musielak/Voit/*Voit*, § 1029 Rn. 10; *Lachmann*, Rn. 545. Vgl. auch OLG München 12.2.2008 – 34 SchH 6/07, MDR 2008, 943, 944; LG München 26.2.2014 – 37 O 28331/12, SchiedsVZ 2014, 100, 105 f.

772 Musielak/Voit/*Voit*, § 1029 Rn. 10; *Huber*, SchiedsVZ 2004, 280, 284; *Zimmermann*, ZWeR 2016, 66, 72.

773 *Huber*, SchiedsVZ 2004, 280, 284.

774 Dahingehend auch *Eichel*, IPRax 2016, 305 f.; allgemein zum Verhältnis zwischen § 138 BGB und §§ 305 ff. BGB vgl. Erman/*Schmidt-Räntsch*, § 138 Rn. 8 m.w.N.

Ausnahmetatbestand des § 310 Abs. 4 S. 1 BGB[775] eingreift. In diesem Bereich ist § 138 BGB allerdings ein weiterer Ansatzpunkt zur Kontrolle der Schiedsvereinbarung in der untersuchten Konstellation.

## C. Zwischenergebnis

Anders als das Schiedsverfahrensrecht bietet die allgemeine Rechtsgeschäftslehre, der die Schiedsabrede als vertragliche Vereinbarung unterliegt, mit ihren Generalklauseln einen dogmatischen Anknüpfungspunkt für die Wertungen einer sachnormzweckverteidigenden Kontrolle von Schiedsvereinbarungen. Ein herbeigeführter Rechtsumschwung kann bereits für sich genommen eine unangemessene Benachteiligung des Vertragspartners i.S.d. § 307 Abs. 1 S. 1 BGB begründen.[776] Dies gilt sowohl für Schiedsvereinbarungen mit Verbraucherbeteiligung als auch für solche im Rechtsverkehr zwischen Unternehmern. Diesen Weg über die Inhaltskontrolle hat auch der BGH in einem Fall zum Termingeschäftsrecht angedeutet, im Ergebnis aufgrund der Vereinbarung deutschen Sachrechts eine unangemessene Benachteiligung allerdings zutreffend verneint.[777] Außerhalb des Klauselrechts bietet § 138 BGB den Anknüpfungspunkt für die Überprüfung individualvertraglich vereinbarter Schiedsabreden mit Potenzial zum Rechtsumschwung.[778]

Mit der Festlegung des dogmatischen Rahmens der Kontrolle ist allerdings noch nicht entschieden, ob bzw. wann tatsächlich ein relevanter, d.h. die Gültigkeit der Schiedsvereinbarung beeinflussender Rechtsumschwung vorliegt. Kommt es insoweit auf die Anwendung des maßgeblichen Eingriffsrechts im Schiedsverfahren an oder genügt die Vereinbarkeit des zu erwartenden Schiedsspruchs mit dem anerkennungsrechtlichen ordre public? Wie wahrscheinlich muss dieses Szenario aus Sicht des Einredegerichts sein? Diese Fragen werden

775 Zwar kann eine Schiedsvereinbarung als solche keinem der in § 310 Abs. 4 S. 1 BGB aufgeführten Rechtsgebiete zugeordnet werden, jedoch gehört die Schiedsklausel als verfahrensmäßige AGB zu dem materiellen Rechtsverhältnis, auf das sie sich bezieht. Daher ist eine Inhaltskontrolle einer Schiedsvereinbarung, die in Verträgen des Erb-, Familien- und Gesellschaftsrechts enthalten ist, am Maßstab des AGB-Rechts ausgeschlossen. Vgl. dazu *Niedermaier*, Schiedsvereinbarungen in strukturellen Ungleichgewichtslagen, S. 256.

776 I.E. ebenso bezüglich internationaler Gerichtsstandsvereinbarungen *Weller*, Ordre-public-Kontrolle internationaler Gerichtsstandsvereinbarungen, S. 200 ff.

777 BGH 13.1.2005 – III ZR 265/03, BGHZ 162, 9, 18 f.; dazu oben § 3 B. III. 1. e).

778 Vgl. auch *Weller*, Ordre-public-Kontrolle internationaler Gerichtsstandsvereinbarungen, S. 203 ff.

an dieser Stelle zunächst offengelassen.[779] Richtungsweisende Anhaltspunkte für ihre Beantwortung werden sich automatisch im Zuge der Auseinandersetzung mit einer anderen „Schwachstelle" der §§ 307, 138 BGB ergeben, auf die daher vorab einzugehen ist: Voraussetzung für die Einbettung der Kontrolle in die beiden Generalklauseln ist nämlich die Geltung deutschen Rechts als Schiedsvereinbarungsstatut. Dies ist nach der hier vertretenen Auffassung nur dann der Fall, wenn ein inländischer Schiedsort vereinbart wurde; die ansonsten erforderliche ausdrückliche Wahl deutschen Rechts als Schiedsvereinbarungsstatut ist praktisch ausgeschlossen.[780] Haben die Parteien also einen ausländischen Schiedsort bestimmt – oder ausnahmsweise ein anderes Recht als Schiedsvereinbarungsstatut gewählt – gelten für die Kontrolle der Schiedsabrede die Maßstäbe der fremden Rechtsordnung. Die Berücksichtigung deutscher Wertungen ist dann jedenfalls nicht unmittelbar über § 307 BGB oder § 138 BGB möglich, sodass es eines anderen Anknüpfungspunkts bedarf. In Betracht kommt in diesen Fällen letztlich nur eine Lösung auf kollisionsrechtlicher Ebene.

779 Zu den Anforderungen an einen relevanten Rechtsumschwung bei der Kontrolle der Schiedsvereinbarung gem. §§ 307, 138 BGB siehe unten § 9.

780 Aufgrund des ausländischen Schiedsorts und der unterstellten Geltung eines ausländischen Hauptsachestatuts (oben § 4 C.) führte die Annahme einer konkludenten Rechtswahl durch eine Bestimmung des Schiedsorts oder eine Wahl des Hauptsachestatuts nicht zur Anwendbarkeit deutschen Rechts als Schiedsvereinbarungsstatut. Vgl. auch bereits oben § 7 A. III.

# § 8 Kollisionsrechtliche Lösung bei ausländischem Schiedsvereinbarungsstatut

Die in der allgemeinen Rechtsgeschäftslehre gefundenen Anknüpfungspunkte, die das Problem des Rechtsumschwungs erfassen können, sind nur dann unmittelbar anwendbar, wenn die Schiedsvereinbarung deutschem Recht unterliegt. Was aber passiert, wenn eine fremde Rechtsordnung als Schiedsvereinbarungsstatut zur Anwendung kommt? Wie ist zu verfahren, wenn das ausländische Statut keine dem deutschen Recht entsprechenden Regelungen – etwa eine mit § 307 BGB vergleichbare Inhaltskontrolle – kennt oder bei deren Anwendung großzügigere Maßstäbe anlegt? Hat das deutsche Einredegericht dann trotz Geltung ausländischen Rechts die Möglichkeit, deutsche Vorschriften, konkret § 307 Abs. 1 S. 1 BGB und § 138 Abs. 1 BGB, zur Anwendung zu bringen oder die dort enthaltenen Wertungen zumindest zu berücksichtigen?

Diese Fragen stellen sich nach dem hier bevorzugten Anknüpfungsmodell immer dann, wenn die Parteien entweder einen ausländischen Schiedsort festgelegt oder ein abweichendes Schiedsvereinbarungsstatut gewählt haben.[781] Ob und inwieweit sich nationale Vorschriften in diesen Fällen gegenüber dem geltenden Statut durchsetzen können, ist ein kollisionsrechtliches Problem. Mögliche Instrumente zur Durchsetzung der § 307 BGB und § 138 BGB gegen ein ausländisches Schiedsvereinbarungsstatut sind dementsprechend auf der Ebene des Kollisionsrechts zu suchen. Dabei ist mit dem schiedsverfahrensrechtlichen Sonderkollisionsrecht für Schiedsvereinbarungen zu beginnen (A.). Aufgrund des vertraglichen Charakters der Schiedsabrede ist sodann auf mögliche Anknüpfungspunkte im detaillierter ausgestalteten Vertragskollisionsrecht und ihre Anwendbarkeit in der Einredesituation einzugehen (B.). Steht der dogmatische Rahmen bei Geltung eines fremden Schiedsvereinbarungsstatuts fest, können die einzelnen Elemente der Kontrolle konkretisiert werden (C.).

---

781 Eine ausdrückliche Wahl des Schiedsvereinbarungsstatuts ist auch hier selten, aber zur Herstellung eines Gleichlaufs mit dem geltenden ausländischen Hauptsachestatut (oben § 4 C.) durchaus denkbar. Dazu und zu einer konkludenten Rechtswahl siehe unten § 8 B. I. 1.; zur Anknüpfung des Schiedsvereinbarungsstatuts ausführlich oben § 7 A.

## A. Sonderkollisionsrecht für Schiedsvereinbarungen

Sowohl internationalen Übereinkommen als auch dem autonomen Schiedsverfahrensrecht lassen sich spezielle Kollisionsnormen für die Anknüpfung der Schiedsvereinbarung in der Einredesituation entnehmen.[782] Fraglich ist, ob diese eine Möglichkeit bieten, die §§ 307, 138 BGB bzw. zumindest die dort relevanten Wertungen gegen ein ausländisches Schiedsvereinbarungsstatut durchzusetzen.

### I. Internationale Übereinkommen

#### *1. NYÜ*

Nach der im Einredeverfahren entsprechend geltenden Kollisionsregel des Art. V Abs. 1 lit. a) NYÜ können die Parteien das Schiedsvereinbarungsstaut wählen; in Ermangelung einer Rechtswahl unterliegt die Schiedsvereinbarung dem Recht des Schiedsorts. Da die Anwendung des NYÜ in der Einredesituation einen ausländischen Schiedsort voraussetzt[783] und die Wahl deutschen Rechts als Schiedsvereinbarungsstatut dann nur theoretisch denkbar ist,[784] unterliegen Schiedsabreden im Geltungsbereich des NYÜ in der untersuchten Situation stets einem fremden Schiedsvereinbarungsstatut.

Art. V Abs. 1 lit. a) NYÜ enthält selbst keine kollisionsrechtlichen Einschränkungen und gibt der Parteiautonomie so prinzipiell uneingeschränkt Raum. Dennoch ist die Anknüpfung der Schiedsvereinbarung im Anerkennungs- und Vollstreckungsverfahren nicht völlig schrankenlos, sondern über Art. V Abs. 2 lit. b) NYÜ durch den ordre public des Vollstreckungsstaats abgesichert.[785] Diese forumbezogene ordre public-Schranke gilt nach überwiegender Meinung im vorgelagerten Einredeverfahren entsprechend, sodass sich dort die Unwirksamkeit der Schiedsvereinbarung aus einem Widerspruch gegen die öffentliche Ordnung des Staats des Einredegerichts ergeben kann.[786] Zwar wird die Geltung der ordre public-Klausel in der Einredesituation

---

782 Zur Anknüpfung des Schiedsvereinbarungsstatuts ausführlich oben § 7 A.

783 Siehe oben § 2 D. I.

784 Siehe oben § 7 A. III.

785 MüKo-ZPO/*Adolphsen*, § 1061 Anh. 1, Art. V UNÜ Rn. 23; Kronke/*Nacimiento*, Global Commentary NYC, S. 224; Wolff/*Wilske*/*Fox*, NYC, Art. V Rn. 114; Staudinger/*Hausmann*, IntVertrVerfR, Rn. 440.

786 MüKo-ZPO/*Adolphsen*, § 1061 Anh. 1, Art. II UNÜ Rn. 32; Balthasar/*Solomon*, § 2 Rn. 123, 131; Kronke/*Schramm*/*Geisinger*/*Pinsolle*, Global Commentary NYC, S. 105; Reithmann/Martiny/*Hausmann*, Rn. 8.239, 8.241; *Gildeggen*, Schiedsvereinbarungen in AGB, S. 261; *Ostendorf*, SchiedsVZ 2010, 234, 241 f.; *Quinke*, SchiedsVZ 2007, 246, 248; vgl. auch OLG Hamburg 17.2.1989 – 1 U 86/87, RIW 1989, 574, 576.

gelegentlich unter Hinweis auf den Wortlaut und die Systematik des Übereinkommens abgelehnt: Im Gegensatz zu Art. V NYÜ sehe der für die Anerkennung von Schiedsvereinbarungen maßgebliche Art. II NYÜ einen solchen Vorbehalt gerade nicht vor.[787] Jedoch vermag dieser Einwand aus mehreren Gründen nicht zu überzeugen. Wenngleich der angesprochene Unterschied im Text des Übereinkommens als solcher nicht zu leugnen ist, sind die Zweifel an der Planmäßigkeit der Regelungslücke in Art. II NYÜ umso größer. Die kurzfristige Entstehungsgeschichte der Vorschrift[788] spricht auch an dieser Stelle vielmehr für eine fehlende Abstimmung mit den Regelungen in den anderen Verfahrensstadien als für eine bewusste Differenzierung. Bereits die im Einredeverfahren fehlende Kollisionsregel wurde durch einen Rückgriff auf Art. V Abs. 1 lit. a) NYÜ überwunden.[789] Dementsprechend ist es nicht systemwidrig, sondern – auch mit Blick auf den Entscheidungseinklang zwischen den verschiedenen Verfahrensstadien – konsequent, neben den Anknüpfungsregeln zugleich den ordre public-Vorbehalt als kollisionsrechtliche Schranke in die Einredesituation zu übertragen. Darüber hinaus übersieht die Gegenansicht, dass aufgrund der Grundrechtsrelevanz eine ordre public-Kontrolle des Anwendungsergebnisses einer ausländischen Rechtsnorm verfassungsrechtlich zwingend ist.[790] Sie erfasst deshalb auch die Normen einer ausländischen Rechtsordnung, die als Schiedsvereinbarungsstatut über das Zustandekommen und die Wirksamkeit einer Schiedsvereinbarung entscheiden.[791] Ein deutsches Gericht kann aufgrund seiner Verfassungsbindung auch bei Geltung ausländischen Rechts schlichtweg nicht gezwungen werden, eine Entscheidung zu treffen, die der öffentlichen Ordnung – insbesondere den Grundrechten – widerspricht. Dies gilt schon aufgrund der Normenhierarchie ebenso im Anwendungsbereich von Staatsverträgen, sodass auch innerhalb des NYÜ eine ordre public-Kontrolle durch ein deutsches Einredegericht möglich sein muss.[792]

787 So etwa *Born*, S. 906 ff.; *Schütze*, in: Jahrbuch der Schiedsgerichtsbarkeit 1987, S. 94, 98.

788 Dazu näher unten § 11 A. I. 4.

789 Siehe oben § 7 A. I. 1.

790 Grundlegend BVerfG 4.5.1971 – 1 BvR 636/68, BVerfGE 31, 58, 72 ff.; BVerfG 10.1.1995 – 1 BvF 1/90, BVerfGE 92, 26, 49.

791 Vgl. BGH 8.5.2014 – III ZR 371/12, SchiedsVZ 2014, 151, 153 f.; OLG Hamburg 17.2.1989 – 1 U 86/87, RIW 1989, 574, 576; Czernich/Geimer/*Hammer*, S. 408, Rn. 26 ff.; MüKo-BGB/*v. Hein*, EGBGB, Art. 6 Rn. 278; *Bork/Stöve*, Börsentermingeschäfte, S. 67; *Coester-Waltjen*, FS Siehr, S. 595, 603; *Kröll*, IPRax 2016, 43, 47 f.

792 Das NYÜ hat wie andere völkerrechtliche Verträge nur den Rang eines einfachen Gesetzes. Allgemein zum Rang völkerrechtlicher Verträge in der Normenhierarchie Maunz/Dürig/*Nettesheim*, Art. 59 Rn. 183 ff.; zur verfassungskonformen Auslegung von Staatsverträgen vgl. BVerfG 31.7.1973 – 2 BvF 1/73, BVerfGE 36, 1, 13 ff.

Es erscheint vorzugswürdig, die Lücke in Art. II NYÜ durch eine analoge Anwendung des Art. V Abs. 2 lit. b) NYÜ übereinkommensautonom zu schließen, statt auf die nationale Vorbehaltsklausel des Art. 6 EGBGB zurückzugreifen.[793] Dabei ist allerdings eine dogmatische Anpassung erforderlich. Bei Art. V Abs. 2 lit. b) NYÜ handelt es sich nämlich um einen anerkennungsrechtlichen ordre public-Vorbehalt, der dazu dient, Schiedssprüche auf ihre Vereinbarkeit mit der öffentlichen Ordnung des Vollstreckungsstaats zu überprüfen. Im Einredeverfahren ist die Situation insoweit abweichend, als das Einredegericht keine ausländische Entscheidung auf ihre Anerkennungsfähigkeit hin überprüft. Stattdessen steht es bei der Prüfung der Schiedsabrede vor der Frage, ob trotz Geltung des kollisionsrechtlich berufenen ausländischen Schiedsvereinbarungsstatuts eine Abweichung zugunsten bestimmter Wertungen der *lex fori* möglich bzw. sogar zwingend ist. Es geht also um ein Korrektiv, das verhindert, dass ein deutsches Gericht bei der Anwendung ausländischen Rechts zu einer Entscheidung gedrängt wird, die wesentlichen Grundsätzen des Forumstaats widerspricht. Diese Aufgabe erfüllt der kollisionsrechtliche ordre public, sodass die analoge Anwendung des Art. V Abs. 2 lit. b) NYÜ im Einredestadium zur Konstruktion einer kollisionsrechtlichen Vorbehaltsklausel innerhalb des Übereinkommens führt. Diese ermöglicht einem deutschen Einredegericht im Rahmen des Art. II Abs. 3 NYÜ die Kontrolle eines ausländischen Schiedsvereinbarungsstatuts anhand des deutschen ordre public.

## 2. *EuÜ*

Gem. Art. VI Abs. 2 EuÜ unterliegt die Schiedsvereinbarung mangels abweichender Parteivereinbarung dem Recht des Schiedsorts. Da das EuÜ seinen Geltungsbereich schiedsortunabhängig definiert,[794] kann neben der objektiven Anknüpfung an den Schiedsort auch eine Rechtswahl zu einem aus Sicht des Einredegerichts ausländischen Schiedsvereinbarungsstatut führen.

Die Anknüpfungsregeln des Art. VI Abs. 2 EuÜ enthalten ebenfalls keine ausdrücklichen Beschränkungen der Parteiautonomie im Hinblick auf das Schiedsvereinbarungsstatut. Aus den soeben genannten Gründen kann die Anknüpfung aber auch im Geltungsbereich des EuÜ nicht völlig schrankenlos sein. Auch dort muss dem Einredegericht jedenfalls für den Fall eine

793 So aber BGH 8.5.2014 – III ZR 371/12, SchiedsVZ 2014, 151, 153; MüKo-BGB/*v. Hein*, EGBGB, Art. 6 Rn. 278.

794 Zum Anwendungsbereich des EuÜ siehe oben § 2 D. II.

Reaktionsmöglichkeit eingeräumt werden, dass die Anwendung eines ausländischen Schiedsvereinbarungsstatuts zu einem ordre public-widrigen Ergebnis führt. Anders als im Rahmen des NYÜ kann diese Lücke im EuÜ allerdings nicht übereinkommensautonom geschlossen werden, da das Übereinkommen keine anerkennungsrechtliche ordre public-Klausel enthält. Die Erklärung dafür liegt darin, dass das EuÜ kein eigenes Anerkennungs- und Vollstreckungssystem für Schiedssprüche beinhaltet, sondern nur die vollstreckungsrechtlichen Folgen ihrer Aufhebung im Herkunftsstaat modifiziert.[795] Zur Schließung der Regelungslücke ist deshalb ein Rückgriff auf den nationalen ordre public-Vorbehalt[796] erforderlich, den das EuÜ letztlich auch selbst zulässt: Bei sog. offenen Übereinkommen wie dem EuÜ ist die Annahme eines allgemeinen Vertrauensvorschusses nämlich nicht gerechtfertigt und daher grundsätzlich davon auszugehen, dass sich die Vertragsstaaten den Rückgriff auf die nationale ordre public-Klausel vorbehalten wollten.[797] Innerhalb des EuÜ selbst stützt diese Vermutung Art. IX EuÜ, der die angesprochenen Konsequenzen einer Aufhebung des Schiedsspruchs regelt. Bei den fortwirkenden, d.h. die Vollstreckung des Schiedsspruchs auch in anderen Vertragsstaaten verhindernden Aufhebungsgründen wurde bewusst auf den ordre public verzichtet, um eine individuelle Prüfung des Exequaturstaats anhand seiner nationalen öffentlichen Ordnung zu ermöglichen.[798] Diese Betonung des individuellen ordre public der einzelnen Vertragsstaaten im Anerkennungs- und Vollstreckungsstadium spricht dafür, dass auch in der Einredesituation ein Rückgriff auf die nationale Vorbehaltsklausel zulässig sein soll, zumal das Übereinkommen für beide Verfahrensstadien parallel ausgestaltete Kollisionsregeln für das Schiedsvereinbarungsstatut vorsieht.[799]

---

795 Vgl. Art. IX EuÜ; dazu Stein/Jonas/*Schlosser*, Anh. § 1061 Rn. 442 ff.; MüKo-ZPO/*Adolphsen*, § 1061 Anh. 2, Art. IX EuÜ Rn. 1 ff.

796 Dazu sogleich § 8 A. II.

797 Staudinger/*Voltz*, EGBGB, Art. 6 Rn. 61; MüKo-BGB/*v. Hein*, EGBGB, Art. 6 Rn. 42 m.w.N.

798 Vgl. Denkschrift zum EuÜ, BT-Drucks. 4/1597, S. 36 re. Sp.; Wieczorek/Schütze/*Schütze*, IntZPR, S. 1120; MüKo-ZPO/*Adolphsen*, § 1061 Anh. 2, Art. IX EuÜ Rn. 11.

799 Vgl. für die Einredesituation Art. VI Abs. 2 EuÜ und für das Anerkennungs- und Vollstreckungsstadium Art. IX Abs. 1 lit. a) EuÜ.

## II. Autonomes Schiedsverfahrensrecht

Der im Einredeverfahren entsprechend anzuwendende § 1059 Abs. 1 lit. a) ZPO ermöglicht den Parteien eine freie Wahl des auf die Schiedsvereinbarung anwendbaren Rechts und knüpft objektiv an den – für die Anwendbarkeit autonomen Rechts notwendigen[800] – deutschen Schiedsort an. Dementsprechend setzt die Geltung eines fremden Schiedsvereinbarungsstatuts hier zwingend eine diesbezügliche Rechtswahl voraus.

Insoweit sieht die Vorschrift selbst keine kollisionsrechtlichen Einschränkungen vor. Trotzdem ist auch im autonomen Recht anerkannt, dass das gewählte Schiedsvereinbarungsstatut nicht nur im Aufhebungs- bzw. Vollstreckungsverfahren, sondern analog § 1059 Abs. 2 Nr. 2 lit. b) ZPO bereits in der Einredesituation einer ordre public-Kontrolle unterliegt.[801] Der innerhalb des NYÜ erhobene und im autonomen Recht ebenfalls denkbare systematische Einwand, das Gesetz enthalte für die Einredesituation gerade keinen ordre public-Vorbehalt, ist auch an dieser Stelle aus den oben genannten Gründen zurückzuweisen.[802] Die analoge Anwendung des § 1059 Abs. 2 Nr. 2 lit. b) ZPO im Einredestadium führt – entsprechend den Überlegungen zum NYÜ – zu einer kollisionsrechtlichen Vorbehaltsklausel innerhalb des autonomen Schiedsverfahrensrechts. Auch dort kann ein deutsches Einredegericht also überprüfen, ob das anwendbare ausländische Schiedsvereinbarungsstatut zu einem Verstoß gegen die öffentliche Ordnung führt.

## III. Zusammenfassung

Die in der Einredesituation geltenden Sonderkollisionsnormen zur Ermittlung des Schiedsvereinbarungsstatuts enthalten keine ausdrücklichen Grenzen. Dennoch ist die Anknüpfung sowohl im Geltungsbereich der internationalen Übereinkommen als auch im autonomen Schiedsverfahrensrecht durch einen kollisionsrechtlichen ordre public-Vorbehalt überlagert. Dieser ergibt sich im NYÜ aus einer entsprechenden Anwendung des Art. V Abs. 2 lit. b) NYÜ; im Übrigen gilt § 1059 Abs. 2 Nr. 2 lit. b) ZPO analog. Ein deutsches Gericht kann auf diesem Weg überprüfen, ob die Anwendung eines ausländischen Schiedsvereinbarungsstatuts im Einredeverfahren zu einem Verstoß gegen den deutschen ordre public führt.

---

800 Siehe oben § 2 D. IV.

801 Reithmann/Martiny/*Hausmann*, Rn. 8.380; Staudinger/*Hausmann*, IntVertrVerfR, Rn. 519.

802 Dazu oben § 8 A. I. 1.

Als ergebnisorientiertes Instrument zur Abwehr fremden Rechts ermöglicht die Vorbehaltsklausel allerdings keine unmittelbare Anwendung der §§ 307, 138 BGB gegen ein ausländisches Statut im Sinne einer Sonderanknüpfung. Vor der Konkretisierung der Modalitäten einer ordre public-Kontrolle stellt sich daher noch die Frage, ob im detaillierter ausgestalteten Vertragskollisionsrecht speziellere Anknüpfungspunkte vorhanden sind, die auf Schiedsvereinbarungen Anwendung finden können.

## B. Allgemeines Vertragskollisionsrecht

Im Gegensatz zu den schiedsrechtlichen Sonderkollisionsnormen sehen das deutsche und das europäische Vertragskollisionsrecht mehrere Möglichkeiten zur aktiven Durchsetzung nationaler Normen des Forumstaats gegenüber dem geltenden Vertragsstatut vor. Fraglich ist, ob diese eine Anwendung der §§ 307, 138 BGB entgegen eines ausländischen Schiedsvereinbarungsstatuts ermöglichen. Dazu werden im Folgenden zunächst die denkbaren Anknüpfungspunkte dargestellt (I.), bevor anschließend untersucht wird, ob sie auf die Behandlung von Schiedsvereinbarungen in der Einredesituation übertragbar sind (II.).

### I. Mögliche Anknüpfungspunkte

Orientiert an der auch im Schiedsverfahrensrecht anerkannten Unterscheidung zwischen subjektiver und objektiver Anknüpfung, lassen sich zwei Kategorien von Instrumenten zur statutsübergreifenden Berücksichtigung nationaler Vorschriften unterscheiden. Einerseits solche, die die Rechtswahlfreiheit der Parteien beschränken (1.), und andererseits Rechtsinstitute, die unabhängig von einer Rechtswahl eingreifen (2.).

#### *1. Rechtswahlschranken*

Soweit die Instrumente zur Durchsetzung nationalen Rechts als Schranken der Rechtswahlfreiheit ausgestaltet sind, setzt ihre Anwendbarkeit natürlich voraus, dass die Parteien überhaupt von dieser Freiheit Gebrauch gemacht, also eine Rechtswahl getroffen haben. Dies ist, zumindest in Form einer ausdrücklichen Rechtswahl speziell bezüglich der Schiedsvereinbarung, nur sehr selten der Fall.[803] Und auch bei der Annahme einer konkludenten Rechtswahl ist

803 *Born*, S. 491; *Rüßmann/Timár*, FS Kaissis, S. 837, 851. Denkbar ist eine ausdrückliche Wahl des Schiedsvereinbarungsstatuts insbesondere, um einen Gleichlauf mit dem

aufgrund des dafür ebenfalls erforderlichen Erklärungsbewusstseins beider Parteien Zurückhaltung geboten.[804] Insbesondere der – v.a. in der Rechtsprechung zu findenden[805] – großzügigen Annahme eines konkludenten Parteiwillens, dass Schiedsvereinbarung und Hauptvertrag demselben Recht unterliegen sollen, stehen Bedenken entgegen. Die leichtfertige Ausdehnung einer Rechtswahl für den Hauptvertrag auf die Schiedsvereinbarung widerspricht deren Autonomie und entspricht häufig nicht dem Interesse der Schiedsparteien, da die unterschiedlichen Zielsetzungen des Hauptvertrags einerseits und der Schiedsvereinbarung andererseits ignoriert werden.[806] Aufgrund der inneren Verbindung zwischen Schiedsvereinbarung und Schiedsverfahren erschiene es interessengerechter, die Wahl des Verfahrensrechts oder des Schiedsorts durch die Parteien zugleich als konkludente Rechtswahl für die Schiedsvereinbarung anzusehen.[807] Nimmt man das Erfordernis eines eindeutigen, vom Erklärungsbewusstsein beider Parteien getragenen Willens jedoch ernst, wird man auch die Festlegung des Schiedsorts häufig nur als mittelbare Beeinflussung des anwendbaren Rechts durch eine faktische Ausfüllung des objektiven Anknüpfungsmerkmals und nicht als konkludente Wahl des Schiedsvereinbarungsstatuts ansehen können.[808] Insbesondere aufgrund der wesentlich großzügigeren Praxis deutscher Gerichte ist an dieser Stelle dennoch auf die allgemeinen Schranken einer Rechtswahl einzugehen.

---

geltenden Schiedsverfahrensrecht (Schiedsort) oder dem Statut des Hauptvertrags herzustellen; in diese Richtung ggf. ICC Nr. 11869, YbCA 2011, 47, 51.

804 *Schmidt-Ahrendts/Höttler*, SchiedsVZ 2011, 267, 273; *Stürner/Wendelstein*, IPRax 2016, 473, 479; *König*, SchiedsVZ 2012, 129 (Fn. 1); MüKo-ZPO/*Münch*, § 1029 Rn. 35; *van den Berg*, NYC, S. 293.

805 Vgl. etwa BGH 28.11.1963 – VII ZR 112/62, BGHZ 40, 320, 323; BGH 3.5.2011 – XI ZR 373/08, NJW-RR 2011, 1350, 1353; OLG Frankfurt 24.10.2006 – 26 Sch 6/06, SchiedsVZ 2007, 217; OLG Thüringen 13.1.2011 – 1 Sch 1/08, IPRspr 2011, 781 f.; ebenfalls sehr großzügig Schütze/Tscherning/Wais/*Schütze*, Rn. 560; *Lew/Mistelis/Kröll*, Comparative Arbitration, Rn. 6–59; Wolff/*Wilske/Fox*, NYC, Art. II Rn. 232 f.

806 *Epping*, Schiedsvereinbarung, S. 54 ff.; Reithmann/Martiny/*Hausmann* Rn. 8.240, 8.256; Stein/Jonas/*Schlosser*, Anh. § 1061 Rn. 157; *Geimer*, IZPR, Rn. 3724; *Koussoulis*, FS Schlosser, S. 415, 421; *Schmidt-Ahrendts/Höttler*, SchiedsVZ 2011, 267, 273 f.

807 Reithmann/Martiny/*Hausmann* Rn. 8.257; *Geimer*, IZPR, Rn. 3790; *Koussoulis*, FS Schlosser, 415, 421; vgl. auch OLG Frankfurt 10.5.2012 – 26 Sch 111/10, IPRax 2013, 83, 86 f. (Schiedsort); BGH 23.4.1998 – III ZR 194/96, NJW 1998, 2452 (Schiedsverfahrensstatut). Zum Diskussionsstand *Samtleben*, FS v. Hoffmann, S. 1066, 1069 f. m.w.N.

808 Dahingehend auch *Stürner/Wendelstein*, IPRax 2016, 473, 479; allgemein zu einer solchen indirekten Rechtswahl vgl. *Kropholler*, IPR, S. 293.

### a) *Art. 3 Abs. 3 Rom I-VO (Art. 27 Abs. 3 EGBGB a.F.)*

Nach Art. 3 Abs. 3 Rom I-VO[809] bleiben auch im Fall einer Rechtswahl die intern zwingenden Normen eines Staats anwendbar, wenn abgesehen von der Rechtswahl alle Sachverhaltselemente in diesem Staat belegen sind. Die Rechtswahl bleibt also grundsätzlich wirksam; soweit zwingendes Recht entgegensteht, wirkt sie jedoch nur als materiellrechtliche Verweisung.[810] Dadurch soll verhindert werden, dass bei einem reinen Inlandssachverhalt die zwingenden Bestimmungen dieses Staats durch eine Rechtswahl ausgeschaltet werden. Zwar sind sowohl § 307 BGB als auch § 138 BGB als intern zwingende Normen des deutschen Rechts vom Schutzbereich dieser Vorschrift erfasst,[811] allerdings scheitert ihre Anwendung in den vorliegenden Konstellationen an dem Erfordernis eines reinen Inlandssachverhalts. Die Festlegung eines ausländischen Schiedsorts steht einem Inlandssachverhalt zwar nicht entgegen.[812] Jedoch ist der Sachverhalt durch andere Elemente internationalisiert, etwa eine im Ausland ansässige Partei oder einen ausländischen Erfüllungsort. Diese Berührungspunkte zu einem anderen Staat schließen einen reinen Inlandssachverhalt und damit die Anwendung des Art. 3 Abs. 3 Rom I-VO aus.[813]

### b) *Art. 46b EGBGB*

Der eingeschränkte räumliche Anwendungsbereich des Art. 3 Abs. 3 Rom I-VO könnte durch eine Anwendung des Art. 46b EGBGB kompensiert werden.

---

809 Art. 27 Abs. 3 EGBGB a.F. enthielt eine inhaltlich weitgehend identische Regelung: „Ist der sonstige Sachverhalt im Zeitpunkt der Rechtswahl nur mit einem Staat verbunden, so kann die Wahl des Rechts eines anderen Staates – auch wenn sie durch die Vereinbarung der Zuständigkeit eines Gerichts eines anderen Staates ergänzt ist – die Bestimmungen nicht berühren, von denen nach dem Recht jenes Staates durch Vertrag nicht abgewichen werden kann (zwingende Bestimmungen)."

810 Rauscher/*v. Hein*, Rom I-VO, Art. 3 Rn. 100, 121; BeckOGK/*Wendland*, Rom I-VO, Art. 3 Rn. 242 m.w.N.

811 Staudinger/*Magnus*, Rom I-VO, Art. 3 Rn. 146; BeckOGK/*Wendland*, Rom I-VO, Art. 3 Rn. 245.

812 Rauscher/*v. Hein*, Rom I-VO, Art. 3 Rn. 114; BeckOGK/*Wendland*, Rom I-VO, Art. 3 Rn. 227. Die lediglich redaktionell abweichenden Vorläuferbestimmungen des Art. 3 Abs. 3 EVÜ bzw. Art. 27 Abs. 3 EGBGB a.F. enthielten noch eine ausdrückliche Klarstellung dahingehend, dass die Vereinbarung der Zuständigkeit eines ausländischen Gerichts das Vorliegen eines reinen Inlandssachverhalts nicht ausschließt.

813 Rauscher/*v. Hein*, Rom I-VO, Art. 3 Rn. 108, 115 f.; Staudinger/*Magnus*, Rom I-VO, Art. 3 Rn. 138. Vgl. auch BGH 25.1.2005 – XI ZR 78/04, NJW-RR 2005, 1071, 1072 m.w.N. noch zu Art. 27 Abs. 3 EGBGB a.F.

Die Vorschrift enthält eine in der Schutzrichtung nahezu identische Regelung: Unterliegt ein Vertrag aufgrund einer Rechtswahl dem Recht eines Staats außerhalb der Europäischen Union oder des Europäischen Wirtschaftsraums, weist aber dennoch einen engen Zusammenhang zu einem dieser Staaten auf, sind die dortigen Bestimmungen zur Umsetzung der Verbraucherrichtlinien gleichwohl anzuwenden. Der Zweck des Art. 46b EGBGB liegt ebenfalls darin, eine Umgehung bestimmter national zwingender Vorschriften durch die Vereinbarung eines drittstaatlichen Rechts zu verhindern.[814] Ihr räumlicher Anwendungsbereich ist im Vergleich zu Art. 3 Abs. 3 Rom I-VO weiter gefasst. Statt eines reinen Inlandssachverhalts verlangt Art. 46b Abs. 1 EGBGB lediglich einen „engen Zusammenhang" mit dem Gebiet eines Mitgliedstaats. Dessen Vorliegen ist im Wege einer Gesamtwürdigung der Umstände unter besonderer Berücksichtigung der in Art. 46b Abs. 2 EGBGB genannten Regelbeispiele und des Schutzkonzepts der einschlägigen Richtlinie zu ermitteln.[815] Auch wenn darüber letztlich in jedem Einzelfall gesondert zu entscheiden ist, kommt in den hier betrachteten Konstellationen ein enger Zusammenhang zu Deutschland zumindest mit Blick sowohl auf den gewöhnlichen Aufenthalt und die Staatsangehörigkeit bzw. den Sitz der klagenden Vertragspartei als auch das Ausrichten der unternehmerischen Tätigkeit i.S.d. Art. 46b Abs. 2 Nr. 2 EGBGB in Betracht.

Allerdings stehen dem erweiterten räumlichen Anwendungsbereich des Art. 46b Abs. 1 EGBGB andere, einschränkende Voraussetzungen gegenüber. So setzt die Norm als teilweise Umsetzung der in Art. 46b Abs. 3 EGBGB genannten verbraucherschützenden Richtlinien einen Vertrag mit Verbraucherbeteiligung voraus.[816] Damit scheidet im Unternehmerverkehr eine Durchsetzung deutschen Rechts über Art. 46b EGBGB aus. Und auch bezüglich der verbleibenden Verbraucherverträge führt der Richtlinienzusammenhang des Art. 46b EGBGB zu einer Einschränkung. Dieser hat nämlich zur Folge, dass sich nur solche Vorschriften gegen das gewählte Vertragsstatut durchsetzen, die die genannten

814 MüKo-BGB/*Martiny*, EGBGB, Art. 46b Rn. 2; Staudinger/*Magnus*, EGBGB, Art. 46b Rn. 1 f.

815 Staudinger/*Magnus*, EGBGB, Art. 46b Rn. 41, 48; Erman/*Hohloch*, Art. 46b EGBGB Rn. 16; Palandt/*Thorn*, EGBGB, Art. 46b Rn. 3. Als Kriterien werden u.a. der gewöhnliche Aufenthalt und die Staatsangehörigkeit des Verbrauchers, der Sitz der anderen Vertragspartei, der Ort des Vertragsschlusses, die Vertragssprache und der Erfüllungsort genannt. Zum Ganzen ausführlich MüKo-BGB/*Martiny*, EGBGB, Art. 46b Rn. 40 ff. m.w.N.

816 MüKo-BGB/*Martiny*, EGBGB, Art. 46b Rn. 16 f.; Staudinger/*Magnus*, EGBGB, Art. 46b Rn. 35.

Richtlinien in nationales Recht umsetzen.[817] Während § 307 BGB Vorgaben der in Art. 46b Abs. 3 Nr. 1 EGBGB genannten Klauselrichtlinie in deutsches Recht transferiert, ist § 138 BGB eine genuin nationale Vorschrift, die nicht in den Anwendungsbereich des Art. 46b EGBGB fällt. Eine Kontrolle individuell ausgehandelter Schiedsvereinbarungen anhand des § 138 BGB ermöglicht die Vorschrift dementsprechend nicht. § 307 BGB als Kontrollmaßstab von AGB-Schiedsvereinbarungen könnte jedoch in Verbraucherfällen bei Geltung eines ausländischen Statuts über Art. 46b Abs. 1, 3 Nr. 1 EGBGB durchgesetzt werden.

### *c) Art. 6 Abs. 2 S. 2 Rom I-VO (Art. 29 I EGBGB a.F.)*

Eine Beschränkung auf richtlinienbasierte nationale Vorschriften sieht die Rechtswahlschranke des Art. 6 Abs. 2 S. 2 Rom I-VO[818] nicht vor. Danach darf die in einem Verbrauchervertrag grundsätzlich zulässige Rechtswahl generell nicht dazu führen, dass von den zwingenden Normen des Heimatstaats des Verbrauchers zu dessen Nachteil abgewichen wird. Dieser Günstigkeitsvergleich ist nicht auf spezifisch verbraucherschützende Vorschriften beschränkt, sondern gilt für alle Normen, die zumindest auch auf Verbraucher Anwendung finden.[819] Damit ermöglicht Art. 6 Abs. 2 S. 2 Rom I-VO – anders als Art. 46b EGBGB – sowohl eine Durchsetzung des § 307 BGB als auch des § 138 BGB gegen das gewählte Vertragsstatut. Freilich ist der Weg über diese Sonderanknüpfung aufgrund des persönlichen Anwendungsbereichs der Vorschrift ebenfalls auf Schiedsvereinbarungen in Verbraucherverträgen beschränkt. Zudem setzt die Anwendung gem. Art. 6 Abs. 1 Rom I-VO voraus, dass der Unternehmer seine Tätigkeit im Heimatstaat des Verbrauchers ausübt oder zumindest auf diesen Staat ausrichtet und der Vertrag in den Bereich dieser Tätigkeit fällt. Dieses situative Erfordernis entspricht den Regelbeispielen des Art. 46b Abs. 2 EGBGB.[820]

---

817 MüKo-BGB/*Martiny*, EGBGB, Art. 46b Rn. 21, 71 f.; Erman/*Hohloch*, EGBGB, Art. 46b Rn. 18.

818 Eine vergleichbare Regelung enthielt bereits Art. 29 Abs. 1 EGBGB a.F.: „Bei Verträgen über die Lieferung beweglicher Sachen oder die Erbringung von Dienstleistungen zu einem Zweck, der nicht der beruflichen oder gewerblichen Tätigkeit des Berechtigten (Verbrauchers) zugerechnet werden kann, sowie bei Verträgen zur Finanzierung eines solchen Geschäfts darf eine Rechtswahl der Parteien nicht dazu führen, daß dem Verbraucher der durch die zwingenden Bestimmungen des Rechts des Staates, in dem er seinen gewöhnlichen Aufenthalt hat, gewährte Schutz entzogen wird, wenn […].“

819 NK-BGB/*Leible*, Rom I-VO, Art. 6 Rn. 69; Rauscher/*Heiderhoff*, Rom I-VO, Art. 6 Rn. 55.

820 Vgl. dazu ausführlich BeckOGK/*Rühl*, Rom I-VO, Art. 6 Rn. 172 ff.

### 2. Sonstige Rechtsinstitute

#### a) Art. 9 Abs. 2 Rom I-VO (Art. 34 EGBGB a.F.)

Das schärfste Schwert zur kollisionsrechtlichen Durchsetzung nationaler Normen bietet Art. 9 Rom I-VO. Nach dessen Abs. 2 setzen sich die Eingriffsnormen der *lex fori* stets gegenüber dem Vertragsstatut durch – dies gilt bei einer Rechtswahl ebenso wie bei einer objektiven Anknüpfung und unabhängig von sonstigen kollisionsrechtlichen Voraussetzungen, wie den am Vertrag beteiligten Personen oder dem materiellrechtlichen Inhalt des Vertragsstatuts. Die Voraussetzungen einer Sonderanknüpfung ergeben sich vielmehr aus dem Inhalt der Eingriffsnorm selbst und können daher vom nationalen Gesetzgeber formuliert werden.[821] Gleiches gilt im Wesentlichen für die Frage, ob eine Vorschrift überhaupt als Eingriffsnorm zu qualifizieren ist.[822] Bei § 138 BGB steht einer solchen Qualifikation entgegen, dass die Generalklausel ausschließlich das Innenverhältnis der Vertragsparteien betrifft.[823] Und auch für die §§ 305 ff. BGB wird eine Sonderanknüpfung nach Art. 9 Rom I-VO allgemein mit dem Hinweis abgelehnt, dass diese Vorschriften lediglich den Schutz von Individualinteressen bezwecken und Gemeinwohlinteressen allenfalls reflexartig erfassen.[824] Eine Sonderanknüpfung der deutschen Kontrollmaßstäbe über Art. 9 Rom I-VO kommt daher in Bezug auf eine Schiedsvereinbarung nicht in Betracht.

#### b) Art. 6 EGBGB und Art. 21 Rom I-VO

Auch auf der Ebene des allgemeinen Kollisionsrechts bietet der ordre public-Vorbehalt des Art. 6 EGBGB bzw. Art. 21 Rom I-VO ein mögliches Einfallstor der *lex fori* in das Vertragsstatut. Da die unionsrechtliche Vorschrift auf die öffentliche Ordnung des jeweiligen Mitgliedstaats verweist, bestehen aus Sicht

---

821 BeckOGK/*Maultzsch*, Rom I-VO, Art. 9 Rn. 73; Staudinger/*Magnus*, Rom I-VO, Art. 9 Rn. 12. Zur Diskussion um das Erfordernis eines eigenen kollisionsrechtlichen Bezugs des Rechtsstreits zum Forumstaat vgl. BeckOGK/*Maultzsch*, Rom I-VO, Art. 9 Rn. 81 ff. m.w.N. zu beiden Ansichten.

822 Rauscher/*Thorn*, Rom I-VO, Art. 9 Rn. 32; Staudinger/*Magnus*, Rom I-VO, Art. 9 Rn. 53 f. Zu den europarechtlichen Grenzen und der Kontrollbefugnis des EuGH vgl. ausführlich BeckOGK/*Maultzsch*, Rom I-VO, Art. 9 Rn. 63 ff.

823 BGH 19.3.1997 – VIII ZR 316/96, BGHZ 135, 124, 139; MüKo-BGB/*Martiny*, Rom I-VO, Art. 9 Rn. 60; Rauscher/*Thorn*, Rom I-VO, Art. 9 Rn. 59; Staudinger/*Magnus*, Rom I-VO, Art. 9 Rn. 147.

824 BGH 9.7.2009 – Xa ZR 19/08, BGHZ 182, 24, 34 f.; MüKo-BGB/*Martiny*, Rom I-VO, Art. 9 Rn. 89; Rauscher/*Thorn*, Rom I-VO, Art. 9 Rn. 49; Staudinger/*Magnus*, Rom I-VO, Art. 9 Rn. 151; *Pfeiffer*, NJW 2012, 1169.

eines deutschen Gerichts letztlich keine inhaltlichen Unterschiede zwischen den Vorbehaltsklauseln.[825] Beide ermöglichen einem deutschen Gericht von der Anwendung ausländischen Rechts abzusehen, wenn dessen Anwendungsergebnis wesentlichen Grundsätzen des deutschen Rechts, insbesondere den Grundrechten, offensichtlich widerspricht. Sie dienen hingegen nicht dazu, deutsche Sachnormen bei Geltung fremden Rechts zur Anwendung zu bringen.[826] Dementsprechend ermöglichen Art. 6 EGBGB bzw. Art. 21 Rom I-VO keine aktive Durchsetzung der §§ 307, 138 BGB gegen ein ausländisches Statut. Ihre Wirkungsweise entspricht vielmehr dem kollisionsrechtlichen ordre public-Vorbehalt des Schiedsverfahrensrechts.

### 3. *Zusammenfassung*

Das allgemeine Vertragskollisionsrecht bietet mit den Rechtswahlschranken der Art. 6 Abs. 2 S. 2 Rom I-VO und Art. 46b Abs. 1, 3 Nr. 1 EGBGB zwei Instrumente, um die §§ 307, 138 BGB in Verbraucherfällen auch bei Geltung eines ausländischen Statuts zur Anwendung zu bringen. Insoweit bleibt zu klären, ob diese Anknüpfungspunkte auch für Schiedsabreden gelten, sodass das Einredegericht zumindest dann auf die beiden deutschen Sachvorschriften zurückgreifen kann, wenn das ausländische Schiedsvereinbarungsstatut gewählt wurde.

Bei einer subjektiven Anknüpfung im unternehmerischen Rechtsverkehr scheitert diese Möglichkeit hingegen bereits am fehlenden Ansatzpunkt im Vertragskollisionsrecht, sodass sich die Frage nach der Übertragbarkeit auf Schiedsabreden gar nicht erst stellt. Gleiches gilt – unabhängig vom beteiligten Personenkreis – bei einer objektiven Anknüpfung. In beiden Fällen kommt eine Sonderanknüpfung der §§ 307, 138 BGB entgegen eines ausländischen Schiedsvereinbarungsstatuts von vornherein nicht in Betracht; dem Einredegericht bleibt nur die Möglichkeit einer ordre public-Kontrolle.

## II. Übertragung der Anknüpfungspunkte des allgemeinen Vertragskollisionsrechts auf Schiedsvereinbarungen

Die Antwort auf die Frage nach der Anwendbarkeit von Art. 6 Abs. 2 S. 2 Rom I-VO bzw. Art. 46b Abs. 1, 3 Nr. 1 EGBGB auf Schiedsabreden hängt

825 Vgl. MüKo-BGB/*v. Hein*, EGBGB, Art. 6 Rn. 26 ff.; NK-BGB/*Doehner*, Rom I-VO, Art. 21 Rn. 1, 3; Staudinger/*Hausmann*, Rom I-VO, Art. 21 Rn. 6, 10 f.

826 BeckOK-BGB/*Lorenz*, EGBGB, Art. 6 Rn. 3; MüKo-BGB/*v. Hein*, EGBGB, Art. 6 Rn. 2 ff.; Staudinger/*Hausmann*, Rom I-VO, Art. 21 Rn. 9. Zur Funktionsweise des ordre public siehe oben § 2 B. II. 3.

maßgeblich davon ab, welchem Kollisionsrecht man die Schiedsvereinbarung in der Einredesituation unterstellt. Bei einem Rückgriff auf die allgemeinen schuldvertraglichen Kollisionsregeln der Rom I-VO bzw. der Artt. 27 ff. EGBGB a.F. ist es durchaus konsequent, auch die dort vorgesehenen Schranken zu beachten.[827] Dementsprechend gelangen auch deutsche Gerichte vor allem über die verbraucherschützenden Kollisionsvorschriften zur Durchsetzung inländischer Normen gegen ein ausländisches Statut der Schiedsvereinbarung.[828] Stellt man hingegen mit der hier vertretenen Auffassung bereits im Einredeverfahren auf Art. V Abs. 1 lit. a) NYÜ und Art. VI Abs. 2 EuÜ bzw. § 1059 Abs. 1 lit. a) ZPO als maßgebliche Sonderkollisionsnormen für Schiedsvereinbarungen ab,[829] ist eine direkte Anwendung der Schranken des allgemeinen europäischen oder deutschen Kollisionsrechts ausgeschlossen; es kommt allenfalls eine entsprechende Anwendung in Betracht. Diese setzt voraus, dass im schiedsvertraglichen Sonderkollisionsrecht dahingehend planwidrige Regelungslücken bestehen, deren Schließung aufgrund einer vergleichbaren Interessenlage gerechtfertigt erscheint.[830]

### 1. *Internationale Übereinkommen*

#### a) *NYÜ*

Im Geltungsbereich des NYÜ wird eine entsprechende Anwendung der verbraucherschützenden Sonderanknüpfungen mit dem zutreffenden Hinweis auf den abschließenden Charakter der Kollisionsnormen des NYÜ abgelehnt.[831] Art. V Abs. 1 lit. a) NYÜ regelt die Anknüpfung von Schiedsvereinbarungen innerhalb des Übereinkommens exklusiv und schließt einen Rückgriff auf nationales bzw. europäisches Vertragskollisionsrecht aus.[832] Dies entspricht dem

---

827 Vgl. etwa *Eichel*, IPRax 2016, 305, 309.

828 BGH 7.6.2016 – KZR 6/15, SchiedsVZ 2016, 218, 223; BGH 12.4.2011 – XI ZR 341/08, NJW-RR 2011, 1287, 1288; BGH 8.6.2010 – XI ZR 349/08, SchiedsVZ 2011, 46, 49; OLG Düsseldorf 26.5.1995 – 17 U 240/94, IPRax 1997, 115, 117.

829 Zur Anknüpfung des Schiedsvereinbarungsstatuts in der Einredesituation ausführlich oben § 7 A.

830 Zu diesen allgemein anerkannten Voraussetzungen einer Analogie vgl. BVerfG 31.5.2006 – 2 BvR 1673/04, BVerfGE 116, 69, 83 f.; BGH 16.7.2003 – VIII ZR 274/02, BGHZ 155, 380, 389 f.; Krüper/*Sauer*, Grundlagen des Rechts, § 9 Rn. 40.

831 Stein/Jonas/*Schlosser*, Anh. § 1061 Rn. 68; Reithmann/Martiny/*Hausmann*, Rn. 8.243, 8.260; *Quinke*, Börsenschiedsvereinbarungen, S. 322 ff.

832 MüKo-ZPO/*Adolphsen*, § 1061 Anh. 1, Art. V UNÜ Rn. 5, 21; Wolff/*Wilske*/*Fox*, NYC, Art. V Rn. 112; Reithmann/Martiny/*Hausmann*, Rn. 8.239; *van den Berg*, NYC, S. 126, 291; *Quinke*, Börsenschiedsvereinbarungen, S. 322.

Ziel des Übereinkommens, die Anerkennung von internationalen Schiedsvereinbarungen und Schiedssprüchen zu fördern und die diesbezüglichen Voraussetzungen zu harmonisieren. Gegen eine entsprechende Anwendung speziell der Verbraucherschutzvorschriften spricht zudem, dass das NYÜ selbst bestimmte Wege des Verbraucherschutzes offenlässt. So eröffnet die Sonderanknüpfung der subjektiven Schiedsfähigkeit an das Personalstatut der Schiedsparteien die Möglichkeit nationaler Regelungen zum Schutz inländischer Verbraucher; sind wesentliche Rechtsgrundsätze betroffen, bleibt zudem ein Rückgriff auf den kollisionsrechtlichen ordre public-Vorbehalt möglich.[833] Sofern ein weitergehender Verbraucherschutz erwünscht ist, kann dieser schließlich durch die Erklärung des Handelssachenvorbehalts gem. Art. I Abs. 3 S. 2 NYÜ erreicht werden. Damit fehlt es im Hinblick auf die kollisionsrechtlichen Verbraucherschutzregeln an der für eine Analogie erforderlichen Lücke im NYÜ, jedenfalls aber an deren Planwidrigkeit. Die entsprechende Anwendung der Sonderanknüpfungen des nationalen bzw. europäischen Rechts verstieße daher gegen Art. V Abs. 1 lit. a) NYÜ und wäre somit völkerrechtswidrig.[834] Im Anwendungsbereich des NYÜ ist der deutsche Einrederichter also völkerrechtlich daran gehindert, § 307 BGB und § 138 BGB über Art. 6 Abs. 2 S. 2 Rom I-VO bzw. Art. 46b Abs. 1, 3 Nr. 1 EGBGB gegen ein ausländisches Schiedsvereinbarungsstatut durchzusetzen.

Aus Sicht des Europarechts stehen der Nichtanwendung des Art. 6 Abs. 2 S. 2 Rom I-VO keine Bedenken entgegen, weil Schiedsvereinbarungen gem. Art. 1 Abs. 2 lit. e) Rom I-VO vom Anwendungsbereich der Verordnung ausgenommen sind. Dementsprechend besteht keine europarechtliche Pflicht, die §§ 307, 138 BGB über Art. 6 Abs. 2 S. 2 Rom I-VO gegen ein ausländisches Schiedsvereinbarungsstatut durchzusetzen.[835]

Problematischer ist die Situation hingegen bei Art. 46b EGBGB. Die Vorschrift dient u.a. der Umsetzung von Art. 6 Abs. 2 der Klauselrichtlinie, der die EU-Mitgliedstaaten verpflichtet, durch geeignete Maßnahmen zu verhindern, dass Verbraucher den durch die Richtlinie gewährten Schutz verlieren, wenn das Recht eines Drittlandes als Vertragsstatut gewählt wurde und der Vertrag einen

833 Reithmann/Martiny/*Hausmann*, Rn. 8.260. Zur Anknüpfung der subjektiven Schiedsfähigkeit siehe oben § 6 C. II. 1.; zur kollisionsrechtlichen Vorbehaltsklausel im NYÜ oben § 8 A. I. 1.

834 BeckOK-ZPO/*Wilske*/*Markert*, § 1061 Rn. 19; *Quinke*, Börsenschiedsvereinbarungen, S. 323; *Jordans*, Schiedsgerichte bei Termingeschäften, S. 212; *Wagner*/*Quinke*, JZ 2005, 932, 937; *Samtleben*, ZBB 2003, 69, 77 (Fn. 91).

835 Vgl. auch *Quinke*, Börsenschiedsvereinbarungen, S. 323 (noch zu Art. 29 EGBGB a.F.).

engen Zusammenhang mit dem Gebiet der Mitgliedstaaten aufweist.[836] Daher ist § 307 BGB, der den materiellen Schutzstandard der Klauselrichtlinie in deutsches Recht umsetzt, über Art. 46b Abs. 1, 3 Nr. 1 EGBGB auch dann anzuwenden, wenn für einen Vertrag, der einen engen Zusammenhang mit dem Gebiet der Bundesrepublik aufweist, ein drittstaatliches Recht gewählt wurde. Da die Richtlinie einen mit Art. 1 Abs. 2 lit. e) Rom I-VO vergleichbaren Ausnahmetatbestand nicht vorsieht, verpflichtet das unionsrechtliche Gebot der Richtlinienumsetzung gem. Art. 288 Abs. 3 AEUV zur Anwendung des Art. 46b EGBGB auch auf Schiedsvereinbarungen.[837] Das deutsche Einredegericht befindet sich dadurch in einem Dilemma: Es ist europarechtlich verpflichtet, Art. 6 Abs. 2 der Klauselrichtlinie durch eine Anwendung des § 307 i.V.m. Art. 46b Abs. 1, 3 Nr. 1 EGBGB umzusetzen. Genau diese Umsetzung begründet jedoch einen Verstoß gegen die völkerrechtlichen Verpflichtungen der Bundesrepublik Deutschland aus dem NYÜ.[838] Zur Lösung dieses Konflikts zwischen Art. V Abs. 1 lit. a) NYÜ und Art. 288 Abs. 3 AEUV i.V.m. Art. 6 Abs. 2 der Klauselrichtlinie bieten sich zwei Wege an. Der erste führt über die Wiener Vertragsrechtskonvention (WVK)[839]: Da nicht alle Vertragsparteien des NYÜ zugleich Mitglied der EU sind, ist nach Art. 30 Abs. 4 WVK zu differenzieren. Im Verhältnis der EU-Mitgliedstaaten zueinander wird die Exklusivität des Art. V Abs. 1 lit. a) NYÜ von der Umsetzungspflicht des Art. 288 Abs. 3 AEUV verdrängt. Dadurch sind die EU-Mitgliedstaaten im Verhältnis zueinander zwar verpflichtet, Art. 46b EGBGB zur Anwendung zu bringen, jedoch erfasst die Vorschrift diese Binnenkonstellation tatbestandlich gerade nicht. In der relevanten Drittstaatenkonstellation, also im Verhältnis zwischen EU-Mitgliedstaaten und Drittstaaten, gebührt gem. Art. 30 Abs. 4 lit. b) WVK hingegen dem Vertrag der Vorrang, dem beide Staaten angehören, hier also Art. V Abs. 1 lit. a) NYÜ.[840] Einen alternativen – und wohl vorzugswürdigen – Lösungsweg bietet Art. 351 AEUV, der das Verhältnis der EU-Verträge zu internationalen Verträgen der Mitgliedstaaten regelt. Zwar

836 MüKo-BGB/*Martiny*, EGBGB, Art. 46b Rn. 1, 4; Palandt/*Thorn*, EGBGB, Art. 46b Rn. 1.

837 Zur Geltung der Klauselrichtlinie für Schiedsklauseln bereits oben § 7 B. V. 3. a); vgl. auch EuGH 26.10.2006 – C-168/05 (*Mostaza Claro*), IPRax 2008, 515 ff.; EuGH 6.10.2009 – C-40/08 (*Asturcom*), SchiedsVZ 2010, 110 ff.

838 *Quinke*, Börsenschiedsvereinbarungen, S. 323 f. (noch zu Art. 29a EGBGB a.F.).

839 Wiener Übereinkommen über das Recht der Verträge vom 23. Mai 1969, BGBl. II 1985, 926 ff.

840 So *Quinke*, Börsenschiedsvereinbarungen, S. 324 f.; *Jordans*, Schiedsgerichte bei Termingeschäften, S. 147.

erfasst die Vorschrift die vorliegende Konstellation nicht unmittelbar, da die Bundesrepublik Deutschland dem NYÜ erst nach dem dort festgelegten Stichtag beigetreten ist. Allerdings gilt Art. 351 Abs. 1 AEUV in Anerkennung des völkerrechtlichen *pacta sunt servanda*-Grundsatzes auch für später geschlossene Verträge jedenfalls dann, wenn die Kollision mit dem späteren EU-Sekundärrechtsakt unvorhersehbar war.[841] Dies wird man für die vorliegende Kollision von Art. V Abs. 1 lit. a) NYÜ und Art. 288 Abs. 3 AEUV i.V.m. Art. 6 Abs. 2 der Klauselrichtlinie durchaus annehmen können, zumal auch die Europäische Union selbst dem NYÜ positiv anerkennend gegenübersteht.[842] Für die von Art. 46b EGBGB erfassten Drittstaatenkonstellationen führen damit beide Wege zu einer Lösung des Konflikts zugunsten der Exklusivität des Art. V Abs. 1 lit. a) NYÜ. Das deutsche Einredegericht ist damit vom Vorwurf der Vertragsverletzung befreit, wenn es im Anwendungsbereich des NYÜ die Sonderanknüpfung des § 307 BGB über Art. 46b Abs. 1, 3 Nr. 1 EGBGB unterlässt; eine Anwendung des Art. 46b EGBGB wäre aufgrund eines Verstoßes gegen das NYÜ hingegen völkerrechtswidrig.

Im Ergebnis scheidet im Geltungsbereich des NYÜ eine Übertragung der kollisionsrechtlichen Schranken des deutschen bzw. europäischen Rechts auf die Schiedsvereinbarung aus. Eine Sonderanknüpfung der §§ 307, 138 BGB über Art. 46b EGBGB bzw. Art. 6 Abs. 2 S. 2 Rom I-VO gegen ein fremdes Schiedsvereinbarungsstatut ist nicht möglich; die Anwendung des ausländischen Rechts wird lediglich durch den dem NYÜ immanenten, kollisionsrechtlichen ordre public-Vorbehalt begrenzt.

### *b) EuÜ*

Die Frage nach einer Übertragung der Verbraucherschutznormen des deutschen bzw. europäischen IPR im Geltungsbereich des EuÜ erübrigt sich, da sich die persönlichen Anwendungsbereiche der Regelungsmaterien insoweit nicht

---

841 Calliess/Ruffert/*Schmalenbach*, AEUV, Art. 351 Rn. 8; von der Groeben/*Nikos Lavranos*, Art. 351 AEUV Rn. 6.

842 Vgl. etwa Vorschlag für eine Verordnung des Europäischen Parlaments und des Rates über das auf vertragliche Schuldverhältnisse anzuwendende Recht (Rom I), KOM(2005) 650, S. 5: „In [Art. 1] Buchstabe e wird der Ausschluss von Schieds- und Gerichtsstandsvereinbarungen bestätigt, da, wie auch in den Grünbuchbeiträgen mehrheitlich festgestellt wurde, erstere auf internationaler Ebene bereits zufriedenstellend geregelt sind [...]."

überschneiden. Das Übereinkommen ist auf Verbraucherverträge – wie sie Art. 6 Abs. 2 S. 2 Rom I-VO und Art. 46b EGBGB voraussetzen – nicht anzuwenden.[843]

## 2. *Autonomes Schiedsverfahrensrecht*

Im deutschen Recht ist umstritten, ob Art. 6 Abs. 2 S. 2 Rom I-VO und Art. 46b EGBGB auch bei der Anknüpfung des Schiedsvereinbarungsstatuts nach den schiedsrechtlichen Kollisionsnormen zu berücksichtigen sind. Einige Literaturstimmen wollen die Vorschriften aus Gründen des Verbraucherschutzes analog anwenden.[844] Die Gegenauffassung betrachtet § 1059 Abs. 2 Nr. 1 lit. a) ZPO hingegen als abschließende Sondervorschrift, die der Parteiautonomie uneingeschränkt Raum gibt, und lehnt eine entsprechende Anwendung der vertragskollisionsrechtlichen Sonderanknüpfungen deshalb ab.[845] Der Verbraucher sei über das bei inländischen Verfahren unabdingbare Formerfordernis des § 1031 Abs. 5 ZPO hinreichend geschützt. Gegen ein Rückgriffsbedürfnis spricht zudem, dass auch das autonome Schiedsverfahrensrecht den Schutz inländischer Verbraucher über Einschränkungen der Schiedsfähigkeit ermöglicht und sich in jedem Fall eine ordre public-Kontrolle des ausländischen Schiedsvereinbarungsstatuts vorbehält.[846] Aus Sicht des nationalen Schiedsverfahrensrechts ist eine analoge Anwendung der verbraucherschützenden Sonderanknüpfungen also nicht geboten.

Im Hinblick auf Art. 6 Abs. 2 S. 2 Rom I-VO ist dies aufgrund der Bereichsausnahme in Art. 1 Abs. 2 lit. e) Rom I-VO europarechtlich unbedenklich. Die Unterlassung der Anwendung des Art. 46b Abs. 1, 3 Nr. 1 EGBGB konfligiert hingegen mit der Pflicht zur Umsetzung der Klauselrichtlinie, die auch für Schiedsabreden gilt. Anders als im NYÜ[847] lässt sich dieser Konflikt im autonomen Schiedsverfahrensrecht nicht zu dessen Gunsten lösen. Nach dem Grundsatz der unionsrechtskonformen Auslegung nationalen Rechts ist das Einredegericht vielmehr verpflichtet, die Rechtswahlschranke des Art. 46b Abs. 1, 3 Nr. 1 EGBGB als Umsetzungsnorm von Art. 6 Abs. 2 der Klauselrichtlinie

---

843 Siehe oben § 2 D. II.

844 MüKo-ZPO/*Münch*, § 1029 Rn. 34; wohl auch Staudinger/*Magnus*, Rom I-VO, Art. 1 Rn. 78; *ders.*, IPRax 2016, 521, 530; noch bezüglich Art. 29a EGBGB a.F.: *Quinke*, Börsenschiedsvereinbarungen, S. 318 f.; *Berger*, ZBB 2003, 77, 89 f.

845 *Epping*, Schiedsvereinbarung, S. 46; Reithmann/Martiny/*Hausmann*, Rn. 8.260; *Schmidt-Ahrendts*/*Höttler*, SchiedsVZ 2011, 267, 273.

846 Reithmann/Martiny/*Hausmann*, Rn. 8.260. Zur Anknüpfung der subjektiven Schiedsfähigkeit siehe oben § 6 C. II. 1.; zum kollisionsrechtlichen ordre public-Vorbehalt im autonomen Schiedsverfahrensrecht oben § 8 A. II.

847 Dazu ausführlich soeben § 8 B. II. 1. a).

auch bei der Anknüpfung des Schiedsvereinbarungsstatuts zu beachten. Dies ermöglicht in Verbraucherfällen eine Sonderanknüpfung des § 307 BGB gegen ein abweichendes Schiedsvereinbarungsstatut. Eine Anwendung des § 138 BGB zur Kontrolle individualvertraglicher Schiedsabreden bleibt hingegen auch auf diesem Weg ausgeschlossen, da die Vorschrift nicht von Art. 46b EGBGB erfasst wird.[848]

### 3. *Zusammenfassung*

Eine Übertragung der vertragskollisionsrechtlichen Rechtswahlschranken in Art. 6 Abs. 2 S. 2 Rom I-VO und Art. 46b EGBGB auf Schiedsvereinbarungen ist grundsätzlich ausgeschlossen. Die schiedsrechtlichen Kollisionsnormen regeln die Anknüpfung des Schiedsvereinbarungsstatuts bereits in der Einredesituation abschließend und eröffnen selbst gewisse Möglichkeiten des Verbraucherschutzes, sodass auch in der Sache kein zwingendes Bedürfnis für einen Rückgriff auf die Schutzvorschriften des allgemeinen IPR besteht.

Eine europarechtlich bedingte Ausnahme ergibt sich allerdings im autonomen Schiedsverfahrensrecht: Dort muss das Einredegericht bei der subjektiven Anknüpfung des Schiedsvereinbarungsstatuts Art. 46b Abs. 1, 3 Nr. 1 EGBGB beachten, um nicht gegen die europäische Klauselrichtlinie zu verstoßen. Darüber kann § 307 Abs. 1 S. 1 BGB in Verbraucherfällen auch bei Geltung eines drittstaatlichen Rechts zur Anwendung gebracht werden.

## III. Zwischenergebnis

Zur Frage, ob das Einredegericht die Möglichkeit hat, § 307 Abs. 1 S. 1 BGB oder § 138 Abs. 1 BGB über Sonderanknüpfungen des allgemeinen Vertragskollisionsrechts auch bei Geltung eines ausländischen Schiedsvereinbarungsstatuts anzuwenden, ist im Ergebnis Folgendes festzuhalten: Resultiert das fremde Schiedsvereinbarungsstatut aus einer objektiven Anknüpfung an den ausländischen Schiedsort, fällt die Antwort ausnahmslos negativ aus. In diesem Fall fehlt es bereits an einer einschlägigen Sonderanknüpfung im allgemeinen IPR. Dem Einredegericht bleibt dann nur die Möglichkeit einer ordre public-Kontrolle. Dies gilt im Grundsatz letztlich auch bei der Wahl eines ausländischen Schiedsvereinbarungsstatuts. Im unternehmerischen Rechtsverkehr mangelt es auch bei subjektiver Anknüpfung an einer Sonderkollisionsnorm, um §§ 307, 138 BGB gegen fremdes Recht durchzusetzen. Diese steht bei Verbraucherverträgen mit

848 Siehe oben § 8 B. I. 1. b).

Art. 6 Abs. 2 S. 2 Rom I-VO bzw. Art. 46b EGBGB zwar prinzipiell bereit. Allerdings ist deren Anwendung bei der Anknüpfung des Schiedsvereinbarungsstatuts innerhalb des NYÜ durch dessen Art. V Abs. 1 lit. a) als schiedsrechtliche *lex specialis* geblockt. Im autonomen Schiedsverfahrensrecht gilt dies nur für Art. 6 Abs. 2 S. 2 Rom I-VO; zugunsten des Art. 46b Abs. 1, 3 Nr. 1 EGBGB wird die Sperrwirkung des § 1059 Abs. 2 Nr. 1 lit. a) ZPO hingegen aufgrund der Klauselrichtlinie durchbrochen. Dadurch ergibt sich für Schiedsklauseln in Verbraucherverträgen, die aufgrund eines inländischen Schiedsorts allein dem autonomen deutschen Schiedsverfahrensrecht unterliegen, die Möglichkeit, trotz ausländischen Schiedsvereinbarungsstatuts auf § 307 Abs. 1 S. 1 BGB zurückzugreifen.

Für den dogmatischen Rahmen zur Kontrolle einer Schiedsabrede mit Potenzial zum Rechtsumschwung ergibt sich bei Geltung eines ausländischen Schiedsvereinbarungsstatuts damit folgende Schlussfolgerung: Einzig möglicher Anknüpfungspunkt ist in aller Regel der kollisionsrechtliche ordre public gem. Art. V Abs. 2 lit. b) NYÜ bzw. § 1059 Abs. 2 Nr. 2 lit. b) ZPO analog. Entsprechend der Wirkungsweise der Vorbehaltsklausel bleibt es damit zunächst bei der Kontrolle der Schiedsvereinbarung anhand des ausländischen Statuts. Anschließend kann das Einredegericht lediglich überprüfen, ob die Anwendung der fremden Rechtsordnung gegen wesentliche Grundsätze des deutschen Rechts verstößt. Ein abweichender Ansatz – nämlich die Fortgeltung des § 307 BGB i.V.m. Art. 46b Abs. 1, 3 Nr. 1 EGBGB trotz fremden Schiedsvereinbarungsstatuts – ist nur in einer einzigen Konstellation möglich: Wenn die Schiedsvereinbarung als AGB in einem Verbrauchervertrag enthalten ist, einen inländischen Schiedsort vorsieht und kraft Rechtswahl einem drittstaatlichen Statut unterliegt. Dieser Sonderfall dürfte – jedenfalls bei restriktiver Annahme einer Rechtswahl[849] – praktisch nur selten relevant sein und wird daher erst an späterer Stelle wieder aufgegriffen.[850] Zuvor gilt es, die im Regelfall einschlägige ordre public-Kontrolle unter dem Aspekt eines möglichen Rechtsumschwungs zu konkretisieren.

849 Nach der hier vertretenen Auffassung ist bei der Annahme einer Rechtswahl bezüglich der Schiedsvereinbarung prinzipiell Zurückhaltung geboten; insbesondere die Rechtsprechung ist insoweit allerdings deutlich großzügiger. Siehe dazu oben § 8 B. I. 1.

850 Siehe unten § 9 C.

## C. Modell der ordre public-Kontrolle bei ausländischem Schiedsvereinbarungsstatut

In den beiden vorherigen Abschnitten hat sich gezeigt, dass eine Kontrolle von Schiedsabreden zur Verteidigung von Sachnormzwecken bei Geltung eines ausländischen Schiedsvereinbarungsstatuts grundsätzlich nur im dogmatischen Rahmen des kollisionsrechtlichen ordre public möglich ist. Die rechtliche Grundlage der ordre public-Kontrolle bildet bei Vereinbarung eines ausländischen Schiedsorts Art. V Abs. 2 lit. b) NYÜ analog; soll das Schiedsverfahren im Inland stattfinden, gilt – auch im Anwendungsbereich des EuÜ – § 1059 Abs. 2 Nr. 2 lit. b) ZPO entsprechend. Inhaltlich ergeben sich daraus keine Unterschiede, da Art. V Abs. 2 lit. b) NYÜ auf die öffentliche Ordnung des Forumstaats verweist, sodass es bei seiner analogen Anwendung in der Einredesituation genauso auf den deutschen ordre public ankommt wie im Rahmen des § 1059 Abs. 2 Nr. 2 lit. b) ZPO. Bei der Konkretisierung der ordre public-Kontrolle kann auf den Vorbehalt des Art. 6 EGBGB zurückgegriffen werden, der ebenfalls auf kollisionsrechtlicher Ebene bestimmte Einwirkungen fremden Rechts verhindern soll.[851]

### I. Gegenstand der Kontrolle

Gem. Art. 6 EGBGB ist eine Rechtsnorm eines anderen Staats nicht anzuwenden, wenn ihre Anwendung zu einem Ergebnis führt, das mit wesentlichen Grundsätzen des deutschen Rechts offensichtlich unvereinbar ist. Allgemeiner Gegenstand der kollisionsrechtlichen ordre public-Kontrolle ist das infolge der Anwendung ausländischen Rechts im konkreten Fall gewonnene Ergebnis.[852] Übertragen auf die vorliegende Situation ist das Prüfungsobjekt dementsprechend das Ergebnis der Anwendung des ausländischen Schiedsvereinbarungsstatuts.[853] Es bleibt also zunächst bei einer Kontrolle der Schiedsvereinbarung nach fremdem Recht. Liegen – wie für die Untersuchung unterstellt – keine sonstigen Mängel vor, wird dies regelmäßig zur Wirksamkeit der Schiedsabrede

851 Zum Zweck des Art. 6 EGBGB vgl. BT-Drucks. 10/504, S. 42 re. Sp.; MüKo-BGB/*v. Hein*, EGBGB, Art. 6 Rn. 1; dazu auch bereits oben § 2 B. 3.

852 BGH 8.5.2014 – III ZR 371/12, SchiedsVZ 2014, 151, 153; MüKo-BGB/*v. Hein*, EGBGB, Art. 6 Rn. 117; Staudinger/*Voltz*, EGBGB, Art. 6 Rn. 124 ff.; vgl. auch BT-Drucks. 10/504, S. 43 re. Sp.

853 *Bork/Stöve*, Börsentermingeschäfte, S. 67; vgl. auch *Weller*, Ordre-public-Kontrolle internationaler Gerichtsstandsvereinbarungen, S. 306.

führen. Der potenzielle Rechtsumschwung bezüglich deutscher Eingriffsnormen ist insoweit unerheblich, da deren Verteidigung nicht im Interesse einer ausländischen Rechtsordnung liegt.[854] Ist die Schiedsvereinbarung demnach wirksam, sodass der Einrederichter den Rechtsstreit gem. § 1032 Abs. 1 ZPO an das Schiedsgericht verweisen müsste, ist zu fragen, ob dieses Ergebnis, d.h. die Wirksamkeit der Schiedsvereinbarung mit ihren prozessualen Folgen, mit dem deutschen ordre public vereinbar ist.

Dabei ergibt sich ein ordre public-Verstoß sicherlich nicht allein aus der Gültigkeit der Schiedsvereinbarung nach ausländischem Recht als unmittelbarem Anwendungsergebnis. Dass die Parteien die Zuständigkeit eines Schiedsgerichts im In- oder Ausland grundsätzlich wirksam vereinbaren und so die Sachentscheidungsbefugnis deutscher Gerichte ausschließen können, steht auch innerhalb der deutschen Rechtsordnung außer Zweifel. Allerdings ist zu bedenken, dass die Parteien mit der Vereinbarung eines Schiedsverfahrens wegen dessen abweichender kollisionsrechtlicher Einbettung zugleich das Verfahrensergebnis und damit letztlich materielle Rechtspositionen beeinflussen können. Aufgrund der ergebnisorientierten Funktionsweise des ordre public müssen diese materiellrechtlichen Auswirkungen der Verweisung an das Schiedsgericht mit in die Überlegungen zur ordre public-Vereinbarkeit einbezogen werden.[855] Es ist also zu fragen, ob die Wirksamkeit der Schiedsvereinbarung nach ausländischem Recht unter Berücksichtigung ihrer Folgewirkungen auf materiellrechtliche Rechtspositionen in einem nicht hinnehmbaren Widerspruch zu den elementaren Grundlagen der deutschen Rechtsordnung steht. Konkret ergibt sich für die untersuchte Situation daraus folgender Kontrollgegenstand: Verweis auf ein Schiedsverfahren mit der potenziellen Folge, dass dort eine deutsche Eingriffsnorm nicht zur Anwendung gelangt und der Kläger deshalb in der Sache unterliegt.

---

854 Zum umgekehrten Fall, d.h. kein Schutz eines ausländischen ordre public durch ein deutsches Gericht vgl. OLG München 7.7.2014 – 34 SchH 18/13, SchiedsVZ 2014, 262, 264; dazu *Weller*, IPRax 2016, 48 ff.

855 *Bork/Stöve*, Börsentermingeschäfte, S. 67; *Weller*, Ordre-public-Kontrolle internationaler Gerichtsstandsvereinbarungen, S. 307 f., der insoweit in Anlehnung an § 138 BGB von einer „Umstands-Ordre-public-Widrigkeit" spricht; a.A. *Schütze*, in: Jahrbuch der Schiedsgerichtsbarkeit 1987, S. 94, 98.

## II. Justizgewährungsanspruch als wesentlicher Grundsatz des deutschen Rechts

Als Maßstab einer ordre public-Kontrolle statuiert Art. 6 EGBGB die wesentlichen Grundsätze des deutschen Rechts. Es geht dabei um den „Kernbestand der inländischen Rechtsordnung", insbesondere also um den Schutz der Grundrechte, aber auch anderer zentraler Prinzipien und Gerechtigkeitsvorstellungen.[856] Für das Einredegericht stellt sich damit die Aufgabe, wesentliche Grundsätze des deutschen Rechts zu identifizieren, die bei der Ergebniskontrolle des fremden Schiedsvereinbarungsstatuts betroffen sind. Mit Blick auf das als Kontrollgegenstand maßgebliche Szenario – Ausschluss staatsgerichtlicher Sachentscheidungsbefugnis und mögliche Abweisung der folgenden Schiedsklage – rückt insoweit der allgemeine Justizgewährungsanspruch in den Fokus.

### 1. *Verfahrensgrundrechte als Teil des kollisionsrechtlichen ordre public*

Der allgemeine Justizgewährungsanspruch hat seine Grundlage in dem in Art. 20 Abs. 3 GG verankerten Rechtsstaatsprinzip in Verbindung mit den grundrechtlichen Freiheitsverbürgungen;[857] flankierend treten die Gewährleistungen des Art. 47 Abs. 2 GRCh und Art. 6 Abs. 1 EMRK hinzu.[858] Aufgrund dieser verfassungsrechtlichen Verankerung besteht kein Zweifel, dass der Justizgewährungsanspruch ebenso wie andere verfahrensrechtliche Garantien zu den fundamentalen Grundsätzen der deutschen Rechtsordnung gehört. Im Rahmen einer ordre public-Prüfung werden die Prinzipien des Verfahrensrechts allerdings regelmäßig nur auf der anerkennungsrechtlichen Ebene relevant. Dort wird nicht nur der Inhalt des Schiedsspruchs, sondern auch der Ablauf des schiedsrichterlichen Verfahrens am Maßstab der wesentlichen Grundsätze des deutschen Rechts überprüft.[859] Im Gegensatz dazu dient der kollisionsrechtliche ordre public ausschließlich dazu, die Anwendungsergebnisse ausländischen

---

856 BT-Drucks. 10/504, S. 42 re. Sp.; vgl. auch BGH 8.5.2014 – III ZR 371/12, SchiedsVZ 2014, 151, 153 m.w.N.; MüKo-BGB/*v. Hein*, EGBGB, Art. 6 Rn. 132 ff.

857 BVerfG 30.4.2003 – 1 PBvU 1/02, BVerfGE 107, 395, 401, 406 f.; BVerfG 12.8.2014 – 2 BvR 176/12, ZIP 2014, 2141; Maunz/Dürig/*Schmidt-Aßmann*, Art. 19 Abs. 4 Rn. 16, Maunz/Dürig/*Grzeszick*, Art. 20 Rn. 133; *Longrée*/*Wedel*, SchiedsVZ 2016, 237, 238.

858 Vgl. EuGH 13.3.2007 – C-432/05 (*Unibet*), Rn. 37, NJW 2007, 3555, 3556; *Longrée*/*Wedel*, SchiedsVZ 2016, 237, 238 m.w.N.

859 Musielak/Voit/*Voit*, § 1059 Rn. 25; *Schwab*/*Walter*, Kap. 30 Rn. 22 f.; zu einzelnen Bestandteilen des verfahrensrechtlichen ordre public vgl. etwa *Lachmann*, Rn. 2305 ff.; Wolff/*Wolff*, NYC, Art. V Rn. 522 ff.

Sachrechts zu kontrollieren mit der Folge, dass grundsätzlich auch nur materiellrechtliche Prinzipien umfasst sind. Im Vergleich zur typischen Konstellation einer kollisionsrechtlichen ordre public-Kontrolle ist die vorliegende Situation jedoch durch eine Besonderheit gekennzeichnet: Gegenstand der Kontrolle ist nicht wie üblich das ausländische Wirkungsstatut des Hauptvertrags, der die materiellen Rechtsbeziehungen der Parteien regelt, sondern das Statut der zuständigkeitsbestimmenden Schiedsvereinbarung. Die Besonderheit eines verfahrensrechtlichen Kontrollgegenstands rechtfertigt es, neben den materiellrechtlichen Grundsätzen ausnahmsweise auch verfahrensrechtliche Grundsätze wie den Justizgewährungsanspruch im Rahmen des kollisionsrechtlichen ordre public zu berücksichtigen.[860] Dabei handelt es sich lediglich um eine situationsbedingte inhaltliche Erweiterung der kollisionsrechtlichen ordre public-Klausel, nicht aber um eine Verschiebung des dogmatischen Anknüpfungspunkts der Kontrolle hin zum anerkennungsrechtlichen ordre public-Vorbehalt.[861] Letzteres ergibt sich daraus, dass es an dieser Stelle nicht um die Anerkennung des Schiedsspruchs geht, sondern um die Kontrolle der Anwendung des ausländischen Schiedsvereinbarungsstatuts durch das deutsche Einredegericht. Eine solche Ergebniskontrolle ausländischer Rechtsanwendung erfolgt jedoch über den kollisionsrechtlichen ordre public, der sich in der Einredesituation aus der analogen Anwendung der § 1059 Abs. 2 Nr. 2 lit. b) ZPO bzw. Art. V Abs. 2 lit. b) NYÜ ergibt.

### 2. *Inhaltliche Ausgestaltung*

#### a) *Verbot absoluter Rechtsschutzverweigerung*

Der allgemeine Justizgewährungsanspruch gewährleistet ein subjektiv-öffentliches Recht des Einzelnen auf Zugang zu den Gerichten und deren Tätigwerden in Form einer umfassenden Prüfung und verbindlichen Entscheidung des Streitgegenstandes.[862] Damit wird bereits deutlich, dass der schwerwiegendste Eingriff in den Justizgewährungsanspruch darin besteht, dem Inhaber eines subjektiven Rechts überhaupt keinen Zugang zu einem gerichtlichen Verfahren

860 *Weller*, Ordre-public-Kontrolle internationaler Gerichtsstandsvereinbarungen, S. 318 f.

861 Vgl. auch *Weller*, Ordre-public-Kontrolle internationaler Gerichtsstandsvereinbarungen, S. 319 m.w.N.; a.A. *Antomo*, IHR 2013, 225, 233.

862 BVerfG 30.4.2003 – 1 PBvU 1/02, BVerfGE 107, 395, 401, 406 f.; BVerfG 12.1.2016 – 1 BvR 3102/13, NJW 2016, 930, 932; *Pfeiffer*, Internationale Zuständigkeit, S. 356; *Zuck*, NJW 2013, 1132, 1133 f.

zu gewähren. Eine solche absolute Rechtsschutzverweigerung ergibt sich in der vorliegenden Konstellation deshalb nicht, weil dem Kläger der vereinbarte Weg über das Schiedsverfahren grundsätzlich offensteht. Damit hat er eine verfassungsrechtlich zulässige[863] und „der staatlichen Gerichtsbarkeit im Prinzip gleichwertige Rechtsschutzmöglichkeit“[864] zur Verfügung. Aufgrund dieser anerkannten Gleichwertigkeit der Schiedsgerichtsbarkeit besteht die Gefahr einer echten Rechtsschutzverweigerung jedenfalls im Fall eines freiwillig vereinbarten Schiedsverfahrens nur, wenn bereits dessen praktische Durchführung scheitert.[865]

### b) *Gebot effektiven Rechtsschutzes*

Der Justizgewährungsanspruch beinhaltet jedoch nicht nur ein Verbot absoluter Rechtsschutzverweigerung, sondern auch das Gebot effektiven Rechtsschutzes.[866] Demnach darf die theoretisch mögliche Rechtsverfolgung nicht durch unzumutbare Hindernisse bei der Durchsetzung subjektiver Rechte praktisch unmöglich werden. Mit der verfassungsrechtlichen Garantie eines wirkungsvollen Rechtsschutzes unvereinbar sind also auch allzu große Schwierigkeiten bei der Rechtsdurchsetzung. Diesen Aspekt des Justizgewährungsanspruchs unterstreicht bei Geltendmachung unionsrechtlich determinierter Rechte – wie etwa dem Handelsvertreterausgleich oder einem Schadensersatzanspruch aufgrund eines Verstoßes gegen europäisches Kartellrecht – der europäische Effektivitätsgrundsatz (*effet utile*).[867] Danach sind die EU-Mitgliedstaaten einschließlich ihrer Gerichte ebenfalls verpflichtet, die Verfahrensmodalitäten zum Schutz aus

---

863 BGH 3.7.1975 – III ZR 78/73, BGHZ 65, 59, 61; BGH 3.4.2000 – II ZR 373/98, NJW 2000, 1713 f.; *Steiner*, SchiedsVZ 2013, 15 ff.; zur Vereinbarkeit mit der EMRK vgl. EGMR 1.3.2016 – 41069/12 (*Tabbane*); *Münch*, SchiedsVZ 2017, 114 ff.

864 BT-Drucks. 13/5274, S. 34 re. Sp.

865 Vgl. etwa BGH 20.1.1994 – III ZR 143/92, BGHZ 125, 7 ff. (Auflösung der Schiedsinstitution); OLG Köln 16.4.1997 – 13 U 228/94, NZG 1998, 767 ff. (Weigerung des vereinbarten Schiedsgerichts); LG Kassel 2.4.1992 – 11 O 2778/91, NJW 1992, 3107 (Kriegszustand). Diese Ausnahmefälle lassen sich bei Geltung deutschen Rechts als Schiedsvereinbarungsstatut über die Institute des allgemeinen Vertragsrechts, i.Ü. über § 1032 Abs. 1 ZPO („undurchführbar“) lösen.

866 BVerfG 12.8.2014 – 2 BvR 176/12, ZIP 2014, 2141; BVerfG 30.4.2003 – 1 PBvU 1/02, BVerfGE 107, 395, 408 („Garantie wirkungsvollen Rechtsschutzes“); *Pfeiffer*, Internationale Zuständigkeit, S. 356 f.; *Schack*, IZVR, Rn. 1286.

867 Vgl. auch *Rühl*, IPRax 2007, 294, 298 f.; *Kleinheisterkamp*, RabelsZ 73 (2009), 818, 835 f.; *Lüttringhaus*, IPRax 2014, 146, 151; zurückhaltender *Basedow*, FS Magnus, S. 337, 350 f.

dem Unionsrecht erwachsender subjektiver Rechte so auszugestalten und anzuwenden, dass die Ausübung dieser Rechte für den Einzelnen nicht praktisch unmöglich oder übermäßig erschwert wird.[868]

Als mit dem Justizgewährungsanspruch konfligierende Hindernisse anerkannt sind beispielsweise unzumutbar hohe Kosten oder eine unzumutbar lange Verfahrensdauer. So verstößt es gegen die Gewähr effektiven Rechtsschutzes, wenn die Beschreitung des Rechtswegs nicht mehr sinnvoll erscheint, weil das Kostenrisiko außer Verhältnis zum verfolgten wirtschaftlichen Interesse steht.[869] Bei der Vereinbarung eines Schiedsverfahrens ist insoweit zu bedenken, dass dessen Durchführung zumindest bei niedrigen und mittleren Streitwerten die Kosten eines gerichtlichen Verfahrens regelmäßig überschreitet.[870] Deswegen besteht prinzipiell Einigkeit, dass eine die individuelle Leistungsfähigkeit einer Partei übersteigende Kostenbelastung zur Entbindung von der Schiedsabrede führen kann.[871] Obgleich diese Grenze für eine unmittelbare Verletzung des Justizgewährungsanspruchs nur selten erreicht wird, bleibt das Kostenrisiko ein relevantes Abwägungskriterium für die Frage nach der Zumutbarkeit von Schwierigkeiten bei der Rechtsverfolgung. Gleiches gilt im Hinblick auf die Verfahrensdauer: Auch hier wird das vereinbarte Schiedsverfahren nicht die Dimensionen erreichen, die für sich genommen eine Verletzung des Justizgewährungsanspruchs begründen können – zumal der Kläger den Umweg durch den Abschluss der Schiedsvereinbarung selbst verursacht hat.[872]

---

868 EuGH 15.4.2008 – C-268/06 (*Impact*), Rn. 46, BeckRS 2008, 70438: „Dabei dürfen nach gefestigter Rechtsprechung die Verfahrensmodalitäten für Klagen, die den Schutz der den Einzelnen aus dem Gemeinschaftsrecht erwachsenden Rechte gewährleisten sollen, […] die Ausübung der durch die Gemeinschaftsrechtsordnung verliehenen Rechte nicht praktisch unmöglich machen oder übermäßig erschweren (Grundsatz der Effektivität).“; ähnlich EuGH 13.3.2007 – C-432/05 (*Unibet*), Rn. 43, NJW 2007, 3555, 3557; EuGH 5.10.2004 – C-397/01 (*Pfeiffer*), Rn. 115, NJW 2004, 3547, 3549.

869 BVerfG 12.2.1992 – 1 BvL 1/89, BVerfGE 85, 337, 347; BVerfG 3.1.2007 – 1 BvR 737/04, NJW 2007, 2032, 2033; *Pfeiffer*, Internationale Zuständigkeit, S. 364 f.

870 Vgl. Balthasar/*Balthasar*, § 1 Rn. 15; *Raeschke-Kessler/Berger*, Rn. 106 ff.; mit ausführlichem Kostenvergleich *Lachmann*, Rn. 163, 4666 ff.; *Quinke*, Börsenschiedsvereinbarungen, S. 261 ff.; vgl. auch QMU, International Arbitration Survey 2015, S. 7 (Kosten als „worst characteristic of international arbitration“).

871 BGH 14.9.2000 – II ZR 33/00, BGHZ 145, 116 ff.; MüKo-ZPO/*Münch*, § 1029 Rn. 131 ff.; Zöller/*Geimer*, § 1029 Rn. 99; vgl. auch *Niedermaier*, Schiedsvereinbarungen in strukturellen Ungleichgewichtslagen, S. 258 ff.

872 Vgl. BVerfG 2.9.2009 – 1 BvR 3171/08, VersR 2010, 1617 ff. (14 Jahre); BVerfG 2.12.2011 – 1 BvR 314/11, WM 2012, 76 ff. (22 Jahre); BVerfG 20.7.2000 – 1 BvR 352/00, NJW 2001, 214 ff. (26 Jahre); weitere Beispiele bei *Zuck*, NJW 2013, 1132,

Allerdings wiegen das Kosten- und das Zeitmoment in der untersuchten Konstellation deshalb schwerer, weil sie wegen der Gefahr eines Rechtsumschwungs bezüglich der anspruchsbegründenden Eingriffsnorm durch das Element der Aussichtslosigkeit ergänzt werden. Zwar begründet der Justizgewährungsanspruch kein subjektives Recht auf einen Rechtsfolgenausspruch bestimmten Inhalts. Verhindert Inhalt der Entscheidung jedoch ihre Anerkennung, ergibt sich ein Anspruch auf Rechtsschutz durch ein inländisches Forum: Unterliegt der Kläger im Schiedsverfahren und ist der klageabweisende Schiedsspruch im Inland gem. Art. V Abs. 2 lit. b) NYÜ nicht anerkennungsfähig bzw. gem. § 1059 Abs. 2 Nr. 2 lit. b) ZPO aufhebbar, kann der Kläger sein Anliegen in einem inländischen Zweitverfahren vor staatlichen Gerichten effektiv verfolgen.[873] Ist dieses Szenario bereits im Einredeverfahren absehbar, widerspricht es der Garantie effektiven Rechtsschutzes, den Kläger auf das vereinbarte, für ihn aber aussichtlose Schiedsverfahren zu verweisen, nur um damit den Weg für ein anschließendes Zweitverfahren freizumachen.[874] Durch diesen Umweg würde die Schiedsvereinbarung zu einer „formalistischen, fast schikanösen Hürde"[875] für effektiven Rechtsschutz durch inländische Gerichte, die aufgrund der erforderlichen monetären und zeitlichen Investitionen zu einer faktischen Rechtsschutzverweigerung führte. Daher kann eine Schiedsabrede, die die beschriebene Verfahrensdopplung provoziert, nicht aufrechterhalten werden.

## III. Inzidente Anerkennungsprognose bezüglich des Schiedsspruchs

Das entscheidende Element einer sachnormzweckverteidigenden ordre public-Kontrolle von Schiedsvereinbarungen ist also die Anerkennungsfähigkeit[876] des

1134. Zur Bedeutung des Parteiverhaltens vgl. BVerfG 25.4.2015 – 1 BvR 3326/14, NJW 2015, 2561, 2563.

873 Siehe oben § 3 A. II. und § 3 B. III. 1. b) bb).

874 *Weller*, IPRax 2016, 48, 50; *Kleinheisterkamp*, RabelsZ 73 (2009), 818, 835; *Thorn/Grenz*, in: Conflict of Laws in International Arbitration, S. 187, 196 f.; *Antomo*, IHR 2013, 225, 232; *Dathe*, NJOZ 2010, 2196, 2200; etwas zurückhaltender *Quinke*, SchiedsVZ 2007, 246, 248, 252. Dazu grundlegend im Zusammenhang mit Gerichtsstandsvereinbarungen *Weller*, Ordre-public-Kontrolle internationaler Gerichtsstandsvereinbarungen, S. 326 ff.

875 *Weller*, Ordre-public-Kontrolle internationaler Gerichtsstandsvereinbarungen, S. 338.

876 Bei inländischen Schiedsverfahren ist der Begriff der Anerkennung in einem weiteren Sinne („Aufhebbarkeit") zu verstehen, siehe unten § 9 B. I.

zu erwartenden Schiedsspruchs.[877] Da dieser zum Zeitpunkt des Einredeverfahrens noch nicht vorliegt, ist insoweit eine Prognose des Einredegerichts erforderlich. Fällt diese Anerkennungsprognose negativ aus, widerspricht der Verweis auf das Schiedsverfahren der Garantie effektiven Rechtsschutzes als wesentlichem Grundsatz des deutschen Rechts, sodass bereits der Schiedsvereinbarung die Anerkennung versagt werden kann.

Als zentraler Einwand gegen solch eine inzidente Anerkennungsprognose wird vorgebracht, über den Inhalt des Schiedsspruchs ließe sich im Vorhinein überhaupt keine zuverlässige Aussage treffen; dementsprechend sei auch eine Prognose über dessen potenzielle ordre public-Widrigkeit im Einredeverfahren praktisch unmöglich.[878] Hinter diesem Einwand steht letztlich die Befürchtung einer unangemessenen Einschränkung der Zuständigkeitsklarheit als rechtsstaatlichem Grundprinzip bei der Auslegung von Zuständigkeitsvorschriften.[879] Die berechtigte Forderung nach Rechtssicherheit muss in der vorliegenden Konstellation jedoch mit dem ebenfalls rechtsstaatlichen Gebot effektiven Rechtsschutzes in Einklang gebracht werden. Dabei ist nicht zu leugnen, dass mit einer Prognose stets gewisse Unsicherheiten verbunden sind. Wie ihre Verbreitung sowohl im nationalen als auch im internationalen Recht beweist, wird die Anerkennungsprognose dadurch aber nicht als rechtstechnisches Instrument disqualifiziert (1.). Das Ziel muss vielmehr darin bestehen, bei ihrer Handhabung die vorhandenen Unsicherheiten angemessen zu berücksichtigen (2.).

### *1. Anerkennungsprognose als etabliertes rechtstechnisches Instrument*

Die Prognose über den Inhalt und die Anerkennungsfähigkeit eines künftigen Rechtsfolgenausspruchs ist bereits in mehreren Bereichen sowohl auf nationaler als auch auf supranationaler Ebene als rechtstechnisches Instrument des Prozessrechts etabliert. Ein Musterbeispiel gerade für die untersuchte Situation

877 Grundlegend *Weller*, Ordre-public-Kontrolle internationaler Gerichtsstandsvereinbarungen, S. 338 ff., 356; i.E. auch, allerdings dogmatisch abweichend *Antomo*, IHR 2013, 225, 232.

878 So insbesondere *Bork/Stöve*, Börsentermingeschäfte, S. 65 f.; *Geimer*, IZPR, Rn. 1770, 3799a; *Schütze*, Probleme des IZPR, S. 245, 254 ff.; vgl. auch *Quinke*, SchiedsVZ 2007, 246, 250; Reithmann/Martiny/*Hausmann*, Rn. 8.378.

879 Vgl. *Kleinheisterkamp*, RabelsZ 79 (2009), 818, 832. Zum Grundsatz der Zuständigkeitsklarheit vgl. *Wollenschläger*, IPRax 2001, 320, 322 m.w.N.; zu seiner Bedeutung im Schiedsverfahrensrecht vgl. OLG München 22.6.2011 – 34 SchH 3/11, SchiedsVZ 2011, 340, 342; OLG Köln, 20.3.2008 – 18 U 98/07 (juris-Rn. 59).

findet sich im HGÜ[880], das u.a. die internationale Zuständigkeit auf Grundlage ausschließlicher Gerichtsstandsvereinbarungen mit zwischenstaatlichem Bezug regelt. Nach Art. 6 lit. c) HGÜ kann sich ein angerufenes Gericht entgegen einer Derogation ausnahmsweise für zuständig erklären, wenn die Beachtung der Gerichtsstandsvereinbarung zu einer „offensichtlichen Ungerechtigkeit“ führte oder der „öffentlichen Ordnung“ offensichtlich widerspräche. Während die erste Ausnahme primär auf die Gewährleistung verfahrensrechtlicher Garantien abzielt,[881] erfasst die ordre public-Alternative auch materiellrechtliche Aspekte und damit insbesondere Fälle, in denen der zu erwartende Rechtsfolgenausspruch im vereinbarten Forum gegen elementare Grundsätze des Staats des angerufenen Gerichts verstößt.[882] Im Zusammenhang mit internationalen Gerichtsstandsvereinbarungen hat sich die Anerkennungsprognose in einer ähnlichen Konstellation wie der vorliegenden also bereits international durchgesetzt. Auch der deutsche Gesetzgeber bedient sich im internationalen Zuständigkeitsrecht ausdrücklich einer negativen Anerkennungsprognose: Nach § 98 Abs. 1 Nr. 4 FamFG entfällt die internationale Zuständigkeit deutscher Gerichte in Ehesachen, wenn die zu fällende Entscheidung in den Heimatstaaten der Ehegatten nicht anerkannt wird.[883]

Weitere Beispiele für die Berücksichtigung der Anerkennungsaussichten einer künftigen Entscheidung finden sich bei der Frage, inwieweit deutsche Gerichte die frühere Rechtshängigkeit eines ausländischen Verfahrens zu beachten

---

880 Haager Übereinkommen über Gerichtsstandsvereinbarungen vom 30. Juni 2005, vgl. Abl. EU 2009, L 133, S. 1 ff.

881 Vgl. *Hartley/Dogauchi*, Explanatory Report, Rn. 152: „The phrase ‘manifest injustice‘ could cover the exceptional case where one of the parties would not get a fair trial in the foreign State, perhaps because of bias or corruption, or where there were other reasons specific to that party that would preclude him or her from bringing or defending proceedings in the chosen court.“; dazu auch *Huber*, IPRax 2016, 197, 204 f.

882 *Hartley/Dogauchi*, Prel. Doc. No 26, Rn. 128: „The phrase ‚manifestly contrary to fundamental principles of public policy of the State of the court seised‘ would cover situations where the chosen court would not apply some rule or principle that was regarded in the State of the court seised as being manifestly part of its fundamental public policy.“; vgl. auch *Hartley/Dogauchi*, Explanatory Report, Rn. 153; *Huber*, IPRax 2016, 197, 204 f.; *Weller*, Ordre-public-Kontrolle internationaler Gerichtsstandsvereinbarungen, S. 337.

883 Vgl. auch *Weller*, Ordre-public-Kontrolle internationaler Gerichtsstandsvereinbarungen, S. 184 ff. (noch zu § 606a Abs. 1 Nr. 4 ZPO); dazu ausführlich MüKo-FamFG/*Rauscher*, § 98 Rn. 81 ff.

haben.[884] Wählte der Kläger bei konkurrierender Zuständigkeit ein Forum im Ausland, galt im Fall einer nachfolgenden Klage vor einem deutschen Gericht – vorbehaltlich vorrangiger Regelwerke – bisher die Regelung des § 261 Abs. 3 Nr. 1 ZPO analog. Als ungeschriebene Voraussetzung für die Beachtung der ausländischen Rechtshängigkeit wurde allgemein verlangt, dass voraussichtlich mit der Anerkennung der zu erwartenden Entscheidung des ausländischen Gerichts im Inland zu rechnen ist.[885] Inzwischen wird auch die Relevanz der Rechtshängigkeit von Verfahren in Drittstaaten auf europäischer Ebene geregelt. Die Artt. 33, 34 Brüssel Ia-VO gehen insoweit zwar von einer Ermessensentscheidung der mitgliedstaatlichen Gerichte aus, formulieren als Voraussetzung für die Beachtung der Rechtshängigkeit aber ebenfalls eine positive Anerkennungsprognose für die drittstaatliche Entscheidung.[886] Schon seit längerer Zeit akzeptiert ist die Einbeziehung der Anerkennungsaussichten in die Ermessensentscheidung im Rahmen des Art. 30 Brüssel Ia-VO. Bei in Zusammenhang stehenden Klagen in verschiedenen Mitgliedstaaten wird das Zweitverfahren grundsätzlich fortgeführt, wenn für das Ergebnis des Erstprozesses eine negative Anerkennungsprognose besteht.[887] Als zwingende Voraussetzung für die Durchbrechung der Rechtshängigkeitssperre wird eine negative Anerkennungsprognose schließlich in Art. 31 Abs. 2 CMR formuliert. Danach schließt ein vor einem zuständigen Gericht anhängiges Verfahren eine neue Klage mit demselben Streitgegenstand aus, es sei denn, die Entscheidung des Erstgerichts kann in dem Staat, in dem das Zweitverfahren eingeleitet wurde, nicht vollstreckt werden.[888]

In all diesen Fällen muss ein deutsches Gericht als Vorfrage zu seiner eigenen Entscheidung zunächst eine Prognose über ein künftiges Prozessergebnis und dessen Anerkennungsfähigkeit treffen, die mit den gleichen Unsicherheiten behaftet ist wie die Anerkennungsprognose in der vorliegenden Situation.

884 Vgl. auch *Antomo*, IHR 2013, 225, 232; *Weller*, Ordre-public-Kontrolle internationaler Gerichtsstandsvereinbarungen, S. 190 f., 354.

885 BGH 28.5.2008 – XII ZR 61/06, BGHZ 176, 365, 373; BGH 24.10.2000 – XI ZR 300/99, NJW 2001, 524, 525 m.w.N.; Musielak/Voit/*Foerste*, § 261 Rn. 5; Stein/Jonas/*Roth*, § 261 Rn. 53, 61 ff. m.w.N.; a.A. *Schütze*, ZZP 104 (1991), 136, 147 f.

886 Artt. 33 Abs. 1 lit. a), 34 Abs. 1 lit. b) Brüssel Ia-VO. Vgl. dazu Musielak/Voit/*Stadler*, EuGVVO n.F., Art. 34 Rn. 4, 7 mit dem Hinweis, dass bei einer positiven Anerkennungsprognose das Ermessen regelmäßig zu einer Aussetzung des Zweitverfahrens führen müsse; vgl. auch Rauscher/*Leible*, Brüssel Ia-VO, Art. 33 Rn. 8 f., 16.

887 Musielak/Voit/*Stadler*, EuGVVO n.F., Art. 30 Rn. 3; Rauscher/*Leible*, Brüssel Ia-VO, Art. 30 Rn. 10; vgl. auch OLG Frankfurt 19.6.2000 – 22 W 5/00, NJW-RR 2001, 215.

888 Dazu näher MüKo-HGB/*Jesser-Huß*, Art. 31 CMR Rn. 27 ff.

Vor diesem Hintergrund ist es widersprüchlich, eine Anerkennungsprognose etwa bei der Beachtung einer ausländischen Rechtshängigkeit trotz der damit verbundenen Unsicherheiten zu befürworten, gleichzeitig aber dieses Instrument bei der Kontrolle internationaler Zuständigkeitsvereinbarungen mit dem Argument fehlender Rechtssicherheit über das Ergebnis im vereinbarten Forum abzulehnen.[889] Dies gilt umso mehr, als die Begründung, mit der die Anerkennungsprognose in die Rechtshängigkeitsvorschriften integriert wird, gleichermaßen im Fall einer internationalen Schiedsvereinbarung gilt: Auch hier geht es darum, parallele Verfahren zu verhindern, aber gleichzeitig ein gleichwertiges Rechtsschutzziel in einem anderen Forum sicherzustellen.[890] Dass die Anerkennungsprognose insoweit ein geeignetes und der Zuständigkeitsklarheit nicht schlechthin widersprechendes Mittel ist, zeigt ihre Akzeptanz insbesondere in internationalen Regelwerken, die gerade auf ein erhöhtes Maß an Rechtssicherheit abzielen.[891]

### 2. *Durchführung der Anerkennungsprognose*

Um die Prognoseentscheidung für das Einredegericht durchführbar und für die Parteien nachvollziehbar zu gestalten, muss zunächst der anzulegende Entscheidungsmaßstab definiert werden. Sodann ist es unerlässlich, einzelne Kriterien zu bestimmen, anhand derer die Prognose getroffen werden kann; dabei ist auch auf die Rolle der Parteien einzugehen. Da die Anerkennungsprognose bereits als Instrument des nationalen und internationalen Prozessrechts anerkannt ist,[892] liegt es nahe, sich an den dazu entwickelten Maßstäben zu orientieren.

---

889 So aber *Geimer*, IZPR, Rn. 1770, 2688 f.; *Schack*, IZVR, Rn. 516, 840; insoweit konsequent *Schütze*, ZZP 104 (1991), 136, 147 f., der eine Anerkennungsprognose auch bei der Beachtung ausländischer Rechtshängigkeit ablehnt; inzwischen allerdings zurückhaltender *ders.*, Probleme des IZPR, S. 245, 255. Krit. zu diesem Widerspruch bereits *Weller*, Ordre-public-Kontrolle internationaler Gerichtsstandsvereinbarungen, S. 190 f.

890 Zu diesem Zweck der Anerkennungsprognose bei der Koordinierung verschiedener Rechtshängigkeiten vgl. *Schack*, IZVR, Rn. 840; *Bäumer*, Ausländische Rechtshängigkeit, S. 185; *Geimer*, IZPR, Rn. 2686, 2688.

891 So auch *Weller*, Ordre-public-Kontrolle internationaler Gerichtsstandsvereinbarungen, S. 354.

892 Siehe dazu soeben § 8 C. III. 1.

### a) *Prognosemaßstab*

#### aa) Rechtlicher Maßstab

Die gesetzliche Basis für eine Anerkennungsprognose bilden generell die allgemeinen Grundsätze über die Anerkennung ausländischer Entscheidungen im Staat des mit der Sache befassten Gerichts.[893] Dementsprechend ergibt sich der rechtliche Maßstab in der vorliegenden Situation aus den deutschen Vorschriften zur Anerkennung von Schiedssprüchen. Dabei ist – jedenfalls im Ausgangspunkt – nach der örtlichen Herkunft des Schiedsspruches zu differenzieren.[894] Für Entscheidungen ausländischer Schiedsgerichte bildet der in Art. V NYÜ vorgegebene Katalog den Maßstab der Anerkennungsprognose;[895] für Schiedsverfahren im Inland gilt insoweit § 1059 Abs. 2 ZPO. Das mit der Schiedseinrede befasste Gericht kann sich bei seiner Prognose auf einen einzelnen Anerkennungsversagungsgrund konzentrieren: Als Folge der Nichtanwendung einer deutschen Eingriffsnorm im Schiedsverfahren kommt lediglich ein Verstoß des Schiedsspruchs gegen den materiellen ordre public in Betracht. Den konkreten Prüfungsmaßstab der Anerkennungsprognose bildet also Art. V Abs. 2 lit. b) NYÜ bei ausländischem Schiedsort bzw. § 1059 Abs. 2 Nr. 2 lit. b) ZPO bei deutschem Schiedsort, wobei es in beiden Fällen auf die Vereinbarkeit mit dem deutschen ordre public als dem des Einredegerichts ankommt. Deshalb bestehen zwischen den Vorbehaltsklauseln letztlich keine inhaltlichen Unterschiede. Die bis heute vorgenommene Begriffsspaltung in ordre public interne und ordre public international hat aufgrund des ohnehin enggefassten deutschen Begriffsverständnisses keine effektive Bedeutung.[896] Als allgemeingültige

---

893 *Bäumer*, Ausländische Rechtshängigkeit, S. 186; Stein/Jonas/*Roth*, § 261 Rn. 53; Musielak/Voit/*Stadler*, EuGVVO n.F., Art. 34 Rn. 4.

894 BT-Drucks. 13/5274, S. 62 li. Sp.; MüKo-ZPO/*Münch*, § 1061 Rn. 8; *Lachmann*, Rn. 2525.

895 Nach der Rücknahme des Vertragsstaatenvorbehalts (vgl. BGBl. II 1999, 7) gilt für die Anerkennung- und Vollstreckung ausländischer Schiedssprüche das NYÜ auch dann als Staatsvertrag, wenn der Herkunftsstaat kein Vertragsstaat des Übereinkommens ist. § 1061 ZPO hat insoweit nur noch deklaratorische Bedeutung, vgl. auch BT-Drucks, 13/5274, S. 61 re. Sp.; MüKo-ZPO/*Münch*, § 1061 Rn. 6.

896 Dazu ausführlich *Sandrock*, FS Sonnenberger, S. 615, 627 ff.; *Kornblum*, FS Nagel, S. 140, 142 ff.; vgl. auch MüKo-ZPO/*Adolphsen*, § 1061 Anh. 1, Art. V UNÜ Rn. 69; Wieczorek/Schütze/*Schütze*, § 1059 Rn. 58; *Schwab/Walter*, Kap. 30 Rn. 21; *Borges*, ZZP 111 (1998), 487, 495; jeweils m.w.N. Zu dieser Unterscheidung grundlegend BGH 15.5.1986 – III ZR 192/84, NJW 1986, 3027, 3028 f.; zuletzt BGH 2.3.2017 – I ZB 42/16, SchiedsVZ 2017, 200, 202; vgl. auch *Lachmann*, Rn. 2096 ff.

Konkretisierungsformel hat sich eingebürgert, dass ein Schiedsspruch aufgrund eines ordre public-Verstoßes nicht anerkennungsfähig ist, wenn dies „zu einem Ergebnis führt, das mit wesentlichen Grundsätzen des deutschen Rechts offensichtlich unvereinbar ist, d.h. wenn der Schiedsspruch eine Norm verletzt, die die Grundlagen des staatlichen oder wirtschaftlichen Lebens regelt, oder zu deutschen Gerechtigkeitsvorstellungen in einem untragbaren Widerspruch steht“.[897]

#### bb) Tatsächlicher Maßstab

Dass im Fall einer Prognose die Subsumtion unter die ordre public-Formel stets mit einem gewissen Maß an Unsicherheit behaftet ist, wurde bereits eingeräumt. Dementsprechend können an eine negative Anerkennungsprognose keine übertriebenen Anforderungen im Sinne eines feststehenden Verstoßes gegen die öffentliche Ordnung gestellt werden; möglich ist vielmehr nur ein Wahrscheinlichkeitsurteil.[898] Die logische Folgefrage lautet dann, welcher Grad an Wahrscheinlichkeit im Hinblick auf einen ordre public-Verstoß des Schiedsspruchs erforderlich ist, um bereits die Schiedsvereinbarung umzustoßen. Angesichts des im Tatbestand des kollisionsrechtlichen ordre public-Vorbehalts verankerten Offensichtlichkeitskriteriums[899] und der aus dem Prinzip schiedsrechtlicher Privatautonomie folgenden Rechtfertigungslast bezüglich der Ungültigkeit der Schiedsvereinbarung[900] muss an dieser Stelle ein strenger Maßstab angelegt werden. Das Einredegericht darf sich nur dann über die Schiedsvereinbarung hinwegsetzen, wenn nach seiner Prüfung eine nahezu an Sicherheit grenzende Wahrscheinlichkeit für eine ordre public-Widrigkeit des zu erwartenden

---

897 BGH 6.7.2017 – I ZB 11/16, WM 2017, 2391, 2392; BGH 6.10.2016 – I ZB 13/15, NJW-RR 2017, 313, 319; BGH 30.10.2008 – III ZB 17/08, SchiedsVZ 2009, 66, 67; vgl. auch Stein/Jonas/*Schlosser*, Anh. zu § 1061 Rn. 316; *Schwab*/*Walter*, Kap. 30 Rn. 21.

898 So dürfte auch die in der Rechtsprechung zu § 261 Abs. 3 Nr. 1 ZPO analog gebrauchte Formulierung zu verstehen sein, vgl. nur OLG Schleswig 15.2.2007 – 5 U 59/06 (juris-Rn. 42) m.w.N.: „[M]it der Anerkennung der vom ausländischen Gericht zu treffenden Entscheidung zu rechnen ist.“; vgl. auch Stein/Jonas/*Roth*, § 261 Rn. 61. Für einen feststehenden ordre public-Verstoß allerdings Reithmann/Martiny/*Hausmann*, Rn. 8.378; *Quinke*, SchiedsVZ 2007, 246, 248.

899 Dazu näher BeckOGK/*Stürner*, EGBGB, Art. 6 Rn. 263 f.; *Kropholler*, IPR, S. 244 f. Vgl. auch die Hinweise zu Art. 6 lit. c) HGÜ in *Hartley*/*Dogauchi*, Explanatory Report, Rn. 153: „The phrase ‚manifestly contrary to the public policy of the State of the court seised‘ is intended to set a high threshold. […] As in the case of manifest injustice, the standard is intended to be high.“

900 Siehe dazu oben § 5 B. III.

Schiedsspruchs besteht.[901] Bleiben auch nach Prüfung der Sach- und Rechtslage noch vernünftige Zweifel an einem Verstoß gegen den anerkennungsrechtlichen ordre public, ist die Schiedsvereinbarung zu beachten.[902] Diese Zweifelsregelung entspricht nicht nur der Verteilung der Rechtfertigungslast infolge des Grundsatzes schiedsrechtlicher Privatautonomie und der Ausgestaltung des ordre public-Vorbehalts als dogmatischem Rahmen, sondern auch der berechtigten Forderung nach Zuständigkeitsklarheit sowie dem schiedsrechtlichen Prinzip *in favorem validitatis*.

### *b) Prognosekriterien*

Die Bestimmung von Kriterien, anhand derer das Einredegericht ein Wahrscheinlichkeitsurteil über die Anerkennungsfähigkeit des zukünftigen Schiedsspruchs treffen kann, wird dadurch erleichtert, dass die Ursache eines ordre public-Verstoßes in den hier behandelten Fällen auf die Nichtanwendung einer deutschen Eingriffsnorm beschränkt ist. Daraus ergibt sich im Prinzip ohne Weiteres, dass deren Schicksal im Schiedsverfahren auch bei der Anerkennungsprognose im Mittelpunkt steht. Die Relevanz sonstiger Kriterien sowie deren konkrete Ausgestaltung hängen hingegen davon ab, welcher Zusammenhang zwischen einem ordre public-Verstoß als Voraussetzung einer negativen Anerkennungsprognose und der Missachtung einer Eingriffsnorm als deren Ursache besteht. Weil dieses Verhältnis auch die Bedeutung des Schicksals der Eingriffsnorm im Schiedsverfahren veranschaulicht, ist darauf vorab einzugehen; anschließend werden die einzelnen Prognosekriterien konkretisiert.

#### aa) Vorüberlegung zum Verhältnis zwischen Eingriffsnormen und ordre public im Anerkennungsstadium

Dass zwischen Eingriffsnormen und dem ordre public erhebliche methodische Unterschiede bestehen und die beiden Rechtsinstitute daher streng voneinander zu trennen sind, wurde bereits zu Beginn der Untersuchung festgestellt.[903]

---

901 In diese Richtung auch Wolff/*Quinke*, NYC, Art. V Rn. 436 („reasonable certainty"); *Antomo*, IHR 2013, 225, 232 („offensichtlich auf der Hand"); *Niedermaier*, Schiedsvereinbarungen in strukturellen Ungleichgewichtslagen, S. 312 („dringende Gefahr"); etwas großzügiger *Weller*, Ordre-public-Kontrolle internationaler Gerichtsstandsvereinbarungen, S. 355 (deutlich überwiegende Wahrscheinlichkeit).

902 Vgl. auch *Niedermaier*, Schiedsvereinbarungen in strukturellen Ungleichgewichtslagen, S. 312 f.; *Weller*, Ordre-public-Kontrolle internationaler Gerichtsstandsvereinbarungen, S. 355 f.

903 Siehe oben § 2 B. II. 3.

Während sich diese Trennung auf kollisionsrechtlicher Ebene bereits in der Existenz verschiedener Vorschriften ausdrückt,[904] existiert auf der anerkennungsrechtlichen Ebene keine eigenständige Regelung zu Eingriffsnormen. § 1059 Abs. 2 ZPO und Art. V NYÜ sehen für die inhaltliche Überprüfung eines Schiedsspruchs lediglich einen ordre public-Vorbehalt vor.[905]

Zwar impliziert bereits die ergebnisbezogene Konkretisierungsformel des anerkennungsrechtlichen ordre public-Vorbehalts, dass nicht jeder Verstoß gegen zwingende Normen dazu führen kann, einem Schiedsspruch die Anerkennung zu versagen.[906] Die historische Entwicklung des Eingriffsrechts könnte dennoch dazu verleiten, die angesprochene Lücke dadurch zu schließen, dass man dem anerkennungsrechtlichen ordre public eine positive Funktion beimisst, um zumindest international zwingende Normen auch im Anerkennungsstadium unmittelbar durchzusetzen.[907] Eine parallele Behandlung von Eingriffsnormen im Kollisions- und Anerkennungsrecht übersieht jedoch, dass eine positive Durchsetzung von Eingriffsnormen im Anerkennungsstadium deutlich stärkere Auswirkungen hat als auf der kollisionsrechtlichen Ebene: Sie führt dort nämlich nicht nur zu einer punktuellen Überlagerung des anwendbaren Rechts, sondern vielmehr dazu, dass eine durch ein schiedsgerichtliches Verfahren entstandene Sachentscheidung gekippt wird.[908] Einem solchen Eingriff steht indes der

---

904 Vgl. etwa Artt. 9, 21 Rom I-VO; Art. 34 EGBGB a.F. und Art. 6 EGBGB; Artt. 16, 26 Rom II-VO.

905 Im Gegensatz dazu beinhaltet z.B. § 617 Abs. 6 Nr. 1 öZPO für Schiedssprüche mit Verbraucherbeteiligung einen zusätzlichen Aufhebungsgrund, wenn „gegen zwingende Rechtsvorschriften verstoßen wurde, deren Anwendung auch bei einem Sachverhalt mit Auslandsberührung durch Rechtswahl der Parteien nicht abbedungen werden könnte."

906 BGH 22.6.2017 – XI ZB 61/16, ZIP 2017, 1538, 1539; BGH 16.12.2015 – I ZB 109/14, BeckRS 2016, 02020; Musielak/Voit/*Voit*, § 1059 Rn. 29; *Lachmann*, Rn. 2302; Böckstiegel/*Kröll*, Arbitration in Germany, S. 487, Rn. 137; *Schlosser*, RipS, Rn. 868. Zur Konkretisierungsformel vgl. oben § 8 C. III. 2. a) aa).

907 In diese Richtung *Geimer*, IZPR, Rn. 26: „Der Anerkennungsstaat setzt über diese Klausel [§ 328 Abs. 1 Nr. 4 ZPO] auch sein international zwingendes Recht durch […]."; noch weitergehend *Becker*, RabelsZ 60 (1996), 691, 725 ff., 736, der die Behandlung von Eingriffsnormen im Anerkennungsstadium aus dem ordre public-Vorbehalt herauslösen und einen „eigenständigen Katalogbestand" im Anerkennungsrecht schaffen will. Vgl. auch *v. Heymann*, Ordre Public in der Schiedsgerichtsbarkeit, S. 183 ff. (jede Missachtung zwingenden Rechts führt zu einem ordre public-Verstoß); ebenso *Mann*, FS Flume, S. 593, 612. Zur Entwicklung des Eingriffsrechts aus dem ordre public-Vorbehalt siehe oben § 2 B. II. 3.

908 *Weller*, Ordre-public-Kontrolle internationaler Gerichtsstandsvereinbarungen, S. 344.

Grundsatz der Verhältnismäßigkeit entgegen. Zur Absicherung der durch eine Eingriffsnorm geschützten Interessen ist es schlichtweg nicht erforderlich, die Anerkennung eines Schiedsspruchs bereits scheitern zu lassen, wenn die jeweilige Eingriffsnorm im Schiedsverfahren unbeachtet bleibt. Es genügt vielmehr, die Anerkennung erst dann zu verweigern, wenn die betroffenen Sachnormzwecke durch das Schiedsverfahren tatsächlich konkret gefährdet sind.[909] Insoweit stellt die ordre public-typische Ergebniskontrolle des Schiedsspruchs auch bei der Betroffenheit international zwingender Normen das mildere Mittel dar.

Ein weiteres Argument gegen die direkte Projektion von Eingriffsnormen auf die Anerkennungsebene folgt aus dem Wesen der Schiedsgerichtsbarkeit als gleichwertige Alternative zur staatlichen Rechtsprechung, sowie dem Prinzip der Anerkennungsfreundlichkeit unter Gesichtspunkten der *comitas*. Denn daraus ergibt sich das Verbot der *révision au fond*, demzufolge bei der Anerkennung eines Schiedsspruchs dessen sachliche Nachprüfung auf die inhaltliche Richtigkeit der Streitentscheidung ausgeschlossen ist.[910] Soweit der Staat auf sein Rechtsprechungsmonopol zugunsten der privaten Gerichtsbarkeit verzichtet, muss er inhaltlich abweichende Schiedssprüche auch dann hinnehmen, wenn dadurch zwingendes Recht betroffen ist; andernfalls würden Schiedsgerichte zu einer bloßen Vorinstanz degradiert.[911]

Bestandteil des anerkennungsrechtlichen ordre public können dementsprechend nicht die Eingriffsnormen selbst, sondern nur die ihr zugrundeliegenden Prinzipien und Wertungen sein. Daraus folgt einerseits, dass nicht jede Missachtung einer Eingriffsnorm im Schiedsverfahren zugleich eine Verletzung der öffentlichen Ordnung begründet, die zur Aufhebung bzw. Nichtanerkennung des Schiedsspruchs führt.[912] Andererseits stehen die beiden Rechtsinstitute aber auch nicht beziehungslos nebeneinander. Lässt der Schiedsspruch nicht nur die Eingriffsnorm, sondern die ihr zugrundeliegenden Rechtsprinzipien, die zugleich elementare Grundwerte der deutschen Rechtsordnung widerspiegeln, im Ergebnis außer Acht, kann die Missachtung der Eingriffsnorm in einen ordre public-Verstoß münden. Für die Zwecke der vom Einredegericht

909 Vgl. auch *Weller*, Ordre-public-Kontrolle internationaler Gerichtsstandsvereinbarungen, S. 344.

910 Zöller/*Geimer*, § 1059 Rn. 74 f.; MüKo-ZPO/*Münch*, § 1059 Rn. 7; Wolff/*Borris/Hennecke*, NYC, Art. V Rn. 19; vgl. auch BT-Drucks. 13/5274, S. 58 f.; BGH 28.1.2014 – III ZB 40/13, SchiedsVZ 2014, 98 f.

911 Zöller/*Geimer*, § 1059 Rn. 75; *Beulker*, Eingriffsnormenproblematik, S. 250 f.

912 *Beulker*, Eingriffsnormenproblematik, S. 56; *Semler*, FS Wegen, S. 743, 744; *Schlosser*, RipS, Rn. 874.

vorzunehmenden Anerkennungsprognose lässt sich das Verhältnis zwischen Eingriffsnormen und dem anerkennungsrechtlichen ordre public daher folgendermaßen zusammenfassen: Die Nichtanwendung der international zwingenden Norm im Schiedsverfahren ist lediglich eine notwendige, nicht aber eine hinreichende Voraussetzung für eine ordre public-Widrigkeit des Schiedsspruchs; denn sie kann durch bestimmte Umstände im konkreten Ergebnis kompensiert werden. Anders formuliert, gibt es für die ordre public-Widrigkeit in den hier behandelten Fällen zwei Voraussetzungen: Erstens die Nichtanwendung der Eingriffsnorm im Schiedsverfahren (dazu bb) und zweitens das Fehlen einer diesbezüglichen Kompensationsmöglichkeit (cc).

#### bb) Anwendung der Eingriffsnorm im Schiedsverfahren

Die vorigen Ausführungen bestätigen, dass ein ordre public-Verstoß des Schiedsspruchs und damit eine negative Anerkennungsprognose ausgeschlossen ist, wenn das Schiedsgericht die Eingriffsnorm beachtet. Dementsprechend ist – wie bereits angedeutet[913] – ein entscheidendes Kriterium der Prognose, inwieweit mit einer Anwendung der deutschen Eingriffsnorm im Schiedsverfahren zu rechnen ist. Dabei erlaubt es die angesprochene Verteilung der Rechtfertigungslast,[914] zu unterstellen, dass der Kläger im Schiedsverfahren alle zumutbaren Maßnahmen ergreifen wird, um eine dortige Anwendung der Vorschrift zu erreichen.[915]

Zur inhaltlichen Konkretisierung des Kriteriums in der Einredesituation kann auf die Erkenntnisse aus der Analyse zur Beachtung international zwingender Normen in der Schiedsgerichtsbarkeit zurückgegriffen werden. Die Auswertung der zugänglichen Schiedspraxis hat insgesamt gezeigt, dass Schiedsgerichte auch in internationalen Verfahren der Beachtung von Eingriffsnormen inzwischen grundsätzlich offen gegenüberstehen.[916] Dieser Tendenz sollte im Rahmen der Anerkennungsprognose dadurch Rechnung getragen werden, dass im Ausgangspunkt eine grundsätzliche Bereitschaft des vereinbarten Schiedsgerichts angenommen wird, die betroffene Eingriffsnorm zu beachten. Einen solchen

---

913 Siehe oben § 8 C. III. 2. b).

914 Siehe oben § 5 B. III.

915 Dazu dürfte insbesondere gehören, das Schiedsgericht auf die relevante Norm hin- und ihren internationalen Geltungsanspruch nachzuweisen, vgl. ICC Nr. 7047 (1994), YbCA 1996, 79, 85, 88; ICC Nr. 7528 (1993), YbCA 1997, 125, 130. Zur umstrittenen Frage einer *ex officio*-Anwendung von Eingriffsnormen in internationalen Schiedsverfahren vgl. *Bermann*, in: Conflict of Laws in International Arbitration, S. 325, 336 m.w.N.

916 Siehe oben § 4 B. III., zusammenfassend § 4 B. III. 4.

Vertrauensvorschuss rechtfertigt nicht nur die schiedsgerichtliche Praxis, er entspricht auch dem Gedanken der Schiedsfreundlichkeit, der sowohl im nationalen Recht als auch in internationalen Übereinkommen zum Ausdruck kommt.[917] Von dieser positiven Grundannahme ausgehend, muss das Einredegericht bei der weiteren Prüfung – nach dem Vorbild der Schiedspraxis – zwischen den verschiedenen Konstellationen der Eingriffsnormenproblematik unterscheiden:

(1) Deutsche Eingriffsnorm als Bestandteil der *lex causae*
Für den Fall der Anwendbarkeit deutschen Rechts in der Hauptsache wurde bereits oben festgestellt, dass ein Rechtsumschwung – unabhängig vom vereinbarten Schiedsort – von vornherein nicht zu erwarten ist und diese Konstellation daher in der weiteren Untersuchung ausgeblendet werden kann.[918] Diese Einschätzung bestätigt sich an dieser Stelle: Angesichts der insoweit eindeutigen Schiedspraxis ist von der Anwendung der *lex causae*-Eingriffsnormen im Schiedsverfahren ohne weiteres auszugehen, sodass die Anerkennungsprognose bei deutschem Hauptsachestatut stets positiv ausfällt.

(2) Deutsche Eingriffsnorm als Bestandteil der *lex loci arbitri*
Haben die Parteien ein inländisches Schiedsverfahren unter Geltung eines ausländischen Hauptsachestatuts vereinbart, steht das Einredegericht vor der Frage, inwieweit mit der Anwendung einer deutschen Eingriffsnorm als solche des Schiedsorts zu rechnen ist. Zur Beantwortung kann das Gericht nicht auf Art. 9 Rom I-VO zurückgreifen, weil dessen Vorgaben für Schiedsgerichte weder verbindlich sind, noch eine geeignete Orientierung bieten.[919] Es muss vielmehr auf die Kriterien abstellen, die sich für die Sonderanknüpfung von Eingriffsnormen in Schiedsverfahren als maßgeblich herauskristallisiert haben: der Nähebezug des Sachverhalts zu Deutschland als Erlassstaat, der Geltungswille der Eingriffsnorm in der konkreten Situation sowie die internationale Anerkennung und Verbreitung des mit der Eingriffsnorm verfolgten Zwecks und die Folgen, die sich aus der (Nicht-)Anwendung der Norm ergeben.[920] Dabei kommt v.a. dem Aufhebungsantrag als Kontrollinstrument inländischer Schiedssprüche besondere Bedeutung zu: Obwohl die Missachtung einer Eingriffsnorm nicht automatisch

917 *Thorn*, IPRax 1997, 98, 105. Zur Schiedsfreundlichkeit des deutschen Rechts vgl. BT-Drucks. 13/5274, S. 1; *Wolff*, SchiedsVZ 2016, 293, 294 m.w.N.; zum NYÜ siehe unten § 11 A. I. 1.

918 Siehe oben § 4 C.

919 Zur allgemeinen Bedeutung der Rom I-VO für inländische Schiedsgerichte siehe oben § 4 A. IV. 1.; konkret zu Art. 9 Rom I-VO oben § 4 A. IV. 2.

920 Siehe oben § 4 B. II. 2.

einen ordre public-Verstoß begründet, beeinflusst die folgenschwere Gefahr einer Aufhebung des Schiedsspruchs gem. § 1059 Abs. 2 Nr. 2 lit. b) ZPO doch den Umgang der Schiedsrichter mit Eingriffsnormen des Schiedsorts.[921]

Für die Prognose des Einredegerichts bedeutet dies, dass sich die Wahrscheinlichkeit der Beachtung einer deutschen Eingriffsnorm trotz ausländischen Hauptsachestatuts deutlich dadurch erhöht, dass das Schiedsverfahren im Inland stattfindet.[922] Es ist davon auszugehen, dass die Schiedsrichter deutsche Eingriffsnormen als solche des Schiedsorts zumindest soweit berücksichtigen, dass ein Verstoß gegen die sitzstaatliche öffentliche Ordnung und damit eine Aufhebung des Schiedsspruchs verhindert wird.[923] Ungeachtet möglicher, prognosetypischer Restzweifel ist dann nicht mit einer materiell ordre public-widrigen Entscheidung des Schiedsgerichts zu rechnen; keinesfalls aber ist ein solcher Schiedsspruch nahezu an Sicherheit grenzend wahrscheinlich. Dementsprechend ergibt sich bei Vereinbarung eines inländischen Schiedsverfahrens aus Sicht des Einredegerichts keine negative Anerkennungsprognose für den zu erwartenden Schiedsspruch.

(3) Deutsche Eingriffsnorm als drittstaatliche Eingriffsnorm

Bei einem Schiedsverfahren im Ausland kommt die Anwendung einer deutschen Vorschrift entgegen eines ausländischen Hauptsachestatuts nur als drittstaatliche Eingriffsnorm in Betracht. Auch hier muss das Einredegericht im Rahmen seiner Prognose die Faktoren heranziehen, an denen sich die Schiedsrichter bei der Frage nach der Anwendung drittstaatlicher Eingriffsnormen orientieren. Sofern das vereinbarte bzw. am Schiedsort geltende Schiedsverfahrensrecht ausnahmsweise Vorgaben zum Umgang mit international zwingenden Normen enthält, sind diese natürlich vorrangig zu beachten.[924] Regelungen aus dem allgemeinen Kollisionsrecht des Sitzstaats können hingegen allenfalls als Indiz berücksichtigt

921 Siehe oben § 4 B. II. 2. a) bb) und § 4 B. III. 2.; vgl. auch *Thorn/Grenz*, in: Conflict of Laws in International Arbitration, S. 187, 205 f.

922 In diese Richtung auch BGH 6.6.1991 – III ZR 68/90, NJW 1991, 2215 f.; BGH 13.1.2005 – III ZR 265/03, BGHZ 162, 9 ff; siehe dazu bereits oben § 3 B. III. 1. c) und e). Allerdings war in beiden Fällen zugleich deutsches Recht als Hauptsachestatut anwendbar, sodass ohnehin von der Beachtung deutscher Eingriffsnormen als solche der *lex causae* auszugehen war.

923 Dies bestätigt auch die Praxis der Schiedsgerichte, ihre Entscheidung am ordre public ihres Sitzstaats zu messen, siehe dazu oben § 4 B. III. 2.; vgl. auch *Thorn/Grenz*, in: Conflict of Laws in International Arbitration, S. 187, 207.

924 Nach hiesigen Erkenntnissen existieren insoweit allerdings keine ausdrücklichen Vorgaben, siehe oben § 4 A.

werden, da Schiedsgerichte daran regelmäßig nicht gebunden sind, wenngleich eine Orientierung daran durchaus naheliegend sein kann.[925] Und auch einer Parteivereinbarung darf – entgegen der Vorgehensweise in der deutschen Rechtsprechung[926] – kein übermäßiges Gewicht in dem Sinne beigemessen werden, dass daraus automatisch der Ausschluss der Eingriffsnorm im Schiedsverfahren folgt. Trotz der Bedeutung der Parteiautonomie ist nämlich auch in der internationalen Schiedsgerichtsbarkeit anerkannt, dass die Rechtswahlfreiheit durch Eingriffsnormen begrenzt ist und deren Berücksichtigung daher nicht allein durch eine abweichende Rechtswahl ausgeschlossen werden kann.[927] Stattdessen ist in dieser Konstellation ebenfalls auf die allgemein verbreiteten Anwendungskriterien abzustellen, d.h. die Verbindung des Sachverhalts zu Deutschland, den Geltungswillen der Eingriffsnorm sowie ihre – von Zweck und Folgen geprägte – Anwendungswürdigkeit im Einzelfall.[928]

Anders als bei einem inländischen Schiedsverfahren spielt die Gefahr eines ordre public-Verstoßes dabei allerdings keine entscheidende Rolle: Ausländische Schiedsgerichte werden vom deutschen ordre public-Vorbehalt nämlich nur als Anerkennungs- und Vollstreckungshindernis und damit weniger stark beeinflusst als ein deutsches Schiedsgericht. Seine Bedeutung als potenzielles Vollstreckungshindernis wird in der untersuchten Konstellation weiterhin dadurch geschmälert, dass der Kläger seinen Anspruch ausschließlich auf die international zwingende Norm stützt. Führt deren Nichtanwendung zur Abweisung der Schiedsklage, liegt gar keine zu vollstreckende Entscheidung vor, die dem Zugriff deutscher Gerichte unterliegt. Daher ist die Anwendung deutscher Eingriffsnormen in einem ausländischen Schiedsverfahren nicht in vergleichbarer Weise gewährleistet; vielmehr ist insoweit stets eine Einzelfallprognose erforderlich.

#### cc) Kompensationsmöglichkeiten

Kommt das Einredegericht zu dem Ergebnis, dass die deutsche Eingriffsnorm im Schiedsverfahren mit nahezu an Sicherheit grenzender Wahrscheinlichkeit nicht zur Anwendung gelangt, mag dadurch ein ordre public-Verstoß des

---

925 Zum europäischen Vertragskollisionsrecht als Richtlinie für Schiedsgerichte siehe oben § 4 A. IV. 2. Schiedsgerichte in den USA könnten sich etwa am Restatement (Second) of Conflict of Laws orientieren, vgl. Balthasar/*Niedermaier*, § 19 Rn. 95.

926 So insbesondere OLG München 17.5.2006 – 7 U 1781/06, IPRax 2007, 322, 324; vgl. auch OLG Stuttgart 29.12.2011 – 5 U 126/11 (Hinweisbeschluss), IHR 2012, 163, 165; dazu krit. *Ayad*/*Schnell*, BB 2012, 3103, 3104.

927 Siehe oben § 4 B. III. 4.

928 Zu den einzelnen Kriterien siehe oben § 4 B. II. 2.

Schiedsspruchs ein Stück weit wahrscheinlicher werden. Dass diese Feststellung jedoch nicht für eine negative Anerkennungsprognose ausreicht, zeigt das soeben beschriebene Verhältnis zwischen Eingriffsnormen und der anerkennungsrechtlichen Vorbehaltsklausel.[929] Die entstehenden Defizite können vielmehr im Rahmen des anwendbaren Rechts oder durch sonstige Mechanismen ausgeglichen werden, sodass im Ergebnis trotz einer Missachtung der Eingriffsnorm eine ordre public-Widrigkeit des Schiedsspruchs vermieden würde. Daher muss das Einredegericht auch diese Kompensationsmöglichkeiten in seine Anerkennungsprognose mit einbeziehen.[930]

(1) Absicherung des Schutzzwecks durch das Hauptsachestatut

Die naheliegendste Möglichkeit, die Nichtanwendung der deutschen Eingriffsnorm durch das Schiedsgericht zu kompensieren, liegt in der Existenz einer entsprechenden Vorschrift des vereinbarten Sachrechts.[931] Dann ist – völlig unabhängig von der Eingriffsnorm – nicht zu erwarten, dass der Inhalt des Schiedsspruchs mit wesentlichen Grundsätzen des deutschen Rechts in Konflikt gerät. Vielmehr wird das Schiedsgericht zu einem Rechtsfolgenausspruch gelangen, der im Ergebnis den Wertungen des deutschen Eingriffsrechts entspricht, sodass keine negative Anerkennungsprognose besteht. In einer solchen Konstellation mag es sogar durchaus naheliegend sein, dass das Schiedsgericht gerade deshalb auf eine Anwendung der Eingriffsnorm als solche verzichtet, weil das anwendbare Sachrecht eine inhaltlich vergleichbare Vorschrift mit paralleler Schutzrichtung enthält.[932]

In der Regel unproblematisch ist die Kompensation, wenn es sich um eine Eingriffsnorm europarechtlicher Provenienz handelt und das Sachrecht eines anderen EU-Staats anwendbar ist. Diese Rechtsordnung wird aufgrund der Pflicht der Mitgliedstaaten zur Umsetzung europäischer Vorgaben gem. Art. 288 AEUV i.V.m. Art. 4 Abs. 3 EUV grundsätzlich eine vergleichbare Regelung enthalten, die den vorgegebenen Mindeststandard zumindest nicht unterschreitet. So wird etwa die Missachtung des § 89b HGB in einem Schiedsverfahren, in

929 Siehe oben § 8 C. III. 2. b) aa).

930 *Antomo*, IHR 2013, 225, 234; *Rühl*, IPRax 2007, 294, 298; vgl. auch *Kleinheisterkamp*, RabelsZ 73 (2009), 818, 829; *Quinke*, SchiedsVZ 2007, 246, 249.

931 *Antomo*, IHR 2013, 225, 234; *Semler*, FS Wegen, S. 743, 748; vgl. auch *Coester-Waltjen*, FS Siehr, S. 595, 609.

932 So etwa ICC Nr. 16981 (2012), ICC Bull. 1/2016, 111, 119: „A merchant who ventures into international transactions should not expect that his own national law will apply, specially […] when the law chosen itself considers the interests at stake.“; dazu bereits oben § 4 B. III. 3. b).

dem das Recht eines anderen EU-Mitgliedstaats Anwendung findet, regelmäßig durch eine entsprechende Vorschrift des geltenden Sachrechts kompensiert werden. Eine Ausnahme kommt allenfalls in Betracht, wenn entweder der Staat, dessen Rechtsordnung gewählt wurde, seine Umsetzungspflicht nicht erfüllt hat, oder der deutsche Gesetzgeber die europäischen Vorgaben überschießend umgesetzt hat und gerade den überschießenden Regelungsteil als international zwingend ansieht.[933]

Bei einem drittstaatlichen Hauptsachestatut oder rein nationalen Eingriffsnormen ohne europarechtlichen Hintergrund ist es hingegen erforderlich, die anwendbare *lex causae* im Hinblick auf entsprechende Schutzstandards zu untersuchen. Sofern dort keine vergleichbare Vorschrift vorgesehen ist, stellt sich die Frage nach sonstigen kompensatorischen Schutzmechanismen.

(2) Anderweitige Schutzmechanismen

Wird der Schutzzweck der deutschen Eingriffsnorm nicht durch eine vergleichbare Vorschrift des Hauptsachestatuts unmittelbar abgesichert, bleibt nur noch die Möglichkeit einer ergebnisorientierten Kompensation durch andere Mechanismen. Konkret stellt sich die Frage, ob es trotz der fehlenden Äquivalenz im anwendbaren Sachrecht zu einem Schiedsspruch kommen kann, der im Ergebnis mit dem Sinn und Zweck der Eingriffsnorm vereinbar ist. Neben sonstigen gesetzlichen Rahmenbedingungen sind dabei insbesondere die vertraglichen Vereinbarungen der Parteien in den Blick zu nehmen.

Beim Ausgleichsanspruch des Handelsvertreters ist beispielsweise daran zu denken, dass die fehlende gesetzliche Regelung durch eine vertraglich vereinbarte Entschädigungszahlung[934] oder eine andere Vergütungspolitik während der Vertragslaufzeit, etwa durch Provisionen deutlich über dem Marktdurchschnitt[935], ausgeglichen wird. Ausgehend vom Zweck des Handelsvertreterausgleichs – Entschädigung für den aufgegebenen Kundenstamm und soziale Absicherung des Handelsvertreters bei Vertragsbeendigung[936] – mag es bereits an der Schutzwürdigkeit des Handelsvertreters fehlen, wenn er keinem Wettbewerbsverbot

933 Zur Durchsetzung einer überschießenden Umsetzungsregelung als Eingriffsnorm vgl. EuGH 17.10.2013 – C-184/12 (*Unamar*), IPRax 2014, 174 ff.; zu den Auswirkungen der Entscheidung auf Schiedsvereinbarungen *Gräfe/Giesa*, ZVertriebsR 2014, 29, 31 f.

934 *Semler*, FS Wegen, S. 743, 748. So ist es in Kanada und Südafrika durchaus üblich, im Vertrag einen Ausgleichsanspruch für den Fall der Vertragsbeendigung zu vereinbaren, vgl. Rödl/*Bremermann*, S. 186 und Rödl/*Brückner*, S. 348.

935 *Dathe*, NJOZ 2010, 2196, 2198; *Quinke*, SchiedsVZ 2007, 246, 249.

936 Zum Schutzzweck des Handelsvertreterausgleichs näher oben § 2 C. II.

unterliegt und von seinem Kundenstamm im Rahmen einer neuen Tätigkeit weiterhin profitiert.[937]

### c) *Mitwirkung der Parteien; Darlegungs- und Beweislast*

Es kann nicht erwartet werden, dass das Einredegericht all diese Punkte eigenständig und ohne Zutun der Parteien vollständig überprüft. Nach dem Beibringungsgrundsatz obliegt es auch im Rahmen des § 1032 Abs. 1 ZPO vielmehr den Parteien, den Prozessstoff und die erforderlichen Nachweise in das Verfahren einzubringen. Daran ändert auch die negative Anerkennungsprognose als entscheidendes Element der Kontrolle der Schiedsvereinbarung nichts. Dass es sich dabei um eine von Amts wegen zu prüfende Rechtsfrage handelt, führt nämlich nicht zu einer Amtsermittlungspflicht des staatlichen Gerichts.[938]

Die Darlegungs- und Beweislast in der Einredesituation des § 1032 Abs. 1 ZPO ist zweigeteilt. Während der die Schiedseinrede erhebende Beklagte zunächst den Abschluss der Schiedsvereinbarung nachzuweisen hat, trifft die Behauptungs- und Beweislast für deren Ungültigkeit in der Folge den Kläger.[939] In der vorliegenden Konstellation müsste die klagende Partei dementsprechend darlegen, dass die Schiedsvereinbarung mit nahezu an Sicherheit grenzender Wahrscheinlichkeit zu einem Schiedsspruch führen wird, der aufgrund eines ordre public-Verstoßes infolge der Missachtung deutschen Eingriffsrechts im Inland nicht anerkennungsfähig wäre. Mit Blick auf die erarbeiteten Kriterien wäre also ein doppelter Negativbeweis erforderlich: Nichtanwendung der betroffenen Eingriffsnorm und Fehlen einer Kompensationsmöglichkeit. Das Erfordernis eines Negativbeweises ändert zwar nichts an der grundsätzlichen Verteilung der Beweislast, allerdings kann einer besonderen Schwierigkeit im Einzelfall durch Modifikationen der Darlegungslast Rechnung getragen werden.[940] Hier

---

937 *Quinke*, SchiedsVZ 2007, 246, 249. Rechtsordnungen, die keinen gesetzlichen Ausgleichsanspruch vorsehen, stehen nachvertraglichen Wettbewerbsverboten häufig besonders kritisch gegenüber, vgl. etwa für das kalifornische Recht Sec. 16600 Business & Professions Act, wo vertragliche Wettbewerbsverbote für unwirksam erklärt werden; anders hingegen § 90a HGB sowie Art. 20 Handelsvertreterrichtlinie. Dazu auch *Kleinheisterkamp*, 3 WAMR (2009), 91, 108 (Fn. 50) m.w.N.; Rödl/*Kraus*, S. 393.

938 BGH 5.11.1975 – VIII ZR 73/75, NJW 1976, 149; OLG Schleswig 15.2.2007 – 5 U 59/06 (juris-Rn. 47); Zöller/*Greger*, § 261 Rn. 11.

939 Stein/Jonas/*Schlosser*, § 1032 Rn. 30; Musielak/Voit/*Voit*, § 1032 Rn. 3; MüKo-ZPO/*Münch*, § 1032 Rn. 6. Diese Beweislastverteilung gilt auch im Anwendungsbereich des NYÜ, vgl. Wolff/*Wilske*/*Fox*, NYC, Art. II Rn. 287 f. m.w.N.

940 BGH 2.7.1992 – I ZR 181/90, NJW-RR 1992, 1386, 1388; Zöller/*Geimer*, Vor § 284 Rn. 24; vgl. auch BVerfG 6.10.1999 – 1 BvR 2110/93, NJW 2000, 1483 f.

sprechen zwei Gründe für eine gewisse Abstufung der Darlegungslast des Klägers. Erstens ist insbesondere bezüglich der Nichtanwendung des Eingriffsrechts im Schiedsverfahren als wesentliche Voraussetzung der ordre public-Widrigkeit des Schiedsspruchs keine völlige Gewissheit zu erlangen.[941] Zweitens ist nicht nur die Anerkennungsprognose, sondern auch das mögliche Anerkennungshindernis eine von Amts wegen zu prüfende Rechtsfrage.[942] Zwar resultiert daraus keine Amtsermittlungspflicht des Gerichts, jedoch genügt es für die Geltendmachung eines schiedsrichterlichen ordre public-Verstoßes, dass die Partei tatsächliche Anhaltspunkte beibringt, die das Gericht zu einer zielgerichteten Prüfung veranlassen.[943]

Daran orientiert ist die grundsätzliche Darlegungslast für die Ungültigkeit der Schiedsvereinbarung im Rahmen des § 1032 Abs. 1 ZPO für die vorliegende Konstellation folgendermaßen abzustufen: Mit Blick auf die betroffene Eingriffsnorm hat die klagende Partei Umstände darzulegen und gegebenenfalls zu beweisen, aus denen sich ergibt, dass die Vorschrift im Schiedsverfahren unbeachtet bleiben wird.[944] Gelingt dies, entstünde bei der Folgefrage nach einem etwaigen Äquivalent hingegen eine unbillige Belastung, wenn die klagende Partei nun sämtliche Kompensationsmöglichkeiten ohne nähere Bestimmung widerlegen müsste. Entsprechend den Grundsätzen zur sekundären Darlegungslast[945] kann nunmehr von der einredenden Partei verlangt werden, ihrerseits nachzuweisen, dass der Schutzzweck der Eingriffsnorm auch im Schiedsverfahren gewahrt bleibt.[946] Als *ultima ratio* kann die beklagte Partei dazu erklären, dass sie mit der Anwendung der international zwingenden Norm im Schiedsverfahren einverstanden ist. Da sich die Gegenseite der Schiedseinrede nur mit dem Argument der Umgehung dieser Norm widersetzen kann, ist deren Zustimmung implizit

---

941 Zu den Auswirkungen einer unvermeidbaren Ungewissheit auf die Beweislast vgl. BGH 14.11.1989 – X ZR 116/88, NJW-RR 1990, 446, 447.

942 Vgl. Art. V Abs. 2 lit. b) NYÜ bzw. § 1059 Abs. 2 Nr. 2 lit. b) ZPO: „feststellt"; BGH 2.11.2000 – III ZB 55/99, BGHZ 145, 376, 380; *Schwab/Walter*, Kap. 25 Rn. 9.

943 OLG München 25.4.2016 – 34 Sch 13/15, SchiedsVZ 2016, 233, 235; MüKo-ZPO/*Münch*, § 1059 Rn. 50; *Lachmann*, Rn. 2536 f.

944 Ebenso *Niedermaier*, Schiedsvereinbarungen in strukturellen Ungleichgewichtslagen, S. 374.

945 Vgl. dazu BGH 19.10.2017 – III ZR 565/16, WM 2017, 2191, 2193; BGH 24.3.2010 – XII ZR 175/08, BGHZ 185, 1, 8; BGH 14.7.2003 – II ZR 335/00, NJW-RR 2004, 556 f.; BeckOK-ZPO/*Bacher*, § 284 Rn. 84 ff.; Zöller/*Geimer*, Vor § 284 Rn. 24.

946 So i.E. auch *Kleinheisterkamp*, RabelsZ 73 (2009), 818, 838; *ders.*, 3 WAMR (2009), 91, 116.

anzunehmen, sodass das Zugeständnis zu einer individuellen Anwendungsvereinbarung bezüglich der betroffenen Eingriffsnorm führt.[947] Der Einwand, das Zugeständnis des Beklagten sei eine bloße Fiktion, lässt sich ohne Weiteres dadurch beseitigen, dass insoweit eine ausdrückliche Erklärung erforderlich ist.[948] Und auch die Natur international zwingender Normen steht einem solchen Parteiauftrag nicht entgegen. Schließlich können die Parteien – letztlich unabhängig von der Möglichkeit einer echten Rechtswahl bezüglich international zwingender Normen – das Schiedsgericht verpflichten, bestimmte Rechtsvorschriften anzuwenden.[949]

Etwaige Bedenken, dass die Anerkennungsprognose als solche einer mitwirkungspflichtigen Ausgestaltung der Schiedsvereinbarungskontrolle entgegensteht, wurden bereits eingangs ausgeräumt. Allerdings beruht die Prognose neben tatsächlichen Umständen auch maßgeblich auf dem Inhalt ausländischer Rechtsordnungen, insbesondere dem anwendbaren Hauptsachestatut und dem geltenden Schiedsverfahrensrecht. Da das staatliche Gericht ausländisches Recht von Amts wegen zu ermitteln hat,[950] stellt sich noch die Frage, wie mit den fremdrechtlichen Bestandteilen der Anerkennungsprognose umzugehen ist. Nach § 293 ZPO kann das Gericht bei der amtswegigen Erforschung des ausländischen Rechts in zumutbarem Umfang die Mithilfe der Beteiligten

---

947 *Kleinheisterkamp*, RabelsZ 73 (2009), 818, 839; *ders.*, 3 WAMR (2009), 91, 116 f. (jeweils unter Verweis auf *Mitsubishi Motors Corp. v. Soler Chrysler-Plymouth Inc.*, 473 U.S. 614, 637 (1985), Fn. 19); *Niedermaier*, Schiedsvereinbarungen in strukturellen Ungleichgewichtslagen, S. 313 f., 374 f.; vgl. auch *Arauz v. Carnival Corp.*, No. 11-13865 (11th Cir. 2012).

948 Zu diesem Einwand *Thorn/Grenz*, in: Conflict of Laws in International Arbitration, S. 187, 198; dagegen bereits *Niedermaier*, Schiedsvereinbarungen in strukturellen Ungleichgewichtslagen, S. 313. Vgl. beispielhaft die Erklärung der Beklagten in *Arauz v. Carnival Corp.*, No. 11-13865 (11th Cir. 2012): "Carnival will waive its contractual right to the application of foreign law to Plaintiff's claims in arbitration. Further, Carnival defers to Plaintiff's Jones Act claim and agrees to the application of U.S. law to Plaintiff's Jones Act claim."

949 *Niedermaier*, Schiedsvereinbarungen in strukturellen Ungleichgewichtslagen, S. 313; *Kleinheisterkamp*, RabelsZ 79 (2009), 818, 839; i.E. auch *Beulker*, Eingriffsnormenproblematik, S. 214, 232; a.A. *Thorn/Grenz*, in: Conflict of Laws in International Arbitration, S. 187, 197 f.

950 BGH 14.1.2014 – II ZR 192/13, IPRax 2017, 517, 518; Musielak/Voit/*Huber*, § 293 Rn. 13; Zöller/*Geimer*, § 293 Rn. 7.

beanspruchen.[951] Bei der Konkretisierung der zumutbaren Mitwirkungspflichten ist vorliegend die Besonderheit zu berücksichtigen, dass der Inhalt des fremden Rechts bereits die Entscheidungskompetenz des staatlichen Gerichts, also eine der Sachentscheidung vorgelagerte Zulässigkeitsfrage beeinflusst. Um dem dortigen Bedürfnis nach Zuständigkeitsklarheit Rechnung zu tragen, ist es gerechtfertigt, die Mitwirkungspflichten der Parteien punktuell auszuweiten.[952] Bei deren Aufteilung kann auf die soeben entwickelten Grundsätze zurückgegriffen werden, sodass die jeweils darlegungsbelastete Partei auch die relevanten ausländischen Rechtssätze darzutun hat. Damit die erweiterte Mitwirkungspflicht des § 293 ZPO nicht zu einer Beibringungspflicht im engeren Sinne wird, genügt insoweit jedoch ein nachvollziehbarer Parteivortrag, der eine weitere Prüfung durch das Gericht ermöglicht.

### *d) Anerkennungsprognose in den Beispielsfällen*

Statuiert eine antizipierte Prüfung des anerkennungsrechtlichen ordre public die entscheidende Voraussetzung für die sachnormzweckverteidigende Kontrolle von Schiedsvereinbarungen, gilt es nun anhand der entwickelten Kriterien eine Anerkennungsprognose für die eingangs dargestellten Beispielsfälle vorzunehmen.[953] Dabei ist zu bedenken, dass insbesondere im Hinblick auf etwaige Alternativen, die Missachtung der deutschen Eingriffsnorm zu kompensieren, im Rahmen dieser Arbeit keine umfassend rechtsvergleichende Untersuchung möglich ist. Nach dem vorgeschlagenen Modell sind jedenfalls im Ausgangspunkt die Parteien gefordert, dem Gericht gewisse Anhaltspunkte zu liefern, anhand derer – gegebenenfalls nach weiteren Ermittlungen – die Prognose getroffen werden kann.

#### aa) Handelsvertreterausgleich

Im Beispiel zum Handelsvertreterrecht ist innerhalb des ersten Kriteriums der Anerkennungsprognose, also bei der Frage nach einer Beachtung der betroffenen Eingriffsnorm im Schiedsverfahren, zu differenzieren: Zwar begründet die

951 BGH 30.4.1992 – IX ZR 233/90, NJW 1992, 2026, 2029; Musielak/Voit/*Huber*, § 293 Rn. 5; Baumbach/Lauterbach/Albers/*Hartmann*, § 293 Rn. 5. Zum Umfang der Amtsermittlungspflicht vgl. BGH 23.6.2003 – II ZR 305/01, NJW 2003, 2685, 2686.

952 *Weller*, Ordre-public-Kontrolle internationaler Gerichtsstandsvereinbarungen, S. 355.

953 Zu den Beispielen siehe oben § 2 C. In Beispiel 1 ist die Schiedsvereinbarung bereits mangels subjektiver Schiedsfähigkeit gem. § 101 WpHG n.F. (§ 37h WpHG a.F.) unwirksam, sodass es dort auf eine Anerkennungsprognose nicht mehr ankommt, siehe oben § 6 C. II. 2. a).

Tätigkeit des Handelsvertreters im europäischen Binnenmarkt eine Nähebeziehung, die den international zwingenden Geltungsanspruch des Handelsvertreterausgleichs gem. § 89b HGB grundsätzlich auslöst. Allerdings ist der Schutzzweck der Eingriffsnorm außerhalb der EU nicht in einem Maße anerkannt, das die Durchbrechung einer Rechtswahl generell als gerechtfertigt erscheinen lässt. Daher ist jedenfalls in ausländischen Schiedsverfahren außerhalb der EU grundsätzlich nicht mit einer Berücksichtigung des gesetzlichen Ausgleichsanspruchs als drittstaatliche Eingriffsnorm zu rechnen.[954] Bei einem inländischen bzw. in einem anderen EU-Mitgliedstaat domizilierten Schiedsgericht fällt die Einschätzung hingegen anders aus.[955] Hier drängt die *Ingmar*-Entscheidung des EuGH und insbesondere die daraus resultierende Gefahr einer Aufhebung des Schiedsspruchs die Schiedsrichter zur Beachtung der Eingriffsnorm. Während die Anerkennungsprognose in diesem Fall also regelmäßig positiv ausfällt, hängt das Ergebnis bei Schiedsgerichten außerhalb der EU entscheidend von etwaigen Kompensationsmöglichkeiten ab.

Und auch auf dieser Ebene zeigen sich je nach anwendbarem Hauptsachestatut deutliche Unterschiede. Sofern das Recht eines anderen EU-Mitgliedstaats zur Anwendung kommen soll, ist die Kompensation einer Nichtanwendung des § 89b als Eingriffsnorm aufgrund der Vereinheitlichung durch die Handelsvertreterrichtlinie unproblematisch.[956] Bei Geltung einer drittstaatlichen Rechtsordnung ergibt sich hingegen ein gemischtes Bild: Ein vergleichbarer nachvertraglicher Anspruch des Handelsvertreters ist beispielsweise in Brasilien[957], Kolumbien[958], Norwegen[959], Südkorea[960], der

954 Vgl. insbesondere die Konstellation in *Accentuate Ltd. v. Asigra Inc.* [2009] EWHC 2655 (QB); dazu oben unter § 4 B. III. 3. a) sowie unten § 11 A. II. 2.

955 Vgl. auch ICC Nr. 13730 (2013), YbCA 2013, 80 ff. (siehe oben § 4 B. III. 2.); SCC Nr. 158/2011 (2013), YbCA 2013, 253 ff. (siehe oben § 4 B. III. 3. c).

956 Zur Handelsvertreterrichtlinie näher oben § 2 C. II.; soweit ersichtlich wurden die Vorgaben des Art. 17 Handelsvertreterrichtlinie von allen EU-Mitgliedstaaten in nationales Recht umgesetzt.

957 Rödl/*Geide*/*de Pay*, Internationales Handelsvertreterrecht, S. 57; *Lautenschlager*/*Ataulo*, Handelsvertretung in Brasilien, S. 9.

958 Art. 1324 Abs. 1 Código de Comercio; vgl. auch Rödl/*Ule*, Internationales Handelsvertreterrecht, S. 203.

959 Art. 28 norweg. Gesetz über Handelsvertreter (Gesetz Nr. 56 vom 19.6.1992), vgl. auch Rödl/*Lundahl*, Internationales Handelsvertreterrecht, S. 265.

960 Art. 92–2 Commercial Act; vgl. Rödl/*Garbrecht*/*Fischer*, Internationales Handelsvertreterrecht, S. 207.

Schweiz[961] oder der Türkei[962] vorgesehen. Keinen gesetzlichen Ausgleichsanspruch kennen hingegen u.a. die Rechtsordnungen von Australien[963], China[964], Kanada[965] oder der USA[966]. Unterliegt der Handelsvertretervertrag einer Rechtsordnung ohne eine vergleichbare gesetzliche Regelung, bleibt letztlich nur noch die Möglichkeit einer Kompensation durch andere Schutzmechanismen, wie z.B. eine vertraglich vereinbarte Entschädigungszahlung oder eine andere Vergütungspolitik während der Vertragslaufzeit.[967]

Soweit teilweise[968] selbst bei kompensationsloser Nichtanwendung des § 89b HGB ein ordre public-Verstoß mit dem Argument abgelehnt wird, der Ausgleichsanspruch gehöre nicht zu den wesentlichen Grundsätzen des deutschen Rechts, kann dem nicht gefolgt werden. Zwar hat der EuGH den Handelsvertreterausgleich lediglich als international zwingend und nicht ausdrücklich als Bestandteil des ordre public eingeordnet. Jedoch sehen die Luxemburger Richter im durch die Richtlinie gesicherten unverfälschten Wettbewerb der Handelsvertreter im Binnenmarkt ein Strukturprinzip der Marktordnung.[969] Die Strukturprinzipien der Marktordnung gehören auch bei europäischem Ursprung zu den

961 Art. 418u Obligationenrecht; vgl. auch Rödl/*Häring*, Internationales Handelsvertreterrecht, S. 320; Kronke/*Huber*, Teil G, Rn. 52.

962 Art. 122 türk. HGB (Gesetz Nr. 6102 vom 13.1.2011); vgl. auch Rödl/*Özcan*/*Kilic*, Internationales Handelsvertreterrecht, S. 372 f.

963 Rödl/*Feinauer*/*Weingarten*, Internationales Handelsvertreterrecht, S. 33.

964 Rödl/*Maaz*, Internationales Handelsvertreterrecht, S. 75.

965 Rödl/*Bremermann*, Internationales Handelsvertreterrecht, S. 186.

966 Rödl/*Kraus*, Internationales Handelsvertreterrecht, S. 392 mit dem Hinweis, dass auch eine vertragliche Vereinbarung eines Ausgleichsanspruchs in der US-Praxis nicht üblich sei. In einer Publikation der GTAI wird – allerdings ohne konkrete Nachweise – darauf hingewiesen, dass dem Handelsvertreter bei Kündigung einer langjährigen Vertragsbeziehung gegebenenfalls unter Billigkeitsgesichtspunkten ein Abfindungsanspruch zusteht, vgl. *Eike*, in: Rechtstipps für Exporteure USA.

967 Siehe bereits oben § 8 C. III. 2. b) cc) (2).

968 *Semler*, FS Wegen, S. 743, 744; *Liebscher*, 17 Journ. Int'l Arb. (2000), 73, 85 f.; grundsätzlich auch *Dathe*, NJOZ 2010, 2196, 2197 f.

969 EuGH 9.11.2000, C-381/98 (*Ingmar*), Rn. 24, IPRax 2001, 225, 227: „Die Regelung der Art. 17 bis 19 Richtlinie 86/653/EWG [Handelsvertreterrichtlinie] bezweckt somit, über die Gruppe der Handelsvertreter die Niederlassungsfreiheit und einen unverfälschten Wettbewerb im Binnenmarkt zu schützen. Die Einhaltung dieser Bestimmungen im Gemeinschaftsgebiet erscheint daher für die Verwirklichung dieser Ziele des EG-Vertrags unerlässlich."; bestätigt in EuGH 16.2.2017 – C-507/15 (*Agro Foreign Trade*), Rn. 31, BeckRS 2017, 101794.

wesentlichen Grundsätzen des deutschen Rechts.[970] Daher muss die *Ingmar*-Entscheidung so verstanden werden, dass der Ausgleichsanspruch als zentrales Element der Handelsvertreterrichtlinie jedenfalls in seinem qualitativen Kernbereich ebenfalls zu den wesentlichen Bestandteilen des deutschen Rechts zu zählen ist.[971] Auf dieser Grundlage fällt die Anerkennungsprognose negativ aus, wenn eine Missachtung des § 89b HGB im Schiedsverfahren zu erwarten ist und dies nicht anderweitig kompensiert wird, sodass der Handelsvertreter letztlich leer ausginge.

### bb) Kartellrecht

Dass die Grundsätze des Kartellrechts als Strukturprinzipien der Marktordnung Bestandteil des anerkennungsrechtlichen ordre public sind, ist sowohl für das deutsche als auch für das europäische Recht seit Langem anerkannt.[972] Allerdings wird die Anerkennungsprogose bei der Betroffenheit einer kartellrechtlichen Eingriffsnorm meist bereits deshalb nicht negativ ausfallen, weil mit deren Beachtung im Schiedsverfahren zu rechnen ist. Sofern ein Nähebezug zum europäischen Markt besteht, ist der dem Schiedsgericht zuzubilligende Vertrauensvorschuss selbst bei ausländischen Schiedsverfahren kaum zu entkräften. Denn auch wenn die einzelnen Wettbewerbsvorschriften nicht als Teil eines ordre public transnational angesehen werden, ist deren Zweck international als schutzwürdiges Interesse anerkannt.[973] Damit erfüllen kartellrechtliche Normen regelmäßig das Merkmal der Anwendungswürdigkeit als ein entscheidendes Kriterium zur Beachtung von Eingriffsnormen. Dies bestätigt neben

---

970 Böckstiegel/*Kröll*, Arbitration in Germany, S. 489, Rn. 142; *Schwab*/*Walter*, Kap. 30 Rn. 22; Stein/Jonas/*Schlosser*, Anh. § 1061 Rn. 345 ff.; zur Einbeziehung europäischer Strukturprinzipien auch EuGH 1.6.1999 – C-126/97 (*Eco Swiss*), Rn. 36 f., EuZW 1999, 565, 567; BGH 27.2.1969 – KZR 3/68, NJW 1969, 978, 979 f.

971 Stein/Jonas/*Schlosser*, Anh. § 1061 Rn. 350; *Weller*, Ordre-public-Kontrolle internationaler Gerichtsstandsvereinbarungen, S. 351; *Basedow*, FS Sonnenberger, S. 291, 304; *Kleinheisterkamp*, 3 WAMR (2009), 91, 111; *Mankowski*, in: Yearb. Priv. Int'l Law 2008, 19, 33.

972 BGH 25.10.1966 – KZR 7/65, BGHZ 46, 365, 370; BGH 31.5.1972 – KZR 43/68, NJW 1972, 2180, 2181; OLG Celle 14.10.2016 – 13 Sch 1/15 (Kart), WuW 2017, 508, 509; Immenga/Mestmäcker/*Schmidt*, § 87 Rn. 75; *Schwab*/*Walter*, Kap. 30 Rn. 22; MüKo-ZPO/*Adolphsen*, § 1061 Anh. 1, Art. V UNÜ Rn. 80; Wolff/*Wolff*, NYC, Art. V Rn. 579; vgl. auch EuGH 1.6.1999 – C-126/97 (*Eco Swiss*), Rn. 36 f., EuZW 1999, 565, 567.

973 Siehe oben § 4 B. II. 2. c) aa).

der schiedsgerichtlichen Praxis[974] auch die schiedsverfahrensrechtliche Rechtsprechung staatlicher Gerichte: So sind nach der Rechtsprechung des schweizerischen Bundesgerichts in der Schweiz ansässige Schiedsgerichte verpflichtet, einen Verstoß gegen unionsrechtliche Wettbewerbsnormen als drittstaatliches Eingriffsrecht jedenfalls auf Rüge einer Partei zu prüfen, um die Aufhebung des Schiedsspruchs zu vermeiden.[975]

Ergänzend dürfte grundsätzlich auch eine Absicherung des kartellrechtlichen Schutzzwecks im Hauptsachestatut gewährleistet sein. So verfügen nicht nur die führenden Industrienationen, sondern auch andere wirtschaftlich bedeutsame Staaten über Kartellrechtsordnungen, welche die Funktionsfähigkeit der Märkte sichern sollen.[976] Zwar stimmen diese inhaltlich sicherlich nicht genau überein, in der Grundausrichtung beinhalten die allermeisten jedoch Vorschriften zu horizontalen und vertikalen Wettbewerbsbeschränkungen sowie zum Missbrauch von Marktmacht.[977] Auf dieser Grundlage wird sich jedenfalls bei Kernverstößen, häufig aber auch darüber hinaus, ein vergleichbares Schutzniveau aufzeigen lassen. Dementsprechend ist ein ordre public-widriger Schiedsspruch selbst dann nicht hinreichend wahrscheinlich, wenn das deutsche bzw. europäische Kartellrecht im Schiedsverfahren wider Erwarten unbeachtet bleiben sollte.

### 3. *Fazit*

Es hat sich gezeigt, dass die Anerkennungsprognose ein international anerkanntes Instrument des Prozessrechts ist, das in entsprechend zugeschnittener Form auch in der hier untersuchten Einredesituation eingesetzt werden kann. Als zentrales Element der sachnormzweckverteidigenden ordre public-Kontrolle einer Schiedsvereinbarung definiert sie zugleich den Maßstab für den erforderlichen Rechtsumschwung: Ein relevanter, d.h. die Gültigkeit einer Schiedsvereinbarung beeinflussender Rechtsumschwung liegt erst vor, wenn der zu erwartende Schiedsspruch im Inland nicht anerkennungsfähig ist. Nur dann verletzt der Verweis auf das Schiedsverfahren den Anspruch des Klägers auf effektiven

974 Vgl. etwa ICC Nr. 4132 (1983), YbCA 1985, 49, 50 ff.; ICC Nr. 14266 (2008), ICC Bull. 2013, Special Supplement, S. 83, 85; dazu bereits oben § 4 B. III. 3. b) und c).

975 Schweiz. Bundesgericht 28.4.1992, YbCA 1993, 143 ff.; schweiz. Bundesgericht 8.3.2006, ASA Bull. 2006, 550, 559; vgl. auch *Meinhardt/Ahrens*, SchiedsVZ 2006, 182, 184 f.; *Blessing*, 14 Journ. Int'l Arb. (1997), 39, 63 f.

976 Vgl. *Pocsay*, Kartellrecht in Schiedsverfahren, S. 217 f.

977 Vgl. WTO, Overview of National Competition Legislation; auf „internationale Vereinheitlichungstendenzen" hinweisend *Meinhardt/Ahrens*, SchiedsVZ 2006, 182, 187 f.

Rechtsschutz als wesentlichen Grundsatz des deutschen Rechts. Der Maßstab für einen Rechtsumschwung ist also der anerkennungsrechtliche ordre public und nicht – wie insbesondere in der jüngeren Rechtsprechung formuliert[978] – die kollisionsrechtliche Anwendung der deutschen Eingriffsnorm. Diese ist nur insoweit bedeutsam, als ihre Nichtanwendung im Schiedsverfahren eine notwendige Voraussetzung für den erforderlichen ordre public-Verstoß ist.

Mit dieser Konkretisierung des relevanten Rechtsumschwungs wird die bereits frühzeitig getroffene Einschätzung bestätigt, dass ein solcher bei Geltung deutschen Sachrechts in der Hauptsache von vornherein nicht zu erwarten ist.[979] Darüber hinaus ergeben sich daraus aber auch für die Fälle eines ausländischen Hauptsachestatuts wesentliche Folgen für die Entscheidung in der Einredesituation: Aufgrund der ansonsten drohenden, folgenschweren Gefahr einer Aufhebung des Schiedsspruchs ist in inländischen Verfahren in erhöhtem Maße mit einer Anwendung deutscher Eingriffsnormen, jedenfalls aber mit der Einhaltung des deutschen ordre public zu rechnen.[980] Dies schließt nach den hier entwickelten Maßstäben eine negative Anerkennungsprognose aus, sodass auch bei der Vereinbarung eines inländischen Schiedsverfahrens kein relevanter Rechtsumschwung zu erwarten und die Schiedsvereinbarung dementsprechend zu beachten ist. Haben die Parteien hingegen ein Schiedsverfahren im Ausland unter Geltung eines fremden Hauptsachestatuts vereinbart, sodass deutsche Eingriffsnormen nur als drittstaatliche zur Anwendung gelangen können, ist das Ergebnis der Anerkennungsprognose offen und im Einzelfall – unter initiativer Mitwirkung der Parteien – nach den erarbeiteten Kriterien zu ermitteln.

## D. Ergebnis

Findet in der Einredesituation ein ausländisches Schiedsvereinbarungsstatut Anwendung, scheiden die beiden Generalklauseln §§ 307, 138 BGB als dogmatischer Anknüpfungspunkt für die Kontrolle einer Schiedsvereinbarung – von einer einzigen Ausnahmekonstellation[981] abgesehen – aus. Das Zustandekommen

978 Insbesondere OLG München 17.5.2006 – 7 U 1781/06, IPRax 2007, 322, 324, dazu oben § 3 B. IV. 1.; in diese Richtung auch *Bork/Stöve*, Börsentermingeschäfte, S. 67.

979 Siehe oben § 4 C. und § 8 C. III. 2. b) bb) (1).

980 Siehe oben § 8 C. III. 2. b) bb) (2).

981 Bei Schiedsklauseln in Verbraucherverträgen, die einen inländischen Scheidsort vorsehen, aber aufgrund einer Rechtswahl einem drittstaatlichen Schiedsvereinbarungsstatut unterliegen, ermöglicht Art. 46b Abs. 1, 3 Nr. 1 EGBGB eine Anwendung des § 307 BGB entgegen des fremden Statuts; siehe oben § 8 B. II. 2.

und die materielle Wirksamkeit der Schiedsvereinbarung sind dann allein nach fremdem Recht zu beurteilen, was regelmäßig zu deren Gültigkeit führen wird. Der Rechtsumschwung bezüglich einer deutschen Eingriffsnorm und ein daraus möglicherweise resultierender ordre public-Verstoß sind insoweit unerheblich, da es nicht dem ausländischen Recht obliegt, grundlegende Prinzipien einer aus seiner Sicht fremden Rechtsordnung zu schützen. Der Kläger wäre demnach auf das vereinbarte Schiedsverfahren zu verweisen.

Dieses Ergebnis der Anwendung des ausländischen Schiedsvereinbarungsstatuts verstößt allerdings dann gegen den Justizgewährungsanspruch als wesentlichen Grundsatz des deutschen Rechts, wenn bereits im Einredeverfahren absehbar ist, dass der Kläger im Schiedsverfahren unterliegen und der Schiedsspruch nicht anerkennungsfähig sein wird, sodass effektiver Rechtsschutz nur in einem Verfahren vor den eigenen Gerichten gewährt werden kann. Damit kommt es bei Geltung eines ausländischen Schiedsvereinbarungsstatuts in der Einredesituation zu einer Verknüpfung der beiden ordre public-Vorbehalte.[982] Den dogmatischen Rahmen für die Kontrolle der Schiedsvereinbarung zur Verteidigung von Sachnormzwecken bildet der kollisionsrechtliche ordre public-Vorbehalt. Dieser ergibt sich in der Einredesituation aus einer analogen Anwendung des Art. V Abs. 2 lit. b) NYÜ bzw. § 1059 Abs. 2 Nr. 2 lit. b) ZPO. Bei der Konkretisierung dieser Vorbehaltsklausel kommt es entscheidend darauf an, ob der zu erwartende Schiedsspruch gegen den anerkennungsrechtlichen ordre public gem. Art. V Abs. 2 lit. b) NYÜ bzw. § 1059 Abs. 2 Nr. 2 lit. b) ZPO verstößt; denn nur dann entsteht eine Situation, die aus der Perspektive des über den kollisionsrechtlichen ordre public geschützten Justizgewährungsanspruchs bedenklich erscheint.[983] Dies macht eine Anerkennungsprognose erforderlich, bei der das Einredegericht – unter Mitwirkung der Parteien – neben der (Nicht-)Beachtung der Eingriffsnorm im Schiedsverfahren auch zu berücksichtigen hat, ob die zu erwartende schiedsrichterliche Entscheidung auf anderem Wege, etwa durch die Anwendung vergleichbarer Vorschriften des Hauptsachestatuts, zu einem Ergebnis führen kann, das mit der deutschen öffentlichen Ordnung vereinbar ist. Nur wenn ein ordre public-widriger Rechtsfolgenausspruch des Schiedsgerichts mit nahezu an Sicherheit grenzender Wahrscheinlichkeit zu erwarten ist, darf sich das Einredegericht über die Schiedsvereinbarung hinwegsetzen.

---

982 Ebenso bereits *Weller*, IPRax 2016, 48, 50; insoweit grundlegend *ders.*, Ordre-public-Kontrolle internationaler Gerichtsstandsvereinbarungen, S. 330 ff., 338 f., 356.

983 *Weller*, Ordre-public-Kontrolle internationaler Gerichtsstandsvereinbarungen, S. 338 f.

Bei inländischen Schiedsverfahren kann davon aufgrund der dann drohenden Aufhebung des Schiedsspruchs nicht ausgegangen werden. Hier ist vielmehr damit zu rechnen, dass die Schiedsrichter deutsche Eingriffsnormen soweit beachten, dass die Vereinbarkeit mit dem ordre public gewährleistet ist. Deshalb halten Schiedsvereinbarungen, die einen Schiedsort im Inland vorsehen, der kollisionsrechtlichen ordre public-Kontrolle stand und sind anzuerkennen.[984] Im Gegensatz dazu ist bei Schiedsverfahren im Ausland die Wahrung des deutschen anerkennungsrechtlichen ordre public nicht in vergleichbarem Maße sichergestellt, sodass eine Anerkennungsprognose im Einzelfall erforderlich ist; im Zweifel ist die Schiedsvereinbarung allerdings auch in dieser Konstellation als wirksam anzusehen.

984 Allerdings kommt die ordre public-Kontrolle bei Schiedsvereinbarungen, die einen inländischen Schiedsort vorsehen, nur im – nach der hier vertretenen Auffassung seltenen – Fall einer Wahl des Schiedsvereinbarungsstatuts zur Anwendung. Ansonsten unterliegen diese Schiedsvereinbarungen nämlich deutschem Recht, sodass eine Kontrolle gem. §§ 307, 138 BGB möglich ist. Zum dortigen Maßstab eines Rechtsumschwungs sogleich § 9. Zur Anknüpfung des Schiedsvereinbarungsstatuts siehe oben § 7 A.; zur Rechtswahl oben § 8 B. I. 1.

# § 9 Relevanter Rechtsumschwung bei der Kontrolle nach deutschem Schiedsvereinbarungsstatut gem. § 307 BGB bzw. § 138 BGB

In § 7 dieses Teils wurde aufgezeigt, dass die Kontrolle internationaler Schiedsvereinbarungen zur Verteidigung von Sachnormzwecken unter deutschem Schiedsvereinbarungsstatut im dogmatischen Rahmen der §§ 307, 138 BGB erfolgt: Ein potenzieller Rechtsumschwung bezüglich deutscher Eingriffsnormen kann zu einem Verstoß sowohl gegen § 307 Abs. 1 S. 1 BGB als auch gegen § 138 Abs. 1 BGB führen.[985] Bisher offengeblieben ist allerdings, wann genau dort ein relevanter, d.h. eine unangemessene Benachteiligung bzw. einen Sittenverstoß begründender Rechtsumschwung anzunehmen ist. Als Ausgangspunkt zur Beantwortung dieser Frage bieten sich die im vorangegangen Kapitel gewonnenen Erkenntnisse an. Dort wurde festgestellt, dass im Rahmen der – bei Geltung eines fremden Schiedsvereinbarungsstatuts vorzunehmenden – ordre public-Kontrolle der Schiedsvereinbarung ein relevanter Rechtsumschwung nur im Fall einer negativen Anerkennungsprognose vorliegt.[986] Um herauszufinden, inwieweit sich dieser Maßstab zur Konkretisierung eines relevanten Rechtsumschwungs auf die Kontrolle gem. §§ 307, 138 BGB übertragen lässt, ist zunächst das Verhältnis der dortigen Wirksamkeitsschranken zum ordre public-Vorbehalt zu klären (A.). Danach kann eine Anpassung an die Voraussetzungen der materiellrechtlichen Generalklauseln vorgenommen werden (B.), bevor abschließend untersucht wird, welche praktischen Schlussfolgerungen sich für die Kontrolle der Schiedsvereinbarung nach deutschem Recht ergeben (C.).

## A. Wirksamkeitsschranken der materiellrechtlichen Generalklauseln im Vergleich zum kollisionsrechtlichen ordre public-Vorbehalt

Nach eingebürgerter Formel ist ein Rechtsgeschäft gem. § 138 Abs. 1 BGB unwirksam, wenn es gegen das „Anstandsgefühl aller billig und gerecht

---

985 Zum Verstoß gegen § 307 BGB siehe oben § 7 B. V. 3.; zu § 138 BGB oben § 7 B. VII.

986 Siehe oben § 8 C. III.

Denkenden" verstößt.[987] § 307 Abs. 1 S. 1 BGB invalidiert AGB-Klauseln, die den Vertragspartner entgegen den Geboten von Treu und Glauben unangemessen beachteiligen.[988] Während die beiden materiellrechtlichen Generalklauseln die innerstaatliche Privatautonomie beschränken,[989] dient der kollisionsrechtliche ordre public-Vorbehalt als „Notventil"[990], um mit grundlegenden Rechtsprinzipien des Forums offensichtlich unvereinbare Rechtsfolgen bei der Anwendung fremder Rechtsordnungen zu verhindern.[991] Neben der bereits in der Formulierung erkennbaren Abstufung spricht insbesondere der dem internationalen Privatrecht zugrundeliegende Gedanke der prinzipiellen Gleichwertigkeit aller Rechtsordnungen dafür, das kollisionsrechtliche Korrektiv noch zurückhaltender einzusetzen als die sachrechtlichen Schranken der Privatautonomie. Dementsprechend ist – obwohl Art. 6 EGBGB weiterhin das in Art. 30 EGBGB a.F. noch ausdrücklich benannte Schutzgut der guten Sitten beinhaltet[992] – nicht jede Sittenwidrigkeit im Sinne des § 138 BGB gleichbedeutend mit einem Verstoß gegen den kollisionsrechtlichen ordre public; dieser erfasst vielmehr nur ganz gravierende Sittenverstöße.[993] Aus der Perspektive eines deutschen Einredegerichts ist die Grenze der Sittenwidrigkeit einer Schiedsvereinbarung gem. § 138 Abs. 1 BGB also eher erreicht als die des ordre public. Die Anforderungen an eine unangemessene Benachteiligung im Sinne des § 307 Abs. 1 BGB sind nochmal ein Stück geringer.[994] Insgesamt liegen die Wirksamkeitsschranken der §§ 307, 138 BGB also unter dem kollisionsrechtlichen ordre public-Vorbehalt.

---

987 Ständige Rechtsprechung seit RG 15.10.1912 – VII 231/12, RGZ 80, 219, 221, zuletzt BGH 18.4.2018 – XII ZR 76/17 (juris-Rn. 24) m.w.N.; vgl. auch Palandt/*Ellenberger*, § 138 Rn. 2.

988 Zur Konkretisierung dieser Formel siehe oben § 7 B. V. 3.

989 BeckOK-BGB/*Wendtland*, § 138 Rn. 1 f.; MüKo-BGB/*Armbrüster*, § 138 Rn. 1; BeckOK-BGB/*Schmidt*, § 307 Rn. 1; Ulmer/Brandner/Hensen/*Ulmer*/*Habersack*, AGB, S. 22 f., Rn. 47 f.

990 *Kropholler*, IPR, S. 244; Rauscher/*Thorn*, Rom I-VO, Art. 21 Rn. 1.

991 BeckOGK/*Stürner*, EGBGB, Art. 6 Rn. 2; zur Funktion des ordre public-Vorbehalts vgl. bereits oben § 2 B. II. 3.

992 Art. 30 EGBGB a.F. lautete: „Die Anwendung eines ausländischen Gesetzes ist ausgeschlossen, wenn die Anwendung gegen die guten Sitten oder den Zweck eines deutschen Gesetzes verstoßen würde." Mit der Neuformulierung in Art. 6 EGBGB wurde keine Veränderung des sachlichen Gehalts der Vorschrift angestrebt, vgl. BT-Drucks. 10/504, S. 42, 43 re. Sp.

993 BeckOGK/*Stürner*, EGBGB, Art. 6 Rn. 303; *Mülbert*/*Bruinier*, WM 2005, 105, 110 f.; vgl. auch MüKo-BGB/*v. Hein*, EGBGB, Art. 6 Rn. 254.

994 BGH 16.4.1996 – XI ZR 234/95, BB 1996, 1454, 1457; Palandt/*Grüneberg*, Überbl. v. § 305 Rn. 15; Erman/*Roloff*, Vor § 307 Rn. 11.

## B. Auswirkungen auf die vorzunehmende Prognoseentscheidung

Sind die Wirksamkeitsschranken der materiellrechtlichen Generalklauseln niedriger als die des ordre public, bestätigt dies zunächst die Einordnung der §§ 307, 138 BGB als Anknüpfungspunkte für eine sachnormzweckverteidigende Kontrolle von Schiedsvereinbarungen: Kann eine internationale Schiedsvereinbarung, die zu einem materiell ordre public-widrigen und damit nicht anerkennungsfähigen Schiedsspruch führt, nach einer kollisionsrechtlichen ordre public-Kontrolle ungültig sein, muss diese Wertung erst recht für die tatbestandlich weniger strengen Generalklauseln des deutschen Sachrechts gelten.[995] Gleichzeitig hat die Divergenz zur Folge, dass der im Rahmen der ordre public-Kontrolle entwickelte Ansatz der Anerkennungsprognose zur Konkretisierung des relevanten Rechtsumschwungs jedenfalls nicht eins-zu-eins auf die §§ 307, 138 BGB übertragen werden kann. Bei der insoweit erforderlichen Anpassung an die niedrigeren Wirksamkeitsschranken ist zwischen dem rechtlichen und dem tatsächlichen Maßstab der Prognose zu unterscheiden.

### I. Rechtlicher Maßstab der Prognose

Im Rahmen der ordre public-Kontrolle ist der rechtliche Prüfungsmaßstab für die im Einredeverfahren erforderliche Prognose der anerkennungsrechtliche ordre public-Vorbehalt gem. Art. V Abs. 2 lit. b) NYÜ bzw. § 1059 Abs. 2 Nr. 2 lit. b) ZPO. Ein die Gültigkeit der Schiedsvereinbarung beeinflussender Rechtsumschwung liegt dort erst dann vor, wenn der zu erwartende Schiedsspruch gegen den materiellen ordre public verstößt; die Missachtung einer deutschen Eingriffsnorm allein genügt hingegen nicht.[996]

Eine Möglichkeit, diesen rechtlichen Maßstab strenger auszugestalten, bestünde darin, den Fokus deutlicher auf die Eingriffsnorm selbst zu legen und allein auf deren Anwendung im Schiedsverfahren statt auf das finale Verfahrensergebnis abzustellen.[997] Gegen eine solche Modifikation des rechtlichen Maßstabs spricht allerdings, dass auch die Kontrolle der Schiedsvereinbarung

---

995 Vgl. auch *Weller*, Ordre-public-Kontrolle internationaler Gerichtsstandsvereinbarungen, S. 210; *Niedermaier*, Schiedsvereinbarungen in strukturellen Ungleichgewichtslagen, S. 313.

996 Dazu oben § 8 C. III. 2. a) aa); zum Verhältnis zwischen Eingriffsnorm und ordre public siehe oben § 8 C. III. 2. b) aa).

997 So insbesondere OLG München 17.5.2006 – 7 U 1781/06, IPRax 2007, 322, 324, dazu oben § 3 B. IV. 1.; vgl. auch BGH 5.9.2012 – VII ZR 25/12, IHR 2013, 35, 36.

nach § 307 Abs. 1 S. 1 BGB bzw. § 138 Abs. 1 BGB wesentlich von der Gewährung effektiven Rechtsschutzes beeinflusst ist. Bedenken im Hinblick auf diesen Aspekt des allgemeinen Justizgewährungsanspruchs bestehen aber eben erst, wenn der anerkennungsrechtliche ordre public dazu führt, dass der zu erwartende Schiedsspruch nicht anerkannt werden kann; nur dann wird das Schiedsverfahren zu einem bloßen Vorverfahren für einen nachfolgenden inländischen Zweitprozess.[998] Zudem invalidierte der reduzierte Maßstab einer schlichten Nichtanwendung der Eingriffsnorm im Schiedsverfahren sehenden Auges Schiedsvereinbarungen, deren Fortsetzung in Form eines Schiedsspruchs möglicherweise anerkennungsfähig wäre. Es würden also präventiv Schiedssprüche verhindert, zu deren Anerkennung deutsche Gerichte verpflichtet wären. Dies verdeutlicht auch folgende Überlegung: Dem Beklagten ist es gem. § 1032 Abs. 3 ZPO auch während des Einredeverfahrens unbenommen, entsprechend der Schiedsabrede eine Schiedsklage in Form einer negativen Feststellungsklage zu erheben.[999] Durchläuft das staatliche Gerichtsverfahren alle drei Instanzen, ist es durchaus möglich, dass noch vor dessen rechtskräftigem Abschluss ein Schiedsspruch ergeht. Ist der Schiedsspruch trotz Missachtung einer deutschen Eingriffsnorm im Ergebnis mit der öffentlichen Ordnung vereinbar, darf aufgrund seiner Rechtskraftwirkung im inländischen Gerichtsverfahren keine Sachentscheidung mehr ergehen.[1000] Schließlich ist zu bedenken, dass die Invalidierung der Schiedsvereinbarung als grundrechtsrelevanter Eingriff in die Privatautonomie dem Verhältnismäßigkeitsgrundsatz unterliegt.[1001] Wie bei der späteren Anerkennung von Schiedssprüchen ist auch bei der Kontrolle der Schiedsvereinbarung ein Eingriff erst erforderlich, wenn die von der jeweiligen Eingriffsnorm erfassten Schutzzwecke tatsächlich betroffen sind. Dazu genügt das mildere Mittel einer ergebnisorientierten ordre public-Kontrolle des zu erwartenden Schiedsspruchs.

Aus diesen Gründen ist auch im Rahmen der §§ 307, 138 BGB von einem relevanten Rechtsumschwung nicht bereits dann auszugehen, wenn die

---

998 Siehe oben § 8 C. II. 2. b).

999 Voraussetzung ist allerdings, dass das anwendbare Schiedsverfahrensrecht eine negative Feststellungsklage zulässt; im deutschen Recht ist dies anerkannt, vgl. BGH 16.4.2015 – I ZB 3/14, NJW 2015, 3234, 3235 f.; OLG München 9.8.2012 – 23 U 4173/11, ZIP 2012, 1756, 1762. Zu dieser Konstellation vgl. auch *Semler*, ZVertriebsR 2016, 139, 143; *ders.*, FS Wegen, S. 743, 744 ff.

1000 *Semler*, ZVertriebsR 2016, 139, 143; vgl. auch Stein/Jonas/*Schlosser*, § 1055 Rn. 10 ff., 35; MüKo-ZPO/*Münch*, § 1055 Rn. 9, 16a.

1001 Zur verfassungsrechtlichen Perspektive siehe oben § 5 B.

kollisionsrechtliche Anwendung einer deutschen Eingriffsnorm im Schiedsverfahren unterbleibt. Das entscheidende Element der sachnormzweckverteidigenden Kontrolle von Schiedsvereinbarungen gem. § 307 Abs. 1 S. 1 BGB bzw. § 138 Abs. 1 BGB ist vielmehr ebenfalls die Prognose über die Vereinbarkeit des zu erwartenden Schiedsspruchs mit dem anerkennungsrechtlichen ordre public.[1002] Der Begriff „Anerkennungsprognose" ist dabei allerdings untechnisch zu verstehen: Eine Anwendung der §§ 307, 138 BGB auf die Schiedsvereinbarung kommt praktisch nämlich nur bei Festlegung eines Schiedsorts in Deutschland in Betracht.[1003] Inländische Schiedssprüche entfalten jedoch gem. § 1055 ZPO materielle Rechtskraft, ohne dass eine (inzidente) Anerkennung erforderlich oder statthaft ist; ihre urteilsgleiche Wirkung entfällt nur, wenn der Schiedsspruch gem. § 1059 ZPO aufgehoben wird.[1004] Streng genommen müsste man also von einer „Aufhebbarkeitsprognose" sprechen. Inhaltlich unterscheidet sich der Maßstab des § 1059 Abs. 2 Nr. 2 lit. b) ZPO jedoch nicht von dem für die Anerkennung ausländischer Schiedssprüche geltenden Art. V Abs. 2 lit. b) NYÜ.[1005]

## II. Tatsächlicher Maßstab der Prognose

In tatsächlicher Hinsicht gilt im Rahmen der kollisionsrechtlichen ordre public-Kontrolle aufgrund der erforderlichen Offensichtlichkeit des Verstoßes und der Verteilung der Rechtfertigungslast bezüglich der Ungültigkeit der Schiedsvereinbarung ein äußerst strenger Maßstab: Nur bei einer nahezu an Sicherheit grenzenden Wahrscheinlichkeit für eine ordre public-widrige Entscheidung des Schiedsgerichts darf das Einredegericht bereits der Schiedsvereinbarung die Anerkennung versagen.[1006] Bei der Kontrolle gem. §§ 307, 138 BGB ist es angesichts der im Vergleich zum kollisionsrechtlichen ordre public-Vorbehalt niedrigeren Wirksamkeitsschranken naheliegend, den für einen relevanten

---

1002 I.E. ebenso – allerdings ohne Einbettung in §§ 307, 138 BGB – *Antomo*, IHR 2013, 225, 232; *Dathe*, NJOZ 2010, 2196, 2199 f.; *Quinke*, SchiedsVZ 2007, 246, 248.

1003 Siehe oben § 7 A. III.

1004 MüKoZPO/*Münch*, § 1055 Rn. 1 f., 31; Musielak/Voit/*Voit*, § 1055 Rn. 5, 12; *Lachmann*, Rn. 1785, 2043; *Schwab*/*Walter*, Kap. 24 Rn. 1 f.; vgl. auch BGH 27.5.2004 – III ZB 53/03, NJW 2004, 2226.

1005 Balthasar/*Balthasar*, § 10 Rn. 91; Stein/Jonas/*Schlosser*, Anh. § 1061 Rn. 341. Zur im Rahmen des materiellen ordre public letztlich bedeutungslosen Differenzierung zwischen ordre public interne und ordre public international siehe oben § 8 C. III. 2. a) aa).

1006 Siehe oben § 8 C. III. 2. a) bb).

Rechtsumschwung erforderlichen Wahrscheinlichkeitsgrad eines ordre public-widrigen Schiedsspruchs zu reduzieren.[1007] Gleichzeitig ist aber auch im Rahmen der materiellrechtlichen Generalklauseln das Prinzip schiedsrechtlicher Privatautonomie einschließlich der daraus resultierenden Rechtfertigungslast[1008] zu beachten, sodass der Maßstab nicht zu weit abgesenkt werden darf. Insgesamt erscheint es angemessen, noch eine deutlich überwiegende Wahrscheinlichkeit eines Rechtsumschwungs im Form der Unvereinbarkeit des künftigen Schiedsspruchs mit dem anerkennungsrechtlichen ordre public zu verlangen.[1009]

## C. Schlussfolgerung

Bildet auch im Rahmen von § 307 Abs. 1 S. 1 BGB und § 138 Abs. 1 BGB eine negative Anerkennungsprognose den rechtlichen Maßstab für einen die Gültigkeit der Schiedsvereinbarung beeinflussenden Rechtsumschwung, kann zur Objektivierung der erforderlichen Prognose wieder auf die oben[1010] herausgearbeiteten Kriterien zurückgegriffen werden. Das Einredegericht hat also primär zu berücksichtigen, inwieweit mit der Anwendung der deutschen Eingriffsnorm im Schiedsverfahren zu rechnen ist. Dabei ist zu bedenken, dass die Kontrolle anhand der §§ 307, 138 BGB als Teil des deutschen Schiedsvereinbarungsstatuts praktisch nur relevant wird, wenn der Schiedsort im Inland belegen ist.[1011] Dadurch konkretisiert sich das Prognosekriterium zu der Frage, ob mit der Anwendung der deutschen Eingriffsnorm als Bestandteil der *lex loci arbitri* zu rechnen ist. Für diese Konstellation wurde im Rahmen der ordre public-Kontrolle der Schiedsvereinbarung bereits festgestellt, dass eine negative Anerkennungsprognose jedenfalls nicht mit der notwendigen Wahrscheinlichkeit besteht: Aufgrund der Gefahr einer Aufhebung des Schiedsspruchs gem. § 1059 Abs. 2 Nr. 2 lit. b) ZPO ist vielmehr davon auszugehen, dass die Schiedsrichter einschlägige deutsche Eingriffsnormen jedenfalls soweit beachten, dass es nicht zu einem Verstoß gegen den anerkennungsrechtlichen ordre public kommt.[1012] Zwar ist – wie gerade

1007 So auch *Niedermaier*, Schiedsvereinbarungen in strukturellen Ungleichgewichtslagen, S. 313 f.

1008 Zur Bedeutung der Privatautonomie und deren Folgen siehe oben § 5 B.

1009 *Niedermaier*, Schiedsvereinbarungen in strukturellen Ungleichgewichtslagen, S. 314 stellt im Rahmen von § 307 Abs. 1 BGB auf eine „nahe liegende Gefahr“ der Unvereinbarkeit des Schiedsspruchs mit dem maßgeblichen Eingriffsrecht ab.

1010 Siehe § 8 C. III. 2. b).

1011 Siehe oben § 7 A. III.

1012 Siehe oben § 8 C. III. 2. b) bb) (2).

aufgezeigt[1013] – bei der Kontrolle gem. §§ 307, 138 BGB der für eine negative Anerkennungsprognose erforderliche Wahrscheinlichkeitsgrad geringer anzusetzen als bei der kollisionsrechtlichen Vorbehaltsklausel. Jedoch müsste auch hier eine deutlich überwiegende Wahrscheinlichkeit für den Erlass eines mit der öffentlichen Ordnung unvereinbaren Schiedsspruchs bestehen, d.h. die Umstände müssten weit mehr für als gegen eine ordre public-widrige Missachtung der betroffenen deutschen Eingriffsnorm im Schiedsverfahren sprechen. Davon kann angesichts des dem Schiedsgericht einzuräumenden Vertrauensvorschusses[1014] und der folgenschweren Gefahr einer Aufhebung des Schiedsspruchs jedoch – unabhängig von prognosetypischen Restzweifeln – nicht die Rede sein. Demnach fällt auch innerhalb des § 307 Abs. 1 S. 1 BGB bzw. § 138 Abs. 1 BGB die vorzunehmende Anerkennungsprognose nicht negativ aus, wenn ein inländisches Schiedsverfahren vereinbart wurde. Folglich liegt dann kein relevanter, d.h. unangemessen benachteiligender bzw. sittenwidriger Rechtsumschwung vor, sodass die Schiedsvereinbarung – trotz einer im Vergleich zum ordre public-Vorbehalt niedrigeren Wirksamkeitsschranke – im Ergebnis anzuerkennen ist.

Dies gilt auch für den Sonderfall, dass das Einredegericht trotz Geltung eines fremden Schiedsvereinbarungsstatuts ausnahmsweise über Art. 46b Abs. 1, 3 Nr. 1 EGBGB eine Kontrolle der Schiedsklausel gem. § 307 BGB vornehmen kann.[1015] Diese Rückgriffsmöglichkeit besteht nämlich nur, wenn die Schiedsvereinbarung allein dem autonomen Schiedsverfahrensrecht unterfällt, was wiederum einen deutschen Schiedsort voraussetzt.[1016] Dementsprechend ergibt sich in dieser Situation ebenfalls keine negative Anerkennungsprognose.

---

1013 Siehe soeben § 9 B. II.

1014 Dazu oben § 8 C. III. 2. b) bb).

1015 Zu diesem Sonderfall siehe oben § 8 B. II. 2.

1016 Zum Anwendungsbereich des autonomen Schiedsverfahrensrechts in der Einredesituation siehe oben § 2 D. IV.

# § 10 Rechtsfolgen

Nachdem in den vorangegangenen Kapiteln die dogmatischen Anknüpfungspunkte festgelegt und deren Tatbestand im Hinblick auf eine sachnormverteidigende Kontrolle von Schiedsvereinbarungen konkretisiert wurden, ist im nächsten Schritt zu klären, welche Rechtsfolgen ein festgestellter Verstoß nach sich zieht. Dabei stellt sich die Frage nach den Rechtsfolgen ausschließlich im dogmatischen Rahmen des kollisionsrechtlichen ordre public-Vorbehalts, d.h. bei Geltung eines fremden Schiedsvereinbarungsstatuts. Denn eine negative Anerkennungsprognose als entscheidende Voraussetzung der Kontrolle in der Einredesituation kommt – wie sich gezeigt hat[1017] – allenfalls bei Vereinbarung eines Schiedsverfahrens im Ausland unter Geltung eines fremden Hauptsachestatuts in Betracht. In dieser Konstellation ist die Anwendung deutschen Rechts, konkret §§ 307, 138 BGB, als Schiedsvereinbarungsstatut jedoch praktisch ausgeschlossen.[1018] Dennoch erscheint es aufgrund der Rechtsfolgendogmatik des ordre public-Vorbehalts sinnvoll, zunächst einen kurzen Blick darauf zu werfen, welche Rechtsfolgen sich bei einer Kontrolle von Schiedsvereinbarungen nach deutschem Recht ergeben (A.). Orientiert an Art. 6 EGBGB werden anschließend zunächst die allgemeinen Rechtsfolgen eines ordre public-Verstoßes dargestellt (B.), bevor dann eine Lösung in der Einredesituation vorgeschlagen wird (C.).

## A. Vorüberlegungen zum deutschen Recht

Der Verstoß einer AGB gegen § 307 Abs. 1 S. 1 BGB führt zu deren Unwirksamkeit, während gem. § 306 Abs. 1 BGB der Vertrag im Übrigen wirksam bleibt. Bei einer Schiedsvereinbarung ist mit dieser Unterscheidung nicht das Verhältnis zum Hauptvertrag angesprochen, denn dessen Fortbestand folgt bereits aus dem Autonomieprinzip.[1019] Der Grundsatz der Teilunwirksamkeit wird vielmehr für die Schiedsklausel selbst relevant: Auch eine einheitlich formulierte Schiedsklausel besteht meist aus mehreren Bestandteilen.[1020] Insoweit kann zwischen der

1017 Siehe oben § 8 C. III. 2., zusammenfassend § 8 C. III. 3. und § 8 D, sowie § 9 C.

1018 Siehe oben § 7 A. III.

1019 Nach dem Autonomieprinzip sind der Hauptvertrag und die zugehörige Schiedsvereinbarung in ihrer Wirksamkeit voneinander unabhängig, vgl. auch § 1040 Abs. 1 S. 2 ZPO; dazu näher MüKo-ZPO/*Münch*, § 1040 Rn. 8 ff.

1020 Vgl. etwa die in OLG München 7.7.2014 – 34 SchH 18/13, SchiedsVZ 2014, 262 relevante Schiedsvereinbarung: „Alle Streitigkeiten betreffend oder in Verbindung

eigentlichen Schiedsabrede, d.h. dem Verzicht auf den ordentlichen Rechtsweg, und Vereinbarungen über die konkrete Ausgestaltung des Verfahrens differenziert werden.[1021] Es ist anerkannt, dass es sich dabei um teilbare Einzelregelungen handelt, sodass die Unangemessenheit einer Verfahrensvereinbarung grundsätzlich nicht zur Unwirksamkeit der Vereinbarung über die schiedsrichterliche Streiterledigung insgesamt führt.[1022] Wenn sich die Anstößigkeit der Schiedsklausel also aus einem einzelnen ihrer Bestandteile ergibt, kann die Abrede im Übrigen gem. § 306 Abs. 1 BGB aufrechterhalten werden.

Ob dies im Fall einer Schiedsvereinbarung als Individualabrede möglich ist, bestimmt sich nach § 139 BGB. Zwar soll im Fall des § 138 BGB eine Teilnichtigkeit nur ausnahmsweise in Betracht kommen, um zu verhindern, dass dem sittenwidrig Handelnden auch nur ein Teilerfolg seines anstößigen Verhaltens verbleibt.[1023] Nach herrschender Meinung ist ein Rückgriff auf § 139 BGB aber zumindest dann zulässig, wenn die Sittenwidrigkeit des Rechtsgeschäfts aus einer einzelnen abgrenzbaren Abrede resultiert.[1024] Dementsprechend ist also auch bei einem Verstoß gegen § 138 Abs. 1 BGB nicht automatisch von der Unwirksamkeit der gesamten Schiedsvereinbarung auszugehen.

---

mit diesem Vertrag werden endgültig entschieden in einem Schiedsverfahren, durchgeführt gemäß den Schiedsregeln der International Chamber of Commerce (ICC), durch einen Schiedsrichter, benannt nach den genannten Regeln. Der Schiedsort ist München, Deutschland, und die in diesem Verfahren zu verwendende Sprache ist Englisch. Der Schiedsspruch ist gegenüber den Parteien abschließend und verbindlich und vollstreckbar durch jedes zuständige Gericht.“; vgl. auch die Musterklausel für Schiedsverfahren 2018 der DIS.

1021 *Schlosser*, RipS, Rn. 257 ff.; *Gildeggen*, Schiedsvereinbarungen in AGB, S. 17 ff.; *Niedermaier*, Schiedsvereinbarungen in strukturellen Ungleichgewichtslagen, S. 35 f.; *Eichel*, IPRax 2010, 219, 221.

1022 *Schwab/Walter*, Kap. 5 Rn. 14; *Niedermaier*, Schiedsvereinbarungen in strukturellen Ungleichgewichtslagen, S. 318 f.; *Hanefeld/Wittinghofer*, SchiedsVZ 2005, 217, 228 f.; *Eichel*, IPRax 2010, 219, 224.

1023 Vgl. dazu BeckOK-BGB/*Wendtland*, § 138 Rn. 33; MüKo-BGB/*Armbrüster*, § 138 Rn. 158 m.w.N.

1024 BGH 14.11.2000 – XI ZR 248/99, BGHZ 146, 37, 47 f.; Erman/*Schmidt-Räntsch*, § 138 Rn. 30; Palandt/*Ellenberger*, § 138 Rn. 19; BeckOK-BGB/*Wendtland*, § 138 Rn. 32; MüKo-BGB/*Armbrüster*, § 138 Rn. 159.

## B. Allgemeine Rechtsfolgen eines ordre public-Verstoßes

Ein Verstoß gegen den kollisionsrechtlichen ordre public hat in erster Linie zur Folge, dass der betreffende ausländische Rechtssatz im konkreten Fall unbeachtet bleibt, vgl. Art. 6 EGBGB. Entsteht durch die Nichtanwendung der ausländischen Norm eine Regelungslücke oder resultiert der ordre public-Verstoß gerade aus dem Fehlen einer bestimmten Regelung im fremden Statut, muss diese Lücke in irgendeiner Weise gefüllt werden. Insoweit hat der deutsche Gesetzgeber in Art. 6 EGBGB bewusst auf nähere Vorgaben verzichtet, um in der Praxis „flexible und differenzierte Lösungen" zu ermöglichen.[1025] Diese Offenheit ist ebenso bei der analogen Anwendung des Art. V Abs. 2 lit. b) NYÜ zugrunde zu legen; sie entspricht auch dem supranationalen Standard.[1026] In Rechtsprechung und Literatur hat sich als grundsätzliche Leitlinie etabliert, etwaige Lücken primär durch eine modifizierte Anwendung des ausländischen Rechts zu schließen und nur hilfsweise auf die deutsche Rechtsordnung als Ersatzrecht zurückzugreifen.[1027] Insgesamt ist jedoch festzustellen, dass dem Rechtsanwender ein erheblicher Spielraum zur Entwicklung einzelfallgerechter Lösungen verbleibt. Dessen Ausgestaltung wird insbesondere von einem Grundsatz möglichst weitgehender Schonung fremden Rechts im Sinne des geringstmöglichen Eingriffs zur Beseitigung der ordre public-Widrigkeit geprägt.[1028] Den Rahmen der Ersatzlösung bilden freilich stets die grundlegenden Wertvorstellungen der *lex fori*.

## C. Lösung in der Einredesituation

Die ordre public-Kontrolle einer Schiedsvereinbarung in der Einredesituation lässt sich aufgrund ihrer Besonderheiten – Zuständigkeitsabrede als Prüfungsobjekt und Kumulation mit der anerkennungsrechtlichen Vorbehaltsklausel – keiner der typischen Fallgruppen[1029] unmittelbar zuordnen. Die ordre

---

1025 BT-Drucks. 10/504, S. 44 re. Sp.; Staudinger/*Voltz*, EGBGB, Art. 6 Rn. 204.

1026 MüKo-BGB/*v. Hein*, EGBGB, Art. 6 Rn. 210; vgl. etwa Art. 21 Rom I-VO und Art. 26 Rom II-VO.

1027 BGH 14.10.1992 – XII ZB 18/92, BGHZ 120, 29, 37; BGH 11.10.2006 – XII ZR 79/04, BGHZ 169, 240, 255; BeckOGK/*Stürner*, EGBGB, Art. 6 Rn. 278; Staudinger/*Voltz*, EGBGB, Art. 6 Rn. 209, 211 ff.; *Kropholler*, IPR, S. 254 f.; *v. Hoffmann/Thorn*, IPR, § 6 Rn. 154. Zu alternativen Lösungsvorschlägen vgl. MüKo-BGB/*v. Hein*, EGBGB, Art. 6 Rn. 220 ff.

1028 BT-Drucks. 10/504, S. 44 re. Sp.; BeckOGK/*Stürner*, EGBGB, Art. 6 Rn. 276; Staudinger/*Voltz*, EGBGB, Art. 6 Rn. 205, 214; NK-BGB/*Doehner*, Rom I-VO, Art. 21 Rn. 9; *Mülbert/Bruinier*, WM 2005, 105, 111.

1029 Vgl. dazu MüKo-BGB/*v. Hein*, EGBGB, Art. 6 Rn. 211 ff., 235 ff.

public-Widrigkeit der Schiedsvereinbarung resultiert nämlich weder aus der Existenz eines konkreten Rechtssatzes innerhalb des ausländischen Schiedsvereinbarungsstatuts noch aus dem dortigen Fehlen einer aus deutscher Sicht unverzichtbaren Regelung. Der Verstoß ergibt sich vielmehr aus dem Zusammenspiel verschiedener Wertungen, denen über eine Generalklausel Wirkung verliehen wird. Es handelt sich um eine Konstellation, in der es weder mit der Nichtanwendung fremden Rechts sein Bewenden haben kann, noch der unmittelbare Rückgriff auf die *lex fori* zwingend vorgegeben ist. In diesem Fall kann die Offenheit der Vorbehaltsklausel dazu genutzt werden, zunächst unabhängig von der genauen methodischen Einbettung ein mit der öffentlichen Ordnung vereinbares Anwendungsergebnis herauszuarbeiten.

Dabei bestünde die naheliegendste Lösung sicherlich darin, die Schiedsvereinbarung insgesamt nicht anzuerkennen.[1030] Dies hätte zur Folge, dass das Einredegericht die Schiedseinrede zurückweisen und den Rechtsstreit in der Sache selbst entscheiden kann.[1031] Angesichts der vorbehaltlosen Anerkennung der Schiedsvereinbarung durch das fremde Statut stellt sich unter dem Stichwort des geringstmöglichen Eingriffs allerdings die Frage, ob die Wahrung des deutschen ordre public tatsächlich die Zurückweisung der Schiedseinrede erfordert.

Die Antwort darauf geben die bisherigen Untersuchungsergebnisse: Diese haben gezeigt, dass der zur Anstößigkeit der Schiedsvereinbarung führende Rechtsumschwung nicht aus der Schiedsabrede als solcher resultiert, sondern aus deren konkreter Ausgestaltung. Ist ein inländisches Schiedsverfahren vorgesehen, bestehen nämlich gerade keine Bedenken im Hinblick auf eine zu einer negativen Anerkennungsprognose führende Missachtung deutscher Eingriffsnormen.[1032] Kausal für den ordre public-Verstoß ist also nicht die Unterwerfung unter die Schiedsgerichtsbarkeit als Verzicht auf den ordentlichen Rechtsweg, sondern die Verfahrensvereinbarung eines ausländischen Schiedsorts. Vor ausländischen Schiedsgerichten ist – bei hier unterstellter Geltung eines ausländischen Hauptsachestatuts[1033] – eine ordre public-konforme Beachtung deutscher Eingriffsnormen nicht in vergleichbarer Weise sichergestellt, sodass es zu einer

1030 So i.E. auch die Entscheidungen deutscher Gerichte, vgl. BGH 15.6.1987 – II ZR 124/86, NJW 1987, 3193 ff. (dazu oben § 3 B. III. 1. b); OLG München 17.5.2006 – 7 U 1781/06, IPRax 2007, 322 ff. (dazu oben § 3 B. IV. 1.); ebenso die Literaturansichten, die eine Kontrolle im Einredeverfahren zulassen, siehe oben § 3 A. I. und II.

1031 Kronke/*Schramm*/*Geisinger*/*Pinsolle*, Global Commentary NYC, S. 113; BeckOK-ZPO/*Wolf*/*Eslami*, § 1032 Rn. 24; *Huber*, SchiedsVZ 2003, 73, 74.

1032 Siehe oben § 8 C. III. 2. b) bb) (2).

1033 Siehe oben § 4 C.

mit dem Gebot effektiven Rechtsschutz konfligierenden Verfahrensdopplung kommen kann. Bei der sachnormzweckverteidigenden Kontrolle einer Schiedsvereinbarung kommt es aus Sicht des deutschen Einredegerichts damit nicht zu einer „entweder-oder“-, sondern zu einer „ja-aber“-Situation: Schiedsverfahren ja, aber vor einem inländischen Schiedsgericht. Für die Rechtsfolgenseite bedeutet dies, dass eine Invalidierung der gesamten Streitbeilegungsklausel stärker in das ausländische Schiedsvereinbarungsstatut eingriffe, als dies zur Beseitigung der ordre public-Widrigkeit erforderlich ist. Die nicht nur im deutschen Recht, sondern international[1034] – und daher regelmäßig auch im Schiedsvereinbarungsstatut – anerkannte Autarkie der Vereinbarung schiedsrichterlicher Streiterledigung einerseits und ergänzender Verfahrensvereinbarungen andererseits sollte das Einredegericht stattdessen zu einem Lösungsweg nutzen, der die „ja-aber“-Situation widerspiegelt: Anerkennung der Schiedsabrede als Unterwerfung unter die Schiedsgerichtsbarkeit, aber Verweisung des Rechtsstreits auf ein schiedsrichterliches Verfahren im Inland.[1035] Dabei bietet es sich an, das staatliche Verfahren analog § 148 ZPO zunächst auszusetzen, bis die Rechtslage bezüglich der Anerkennungsfähigkeit des Schiedsspruchs tatsächlich klar ist.[1036]

Dieser Kompromiss entspricht nicht nur dem Grundsatz einer restriktiven Handhabung der kollisionsrechtlichen Vorbehaltsklausel, sondern trägt dem Wertungsgefüge, dem die Kontrolle einer Schiedsvereinbarung zur Verteidigung von Sachnormzwecken unterliegt, auch auf der Rechtsfolgenseite Rechnung. Er verhindert, dass die in deutschem Eingriffsrecht konkretisierten, grundlegenden rechtspolitischen Interessen durch einen Rechtsumschwung beeinträchtigt werden. Gleichzeitig begrenzt er jedoch den Eingriff in die schiedsrechtliche Privatautonomie auf die Vereinbarung über den Schiedsort als das erforderliche Maß und hält die – mit der Privatautonomie als Kehrseite einhergehende – Bindung an die Vereinbarung einer schiedsrichterlichen Streiterledigung aufrecht. Dies entspricht der international anerkannten Maxime *in favorem validitatis*[1037] und erscheint auch im Hinblick auf die berechtigten Interessen der Parteien

1034 *Schlosser*, RipS, Rn. 263; *Poudret/Besson*, Rn. 523; vgl. auch die Differenzierung in Art. V Abs. 1 lit. a) und Art. V Abs. 1 lit. d) NYÜ; ebenso Art. IV und Art. VI Abs. 2 EuÜ.

1035 In diese Richtung auch *Hochbaum*, Mißglückte Schiedsvereinbarungen, S. 260.

1036 Vgl. auch *Weller*, Ordre-public-Kontrolle internationaler Gerichtsstandsvereinbarungen, S. 356.

1037 Dazu ausführlich *Hochbaum*, Mißglückte Schiedsvereinbarungen, S. 34 ff., 260; vgl. auch *Geimer*, IZPR, Rn. 3799b; Kronke/*Nacimiento*, Global Commentary NYC, S. 228; *Niedermaier*, Schiedsvereinbarungen in strukturellen Ungleichgewichtslagen, S. 33.

sachgerecht. Für den Kläger bedeutet die Durchführung eines Schiedsverfahrens keine unzumutbare Härte, weil er sich bei Vertragsschluss auf diese Form der Streitbeilegung eingelassen hat und der Einwand des Rechtsumschwungs durch die Verweisung an ein inländisches Schiedsgericht ausgeräumt ist. Für den Beklagten steht hingegen zu vermuten, dass er generell die Durchführung eines Schiedsverfahrens bevorzugt. Etwaige wirtschaftliche Nachteile aus der Unzulässigkeit der Abrede hat er sich – jedenfalls sofern er als Verwender der Schiedsklausel für deren Formulierung verantwortlich ist – selbst zuzuschreiben.[1038] Im Übrigen hat er es selbst in der Hand, durch einen Verzicht auf die Schiedseinrede einem deutschen Schiedsverfahren auszuweichen.

Im Hinblick auf die Rechtsfolgendogmatik des ordre public-Vorbehalts lässt sich die vorgeschlagene Folge auf zwei Wegen erreichen. Entweder durch eine Übertragung des Wertungsgefüges in eine – wohl regelmäßig auch dort vorhandene – Generalklausel des ausländischen Schiedsvereinbarungsstatuts oder – methodenehrlicher und deshalb vorzugswürdig – durch einen Rückgriff auf die Generalklauseln des deutschen Rechts als *lex fori* unter Beachtung der eingangs geschilderten Überlegungen.

1038 Vgl. MüKo-BGB/*Basedow*, § 306 Rn. 32; Erman/*Roloff*, § 306 Rn. 16.

# § 11 Vereinbarkeit des Ansatzes mit internationalen Übereinkommen zur Schiedsgerichtsbarkeit

Dass sich das vorgeschlagene Lösungsmodell dogmatisch in die bedeutenden internationalen Übereinkommen zur Schiedsgerichtsbarkeit einbetten lässt, wurde bereits im Rahmen seiner Entwicklung in den vorherigen Kapiteln nachgewiesen. Darüber hinaus stellt sich abschließend die Frage, ob die Staatsverträge generelle Grenzen für die Kontrolle von Schiedsvereinbarungen in der Einredesituation enthalten, aus denen sich möglicherweise auch Einwände gegen die Kontrolle zur Verteidigung von Sachnormzwecken herleiten lassen. Aus Sicht eines deutschen Gerichts ist insoweit in erster Linie das NYÜ relevant (A.). Daneben soll hier noch auf das EuÜ (B.) und den deutsch-amerikanischen Freundschafts-, Handels- und Schifffahrtsvertrag (C.) eingegangen werden.

## A. NYÜ

Die größte Bedeutung kommt aufgrund seiner globalen Verbreitung dem NYÜ zu. Das Übereinkommen ist von einem deutschen Gericht in der Einredesituation stets zu beachten, wenn ein Schiedsverfahren im Ausland vereinbart wurde.[1039] Stünde das NYÜ dem vorgestellten Prüfungsmodell entgegen, wäre eine sachnormzweckverteidigende Kontrolle internationaler Schiedsvereinbarungen also gerade dann ausgeschlossen, wenn die Gefahr eines Rechtsumschwungs am größten ist. In den verbleibenden inländischen Schiedsverfahren ist die Gefahr hingegen so gering, dass die Schiedsvereinbarung ohnehin anzuerkennen ist.[1040] Dass auch im Anwendungsbereich des NYÜ eine umfassende Kontrolle der Schiedsvereinbarung im Einredeverfahren zulässig ist, wurde bereits ebenso aufgezeigt wie die durch einen kollisionsrechtlichen ordre public-Vorbehalt begrenzte Geltung nationalen Rechts als Schiedsvereinbarungsstatut.[1041] An dieser Stelle wird daher nur noch ein allgemeinerer Punkt aufgegriffen, der auch als möglicher Einwand gegen die hier vorgeschlagene

1039 Zum Anwendungsbereich des NYÜ siehe oben § 2 D. I.

1040 Vgl. oben § 8 C. III. 2. b) bb) (2) und § 9 C.

1041 Zum Prüfungsumfang in der Einredesituation siehe oben § 5 C.; zur Anknüpfung des Schiedsvereinbarungsstatuts oben § 7 A. I. 1.; zum ordre public-Vorbehalt in der Einredesituation oben § 8 A. I 1.

Kontrolle von Schiedsvereinbarungen in Betracht kommen könnte. So ist die Auffassung verbreitet, Art. II Abs. 3 NYÜ beschränke die Ungültigkeit von Schiedsvereinbarungen nach nationalem Recht zumindest auf solche Gründe, die nicht „international völlig aus dem Rahmen" fallen.[1042] Um die Tragfähigkeit dieses Einwandes in der untersuchten Konstellation zu überprüfen, ist neben der Frage der Rechtfertigung dieser immanenten Einschränkung (I.) zu klären, ob der für die Nichtanerkennung der Schiedsabrede ursächliche Rechtsumschwung bezüglich einer Eingriffsnorm im internationalen Vergleich einen derart außergewöhnlichen Grund darstellt (II.).

## I. Immanente Einschränkung der Ungültigkeitsgründe im NYÜ?

Sofern überhaupt eine nähere Begründung für die immanente Einschränkung der Ungültigkeitsgründe des Art. II Abs. 3 NYÜ erfolgt, wird insbesondere auf die Zielsetzung des NYÜ verwiesen.[1043] Wie die Auslegungsregel in Art. 31 WKV[1044] bestätigt, ist der Sinn und Zweck eines Staatsvertrags allerdings nicht der allein maßgebliche Ausgangspunkt für die Tätigkeit des staatlichen Einredegerichts. Daneben wird die spezifische Bedeutung des Wortlauts des Übereinkommens auch von seiner Systematik und Entstehungsgeschichte geprägt. In der Gesamtbetrachtung scheint die einschränkende Auslegung des Art. II Abs. 3 NYÜ in der vorgeschlagenen Form durchaus zweifelhaft.[1045]

### *1. Telos*

Das übergeordnete Ziel des NYÜ besteht darin, die Effektivität der internationalen Schiedsgerichtsbarkeit als alternative Streitbeilegungsmethode zu

1042 So z.B. Stein/Jonas/*Schlosser*, Anh. § 1061 Rn. 59; MüKo-ZPO/*Adolphsen*, § 1061 Anh. 1, Art. II UNÜ Rn. 30; *Born*, S. 839 f.; Wolff/*Wilske*/*Fox*, NYC, Art. II Rn. 307 f. m.w.N.; hilfsweise auch Kronke/*Schramm*/*Geisinger*/*Pinsolle*, Global Commentary NYC, S. 105.

1043 Vgl. etwa *Born*, S. 839 f.: „These limits are justified [...] by the Convention's objective of ensuring that Contracting States recognize the validity of international arbitration agreements in accordance with uniform international standards."

1044 Die Auslegungsregeln der WVK gelten als kodifiziertes Völkergewohnheitsrecht auch für Staatsverträge, die wie das NYÜ vor 1969 abgeschlossen wurden, vgl. *Brödermann*, FS Wegen, S. 591, 594; *Steinbrück*, Unterstützung ausländischer Schiedsverfahren, S. 83.

1045 Eine Einschränkung des Art. II Abs. 3 NYÜ ablehnend Balthasar/*Solomon*, § 2 Rn. 93; i.E. auch *Steinbrück*, Unterstützung ausländischer Schiedsverfahren, S. 87 f.

steigern.[1046] Dieses Anliegen konkretisiert sich in einer Förderung der weltweiten Durchsetzbarkeit nicht nur von Schiedssprüchen, sondern auch von Schiedsvereinbarungen, sowie in dem Bestreben, die Voraussetzungen der postulierten Anerkennungsverpflichtungen möglichst zu vereinheitlichen.[1047] Zur Realisierung dieser Ziele scheint die vorgeschlagene Einschränkung im Rahmen des Art. II Abs. 3 NYÜ auf den ersten Blick durchaus sinnvoll: Je enger der Kreis potenzieller Unwirksamkeitsgründe, desto mehr Schiedsvereinbarungen werden anerkannt. Auch im Hinblick auf die untersuchte Problematik ließe sich argumentieren, dass die Kontrolle einer internationalen Schiedsvereinbarung mit Blick auf nationale Eingriffsnormen der Anerkennungsfreundlichkeit und der Vereinheitlichungstendenz des Übereinkommens zuwiderläuft und daher nicht mit dem Konventionszweck vereinbar ist.[1048]

Solche Überlegungen mögen in ihrem Ausgangspunkt insoweit zutreffend sein, als der Konventionszweck ein zentraler Auslegungsgrundsatz des NYÜ ist, dem man eine latente „pro-recognition-bias" in dem Sinne entnehmen kann, Schiedsvereinbarungen im Zweifelsfall anzuerkennen.[1049] Diesen Grundsatz berücksichtigt auch das vorgeschlagene Prüfungsmodell.[1050] Eine darüber hinausgehende generelle Einschränkung der Ungültigkeitsgründe führt – jedenfalls in der geäußerten Form – jedoch zu einer einseitigen Überbetonung des Konventionszwecks und vernachlässigt den mit einer Harmonisierung zugleich angestrebten Aspekt der Rechtssicherheit. Es bleibt nämlich unklar, wann genau ein nationaler Unwirksamkeitsgrund „aus dem Rahmen" des Art. II Abs. 3 NYÜ fällt; ein konkreter Maßstab dafür dürfte kaum zu bestimmen sein.[1051]

---

1046 *Born*, S. 98 ff.; Wolff/*Ehle*, NYC, Art. I Rn. 5.

1047 Balthasar/*Solomon*, § 2 Rn. 1 ff.; Wolff/*Liebscher*, NYC, Prelims, Rn. 17; *Born*/*Koepp*, FS Schlosser, S. 59, 61; *Samtleben*, ZEuP 1999, 974, 975.

1048 In diese Richtung Wieczorek/Schütze/*Schütze*, § 1030 Rn. 25; tendenziell auch *Weller*, Ordre-public-Kontrolle internationaler Gerichtsstandsvereinbarungen, S. 236, der die Frage aber letztlich offenlässt.

1049 Wolff/*Ehle*, NYC, Art. I Rn. 5; Wolff/*Liebscher*, NYC, Prelims, Rn. 88 ff.; vgl. auch *Bishop*/*Coriell*/*Campos*, in: Enforcement of Arbitration Agreements, S. 275; *van den Berg*, NYC, S. 155; *Poudret*/*Besson*, Rn. 493.

1050 Bestehen im Rahmen der Anerkennungsprognose vernünftige Zweifel an einem ordre public-Verstoß des zu erwartenden Schiedsspruchs, ist die Schiedsabrede anzuerkennen, siehe oben§ 8 C. III. 2. a) bb).

1051 In der Literatur finden sich dazu lediglich Einzelfallbeispiele, vgl. etwa MüKo-ZPO/*Adolphsen*, § 1061 Anh. 1, Art. II UNÜ Rn. 30: Erlöschen der Schiedsklausel bei Aufhebung des Schiedsspruchs oder Eröffnung eines Rechtsmittels zu staatlichen Gerichten; weitere Beispiele bei *Schlosser*, RipS, Rn. 248.

## 2. *Wortlaut*

Dem Wortlaut des Übereinkommens lassen sich keine Anhaltspunkte für eine Einschränkung der Gründe, die zur materiellen Unwirksamkeit einer Schiedsvereinbarung führen können, entnehmen. Das gilt zunächst für die allgemein formulierte und nicht näher konkretisierte Regelung der Einredesituation in Art. II Abs. 3 NYÜ. Diese enthält – anders als etwa das EuÜ – auch keine vereinheitlichte abschließende Verfahrensvorgabe,[1052] aus der sich Hinweise auf einen Ausschluss bestimmter Ungültigkeitsgründe ergeben. Gleiches trifft auf die in der Einredesituation entsprechend anwendbare Kollisionsregel des Art. V Abs. 1 lit. a) NYÜ zu, die lediglich Anknüpfungsmerkmale vorgibt und nicht auf die sachrechtliche Gültigkeit der Schiedsvereinbarung eingeht.

## 3. *Systematik*

Aus der Systematik des Übereinkommens ergibt sich das entscheidende Argument dafür, die materielle Wirksamkeit einer Schiedsvereinbarung in der Einredesituation nicht autonom, sondern in entsprechender Anwendung des Art. V Abs. 1 lit. a) NYÜ nach nationalem Recht zu bestimmen.[1053] Vor diesem Hintergrund wäre es konsequent, etwaige Grenzen des Art. V Abs. 1 lit. a) NYÜ im Hinblick auf die Ungültigkeit einer Schiedsvereinbarung nach nationalem Recht ebenfalls schon im Einredestadium zu beachten. Allerdings enthält diese Vorschrift – auch über den soeben angesprochenen Wortlaut hinaus – keine Einschränkungen auf bestimmte Ungültigkeitsgründe des Schiedsvereinbarungsstatuts, die in der vorliegenden Konstellation relevant werden. Über die einheitsrechtlich geregelten Bestimmtheits- und Formstandards hinaus ist lediglich eine nationale Einbeziehungskontrolle von AGB-Schiedsklauseln, die durch die vereinheitlichten Formanforderungen verdrängt wird, ausgeschlossen.[1054] Als Anknüpfungspunkt dient in dem hier vorgeschlagene Lösungsmodell jedoch nicht die Einbeziehungs-, sondern die Inhaltskontrolle der Schiedsklausel. Im Übrigen kann die materielle Wirksamkeit der Schiedsvereinbarung im Anerkennungs- und Vollstreckungsverfahren vollumfänglich nach nationalem

1052 Vgl. MüKo-ZPO/*Adolphsen*, § 1061 Anh. 1, Art. II UNÜ Rn. 34; dazu auch bereits oben § 5 A.

1053 Zur Anknüpfung des Schiedsvereinbarungsstatuts im NYÜ siehe oben § 7 A. I. 1.

1054 Siehe oben § 7 B. V. 1. a) aa).

Recht überprüft werden;[1055] eine vergleichbare Begrenzung der Ungültigkeitsgründe wird dort, soweit ersichtlich, nicht vertreten.

Gegen eine zusätzliche Einschränkung der Ungültigkeitsgründe spricht eine weitere systematische Überlegung: Die Anerkennung einer Schiedsvereinbarung setzt gem. Art. II Abs. 1 NYÜ die objektive Schiedsfähigkeit des Streitgegenstandes voraus, die ausschließlich nach der *lex fori* des Einredegerichts zu beurteilen ist.[1056] Es bleibt also allein dem nationalen Gesetzgeber überlassen, Schiedsverfahren für bestimmte Rechtsstreitigkeiten generell als Streitbeilegungsmechanismus auszuschließen. Als im Vergleich milderes Mittel muss dann aber auch eine Einzelfallkontrolle der Schiedsvereinbarung nach nationalem Recht möglich sein, ohne dass die Ungültigkeitsgründe übermäßig beschnitten werden. Andernfalls könnten sich Vertragsstaaten gezwungen sehen, die Schiedsfähigkeit bestimmter Rechtsbereiche schärfer zu reglementieren als bisher, was den Zielen des Übereinkommens erst recht zuwiderliefe.

### 4. *Historie*

Die Regelungen zur Anerkennung von Schiedsvereinbarungen in Art. II NYÜ wurden erst in der letzten Phase der Verhandlungen unter Zeitdruck in das Übereinkommen aufgenommen, womit sich deren fehlende Abstimmung mit den Vorschriften des Anerkennungs- und Vollstreckungsverfahrens erklären lässt.[1057] Der erste Entwurf des späteren Art. II Abs. 3 NYÜ stand nicht einmal eine Woche vor Abschluss der Konferenz zur Diskussion.[1058] Nach diesem Entwurf war die Verweisungspflicht des Einredegerichts ausgeschlossen „if, *for any reason*, the arbitration agreement, arbitral clause or arbitration has become null

---

1055 Balthasar/*Solomon*, § 2 Rn. 93, 201; vgl. auch Wolff/*Wilske/Fox*, NYC, Art. V Rn. 108 ff.; MüKo-ZPO/*Adolphsen*, § 1061 Anh. 1, Art. II UNÜ Rn. 21. Beispielhaft auch EuGH 6.10.2009 – C-40/08 (*Asturcom*), Rn. 28 ff., SchiedsVZ 2010, 110, 112 f., demzufolge das Vollstreckungsgericht zur Inhaltskontrolle einer AGB-Schiedsvereinbarung mit Verbraucherbeteiligung selbst dann verpflichtet ist, wenn der Verbraucher im Schiedsverfahren die Ungültigkeit der Schiedsvereinbarung nicht geltend gemacht hat. Entsprechendes gilt im staatlichen Aufhebungsverfahren, vgl. EuGH 26.10.2006 – C-168/05 (*Mostaza Claro*), Rn. 28 ff., SchiedsVZ 2007, 46, 48.

1056 Siehe oben § 6 C. I. 1. a) aa).

1057 *van den Berg*, NYC, S. 56, 126 f.; MüKo-ZPO/*Adolphsen*, § 1061 Anh. 1, Art. II UNÜ Rn. 1. Zur Entstehungsgeschichte des Art. II NYÜ vgl. die ausführliche Darstellung bei Wolff/*Wolff*, NYC, Art. II Rn. 4 ff. und Wolff/*Wilske/Fox*, NYC, Art. II Rn. 193 ff.

1058 Vgl. E/CONF.26/L.52; E/CONF.26/SR.21, S. 17 ff.; dazu auch Wolff/*Wilske/Fox*, NYC, Art. II Rn. 198.

and void or inoperative".[1059] In dieser Form brachte die Regelung deutlich zum Ausdruck, dass sich die Unwirksamkeit der Schiedsvereinbarung aus „jeglichen Gründen" ergeben kann, also gerade keine Einschränkung angedacht war. Die Formulierung wurde auch so von der Konferenz ohne Gegenstimme bestätigt;[1060] der Einschub ging erst anschließend im Rahmen der sprachlichen Straffung der Vorschrift durch das Drafting Committee verloren.[1061] Da dieser Ausschuss zu inhaltlichen Modifikationen nicht befugt war[1062] und auch die weiteren Materialien zum NYÜ keinen Anhaltspunkt dafür bieten, dass mit der Umformulierung eine Inhaltsänderung herbeigeführt werden sollte, ist davon auszugehen, dass es sich dabei lediglich um eine rein redaktionelle Änderung handelt. Vor diesem Hintergrund spricht auch die Entstehungsgeschichte des Art. II Abs. 3 NYÜ dafür, sämtliche Ungültigkeitsgründe nach nationalem Recht zuzulassen und insoweit keine Einschränkung vorzunehmen.

## II. Sachnormzweckverteidigende Kontrolle keine nationale Eigenart

Geht man entgegen des bisher Gesagten doch von einer immanenten Einschränkung der Ungültigkeitsgründe aus, stellt sich das bereits angedeutete Problem, wann genau nationales Recht derart „aus dem Rahmen" fällt, dass es nicht mehr von Art. II Abs. 3 NYÜ gedeckt ist.[1063] Innerhalb des abgesteckten Rahmens dürften sich jedenfalls solche Gründe bewegen, die keinen rein nationalen Eigenweg darstellen, sondern auch in anderen Jurisdiktionen des Übereinkommens zur Invalidierung einer Schiedsvereinbarung zumindest in Erwägung gezogen werden. Auf dieser Grundlage soll – trotz der grundsätzlichen Bedenken gegen diese Einschränkung – der Frage nachgegangen werden, ob die Gefahr eines Rechtsumschwungs bezüglich einer Eingriffsnorm als Grund für die Nichtanerkennung einer Schiedsvereinbarung im internationalen Vergleich bekannt ist. In diesem Fall wäre eine sachnormzweckverteidigende Kontrolle von Schiedsvereinbarungen auch nach der einschränkenden Auffassung mit dem NYÜ vereinbar.[1064]

---

1059 E/CONF.26/L.52, S. 2, Art. III Abs. 2 [Hervorhebung durch Bearbeiter].

1060 E/CONF.26/SR.21, S. 23; E/CONF.26/L.59; vgl. auch Wolff/*Wilske*/*Fox*, NYC, Art. II Rn. 198.

1061 E/CONF.26/L.61; vgl. auch Wolff/*Wilske*/*Fox*, NYC, Art. II Rn. 199.

1062 Vgl. E/CONF.26/SR.23, S. 4: „Since its [the Drafting Committee's] terms of reference had not, however, authorized it to decide matters of substance [...]."

1063 Siehe soeben § 11 A. I. 1.

1064 Davon ohne nähere Begründung ausgehend *Rühl*, IPRax 2007, 294, 301; *Lüttringhaus*, IPRax 2014, 146, 151; a.A. Reithmann/Martiny/*Hausmann*, Rn. 8.387.

### *1. USA*

In der US-amerikanischen Rechtsprechung hatte sich schon frühzeitig eine an materiellrechtlichen Interessen orientierte Kontrolle von Schiedsvereinbarungen entwickelt.[1065] Bereits im Fall *Wilko*[1066], der noch die Wirksamkeit einer inländischen Schiedsvereinbarung im Zusammenhang mit Kapitalanlagegeschäften zum Gegenstand hatte, nahm der Supreme Court eine Abwägung kollidierender Gesetzeszwecke vor. Das Gericht stellte der bereits anerkannten Schiedsfreiheit die Gefahr eines Rechtsumschwungs im Hinblick auf materielle Anlegerschutzvorschriften gegenüber und versagte der Schiedsvereinbarung die Anerkennung, da es die Ansprüche des Anlegers konkret gefährdet sah.[1067]

Diesen Abwägungsvorgang zwischen materiellrechtlichem Anlegerschutz und dem zuständigkeitsrechtlichen Grundsatz der Schiedsfreiheit übertrug der Supreme Court in *Scherk*[1068] auf eine internationale Schiedsvereinbarung. Im Gegensatz zur *Wilko*-Entscheidung überwog dort der Grundsatz der Schiedsfreiheit, sodass die Schiedsvereinbarung letztlich anerkannt wurde. Das Abwägungsergebnis ergab sich vor allem aus zwei – von der Konstellation in *Wilko* abweichenden – Faktoren: Erstens bestünde aufgrund der Internationalität der Vertragsbeziehung ein erhöhtes Bedürfnis nach Rechtssicherheit, insbesondere durch den Abschluss von Zuständigkeitsvereinbarungen. Dementsprechend wäre der Grundsatz der Schiedsfreiheit in einer internationalen Rechtsbeziehung stärker zu gewichten.[1069] Zweitens – und darin lag wohl der entscheidende Unterschied[1070] – erwartete das Gericht im konkreten Fall gar keinen Rechtsumschwung, da die Parteien eine Rechtswahl zugunsten des Rechts von Illinois getroffen hatten.

---

1065 Zur Entwicklung der US-amerikanischen Rechtsprechung bis zum Jahr 2005 vgl. die ausführliche Analyse bei *Weller*, Ordre-public-Kontrolle internationaler Gerichtsstandsvereinbarungen, S. 246 ff.; eine Zusammenfassung findet sich auch bei *Niedermaier*, Schiedsvereinbarungen in strukturellen Ungleichgewichtslagen, S. 225 ff.

1066 *Wilko v. Swan*, 346 U.S. 427 (1953); dazu ausführlich *Weller*, Ordre-public-Kontrolle internationaler Gerichtsstandsvereinbarungen, S. 248 ff.

1067 *Wilko v. Swan*, 346 U.S. 427, 431 ff. (1953).

1068 *Scherk v. Alberto-Culver Co.*, 417 U.S. 506 (1974); dazu ausführlich *Weller*, Ordre-public-Kontrolle internationaler Gerichtsstandsvereinbarungen, S. 256 ff.

1069 *Scherk v. Alberto-Culver Co.*, 417 U.S. 506, 516 ff. (1974).

1070 Vgl. *Scherk v. Alberto-Culver Co.*, 417 U.S. 506, 518 (1974), Fn. 12: „The dissenting opinion raises the specter that our holding today will leave American investors at the mercy of multinational corporations with 'vast operations around the world...' Our decision, of course, has no bearing on the scope of the substantive provisions of the federal securities laws for the simple reason that the question is not presented in this case."

Einige Jahre später fasste der Supreme Court den Gedanken, dass fundamentale, der Parteiautonomie entzogene Sachnormzwecke nicht durch die Vereinbarung eines Schiedsverfahrens ausgeschaltet werden dürfen, in der berühmten *Mitsubishi*-Entscheidung[1071] als „*in-tandem*-Argumentation" zusammen. Der Fall hatte die Anerkennung einer Schiedsvereinbarung zugunsten eines japanischen Schiedsgerichts in einer Rechtsstreitigkeit über kartellrechtliche Schadensersatzansprüche zum Gegenstand. Die Abwägung zwischen der Schiedsfreiheit als Instrument der Rechtssicherheit im internationalen Handelsverkehr und den Regelungszielen des US-Kartellrechts führte zur Anerkennung der Schiedsvereinbarung. Trotz des erneut betonten Gewichts der Schiedsfreiheit[1072] beruhte dieses Ergebnis insbesondere auf der klaren Erwartung des Supreme Court, dass das Schiedsgericht – trotz der Wahl schweizerischen Rechts – US-amerikanisches Kartellrecht anwenden werde. Dabei machte das Gericht zugleich deutlich, dass die Schiedsvereinbarung nicht anzuerkennen wäre, wenn sie „*in tandem*" mit der Rechtswahlklausel zu einem Ausschluss von Ansprüchen nach US-Kartellrecht führen würde.[1073]

In der Folgezeit setzte die US-Rechtsprechung das „*in tandem*"-Konzept in anderen Rechtsbereichen, etwa dem Seehandelsrecht[1074], und im Rahmen der Anerkennung internationaler Gerichtsstandsvereinbarungen[1075] fort. Dabei

---

1071 *Mitsubishi Motors Corp. v. Soler Chrysler-Plymouth Inc.*, 473 U.S. 614 (1985); dazu ausführlich *Weller*, Ordre-public-Kontrolle internationaler Gerichtsstandsvereinbarungen, S. 259 ff.

1072 Vgl. *Mitsubishi Motors Corp. v. Soler Chrysler-Plymouth Inc.*, 473 U.S. 614, 615, 624 ff. (1985).

1073 *Mitsubishi Motors Corp. v. Soler Chrysler-Plymouth Inc.*, 473 U.S. 614, 637 (1985), Fn. 19:„[I]n the event the choice-of-forum and choice-of-law clauses operated in tandem as a prospective waiver of a party's right to pursue statutory remedies for antitrust violations, we would have little hesitation in condemning the agreement as against public policy."; vgl. auch *Kleinheisterkamp*, 3 WAMR (2009), 91, 115.

1074 Vgl. *Vimar Seguros y Reaseguros, S.A. v. M/V Sky Reefer, et al.*, 515 U.S. 528, 540 (1995); dazu *Weller*, Ordre-public-Kontrolle internationaler Gerichtsstandsvereinbarungen, S. 268 ff. m.w.N.; *Rabe*, Seehandelsrecht, Vor § 556 Rn. 169.

1075 In den sog. *Lloyds*-Entscheidungen bezogen einige Court of Appeals die „*in tandem*"-Argumentation im Rahmen des *reasonableness test* der Zuständigkeitsabrede mit ein, vgl. etwa *Roby, et al. v. Corporation of Lloyd's*, 996 F.2d 1353, 1365 (2nd Cir. 1993). Zu diesen Fällen ausführlich *Weller*, Ordre-public-Kontrolle internationaler Gerichtsstandsvereinbarungen, S. 271 ff.; *Quinke*, Börsenschiedsvereinbarungen, S. 112 ff.; vgl. auch *Niedermaier*, Schiedsvereinbarungen in strukturellen Ungleichgewichtslagen, S. 226 f.; jeweils m.w.N.

wurde das Interesse des internationalen Rechtsverkehrs an Vorhersehbarkeit und Rechtssicherheit im Rahmen der Abwägung allerdings immer stärker gewichtet, sodass der Kontrollmechanismus im Laufe der Zeit an praktischer Bedeutung verlor.[1076] Dies verdeutlicht u.a. die Entscheidung des Supreme Court in der Rechtssache *Penn Plaza*: Dort bestätigte das Gericht unter Verweis auf *Mitsubishi* zwar einerseits, dass eine Umgehung zwingender Ansprüche nicht akzeptiert werde, äußerte andererseits aber zugleich Bedenken, die Schiedsvereinbarung aufgrund von Mutmaßungen zu invalidieren.[1077]

Eine Kehrtwende deutete sich dann jedoch zu Beginn einer ganzen Reihe von Entscheidungen zu Schiedsvereinbarungen in Anstellungsverträgen von Seeleuten an. In der Rechtssache *Thomas* erklärte ein U.S. Court of Appeals unter Berufung auf die Entscheidungen des Supreme Court in *Mitsubishi* und *Vimar Seguros* eine internationale Schiedsvereinbarung für unwirksam.[1078] Nach Auffassung des Gerichts führte die Vereinbarung eines Schiedsverfahrens auf den Philippinen in Verbindung mit der Wahl des Rechts von Panama zum Ausschluss von Ansprüchen nach dem US-amerikanischen *Seaman's Wage Act*, was – ergänzt durch eine fehlende Kontrollmöglichkeit durch US-Gerichte – die ordre public-Widrigkeit der Schiedsvereinbarung begründete.[1079] Dieser Rechtsprechung schlossen sich Instanzgerichte in mehreren Entscheidungen über Ansprüche von Seeleuten an.[1080]

---

1076 *Weller*, Ordre-public-Kontrolle internationaler Gerichtsstandsvereinbarungen, S. 270, 298 f.; *Eichel*, AGB-Gerichtsstandsklauseln, S. 197; zurückhaltender *Quinke*, Börsenschiedsvereinbarungen, S. 116 ff.

1077 *14 Penn Plaza LLC v. Pyett*, 129 S. Ct. 1456, 1474 (2009): „[…] although a substantive waiver of federally protected civil rights will not be upheld, […] Resolution of this question at this juncture would be particularly inappropriate in light of our hesitation to invalidate arbitration agreements on the basis of speculation."; insoweit beispielhaft auch *Balen v. Holland America Line Inc.*, 583 F.3d 647, 654 (9th Cir. 2009): „Given this strong public policy, *Balen* must show that the public policy regarding the proper treatment of seafarers is stronger than the public policy favoring the arbitration."

1078 *Thomas v. Carnival Corp.*, 573 F.3d 1113 (11th Cir. 2009).

1079 *Thomas v. Carnival Corp.*, 573 F.3d 1113, 1123 f. (11th Cir. 2009): „Thus, under the terms of the Arbitration Clause, *Thomas* must arbitrate in the Philippines (choice-of-forum) under the law of Panama (choice-of-law). As the arbitrator is bound to effectuate the intent of the parties irrespective of any public policy considerations, these arbitration requirements have ‚operated in tandem' to completely bar *Thomas* from relying on any U.S. statutorily-created causes of action."; vgl. auch *Niedermaier*, Schiedsvereinbarungen in strukturellen Ungleichgewichtslagen, S. 227 f.

1080 *Ruiz v. Carnival Corp.*, 754 F.Supp.2d 1328 (S. D. Florida 2010); *Mayakan v. Carnival Corp.* (U.S. District Court, S. D. Florida 2010), YbCA 2010, 530 ff.; *Sivanandi v. NCL*

Zwei Jahre nach dieser Entscheidung nahm der gleiche U.S. Court of Appeals allerdings einen erneuten Kurswechsel vor und distanzierte sich deutlich von seiner vorherigen Rechtsprechung. In *Lindo*[1081] wurde ein klagender Seemann, der u.a. Ansprüche aus dem *Jones Act* geltend machte, auf das im Arbeitsvertrag vereinbarte Schiedsverfahren in seinem Heimatstaat Nicaragua verwiesen. Das Gericht betonte, dass die Prüfung der Schiedsvereinbarung in der Einredesituation auf bestimmte Unwirksamkeitsgründe beschränkt sei und lehnte – in ausdrücklicher Abkehr von *Thomas* – eine ordre public-Kontrolle in diesem Verfahrensstadium als mit diesen Vorgaben unvereinbar ab.[1082] Diese Rechtsprechung wurde nachfolgend mehrfach bestätigt und wird bis heute aufrechterhalten.[1083]

Selbst wenn darin eine endgültige Absage an die ordre public-Kontrolle internationaler Schiedsvereinbarungen in der Einredesituation zu sehen sein sollte,[1084] bleibt dennoch festzuhalten, dass die US-amerikanische Rechtsprechung diesen Kontrollmechanismus kennt und auch über einen langen Zeitraum praktiziert hat. Dass dabei kaum eine Schiedsvereinbarung im Ergebnis invalidiert wurde, liegt nicht an einer grundsätzlichen Ablehnung des Unwirksamkeitsgrundes, sondern an der Gewichtung der betroffenen Interessen. Nach US-amerikanischem Verständnis stehen zuständigkeitsrechtliche Allgemeininteressen, insbesondere Effizienz und Rechtssicherheit im internationalen Rechtsverkehr,

---

*(Bahamas) Ltd.* (U.S. District Court, S. D. Florida 2010), YbCA 2010, 533 ff.; weitere Nachweise bei *Born*, S. 908.

1081 *Lindo v. NCL (Bahamas) Ltd.*, 652 F.3d 1257 (11th Cir. 2011).

1082 *Lindo v. NCL (Bahamas) Ltd.*, 652 F.3d 1257, 1278 (11th Cir. 2011): „*Thomas* wholly failed to subject Thomas's public policy claim to *Bautista*'s test for ‚null and void' defenses available under Article II."; vgl. auch *Niedermaier*, Schiedsvereinbarungen in strukturellen Ungleichgewichtslagen, S. 229 f.

1083 Vgl. *Fernandes v. Carnival Corp.* (11th Cir. 2012), YbCA 2012, 407 f.; *Quiroz v. MSC* (11th Cir. 2013), YbCA 2014, 540 ff.; *Vera v. Cruise Ships Catering & Services Int'l N.V.* (11th Cir. 2014), YbCA 2015, 528 ff.; *Navarette v. Silversea Cruises Ltd.* (11th Cir. 2015), YbCA 2015, 500 ff.; *Escobar v. Celebration Cruise Operator Inc.* (11th Cir. 2015), YbCA 2016, 603 ff.; ebenso *Aggarao v. MOL Ship Management Co. Ltd.*, 675 F.3d 355 (4th Cir. 2012); weitere Nachweise bei *Born*, S. 907.

1084 In *Dahir v. Royal Caribbean Cruises Ltd.* (U.S. District Court, S. D. Texas 2017) scheint das Gericht eine ordre public-Kontrolle in der Einredesituation wieder grundsätzlich zuzulassen: „Here, *Dahir* has not met his burden to show that arbitration is contrary to public policy." (abrufbar unter http://newyorkconvention1958.org/index.php?lvl=notice_display&id=4088 &opac_view=2; Stand: 10.7.2018).

grundsätzlich stärker im Vordergrund als die Absicherung sachrechtlicher Individualinteressen.[1085]

## 2. *England*

In England ist die Kontrolle internationaler Schiedsvereinbarungen zur Verteidigung von Sachnormzwecken anerkannter Bestandteil der aktuellen Rechtsprechung. In der Entscheidung *Accentuate*[1086] versagte der High Court einer Schiedsvereinbarung in einem Vertrag zwischen einer britischen Vertriebsgesellschaft und einem kanadischen Softwarehersteller die Anerkennung. Die Vereinbarung sah die Zuständigkeit eines Schiedsgerichts in Kanada sowie die Anwendung kanadischen Rechts vor. Die durch die Schiedsvereinbarung gefährdete materiellrechtliche Rechtsposition war der Ausgleichsanspruch des Handelsvertreters nach europäischem Recht. Das Gericht erklärte die Schiedsvereinbarung für unwirksam, da sie in Kombination mit der Rechtswahl zu einer Umgehung der international zwingenden Vorschriften der Handelsvertreterrichtlinie führte, was der *Ingmar*-Rechtsprechung des EuGH widerspräche.[1087]

In diesem Punkt resultiert auch keine Abweichung aus der späteren Entscheidung in der Rechtssache *Fern*, die sich – im Rahmen der Kontrolle einer internationalen Gerichtsstandsvereinbarung – insoweit vielmehr ausdrücklich an *Accentuate* orientiert.[1088]

---

1085 *Weller*, Ordre-public-Kontrolle internationaler Gerichtsstandsvereinbarungen, S. 270, 300; *Eichel*, AGB-Gerichtsstandsklauseln, S. 197.

1086 *Accentuate Ltd. v. Asigra Inc.* [2009] EWHC 2655 (QB).

1087 *Accentuate Ltd. v. Asigra Inc.* [2009] EWHC 2655 (QB), Rn. 88: „The decision in Ingmar requires this court to give effect to the mandatory provisions of EU law, notwithstanding any expression to the contrary on the part of the contracting parties. In my judgment this must apply as much to an arbitration clause providing for both a place and a law other than a law that would give effect to the Directive, as it does to the simple choice of law clause that was under consideration in Ingmar."

1088 *Fern Computer Consultancy Ltd. v. Intergraph Cadworx & Analysis Solutions Inc.* [2014] EWHC 2908 (Ch), vgl. Rn. 128: „That case [*Accentuate*], and Ingmar itself, demonstrates the primacy of a claim under the Regulations over contractual provisions where to give effect to those provisions would not allow the Regulations to have their full effect. That primacy, in my view, justifies this court in determining that it is the proper place to determine the dispute and in declining to give effect to the jurisdiction clause in this context, where it is not clear that the alternative court would give effect to the Regulations at all, and where it is clear that the defendant is going to say that it should not."

### 3. *Australien*

Im Jahr 2006 wies ein australisches Gericht eine Klage ab, mit der Ansprüche aus dem *Trade Practices Act 1974 (TPA)* geltend gemacht wurden, indem es die Parteien auf das vereinbarte Schiedsverfahren verwies.[1089] Der Kläger hatte entgegen einer Schiedsvereinbarung zugunsten eines Schiedsgerichts in Singapur ein Gerichtsverfahren in Australien angestrengt mit der Begründung, im Schiedsverfahren blieben aufgrund der Wahl philippinischen Rechts die Vorschriften des *TPA* unberücksichtigt. Das Gericht wies darauf hin, dass eine eigene Entscheidung trotz der Nichtanwendung australischen Rechts im Schiedsverfahren nicht gerechtfertigt sei, da dies zu parallelen Verfahren führte, die Kompetenz des Schiedsgerichts missachte und auch dem expliziten Parteiwillen widerspräche.[1090]

Trotz dieser Entscheidung ist davon auszugehen, dass die sachnormzweckverteidigende Kontrolle von Schiedsvereinbarungen in der australischen Rechtsprechung anerkannt ist. Nur kurze Zeit später entschied der Federal Court nämlich gegenteilig, ebenfalls im Hinblick auf materielle Rechtspositionen nach dem *TPA*. In der Rechtssache *Clough*[1091] hatten die Parteien ihren Vertrag indischem Recht unterstellt und die Zuständigkeit eines Schiedsgerichts vereinbart. Der Federal Court ließ die Klage dennoch zu. In der Begründung stellte das Gericht zunächst klar, dass die Ansprüche aus dem *TPA* zwingendes Recht sind, das nicht durch Parteivereinbarungen ausgeschaltet werden kann. Die Schiedsvereinbarung führe jedoch dazu, dass der Kläger gehindert wäre, seine Ansprüche auf Grundlage des *TPA* durchzusetzen.[1092] In einem solchen Fall, in dem

---

1089 *Transfield Philippines Inc. v. Pacific Hydro Ltd.*, [2006] VSC 175.

1090 *Transfield Philippines Inc. v. Pacific Hydro Ltd.*, [2006] VSC 175, Rn. 73: „[I]t would not be appropriate for an Australian court to adjudicate claims […] under Australian statutes […] once the arbitral tribunal had determined, applying appropriate choice of law rules, that such claims are governed by the law of the Philippines. To do so would lead to a multiplicity of proceedings, usurp the jurisdiction of the tribunal and deny the intention of the parties as expressed by them in the arbitration agreement."; vgl. auch Rn. 78: „Such a conclusion is entirely consistent with the importance of holding parties to their bargain in relation to arbitrations, which is part of the important public policy to which the IAA [International Arbitration Act 1974] gives effect."

1091 *Clough Engineering Ltd. v. Oil & Natural Gas Corporation Ltd.* [2007] FCA 881.

1092 *Clough Engineering Ltd. v. Oil & Natural Gas Corporation Ltd.* [2007] FCA 881, Rn. 40: „In respect of its claim under the Act, Clough would be deprived of its right to seek to obtain declaratory and injunctive relief in respect of ONGC's conduct said to contravene the Act if it were left to sue in India."

nationale Schutzvorschriften durch Zuständigkeitsabreden umgangen würden, müsse der Grundsatz, Zuständigkeitsvereinbarungen anzuerkennen, durchbrochen werden.[1093]

Diese Überlegungen zur zuständigkeitsrechtlichen Absicherung materieller Rechtspositionen sind kein Einzelfall: Im Anschluss an die Bestätigung der ordre public-Kontrolle einer Gerichtsstandsvereinbarung durch den High Court[1094], hatten bereits andere Gerichte darauf hingewiesen, dass die Vorschriften des *TPA* nicht durch eine Schiedsvereinbarung umgangen werden dürfen.[1095]

## 4. *Frankreich*

In Frankreich war die Cour d'Appel Paris[1096] mit einer Schiedsvereinbarung in einem Vertriebsvertrag befasst, die zugleich die Anwendung des Sachrechts von Illinois vorsah. Die Klägerin machte die Unwirksamkeit der Schiedsabrede geltend mit der Begründung, sie führe zu einer Umgehung international zwingender Vorschriften des französischen Handelsrechts. Das Gericht folgte dieser Argumentation nicht; es verwies darauf, dass der Vertragstext zwar eine Rechtswahl enthalte, aber die Schiedsrichter prinzipiell nicht daran hindere, französisches Recht anzuwenden.[1097] Diese Entscheidung verdeutlicht, dass französische

1093 *Clough Engineering Ltd. v. Oil & Natural Gas Corporation Ltd.* [2007] FCA 881, Rn. 43: „If an Australian protective provision would be avoided by forcing an applicant to sue in the courts of nominated jurisdiction, that is an important factor which should overcome the pre-disposition of the court to refuse to accept jurisdiction."

1094 *Akai Pty Ltd. v. The People's Insurance Company Ltd.* (1996) 188 CLR 418, 445: „A stay [of proceedings] may be refused where the foreign jurisdiction clause offends the public policy of the forum […]."

1095 Vgl. *Walter Rau Neusser Oel und Fett AG v. Cross Pacific Trading Ltd.* [2005] FCA 1102, Rn. 111: „Its [the arbitration agreement's] enforcement should not undermine the operation of a statute such as the TP Act."; *Pan Australia Shipping Pty Ltd. v. The Ship Comandate* [2006] FCA 881, Rn. 39: „This court has recognised that rights granted to parties under the *Trade Practices Act 1974* are important considerations in determining whether or not stays should be granted under s 7 of the *International Arbitration Act 1974* and under contractual arrangements for arbitrations or choice of law or jurisdiction in other jurisdictional areas."

1096 Cour d'Appel Paris 2.6.2004 – *SA Cineco c. Shure Brothers Inc.*, Rev. Arb. 2005, 674 ff.

1097 Cour d'Appel Paris 2.6.2004 – *SA Cineco c. Shure Brothers Inc.*, Rev. Arb. 2005, 674, 677: „Considérant que les termes du contrat de distribution renvoyant les règles régissant la formation, l'exploitation et l'exécution du contrat au droit de l'Etat de l'Illinois ne font pas obstacle par principe à une application éventuelle de la loi française par les arbitres; […]."

Gerichte nationale Eingriffsnormen in Schiedsverfahren angewandt wissen wollen, aber dem Schiedsgericht insoweit großes Vertrauen entgegenbringen. Dennoch halten sich die Richter offenbar eine Hintertür offen für den Fall, dass die Beachtung des französischen Eingriffsrechts im Schiedsverfahren ausgeschlossen ist. In diesem Fall scheinen auch die Gerichte in Frankreich bereit, der Schiedsvereinbarung die Anerkennung zu versagen.

### 5. *Belgien*

Auch in Belgien wurde eine Kontrolle von Schiedsvereinbarungen mit Blick auf Eingriffsnormen immer wieder im Zusammenhang mit Vertriebsverträgen relevant. Materiellrechtlicher Schutzgegenstand waren insbesondere Entschädigungsansprüche bei Vertragsbeendigung nach dem Gesetz vom 27. Juli 1961[1098]. Bereits im Jahr 1979 hatte die Cour de Cassation im Rahmen eines Vollstreckungsverfahrens angedeutet, dass zum Schutz der international zwingenden Vorschriften des belgischen Vertriebsrechts eine Schiedsabrede in einer ausschließlichen Vertriebsvereinbarung nicht anerkannt würde, wenn sie vor Beendigung des Vertrags getroffen wurde und bezweckt und bewirkt, dass ausländisches Recht zur Anwendung kommt.[1099]

Um die Verteidigung des belgischen Vertriebsrechts in der Einredesituation ging es dann in mehreren jüngeren Entscheidungen, die an die Rechtsstreitigkeit vor dem OLG München[1100] erinnern. Im Fall *Colvi S.A. c. Interdica*[1101] machte eine belgische Vertriebsgesellschaft Entschädigungsansprüche aus einem Alleinvertriebsvertrag mit einem Schweizer Unternehmen geltend. Der Vertrag

1098 Loi du 27 juillet 1961 relative à la Résiliation Unilatérale des Concessions de Vente Exclusive à Durée Indéterminée.

1099 Cour de Cassation 28.6.1979 – *Audi-NSU Auto Union AG c. S.A. Adelin Petit & Cie*, YbCA 1980, 257, 259: „Considering that those mandatory (impératives) provisions are intended to ensure that in all cases the concessionnaire has the right to invoke the protection of Belgian law […]. Considering that a dispute concerning termination by the grantor of the concession under an exclusive distributorship agreement which […] concerns Belgian territory is not capable of settlement by arbitration which is agreed to before the end of the contract, and which has as purpose and effect the application of a foreign law."; vgl. auch *Kleinheisterkamp*, RabelsZ 79 (2009), 818, 822 f.

1100 Dazu ausführlich oben § 3 B. IV. 1.

1101 Cour de Cassation 15.10.2004 – C.02.0216.N, auszugsweise in YbCA 2006, 587 ff.; dazu auch *Niedermaier*, Schiedsvereinbarungen in strukturellen Ungleichgewichtslagen, S. 174.

unterstand schweizerischem Recht und enthielt eine Zuständigkeitsvereinbarung zugunsten eines Schiedsgerichts in der Schweiz. Die Cour de Cassation wies zunächst auf die Möglichkeit einer ordre public-Kontrolle in der Einredesituation hin und versagte der Schiedsvereinbarung mit Blick auf die international zwingenden Vorschriften des belgischen Vertriebsrechts die Anerkennung.[1102] Diese Rechtsprechung bestätigte das Gericht zwei Jahre später in der Rechtssache *van Hopplynus Instruments S.A. c. Coherent Inc.*[1103] Dort wurde eine Schiedsvereinbarung zugunsten eines Schiedsgerichts in Kalifornien, die zugleich die Anwendung kalifornischen Rechts vorsah, für unwirksam erklärt. Zur Begründung verwiesen die Richter darauf, dass bei Rechtsstreitigkeiten über Entschädigungen nach Art. 4 des Gesetzes vom 4. Juli 1961 eine Schiedsvereinbarung nicht anerkannt werden könne, wenn sie die Anwendung ausländischen Rechts vorsieht.[1104]

In einer Entscheidung aus dem Jahr 2011 wurde dieser Gedankengang auf die zwingenden Vorschriften zur Umsetzung der Handelsvertreterrichtlinie erstreckt. In *Air Transat A.T. Inc. c. Air Agencies Belgium* versagten die belgischen Gerichte der Vereinbarung eines kanadischen Schiedsgerichts in einem Handelsvertretervertrag die Anerkennung.[1105] Aufgrund des zwingenden Charakters der Vorschriften zum Schutz des Handelsvertreters im Gesetz vom 13. April 1995[1106] könne die Schiedsvereinbarung nicht anerkannt werden, da in

---

1102 Cour de Cassation 15.10.2004 – C.02.0216.N/10: „Que lorsque la clause d'arbitrage est soumise, suivant la volonté des parties, à une loi étrangère, l'autorité judiciaire à laquelle un déclinatoire de compétence est opposé, peut exclure la possibilité d'arbitrage lorsque celle-ci porte atteinte à l'ordre public de son système juridique."

1103 Cour de Cassation 16.11.2006 – C.02.0445.F; vgl. dazu auch *Niedermaier*, Schiedsvereinbarungen in strukturellen Ungleichgewichtslagen, S. 174 f.; *Kleinheisterkamp*, RabelsZ 79 (2009), 818, 820 ff.; *ders.*, 3 WAMR (2009), 91, 94 ff.

1104 Cour de Cassation 16.11.2006 – C.02.0445.F/10: „Le juge belge doit dès lors, pour apprécier la validité de la convention d'arbitrage, écarter la loi choisie par les parties, et appliquer immédiatement la loi du 27 juillet 1961, au regard de laquelle le litige n'est pas susceptible d'être réglé par voie d'arbitrage s'il est établi que les arbitres n'ont pas l'obligation d'appliquer le droit belge mais un droit étranger. Les cours et tribunaux belges doivent partant se déclarer compétents en dépit de la stipulation d'une clause arbitrale, quand le litige qui devrait être soumis à l'arbitrage est visé par l'article 4, alinéa 2, de la loi du 27 juillet 1961 et que la convention d'arbitrage prévoit l'application d'un droit étranger."

1105 Cour de Cassation 3.11.2011 – C.10.0613.N.

1106 Loi du 13 avril 1995 relative au Contrat d'Agence Commercial.

dem Schiedsverfahren unter Geltung kanadischen Rechts kein entsprechendes Schutzniveau sichergestellt sei.[1107]

Besonders die beiden letzten Entscheidungen der Cour de Cassation machen deutlich, dass Schiedsvereinbarungen im Anwendungsbereich der international zwingenden Normen des belgischen Vertriebsrechts nur akzeptiert werden, wenn im Schiedsverfahren belgisches Recht zur Anwendung kommt oder zumindest sichergestellt ist, dass diese Eingriffsnormen beachtet werden.[1108] Die belgische Rechtsprechung ist damit geradezu ein Musterbeispiel für die sachnormzweckverteidigende Kontrolle von Schiedsvereinbarungen in der Einredesituation.

### 6. *Zwischenergebnis*

Ob es sich bei der Kontrolle internationaler Schiedsvereinbarungen zur Absicherung von Eingriffsnormen in der Einredesituation wirklich um ein „global phenomenon“[1109] handelt, lässt sich mit diesem kurzen länderübergreifenden Überblick nicht beantworten. Er hat allerdings gezeigt, dass dieser Kontrollmechanismus auch in anderen, durchaus als schiedsfreundlich eingestuften Rechtsordnungen bekannt ist und von den dortigen Gerichten praktiziert wird. Unabhängig von Schwankungen im Detail – insbesondere bei der Gewichtung im Rahmen einer Interessenabwägung bzw. dem Wahrscheinlichkeitsgrad eines potenziellen Rechtsumschwungs – lässt sich vor diesem Hintergrund sagen, dass die sachnormzweckverteidigende Kontrolle von Schiedsvereinbarungen jedenfalls keine rein nationale Eigenart innerhalb der deutschen Rechtsordnung darstellt. Dementsprechend ist der vorgeschlagene Ansatz selbst dann mit dem NYÜ vereinbar, wenn man davon ausgeht, dass die Unwirksamkeitsgründe in Art. II Abs. 3 NYÜ dem oben beschriebenen übereinkommensimmanenten Vorbehalt unterliegen.

---

1107 Cour de Cassation 3.11.2011 – C.10.0613.N/2: „Par ces considérations et dans leur contexte, les juges d'appel ont fait savoir qu'un arbitrage exercé en vertu du droit du Québec n'offre pas des garanties similaires à celles du droit belge. Le moyen ne peut être accueilli.“

1108 Vgl. auch *Niedermaier*, Schiedsvereinbarungen in strukturellen Ungleichgewichtslagen, S. 175; *Kleinheisterkamp*, 3 WAMR (2009), 91, 99.

1109 Böckstiegel/*Quinke*, Arbitration in Germany, S. 823, Rn. 24.

## B. EuÜ

Mit Blick auf das EuÜ ließe sich im Ausgangspunkt in ähnlicher Weise argumentieren wie im Rahmen des NYÜ. Denn die Zielsetzung des EuÜ besteht ebenfalls in einer Erleichterung und Förderung der zwischenstaatlichen Handelsschiedsgerichtsbarkeit, wobei der Fokus noch deutlicher auf der rechtlichen Verbindlichkeit von Schiedsvereinbarungen liegt.[1110] Davon ausgehend könnte wiederum allgemein der Konventionszweck als Argument gegen die Zulässigkeit einer Kontrolle von Schiedsvereinbarungen mit Blick auf nationale Eingriffsnormen angeführt werden. Allerdings darf diese Frage auch innerhalb des EuÜ nicht allein mit dem Telos des Übereinkommens beantwortet werden. Dies gilt umso mehr, als das EuÜ wesentlich detailliertere Regelungen zum Umgang mit Schiedsvereinbarungen in der Einredesituation enthält, die – wie bereits weiter oben festgestellt[1111] – eine differenzierte Betrachtung erforderlich machen.

### I. Grundsatz

Ähnlich wie das NYÜ regelt das EuÜ im Hinblick auf die Gültigkeit einer Schiedsvereinbarung nur wenige Voraussetzungen – allen voran deren Formerfordernisse – durch einheitliches Sachrecht autonom. Für den Großteil der Gültigkeitsvoraussetzungen, insbesondere auch für die materielle Wirksamkeit einer Schiedsvereinbarung, bestehen hingegen keine vereinheitlichten Sachnormen.[1112] Im Gegensatz zum NYÜ enthält Art. VI Abs. 2 EuÜ insoweit jedoch ein kollisionsrechtliches System speziell für die Einredesituation. Die materielle Wirksamkeit einer Schiedsvereinbarung ist gem. Art. VI Abs. 2 lit. a) – c) EuÜ anzuknüpfen und unterliegt, sofern keine Rechtswahl bezüglich des Schiedsvereinbarungsstatuts getroffen wurde, dem Recht des Schiedsorts; lediglich hilfsweise ist auf das Kollisionsrecht der *lex fori* des Einredegerichts zurückzugreifen.[1113] Im Ergebnis führt diese Anknüpfungsleiter zur Anwendung nationalen Sachrechts, ohne dass sich dem Wortlaut oder der Systematik des EuÜ weitere Vorgaben oder Grenzen bezüglich etwaiger Gültigkeitshindernisse einer

---

1110 *Moller*, NZG 2000, 57; Wieczorek/Schütze/*Schütze*, IntZPR, S. 1093; vgl. auch Präambel des EuÜ: „[...] removing certain difficulties that may impede the organization and operation of international commercial arbitration in relations between physical or legal persons of different European countries [...]."

1111 Siehe § 5 A. und § 5 C. II. 2.

1112 *Klein*, ZZP 76 (1963), 342, 350, vgl. auch MüKo-ZPO/*Adolphsen*, § 1061 Anh. 2, Art. VI EuÜ Rn. 6; Reithmann/Martiny/*Hausmann*, Rn. 8.276.

1113 Siehe oben § 7 A. I. 2.

Schiedsvereinbarung entnehmen lassen. Die Beurteilung der materiellen Wirksamkeit von Schiedsvereinbarungen bleibt also ausdrücklich und ausschließlich den nationalen Rechtsordnungen überlassen; insoweit besteht gerade keine Vereinheitlichungstendenz des EuÜ. Vor dem Hintergrund dieser eindeutigen Abtretung an das nationale Recht steht das Übereinkommen – trotz seiner Zielsetzung – der Kontrolle einer Schiedsvereinbarung mit Blick auf nationale Eingriffsnormen grundsätzlich nicht entgegen.

## II. Sonderfall: vorherige Schiedshängigkeit

Eine Ausnahme könnte sich für den in Art. VI Abs. 3 EuÜ geregelten Sonderfall ergeben, dass in der Einredesituation bereits ein Schiedsverfahren eingeleitet wurde. Der Grund dafür liegt allerdings nicht in der kollisionsrechtlichen Behandlung der Schiedsvereinbarung; insoweit gelten weiterhin die Vorgaben des Art. VI Abs. 2 EuÜ, sodass auch in dieser Konstellation die materielle Wirksamkeit der Schiedsvereinbarung ausschließlich nach nationalem Recht zu beurteilen ist.[1114] Der Anknüpfungspunkt für eine möglicherweise abweichende Bewertung ergibt sich vielmehr aus der besonderen verfahrensrechtlichen Vorgabe des Art. VI Abs. 3 EuÜ, die der eigentlichen Gültigkeitsprüfung vorgelagert ist. Danach muss das staatliche Einredegericht bei vorheriger Schiedshängigkeit[1115] des Rechtsstreits sein Verfahren auf Antrag einer Partei[1116] bis zur Entscheidung des Schiedsgerichts aussetzen, sofern dem kein wichtiger Grund entgegensteht. In dieser Verfahrenslage geht das Übereinkommen von einer vorläufigen Kompetenz-Kompetenz des Schiedsgerichts aus und verbietet neben

1114 Art. VI Abs. 3 EuÜ stellt lediglich einen Unterfall der in Art. VI EuÜ allgemein geregelten Einrede der Unzuständigkeit des staatlichen Gerichts dar, vgl. auch *Schlosser*, RipS, Rn. 622.

1115 Maßgeblich für die Einleitung des Schiedsverfahrens (Schiedshängigkeit) ist gem. Art. V Abs. 3 EuÜ grundsätzlich der Zeitpunkt, in dem der Schiedskläger eindeutig zu erkennen gegeben hat, dass er die Konstituierung eines Schiedsgerichts wünscht. Nach den meisten Schiedsordnungen beginnt das Schiedsverfahren mit dem Eingang des Antrags bei der Schiedsinstitution, vgl. etwa § 6 Abs. 1 DIS-Schiedsgerichtsordnung; Art. 4 Abs. 2 ICC Rules; Art. 2 Abs. 2 AAA-IAR Rules; Art. 1.4 LCIA Rules; auf den Zugang beim Beklagten abstellend hingegen Art. 3 Abs. 2 UNCITRAL Rules. Zum Ganzen vgl. MüKo-ZPO/*Adolphsen*, § 1061 Anh. 2, Art. VI EuÜ Rn. 14; *Schlosser*, RipS, Rn. 626.

1116 OLG München 24.11.2016 – 34 SchH 5/16 (juris-Rn. 12); MüKo-ZPO/*Adolphsen*, § 1061 Anh. 2, Art. VI EuÜ Rn. 15; Stein/Jonas/*Schlosser*, Anh. § 1061 Rn. 425.

einer Sachentscheidung des staatlichen Gerichts grundsätzlich auch eine Entscheidung über die Vorfrage des Bestands einer Schiedsvereinbarung.[1117]

Eine Ausnahme von der Aussetzungspflicht wegen eines wichtigen Grundes kommt im Zusammenhang mit der Gültigkeit der Schiedsvereinbarung nur in Betracht, wenn die Unzuständigkeit des Schiedsgerichts ohne Weiteres zweifellos feststeht, d.h. die Schiedsvereinbarung offenkundig unwirksam oder der Streitgegenstand offensichtlich nicht von der Schiedsvereinbarung erfasst ist.[1118] Die grundsätzliche Erstentscheidungskompetenz des Schiedsgerichts hat für die Gültigkeitskontrolle der Schiedsvereinbarung durch das Einredegericht zur Folge, dass dessen Kompetenz auf eine *prima facie*-Prüfung beschränkt ist.[1119] Diese umfasst lediglich die Existenz einer Schiedsvereinbarung, ihre sachliche und persönliche Reichweite sowie das Vorliegen offensichtlicher Unwirksamkeitsgründe.[1120] Legt man diesen Prüfungsmaßstab zugrunde, muss eine Überprüfung der Schiedsvereinbarung mit Blick auf international zwingende Normen in dieser Verfahrenskonstellation ausscheiden. Nach dem hier vorgeschlagenen Ansatz bedarf es dazu nämlich einer inhaltlichen Kontrolle der Schiedsvereinbarung, die eine umfassende Analyse verbunden mit einer Prognoseentscheidung im Einzelfall erfordert und daher den Umfang einer summarischen Prüfung deutlich übersteigt.

Allerdings ist die offensichtlich fehlende Schiedsbindung nicht der einzige wichtige Grund i.S.d. Art. VI Abs. 3 a.E. EuÜ, der das staatliche Gericht von seiner Aussetzungspflicht befreit. Als weitere Ausnahme wird u.a. der Fall genannt, dass der zu erwartende Schiedsspruch mit hoher Wahrscheinlichkeit im Staat des Einredegerichts nicht vollstreckt werden kann.[1121] Auf den ersten Blick scheint diese Ausnahme die Tür für eine Sachentscheidung des staatlichen Gerichts im Fall eines Rechtsumschwungs zu öffnen, da das Kernelement der

---

1117 Vgl. auch Art. V Abs. 3 EuÜ; OLG München 24.11.2016 – 34 SchH 5/16 (juris-Rn. 20); MüKo-ZPO/*Adolphsen*, § 1061 Anh. 2, Art. VI EuÜ Rn. 16 f.; Stein/Jonas/*Schlosser*, Anh. § 1061 Rn. 424; *Mezger*, RabelsZ 29 (1965), 231, 268.

1118 OLG München 24.11.2016 – 34 SchH 5/16 (juris-Rn. 30); MüKo-ZPO/*Adolphsen*, § 1061 Anh. 2, Art. VI EuÜ Rn. 19; Stein/Jonas/*Schlosser*, Anh. § 1061 Rn. 427; *ders.* RipS, Rn. 624.

1119 Siehe oben § 5 C. II. 2.

1120 Zum Umfang einer *prima facie*-Prüfung vgl. etwa Art. 6 Abs. 4 ICC-Rules; dazu Nedden/Herzberg/*Bassiri*, ICC-SchO, Art. 6 Rn. 110 f.; *Craig/Park/Paulsson*, ICC Arbitration, S. 156.

1121 Stein/Jonas/*Schlosser*, Anh. § 1061 Rn. 427; *ders.*, RipS, Rn. 624; Wieczorek/Schütze/*Schütze*, IntZPR, S. 1116; diesen folgend OLG München 24.11.2016 – 34 SchH 5/16 (juris-Rn. 34).

obigen Prüfung ja gerade die negative Anerkennungsprognose des Schiedsspruchs ist.[1122] Bei näherer Betrachtung ist jedoch festzustellen, dass die Ausnahmeregelung des Art. VI Abs. 3 a.E. EuÜ eine derartige Anerkennungsprognose im Hinblick auf einen Verstoß gegen den materiellen ordre public nicht zulässt. Neben dem allgemeinen Ziel der Vermeidung von Parallelverfahren besteht der Zweck des Art. VI Abs. 3 EuÜ darin, eine Blockade des Schiedsverfahrens durch die Anrufung staatlicher Gerichte zu verhindern und damit eine zügige Rechtsverfolgung zu gewährleisten.[1123] Vor diesem Hintergrund müssen die Ausnahmen vom Grundsatz der Erstentscheidungskompetenz des Schiedsgerichts nicht nur restriktiv gehandhabt,[1124] sondern im Sinne einer Verfahrensbeschleunigung auf solche Gründe beschränkt werden, die im Einredeverfahren schnell und unproblematisch feststellbar sind. Dies bestätigen die weiteren Beispiele, die für eine Ausnahme von der Aussetzungspflicht angeführt werden: Die bereits angesprochene fehlende Schiedsbindung ist auf offenkundige Fälle beschränkt und damit ebenso ohne Verfahrensverzögerung festzustellen wie die Aussetzung des Schiedsverfahrens zugunsten staatlicher Gerichte aufgrund eigener Zuständigkeitszweifel[1125] oder das Vorliegen einer rechtskräftigen Entscheidung über den Streitgegenstand[1126]. Im Sinne einer einheitlichen Auslegung ist dementsprechend auch die wahrscheinliche Versagung der Anerkennung des Schiedsspruchs als wichtiger Grund i.S.d. Art. VI Abs. 3 a.E. EuÜ auf solche Versagungsgründe zu begrenzen, die in der Einredesituation problemlos feststellbar sind. Dies setzt wiederum voraus, dass die Tatsachen, aus denen sich das Anerkennungshindernis ergibt, im Zeitpunkt der Entscheidung des Einredegerichts bereits feststehen. Beispielhaft sind insoweit die Schiedsunfähigkeit des Streitgegenstands sowie nicht mehr behebbare Fehler bei der Bildung des Schiedsgerichts[1127] oder bei der Gewährung rechtlichen Gehörs, die zur Versagung der Anerkennung führen. Im Gegensatz dazu ist es nicht ausreichend, wenn die Tatsachengrundlage des möglichen Anerkennungshindernisses in der Einredesituation noch unklar ist, insbesondere maßgeblich von der (weiteren) Vorgehensweise des Schiedsgerichts

---

1122 Siehe oben § 8 C. III.

1123 MüKo-ZPO/*Adolphsen*, § 1061 Anh. 2, Art. VI EuÜ Rn. 13; *Mezger*, RabelsZ 29 (1965), 231, 262, 268.

1124 MüKo-ZPO/*Adolphsen*, § 1061 Anh. 2, Art. VI EuÜ Rn. 19; *Hascher*, YbCA 1992, 711, 734.

1125 *Mezger*, RabelsZ 29 (1965), 231, 269; MüKo-ZPO/*Adolphsen*, § 1061 Anh. 2, Art. VI EuÜ Rn. 19 m.w.N.

1126 *Hascher*, YbCA 1992, 711, 734.

1127 *Schlosser*, RipS, Rn. 624.

abhängt.[1128] Genau so stellt sich die Situation allerdings dar, wenn als Anerkennungshindernis ein ordre public-Verstoß infolge der Missachtung international zwingender Sachnormen in Rede steht. Die Grundlage der Nichtanerkennung des Schiedsspruchs ist dabei die Entscheidung des Schiedsgerichts, eine international zwingende Norm nicht zu beachten. Genau diese Entscheidung ist vor Abfassung des Schiedsspruchs jedoch noch nicht endgültig getroffen, sondern von der Einschätzung des Schiedsgerichts abhängig; es fehlt also zum Zeitpunkt der Entscheidung des Einredegerichts an einer feststehenden Tatsachengrundlage.

An diesen Punkt knüpft eine zweite Überlegung an: Um diese Tatsachengrundlage bzw. einen materiellen ordre public-Verstoß des Schiedsspruchs zu ermitteln, muss das Einredegericht sachrechtliche Erwägungen und eine Prognose über die Vorgehensweise des Schiedsgerichts anstellen.[1129] Die Klärung der Aussetzungspflicht durch das staatliche Gericht berührt also nicht nur Zulässigkeitsfragen im Zusammenhang mit der Schiedsvereinbarung, sondern bereits die möglicherweise dem Schiedsgericht vorbehaltene Entscheidung in der Sache selbst. Ein solcher Vorgriff des Einredegerichts widerspricht jedoch der von Art. VI Abs. 3 EuÜ proklamierten vorrangigen Entscheidungskompetenz des Schiedsgerichts.[1130] Diese vereinheitlichte Verfahrensregelung schließt daher eine Kontrolle von Schiedsvereinbarungen mit Blick auf international zwingende Sachnormen nach dem hier entwickelten Modell aus. Im Geltungsbereich des EuÜ ist der Kläger im Fall der vorherigen Schiedshängigkeit des Hauptsacheverfahrens also auf das bereits laufende Schiedsverfahren zu verweisen.

## C. Deutsch-amerikanischer Freundschafts-, Handels- und Schifffahrtsvertrag vom 29. Oktober 1954

Im Anwendungsbereich des deutsch-amerikanischen Freundschafts-, Handels- und Schifffahrtsvertrags vom 29. Oktober 1954[1131] listet Art. VI des Vertrags

---

1128 In diese Richtung deutet auch das genannte Beispiel bei *Schlosser*, RipS, Rn. 624: „[…] Fehler unterlaufen *sind*, die zu einer Versagung der Anerkennung führen müssen und *wenn geringe Aussicht auf Behebung des Mangels besteht.*“ [Hervorhebung durch Bearbeiter]; vgl. auch OLG München 24.11.2016 – 34 SchH 5/16 (juris-Rn. 36), wo bezüglich der Kosten eines Schiedsverfahrens auf die Einflussmöglichkeit der Parteien hingewiesen wird.

1129 Zu einzelnen Kriterien der Anerkennungsprognose siehe oben § 8 C. III. 2. b).

1130 Vgl. OLG München 24.11.2016 – 34 SchH 5/16 (juris-Rn. 38 ff.).

1131 Siehe dazu bereits oben § 2 D. III.

verschiedene Gründe auf, die nicht zur Unwirksamkeit einer Schiedsvereinbarung führen dürfen. Demnach dürfen deutsche Gerichte die Anerkennung einer Schiedsabrede u.a. nicht allein deshalb versagen, weil das Schiedsverfahren an einem ausländischen Schiedsort durchgeführt werden soll, vgl. Art. VI Abs. 2 S. 1 Alt. 1. Der Kontrolle einer Schiedsvereinbarung mit dem Argument eines zu erwartenden Rechtsumschwungs steht diese Regelung nicht entgegen.[1132] Zwar besteht – wie die unterschiedlichen Ergebnisse der Anerkennungsprognose bei inländischen und ausländischen Schiedsverfahren zeigen[1133] – durchaus ein Zusammenhang zwischen der Gefahr eines Rechtsumschwungs und der Wahl des Schiedsorts. Jedoch liegt der Grund für eine etwaige Nichtanerkennung der Schiedsvereinbarung gerade nicht unmittelbar und ausschließlich in der Bestimmung eines ausländischen Schiedsorts, sondern in der ordre public-widrigen Ausschaltung international zwingender Sachnormen des deutschen Forums.

1132 *Rühl*, IPRax 2007, 294, 301; ohne nähere Begründung auch BGH 15.6.1987 – II ZR 124/86, NJW 1987, 3193, 3195.

1133 Siehe oben § 8 C. III. 2. b) bb) (2) und (3), sowie § 8 C. III. 2. d).

# Teil IV Zusammenfassung der Ergebnisse

Wie wirken sich Eingriffsnormen auf die Anerkennung einer internationalen Schiedsvereinbarung in der Einredesituation aus, wenn die klagende Partei geltend macht, deren Beachtung sei im Schiedsverfahren nicht hinreichend gewährleistet? Diese Frage war Gegenstand der vorliegenden Untersuchung. Angesichts der dogmatisch indifferenten Rechtsprechung bestand das Ziel insbesondere darin, einen methodisch fundierten Lösungsansatz für diese Problematik zu entwickeln, der zugleich die Besonderheiten der Schiedsgerichtsbarkeit berücksichtigt. Die gefundenen Ergebnisse lassen sich wie folgt zusammenfassen:

1. Auch wenn sich die Parteien einer Schiedsabrede auf ein verfassungsrechtlich geschütztes Prinzip schiedsrechtlicher Privatautonomie berufen können, sind deutsche Gerichte bereits in der Einredesituation grundsätzlich befugt, die Gültigkeit einer Schiedsvereinbarung vollumfänglich zu prüfen. Eine Ausnahme besteht lediglich, wenn die Schiedsabrede dem EuÜ unterfällt und bereits vor Anrufung des staatlichen Gerichts ein Schiedsverfahren eingeleitet wurde; in diesem Fall ist die Kompetenz des Einredegerichts auf eine *prima facie*-Prüfung beschränkt.
2. Deutsche Gerichte können in der untersuchten Konstellation sowohl für die objektive als auch für die subjektive Schiedsfähigkeit auf die Schranken des deutschen Rechts zurückgreifen. Allerdings bietet das Instrument der Schiedsfähigkeit – über die gesetzlich ausdrücklich vorgesehenen Schranken hinaus – keinen geeigneten Ansatzpunkt, um auf die Gefahr einer Missachtung deutscher Eingriffsnormen im Schiedsverfahren zu reagieren.
3. Ein Einfallstor für die Einwirkung international zwingender Sachnormen auf die Anerkennung einer Schiedsvereinbarung ergibt sich vielmehr auf der Ebene des Schiedsvereinbarungsstatuts. Dafür gilt in der Einredesituation vorbehaltlich einer – nach hier vertretener Auffassung seltenen – Rechtswahl bezüglich der Schiedsvereinbarung das Recht des Schiedsorts.
4. Unterliegt der Kläger im Schiedsverfahren infolge der Missachtung deutscher Eingriffsnormen und ist der klageabweisende Schiedsspruch im Inland nicht anerkennungsfähig bzw. aufhebbar, kann er seinen Anspruch in einem Verfahren vor deutschen Gerichten geltend machen. Ist dieses Szenario bereits im Einredeverfahren absehbar, konfligiert der Verweis auf ein aussichtsloses Schiedsverfahren, nur um den Weg für ein anschließendes Verfahren im Inland frei zu machen, mit dem Anspruch des Klägers auf effektiven Rechtsschutz.

5. Bei Geltung deutschen Rechts als Schiedsvereinbarungsstatut lassen sich diese Erwägungen dogmatisch in zwei rechtsgeschäftliche Generalklauseln einbetten: Wird der Rechtsumschwung durch eine Schiedsklausel herbeigeführt, begründet dies eine unangemessene Benachteiligung des Vertragspartners gem. § 307 Abs. 1 S. 1 BGB. Für individualvertragliche Schiedsvereinbarungen gilt § 138 Abs. 1 BGB.
6. Unterliegt die Schiedsvereinbarung infolge einer Rechtswahl einem ausländischen Statut, kann ein deutsches Einredegericht über Art. 46b Abs. 1, 3 Nr. 1 EGBGB ausnahmsweise dennoch auf § 307 BGB zurückgreifen, wenn die Schiedsklausel in einem Verbrauchervertrag enthalten ist und ein Verfahren im Inland vorsieht. In diesem Sonderfall bleibt § 307 Abs. 1 S. 1 BGB auch bei ausländischem Schiedsvereinbarungsstatut als Anknüpfungspunkt einer Kontrolle internationaler Schiedsvereinbarungen erhalten.
7. Im Regelfall scheiden die §§ 307, 138 BGB bei Geltung eines ausländischen Schiedsvereinbarungsstatuts jedoch als dogmatischer Anknüpfungspunkt aus. Die rechtsgeschäftliche Wirksamkeit der Schiedsvereinbarung ist dann allein nach fremdem Recht zu beurteilen. Ein Rechtsumschwung bezüglich deutscher Eingriffsnormen ist insoweit unerheblich, da deren Verteidigung nicht im Interesse anderer Rechtsordnungen liegt. Folglich wird das ausländische Recht meist zur Gültigkeit der Schiedsvereinbarung führen, sodass der Kläger auf das vereinbarte Schiedsverfahren zu verweisen wäre.
8. Allerdings unterliegt das Ergebnis der Anwendung eines ausländischen Schiedsvereinbarungsstatuts einschließlich der prozessualen Folgen in der Einredesituation einer kollisionsrechtlichen ordre public-Kontrolle analog Art. V Abs. 2 lit. b) NYÜ bzw. § 1059 Abs. 2 Nr. 2 lit. b) ZPO. Dabei wird der Gedanke effektiven Rechtsschutzes als Aspekt des allgemeinen Justizgewährungsanspruchs relevant: Es widerspricht dem Justizgewährungsanspruch als wesentlichem Grundsatz des deutschen Rechts, den Kläger auf ein Schiedsverfahren zu verweisen, wenn absehbar ist, dass – entsprechend der obigen Erwägungen (Nr. 4) – effektiver Rechtsschutz nur vor eigenen Gerichten erreicht werden kann.
9. Das entscheidende Element einer sachnormzweckverteidigenden Kontrolle internationaler Schiedsvereinbarungen im Rahmen der §§ 307, 138 BGB bzw. der kollisionsrechtlichen Vorbehaltsklausel ist demnach eine Prognose über die Anerkennungsfähigkeit bzw. Aufhebbarkeit des zu erwartenden Schiedsspruchs. Fällt diese Anerkennungsprognose negativ aus, kann unter dem Aspekt der Gewährung effektiven Rechtsschutzes bereits der Schiedsvereinbarung die Anerkennung versagt werden.

10. Rechtlicher Maßstab der Anerkennungsprognose ist der deutsche materielle ordre public gem. Art. V Abs. 2 lit. b) NYÜ bzw. § 1059 Abs. 2 Nr. 2 lit. b) ZPO. Für einen relevanten, d.h. die Gültigkeit der Schiedsvereinbarung beeinflussenden Rechtsumschwung genügt es daher nicht, dass eine deutsche Eingriffsnorm im Schiedsverfahren unangewandt bleibt; erforderlich ist vielmehr, dass der zu erwartende Rechtsfolgenausspruch des Schiedsgerichts im Ergebnis mit wesentlichen Grundsätzen des deutschen Rechts unvereinbar ist.
11. Dementsprechend hat das Einredegericht bei der Durchführung der Anerkennungsprognose nicht nur die Frage nach der Beachtung der jeweiligen Eingriffsnorm im Schiedsverfahren zu beantworten. Es muss auch untersuchen, ob – etwa im geltenden Hauptsachestatut oder innerhalb des Hauptvertrags – Kompensationsmöglichkeiten bestehen, die ein ordre public-widriges Ergebnis im Schiedsverfahren selbst dann verhindern können, wenn die Eingriffsnorm unbeachtet bleibt. Dabei kann das Gericht in gewissem Umfang auch die Mitwirkung der Parteien beanspruchen.
12. In tatsächlicher Hinsicht ist im Rahmen der Anerkennungsprognose ein strenger Maßstab anzulegen: Bei einer Kontrolle gem. §§ 307, 138 BGB darf sich das Einredegericht nur über die Schiedsvereinbarung hinwegsetzen, wenn ein ordre public-widriger Schiedsspruch mit deutlich überwiegender Wahrscheinlichkeit zu erwarten ist. Innerhalb der kollisionsrechtlichen Vorbehaltsklausel ist aufgrund der höheren Wirksamkeitsschranken eine nahezu an Sicherheit grenzende Wahrscheinlichkeit erforderlich.
13. Legt man diese Maßstäbe zugrunde, ergeben sich unter Berücksichtigung der Analyse zur Eingriffsnormenproblematik verschiedene Schlussfolgerungen bezüglich der Anerkennungsprognose:
    a) Bei Geltung deutschen Rechts als Hauptsachestatut ist angesichts der insoweit eindeutigen Schiedspraxis – unabhängig vom Schiedsort – davon auszugehen, dass deutsche Eingriffsnormen als Teil der *lex causae* im Schiedsverfahren Anwendung finden. In diesem Fall ist die Schiedsvereinbarung also ohne Weiteres anzuerkennen.
    b) Bei der Vereinbarung eines Schiedsverfahrens im Inland unter Geltung eines ausländischen Hauptsachestatuts fällt die Prognose ebenfalls nicht negativ aus. Aufgrund der drohenden Gefahr einer Aufhebung des Schiedsspruchs gem. § 1059 Abs. 2 Nr. 2 lit. b) ZPO ist damit zu rechnen, dass das Schiedsgericht zumindest einen Verstoß gegen die öffentliche Ordnung vermeiden wird. Im Einzelfall verbleibende Zweifel erreichen jedenfalls nicht den für eine negative Anerkennungsprognose und damit eine Invalidierung der Schiedsvereinbarung erforderlichen Grad.

c) In ausländischen Schiedsverfahren unter Anwendung eines fremden Sachrechts ist die Wahrung des deutschen ordre public nicht in vergleichbarem Maße sichergestellt. In diesem Fall ist das Ergebnis der Anerkennungsprognose von den Umständen des Einzelfalls abhängig und vom Einredegericht – unter Mitwirkung der Parteien – nach den herausgearbeiteten Kriterien zu ermitteln.

14. Fällt die Anerkennungsprognose negativ aus, sollte das Einredegericht die Schiedsabrede als solche aufrechterhalten und den Parteien die Möglichkeit geben, ein Schiedsverfahren im Inland durchzuführen, wo kein relevanter Rechtsumschwung droht. Es bietet sich an, das staatliche Verfahren analog § 148 ZPO auszusetzen, bis die Rechtslage bezüglich der Anerkennungsfähigkeit klar ist.
15. Aus Sicht des NYÜ als dem zentralen internationalen Übereinkommen zur Schiedsgerichtsbarkeit stehen der sachnormzweckverteidigenden Kontrolle von Schiedsvereinbarungen nach dem vorgeschlagenen Prüfungsmodell keine Bedenken entgegen. Gleiches gilt grundsätzlich auch im Hinblick auf das EuÜ. In dessen Geltungsbereich besteht eine Ausnahme allerdings dann, wenn das staatliche Gericht während eines anhängigen Schiedsverfahrens angerufen wird: In diesem Fall steht die Verfahrensregel des Art. VI Abs. 3 EuÜ, welche das Einredegericht auf eine *prima facie*-Kontrolle der Schiedsvereinbarung beschränkt, der vorgeschlagenen Anerkennungsprognose im Weg. Die Kontrolle von Schiedsabreden mit US-amerikanischen Vertragspartnern widerspricht auch nicht dem bilateralen Freundschafts-, Handels- und Schifffahrtsvertrag zwischen den USA und der Bundesrepublik vom 29. Oktober 1954.

Es hat sich gezeigt, dass die untersuchte Problematik *de lege lata* durchaus einer methodischen Lösung durch das Einredegericht zugänglich ist. Der effektivste Ausweg bestünde allerdings darin, die Ursachen des Problems zu beheben – und zwar in beiden beteiligten Systemen: Die staatliche Seite sollte bei der Regulierung privater Rechtsverhältnisse durch Normen mit Eingriffscharakter Zurückhaltung walten lassen und sich auf elementare Kernbereiche beschränken.[1134] Im Gegenzug zeigten Schiedsgerichte sicherlich eine noch größere Bereitschaft, diese auch als drittstaatliche Eingriffsnormen zu beachten.

1134 Vgl. auch *Antomo*, IHR 2013, 225, 236.

# Literaturverzeichnis

*Aden, Menno*: Rechtswahl und Schiedsklausel im Verbraucherschutz – Zugleich Anmerkung zu OLG Düsseldorf vom 8.3.1996 – 17 U 179/95, in: RIW 1997, 723–727.

*Antomo, Jennifer*: Zum Verhältnis zwischen § 89b HGB sowie anderen Eingriffsnormen und internationalen Gerichtsstands- und Schiedsvereinbarungen, in: IHR 2013, 225–236.

*Assmann, Heinz-Dieter / Schneider Uwe H.*: Wertpapierhandelsgesetz – Kommentar, 6. Auflage, Köln 2012 [zitiert: Assmann/Schneider/*Bearbeiter*].

*Ayad, Patrick / Schnell, Sebastian*: Anmerkung zum BGH-Urteil vom 5.9.2012 (VII ZR 25/12) – Zur Frage der Zuständigkeit nationaler Gerichte bei der Durchsetzung international zwingender Regeln, in: BB 2012, 3103–3104.

*Bachand, Frédéric*: Does Article 8 of the Model Law Call for Full or Prima Facie Review of the Arbitral Tribunal's Jurisdiction?, in: 22 Arb. Int'l (2006), 463–476.

*Baetge, Dietmar*: Globalisierung des Wettbewerbsrechts – Eine internationale Wettbewerbsordnung zwischen Kartell- und Welthandelsrecht, Tübingen 2009; zugl.: Hamburg, Univ., Habil., 2007 [zitiert: *Baetge*, Globalisierung des Wettbewerbsrechts].

*Bähre, Inge Lore / Schneider, Manfred*: KWG-Kommentar – Kreditwesengesetz mit den wichtigsten Ausführungsvorschriften, 3. Auflage, München 1986.

*Balthasar, Stephan*: International Commercial Arbitration – International Conventions, Country Reports and Comparative Analysis, München 2017 [zitiert: Balthasar/*Bearbeiter*].

*Bälz, Kilian / Stompfe, Philipp*: Asymmetrische Streitbeilegungsklauseln in internationalen Wirtschaftsverträgen: Zulässigkeit, Grenzen, Gestaltungsmöglichkeiten, in: SchiedsVZ 2017, 157–164.

*Bar, Christian von / Mankowski, Peter*: Internationales Privatrecht, Band I, Allgemeine Lehren, 2. Auflage, München 2003 [zitiert: *v. Bar/Mankowksi*, IPR I].

*Barraclough, Andrew / Waincymer, Jeff*: Mandatory Rules of Law in International Commercial Arbitration, in: 6 Melb. J. Int'l Law (2005), 205–244.

*Basedow, Jürgen*: Die Verselbständigung des europäischen ordre public, in: Coester, Michael / Martiny, Dieter / Prinz von Sachsen Gesapphe, Karl August (Hrsg.), Privatrecht in Europa – Vielfalt, Kollision, Kooperation, Festschrift für Hans-Jürgen Sonnenberger zum 70. Geburtstag, München 2004, S. 291–319 [zitiert: *Basedow*, FS Sonnenberger].

*Basedow, Jürgen*: Zuständigkeitsderogation, Eingriffsnormen und ordre public, in: Mankowski, Peter / Wurmnest, Wolfgang (Hrsg.), Festschrift für Ulrich Magnus zum 70. Geburtstag, München 2014, S. 337–352 [zitiert: *Basedow*, FS Magnus].

*Baumbach, Adolf / Lauterbach, Wolfgang / Albers, Jan / Hartmann, Peter*: Zivilprozessordnung – mit FamFG, GVG und anderen Nebengesetzen, 76. Auflage, München 2018.

*Bäumer, Annette*: Die ausländische Rechtshängigkeit und ihre Auswirkungen auf das internationale Zivilverfahrensrecht, Köln 1999; zugl.: Köln, Univ. Diss., 1998 [zitiert: *Bäumer*, Ausländische Rechtshängigkeit].

*Becker, Michael*: Zwingendes Eingriffsrecht in der Urteilsanerkennung, in: RabelsZ 60 (1996), 691–737.

Beck-online Grosskommentar zum Zivilrecht, Bürgerliches Gesetzbuch, Stand: 1.2.2018, München 2018 [zitiert: BeckOGK/*Bearbeiter*, BGB].

Beck-online Grosskommentar zum Zivilrecht, Einführungsgesetz zum Bürgerlichen Gesetzbuch, Stand: 1.11.2017, München 2017 [zitiert: BeckOGK/*Bearbeiter*, EGBGB].

Beck-online Grosskommentar zum Zivilrecht, Rom I-VO, Stand: 1.12.2017, München 2017 [zitiert: BeckOGK/*Bearbeiter*, Rom I-VO].

Beck'scher Online-Kommentar Bürgerliches Gesetzbuch, 44. Edition (Stand: 1.11.2017), München 2017 [zitiert: BeckOK-BGB/*Bearbeiter*].

Beck'scher Online-Kommentar Handelsgesetzbuch, 19. Edition (Stand: 15.1.2018), München 2018 [zitiert: BeckOK-HGB/*Bearbeiter*].

Beck'scher Online-Kommentar Zivilprozessordnung, 27. Edition (Stand 1.12.2017), München 2017 [zitiert: BeckOK-ZPO/*Bearbeiter*].

*Berger, Klaus Peter*: Schiedsgerichtsbarkeit und Finanztermingeschäfte – Der „Schutz" der Anleger vor der Schiedsgerichtsbarkeit durch § 37h WpHG, in: ZBB 2003, 77–93.

*Berger, Klaus Peter*: The Creeping Codification of the New Lex Mercatoria, 2. Auflage, Alphen aan den Rijn 2010 [zitiert: *Berger*, The New Lex Mercatoria].

*Bermann, George A.*: Mandatory Rules of Law in International Arbitration, in: Ferrari, Franco / Kröll, Stefan (Hrsg.), Conflict of Laws in International Arbitration, München 2011, S. 325–339 [zitiert: *Bermann*, in: Conflict of Laws in International Arbitration].

*Beulker, Jette*: Die Eingriffsnormenproblematik in internationalen Schiedsverfahren – Parallelen und Besonderheiten im Vergleich zur staatlichen Gerichtsbarkeit, Tübingen 2005; zugl.: Köln, Univ., Diss., 2004 [zitiert: *Beulker*, Eingriffsnormenproblematik].

*Bishop*, R. Doak / *Coriell*, *Wade M.* / *Campos*, *Marcelo Medina*: The "Null and Void" Provision of the New York Convention, in: Gaillard, Emmanuel / Di Pietro, Domenico (Hrsg.), Enforcement of Arbitration Agreements and International Arbitral Awards – The New York Convention in Practice, London 2009, S. 275–296 [zitiert: *Bishop/Coriell/Campos*, in: Enforcement of Arbitration Agreements].

*Blessing*, *Marc*: Mandatory Rules of Law versus Party Autonomy in International Arbitration, in: 14 Journ. Int'l Arb. (1997), 23–40.

*Blessing*, *Marc*: Choice of Substantive Law in International Arbitration, in: 14 Journ. Int'l Arb. (1997), 39–65.

*Böckstiegel*, *Karl-Heinz* / *Kröll*, *Stefan* / *Nacimiento*, *Patricia*: Arbitration in Germany – The Model Law in Practice, 2. Auflage, Alphen ann den Rijn 2015 [zitiert: Böckstiegel/*Bearbeiter*, Arbitration in Germany].

*Boos*, *Karl-Heinz* / *Fischer*, *Reinfrid* / *Schulte-Mattler*, *Hermann*: KWG und CRR-VO, Kommentar zu Kreditwesengesetz, VO (EU) Nr. 575/2013 (CRR) und Ausführungsvorschriften, Band 1, 5. Auflage, München 2016 [zitiert: Boos/Fischer/*Bearbeiter*].

*Borges*, *Georg*: Die Anerkennung und Vollstreckung von Schiedssprüchen nach dem neuen Schiedsverfahrensrecht, in: ZZP 111 (1998), 487–513.

*Bork*, *Reinhard*: Kurzkommentar zu LG Frankfurt/M., Urteil vom 15.7.1991 – 2/21 0 358/90, in: EWiR 1992, 101–102.

*Bork*, *Reinhard* / *Stöve*, *Elisabeth*: Schiedsgerichtsbarkeit bei Börsentermingeschäften, Köln 1992 [zitiert: *Bork/Stöve*, Börsentermingeschäfte].

*Born*, *Gary*: International Commercial Arbitration, 2. Auflage, Alphen aan den Rijn 2014.

*Born*, *Gary* / *Koepp*, *Johannes*: Towards a Uniform Standard of Validity of International Arbitration Agreements Under the New York Convention, in: Bachmann, Birgit / Breidenbach, Stephan / Coester-Waltjen, Dagmar / Heß, Burkhard / Nelle, Andreas / Wolf, Christian (Hrsg.), Grenzüberschreitungen – Beiträge zum Internationalen Verfahrensrecht und zur Schiedsgerichtsbarkeit, Festschrift für Peter Schlosser zum 70. Geburtstag, Tübingen 2005, S. 59–73 [zitiert: *Born/Koepp*, FS Schlosser].

*Bosch*, *Wolfgang*: Rechtskraft und Rechtshängigkeit im Schiedsverfahren, Tübingen 1991; zugl.: Konstanz, Univ., Diss., 1989 [zitiert: *Bosch*, Rechtskraft im Schiedsverfahren].

*Brödermann*, *Eckart*: Die Bedetung des (internationalen) Gesellschaftsrechts in internationalen zivil- und handelsrechtlichen Schiedsverfahren – Zugleich ein Beitrag zur Auslegung von Art. II, IV und V Abs. 1 (a) des New Yorker Übereinkommens, in: Cascante Schemann, José Christian / Spahlinger,

Andreas / Wilske, Stephan (Hrsg.), Global Wisdom on Business Transactions, International Law and Dispute Resolution, Festschrift für Gerhard Wegen zum 65. Geburtstag, München 2015, S. 591–603 [zitiert: *Brödermann*, FS Wegen].

*Calliess, Christian / Ruffert, Matthias*: EUV/AEUV, Das Verfassungsrecht der Europäischen Union mit Europäischer Grundrechtecharta, Kommentar, 5. Auflage, München 2016 [zitiert: Calliess/Ruffert/*Bearbeiter*].

*Carducci, Guido*: The Impact of the EU Rome I-Regulation on International Litigation and Arbitration, A-National Law, Mandatory and Overriding Rules, in: ICC Bull. 2/2011, 31–42.

*Coester-Waltjen, Dagmar*: Einige Überlegungen zu Schiedsgerichtsvereinbarungen und ihrer Wirksamkeit, in: Boele-Woelki, Katharina / Einhorn, Talia / Girsberger, Daniel / Symeonides, Symeon (Hrsg.), Convergence and Divergence in Private International Law – Liber Amicorum Kurt Siehr, Zürich 2010, S. 595–618 [zitiert: *Coester-Waltjen*, FS Siehr].

*Commandeur, Marcus / Gößling, Sebastian*: The Determination of Mandatory Rules of Law in International Arbitration – An attempt to set out criteria, in: SchiedsVZ 2014, 12–20.

*Craig, William Laurence / Park, William W. / Paulsson, Jan*: International Chamber of Commerce Arbitration, 3. Auflage, New York 2000 [zitiert: *Craig/Park/Paulsson*, ICC Arbitration].

*Czernich, Dietmar / Geimer, Reinhold*: Streitbeilegungsklauseln im internationalen Vertragsrecht – Rechtswahlvereinbarung, Gerichtsstandsvereinbarung, Schiedsvereinbarung und Mediation in Deutschland, Österreich und der Schweiz, München 2017 [zitiert: Czernich/Geimer/*Bearbeiter*].

*Dathe, Uwe*: Abdingbarkeit des Ausgleichsanspruchs eines in der EU tätigen Handelsvertreters nach der Ingmar-Entscheidung des EuGH, in: NJOZ 2010, 2196–2202.

*Drathen, Carsten von / Strauch, Gunnar*: Längere Kundengespräche und weniger Geschäfte durch das Zweite Finanzmarktnovellierungsgesetz? – Was die Umsetzung von MiFID II für den Kundenkontakt bedeutet, in: WPg 2017, 1265–1272.

*Drobnig, Ulrich*: Internationale Schiedsgerichtsbarkeit und wirtschaftsrechtliche Eingriffsnormen, in: Musielak, Hans-Joachim / Schurig, Klaus (Hrsg.), Festschrift für Gerhard Kegel zum 75. Geburtstag, Stuttgart 1987, S. 95–118 [zitiert: *Drobnig*, FS Kegel].

*Duve, Christian / Sattler, Maximilian*: Schiedsvereinbarungen in Verbraucherverträgen, in: Genzow, F. Christian / Grunewald, Barbara / Schulte-Nölke, Hans (Hrsg.), Zwischen Vertragsfreiheit und Verbraucherschutz, Festschrift für Friedrich Graf von Westphalen zum 70. Geburtstag, Köln 2010, S. 81–108 [zitiert: *Duve/Sattler*, FS Graf v. Westphalen].

*Ebenroth, Carsten Thomas / Boujong, Karlheinz / Joost, Detlev / Strohn, Lutz*: Handelsgesetzbuch, Band 1, §§ 1-342e, 3. Auflage, München 2014 [zitiert: Ebenroth/Boujong/*Bearbeiter*].

*Eichel, Florian*: AGB-Gerichtsstandsklauseln im deutsch-amerikanischen Handelsverkehr, Jena 2007; zugl.: Passau, Univ., Diss., 2007 [zitiert: *Eichel*, AGB-Gerichtsstandsklauseln].

*Eichel, Florian*: Inhaltskontrolle von AGB-Schiedsklauseln im internationalen Handelsverkehr, in: IPRax 2010, 219–224.

*Eichel, Florian*: Schiedsklauseln in Athletenvereinbarungen aus dem Blickwinkel des Internationalen Privat- und Zivilverfahrensrechts, in: IPRax 2016, 305–310.

*Eike, Verena*, Handelsvertreter- und Vertragshändlerrecht in USA, in: GTAI – German Trade & Invest, Rechtstipps für Exporteure – USA, 2014 [zitiert: *Eike*, in: Rechtstipps für Exporteure USA]; abrufbar unter (Stand 14.6.2018): <http://www.gtai.de/GTAI/Navigation/DE/Trade/Recht-Zoll/Wirtschafts-und-steuerrecht/suche,t=handelsvertreter-und-vertragshaendlerrecht-in-usa,did=979016.html>.

*Einsele, Dorothee*: Anlegerschutz durch Information und Beratung: Verhaltens- und Schadensersatzpflichten der Wertpapierdienstleistungsunternehmen nach Umsetzung der Finanzmarktrichtlinie (MiFID), in: JZ 2008, 477–490.

*Elsing, Siegfried H.*: Zur Auslegung von Schiedsvereinbarungen, in: Genzow, F. Christian / Grunewald, Barbara / Schulte-Nölke, Hans (Hrsg.), Zwischen Vertragsfreiheit und Verbraucherschutz, Festschrift für Friedrich Graf von Westphalen zum 70. Geburtstag, Köln 2010, S. 109–126 [zitiert: *Elsing*, FS Graf v. Westphalen].

*Emde, Raimond*: Kurzkommentar zu OLG München, Urteil vom 17.5.2006 – 7 U 1781/06, in: EWiR 2006, 621–622.

*Epping, Manja*: Die Schiedsvereinbarung im internationalen privaten Rechtsverkehr nach der Reform des deutschen Schiedsverfahrensrechts, München 1999; zugl.: München, Univ., Diss., 1998 [zitiert: *Epping*, Schiedsvereinbarung].

*Erman, Walter*: Bürgerliches Gesetzbuch – Handkommentar mit AGG, EGBGB (Auszug), ErbbauRG, LPartG, ProdHaftG, VBVG, VersAusglG und WEG, 15. Auflage, Köln 2017 [zitiert: Erman/*Bearbeiter*].

*Ferrari, Franco / Kieninger, Eva-Maria / Mankowski, Peter / Otte, Karsten / Saenger, Ingo / Schulze, Götz / Staudinger, Ansgar*: Internationales Vertragsrecht –

Rom I-VO, CISG, CMR, FactÜ, Kommentar, 3. Auflage, München 2018 [zitiert: Ferrari/Kieninger/*Bearbeiter*].

*Fleischer, Holger*: Das Vierte Finanzmarktförderungsgesetz, in: NJW 2002, 2977–2983.

*Fouchard, Philippe / Gaillard, Emmanuel / Goldman, Berthold*: International Commercial Arbitration, Den Haag 1999.

*Freitag, Robert*: Einfach und international zwingende Normen – Anmerkungen zu einem restatement des Art. 7 EVÜ in einem künftigen „Gemeinschaftsinstrument über das auf vertragliche Schuldverhältnisse anwendbare Recht", in: Leible, Stephan (Hrsg.), Das Grünbuch zum Internationalen Vertragsrecht – Beiträge zur Fortentwicklung des Europäischen Kollisionsrechts der vertraglichen Schuldverhältnisse, S. 167–191 [zitiert: *Freitag*, in: Grünbuch zum Internationalen Vertragsrecht].

*Fritzsche, Alexander / Klöppner, Carsten / Schmidt, Miriam*: Die Praxis der privaten Kartellrechtsdurchsetzung in Deutschland – Teil I: Aspekte des kartellrechtlichen Schadensersatzanspruchs, in: NZKart 2016, 412–421.

*Fuchs, Andreas*: Wertpapierhandelsgesetz (WpHG), Kommentar, 2. Auflage, München 2016 [zitiert: Fuchs/*Bearbeiter*].

*Geimer, Reinhold*: Anmerkung zu BGH, Urteil vom 8.2.1971 – II ZR 93/70, in: NJW 1971, 1524–1526.

*Geimer, Reinhold*: Internationales Zivilprozessrecht, 7. Auflage, Köln 2015 [zitiert: *Geimer*, IZPR].

*Germelmann, Claas-Hinrich / Matthes, Hans-Christoph / Prütting, Hanns*: Arbeitsgerichtsgesetz, Kommentar, 9. Auflage, München 2017 [zitiert: Germelmann/Matthes/Prütting/*Bearbeiter*].

*Gildeggen, Rainer*: Internationale Schieds- und Schiedsverfahrensvereinbarungen in allgemeinen Geschäftsbedingungen vor deutschen Gerichten, Frankfurt am Main 1991; zugl.: Heidelberg, Univ., Diss., 1990 [zitiert: *Gildeggen*, Schiedsvereinbarungen in AGB].

*Gössl, Susanne L.*: Das Gesetz über die alternative Streitbeilegung in Verbrauchersachen – Chancen und Risiken, in: NJW 2016, 838–842.

*Gottschalk, Eckart / Breßler, Steffen*: Missbrauchskontrolle von Gerichtsstandsvereinbarungen im europäischen Zivilprozessrecht, in: ZEuP 2007, 56–80.

*Gottwald, Peter*: Grenzen internationaler Gerichtsstandsvereinbarungen, in: Henrich, Dieter / von Hoffmann, Bernd (Hrsg.), Festschrift für Karl Firsching zum 70. Geburtstag, München 1985, S. 89–110 [zitiert: *Gottwald*, FS Firsching].

*Gottwald, Peter*: Aktuelle Probleme des Internationalen Schiedsverfahrensrechts, in: Hilbig-Lugani, Katharina / Jakob, Dominique / Mäsch, Gerald / Reuß, Philipp / Schmid, Christoph (Hrsg.), Zwischenbilanz – Festschrift für

Dagmar Coester-Waltjen zum 70. Geburtstag, Bielefeld 2015, S. 389–402 [zitiert: *Gottwald*, FS Coester-Waltjen].

*Graf von Westphalen, Friedrich*: Unwirksame Schiedsvereinbarungen mit Verbrauchern – notwendiger Schutz von Vorständen und Geschäftsführern, in: ZIP 2013, 2184–2190.

*Graf von Westphalen, Friedrich / Thüsing, Gregor*: Vertragsrecht und AGB-Klauselwerke, 39. Ergänzungslieferung (Mai 2017), München 2017 [zitiert: Graf v. Westphalen/Thüsing/*Bearbeiter*].

*Gräfe, Gerald / Giesa, Kai-Oliver*: Von Ingmar zu Unamar – Welche Beschränkungen der Rechts- und Gerichtswahlfreiheit ergeben sich aus der Entscheidung des EuGH vom 17.10.2013, C-184/12?, in: ZVertriebsR 2014, 29–34.

*Graffi, Leonardo*: The Law Applicable to the Validity of the Arbitration Agreement – A Practitioner's View, in: Ferrari, Franco / Kröll, Stefan (Hrsg.), Conflict of Laws in International Arbitration, München 2011, S. 19–62 [zitiert: *Graffi*, in: Conflict of Laws in International Arbitration].

*Grimm, Alexander*: Applicability of the Rom I and II Regulations to International Arbitration, in: SchiedsVZ 2012, 189–200.

*Grundmann, Stefan*: Europäisches Schuldvertragsrecht – Das europäische Recht der Unternehmensgeschäfte, Berlin 1999 [zitiert: *Grundmann*, Europäisches Schuldvertragsrecht].

*Grunsky, Wolfgang / Waas, Bernd / Benecke, Martina / Greiner, Stefan*: Arbeitsgerichtsgesetz, Kommentar, 8. Auflage, München 2014 [zitiert: Grunsky/Waas/*Bearbeiter*].

*Haas, Ulrich / Hauptmann, Markus*: Schiedsvereinbarungen in „Ungleichgewichtslagen" – am Beispiel des Sports, in: SchiedsVZ 2004, 175–187.

*Handorn, Boris*: Das Sonderkollisionsrecht der deutschen internationalen Schiedsgerichtsbarkeit – Zur Bestimmung des anwendbaren materiellen Rechts gem. § 1051 Abs. 1 und 2 Zivilprozessordnung, Tübingen 2005; zugl.: Berlin, Freie Univ., Diss., 2004 [zitiert: *Handorn*, Sonderkollisionsrecht].

*Hanefeld, Inka / Wittinghofer, Matthias A.*: Schiedsklauseln in Allgemeinen Geschäftsbedingungen, in: SchiedsVZ 2005, 217–229.

*Harbst, Ragnar*: Die Rolle der staatlichen Gerichte im Schiedsverfahren – Ein Rechtsvergleich zwischen dem englischen Arbitration Act 1996 und deutschem Schiedsverfahrensrecht, Heidelberg 2002; zugl.: Münster (Westfalen), Univ., Diss., 2001 [zitiert: *Harbst*, Staatliche Gerichte im Schiedsverfahren].

*Hartley, Trevor / Dogauchi, Masato*: Preliminary Document No. 26 of December 2004 – Explanatory Report on the Preliminary Draft Convention on Exclusive Choice of Court Agreements, in: Permanent Bureau of the Conference (Hrsg.), Proceedings of the Twentieth Session, Tome III, Choice of Court

Agreements, Den Haag 2010, S. 167–229 [zitiert: *Hartley/Dogauchi*, Prel. Doc. No. 26].

*Hartley, Trevor / Dogauchi, Masato*: Explanatory Report on the 2005 Hague Choice of Court Agreements Convention, in: Permanent Bureau of the Conference (Hrsg.), Proceedings of the Twentieth Session, Tome III, Choice of Court Agreements, Den Haag 2010, S. 785–863 [zitiert: *Hartley/Dogauchi*, Explanatory Report].

*Hascher, Dominique T.*: European Convention on International Commercial Arbitration of 1961 – Commentary, in: YbCA 1992, 711–748.

*Hase, Karl von / Krolovitsch, Heinz-Georg*: Justizkrise und Schiedsverfahren in Italien, in: RIW 2009, 836–844.

*Häuser, Franz / Welter, Reinhard*: Nationale Geltungsschranken bei ausländischen Börsentermingeschäften – Ein Beitrag zum Konflikt internationaler Gerichtsstandsvereinbarungen mit deutschem Börsenrecht, in: WM 1985, Sonderbeilage Nr. 8, S. 3–16.

*Hausmann, Rainer*: Anwendbares Recht vor deutschen und italienischen Schiedsgerichten – Bindung an die Rom I-Verordnung oder Sonderkollisionsrecht, in: Kronke, Bernd / Thorn, Karsten (Hrsg.), Grenzen überwinden – Prinzipien bewahren, Festschrift für Bernd von Hoffmann zum 70. Geburtstag am 28. Dezember 2011, Bielefeld 2011, S. 971–986 [zitiert: *Hausmann*, FS v. Hoffmann].

*Herresthal, Carsten*: Die Wirksamkeit von Schiedsabreden mit Vorständen und Geschäftsführern bei Organhaftungsstreitigkeiten, in: ZIP 2014, 345–353.

*Heymann, Ekkehardt von*: Der ordre public in der privaten Schiedsgerichtsbarkeit, Bielefeld 1969; zugl.: Frankfurt (Main), Univ., Diss., 1968 [zitiert: *v. Heymann*, Ordre Public in der Schiedsgerichtsbarkeit].

*Hilbig, Katharina*: Absoluter Verbraucherschutz bei unzulässigen AGB-Schiedsvereinbarungen?, in: SchiedsVZ 2010, 74–81.

*Hobe, Stephan*: Einführung in das Völkerrecht, 10. Auflage, Tübingen 2014 [zitiert: *Hobe*, Völkerrecht].

*Hochbaum, Johann-Friedrich*: Mißglückte internationale Schiedsvereinbarungen – Zweckverfehlung bei internationalen Schiedsvereinbarungen nach deutschem Recht, Heidelberg 1995; zugl.: Münster (Westfalen), Univ., Diss., 1994 [zitiert: *Hochbaum*, Mißglückte Schiedsvereinbarungen].

*Hochstrasser, Daniel*: Choice of Law and „Foreign" Mandatory Rules in International Arbitration, in: 11 Journ. Int'l Arb. (1994), 57–86.

*Hoffmann, Bernd von / Thorn, Karsten*: Internationales Privatrecht – einschließlich der Grundzüge des Internationalen Zivilverfahrensrechts, 9. Auflage, München 2007 [zitiert: *v. Hoffmann/Thorn*, IPR].

*Holl, Volker H. / Kessler, Oliver*: Die US-amerikanische Churning-Doktrin im Recht der Termingeschäfte, in: RIW 1995, 983–984.

*Hopt, Klaus*: Handelsvertreterrecht, §§ 84–92c, 54, 55 HGB mit Materialien, 5. Auflage, München 2015 [zitiert: *Hopt*, Handelsvertreterrecht].

*Horn, Norbert*: Zwingendes Recht in der internationalen Schiedsgerichtsbarkeit, in: SchiedsVZ 2008, 209–222.

*Horvath, Günther*: The Duty of the Tribunal to Render an Enforceable Award, in: 18 Journ. Int'l Arb. (2001), 135–158.

*Huber, Peter*: Das Verhältnis von Schiedsgericht und staatlichen Gerichten bei der Entscheidung über die Zuständigkeit, in: SchiedsVZ 2003, 73–75.

*Huber, Peter*: Schiedsvereinbarungen im Scheidungsrecht, in: SchiedsVZ 2004, 280–288.

*Huber, Peter*: Das Haager Übereinkommen über Gerichtsstandsvereinbarungen, in: IPRax 2016, 197–207.

*Huber, Peter / Bach, Ivo*: Anmerkung zu BGH, Urteil vom 13.1.2005 - III ZR 265/03, in: SchiedsVZ 2005, 98–100.

*Illmer, Martin*: Der Arglisteinwand an der Schnittstelle von staatlicher Gerichtsbarkeit und Schiedsgerichtsbarkeit, Tübingen 2007; zugl.: Mainz, Univ., Diss., 2006 [zitiert: *Illmer*, Arglisteinwand].

*Immenga, Ulrich / Mestmäcker, Ernst-Joachim*: Wettbewerbsrecht, Band 2, GWB, Kommentar zum Deutschen Kartellrecht, 5. Auflage, München 2014 [zitiert: Immenga/Mestmäcker/*Bearbeiter*].

*Inderst, Roman / Thomas, Stephan*: Schadensersatz bei Kartellverstößen, Düsseldorf 2015 [zitiert: *Inderst/Thomas*, Kartellschadensersatz].

*Jäger, Georg*: „Churning" und „kick-back" im Rahmen der Kapitalanlageberatung, in: MDR 2010, 903–907.

*Jarass, Hans D.*: Charta der Grundrechte der Europäischen Union, Kommentar, 3. Auflage, München 2016 [zitiert: *Jarass*, EU-Grundrechte-Charta].

*Jayme, Erik*: Zum internationalen Geltungswillen der europäischen Regeln über den Handelsvertreterausgleich, in: IPRax 2001, 190–191.

*Jordans, Roman*: Schiedsgerichte bei Termingeschäften und Anlegerschutz, Marburg 2007; zugl.: Köln, Univ., Diss., 2006 [zitiert: *Jordans*, Schiedsgerichte bei Termingeschäften].

*Jordans, Roman*: Die Umsetzung der MiFID in Deutschland und die Abschaffung des § 37d WpHG, in: WM 2007, 1827–1831.

*Juenger, Friedrich K.*: Lex mercatoria und Eingriffsnormen, in: Löwisch, Manfred / Schmidt-Leithoff, Christian / Schmiedel, Burkhard (Hrsg.),

Beiträge zum Handels- und Wirtschaftsrecht, Festschrift für Fritz Rittner zum 70. Geburtstag, München 1991, S. 233–249 [zitiert: *Juenger*, FS Rittner].

*Kahlert, Heiner*: Vertraulichkeit im Schiedsverfahren – Eine Untersuchung nach deutschem Recht mit internationalen Bezügen, Tübingen 2015; zugl.: Zürich, Univ., Diss., 2014/2015 [zitiert: *Kahlert*, Vertraulichkeit im Schiedsverfahren].

*Kaufmann-Kohler, Gabrielle*: Arbitral Precedent: Dream, Necessity or Excuse?, in: 23 Arb. Int'l (2007), 357–378.

*Kegel, Gerhard / Schurig, Klaus*: Internationales Privatrecht, 9. Auflage, München 2004 [zitiert: *Kegel/Schurig*, IPR].

*Kersting, Christian*: Die Beendigung einer Schiedsvereinbarung durch Anrufung staatlicher Gerichte, in: SchiedsVZ 2013, 297–307.

*Kessedjian, Catherine*: Determination and Application of Relevant National and International Law and Rules, in: Lew, Julian D. M / Mistelis, Loukas A. (Hrsg.), Pervasive Problems in International Arbitration, Alphen aan den Rijn 2006, S. 71–88 [zitiert: *Kessedjian*, in: Pervasive Problems in International Arbitration].

*Kindler, Peter*: Rechtswahlfestigkeit des Handelsvertreterausgleichs bei Tätigkeitsausübung in Mitgliedstaat, aber Sitz des Unternehmens in Drittstaat – Kommentar zu EuGH, Urteil vom 9.11.2000 – Rs. C-381/98, in: BB 2001, 11–13.

*Kindler, Peter*: Handelsvertreterrichtlinie und Rom I, in: Kronke, Bernd / Thorn, Karsten (Hrsg.), Grenzen überwinden – Prinzipien bewahren, Festschrift für Bernd von Hoffmann zum 70. Geburtstag am 28. Dezember 2011, Bielefeld 2011, S. 198–207 [zitiert: *Kindler*, FS v. Hoffmann].

*Klein, Frédéric-Edouard*: Das Europäische Übereinkommen über die internationale Handelsschiedsgerichtsbarkeit, in: ZZP 76 (1963), 342–370.

*Kleinheisterkamp, Jan*: Eingriffsnormen und Schiedsgerichtsbarkeit – Ein praktischer Versuch, in: RabelsZ 79 (2009), 818–841.

*Kleinheisterkamp, Jan*: The Impact of Internationally Mandatory Laws on the Enforceability of Arbitration Agreements, in: 3 WAMR (2009), 91–120.

*Klingsporn, Burkhard*: Zum international zwingenden Anwendungsbereich des neuen deutschen Seefrachtrechts, in: NJW 1987, 3042–3045.

*König, Ute*: Zur Bestimmung des Schiedsvertragsstatuts bei fehlender Gesetzesgrundlage nach Inkrafttreten der Rom I-Verordnung, in: SchiedsVZ 2012, 129–133.

*König, Valeriane*: Präzedenzwirkung internationaler Schiedssprüche – Dogmatisch-empirische Analysen zur Handels- und Investitionsschiedsgerichtsbarkeit, Berlin 2013; zugl.: Berlin, Humboldt-Univ., Diss., 2012 [zitiert: *König*, Präzedenzwirkung].

*Kornblum, Udo*: „Ordre public transnational", „ordre public international" und „ordre public interne" im Recht der privaten Schiedsgerichtsbarkeit, in: Habscheid, Walther J. / Schwab, Karl Heinz (Hrsg.), Beiträge zum internationalen Verfahrensrecht und zur Schiedsgerichtsbarkeit, Festschrift für Heinrich Nagel zum 75. Geburtstag, Münster 1987, S. 140–156 [zitiert: *Kornblum*, FS Nagel].

*Koussoulis, Stelios*: Zur Dogmatik des auf die Schiedsvereinbarung anwendbaren Rechts, in: Bachmann, Birgit / Breidenbach, Stephan / Coester-Waltjen, Dagmar / Heß, Burkhard / Nelle, Andreas / Wolf, Christian (Hrsg.), Grenzüberschreitungen – Beiträge zum Internationalen Verfahrensrecht und zur Schiedsgerichtsbarkeit, Festschrift für Peter Schlosser zum 70. Geburtstag, Tübingen 2005, S. 415–427 [zitiert: *Koussoulis*, FS Schlosser].

*Kraayvanger, Jan*: Urteilsbesprechung zu OLG Dresden, Beschluss vom 7.12.2007 – 11 Sch 8/07, in: IHR 2008, 120–122.

*Kröll, Stefan*: Das neue deutsche Schiedsrecht vor staatlichen Gerichten: Entwicklungslinien und Tendenzen 1998–2000, in: NJW 2001, 1173–1184.

*Kröll, Stefan*: 50 Jahre UN-Übereinkommen über die Anerkennung und Vollstreckung ausländischer Schiedssprüche – Standortbestimmung und Zukunftsperspektive, in: SchiedsVZ 2009, 40–53.

*Kröll, Stefan*: Zur kollisionsrechtlichen Behandlung von Schiedsvereinbarungen – Rechtsfragen der subjektiven Reichweite (zu BGH 8.5.2014 – III ZR 371/12), in: IPRax 2016, 43–48.

*Kronke, Herbert / Nacimiento, Patricia / Otto, Dirk / Port, Nicola Christine*: Recognition and Enforcement of Foreign Arbitral Awards – A Global Commentary on the New York Convention, Alphen aan den Rijn 2010 [zitiert: Kronke/*Bearbeiter*, Global Commentary NYC].

*Kropholler, Jan*: Internationales Privatrecht – einschließlich der Grundbegriffe des Internationalen Zivilverfahrensrechts, 6. Auflage, Tübingen 2006 [zitiert: *Kropholler*, IPR].

*Kropholler, Jan / Herrmann, Hans Joachim / Basedow, Jürgen*: Handbuch des Internationalen Zivilverfahrensrechts, Band I, Tübingen 1982 [zitiert: *Kropholler*, in: IZVR I].

*Krüper, Julian*: Grundlagen des Rechts, 3. Auflage, Baden-Baden 2017 [zitiert: Krüper/*Bearbeiter*, Grundlagen des Rechts].

*Kühne, Gunther*: Rechtswahl und Eingriffsnormen in der Rechtsprechung des EuGH, in: Cascante, Christian / Spahlinger, Andreas / Wilske, Stephan (Hrsg.), Global Wisdom on Business Transactions, International Law and Dispute Resolution, Festschrift für Gerhard Wegen zum 65. Geburtstag, München 2015, S. 451–462 [zitiert: *Kühne*, FS Wegen].

*Lachmann, Jens-Peter*: Handbuch für die Schiedsgerichtspraxis, 3. Auflage, Köln 2008.

*Lachmann, Jens-Peter / Lachmann, Andreas*: Schiedsvereinbarungen im Praxistest – Im Blickpunkt: Formerfordernisse, Einbeziehung und Inhaltskontrolle nach dem AGB-Gesetz, in: BB 2000, 1633–1640.

*Lalive, Pierre*: Transnational (or Truly International) Public Policy and International Arbitration, in: Sanders, Pieter (Hrsg.), Comparative Arbitration Practice and Public Policy in Arbitration, Deventer 1987, S. 258–318 [zitiert: *Lalive*, in: Comparative Arbitration Practice].

*Lando, Ole*: Conflict-of-Law Rules for Arbitrators, in: Bernstein, Herbert / Drobnig, Ulrich / Kötz, Hein (Hrsg.), Festschrift für Konrad Zweigert zum 70. Geburtstag, Tübingen 1981, S. 159–178 [zitiert: *Lando*, FS Zweigert].

*Landolt, Phillip*: Limits on Court Review of International Arbitration Awards Assessed in light of States' Interest and in particular in light of EU Law Requirements, in: 23 Arb. Int'l (2007), 63–92.

*Langen, Eugen / Bunte, Hermann-Josef*: Kartellrecht, Kommentar, Band 1, Deutsches Kartellrecht, 13. Auflage, Köln 2018 [zitiert: Langen/Bunte/*Bearbeiter*].

*Lautenschlager jr., Nilson / Ataulo, Patrícia Helena*: Handelsvertretung und Vertrieb in Brasilien, Deutsch-Brasilianische Industrie- und Handelskammer (Hrsg.), Sao Paulo 2013 [zitiert: *Lautenschlager/Ataulo*, Handelsvertretung in Brasilien].

*Lazareff, Serge*: Mandatory Extraterritorial Application of National Law Rules, in: van den Berg, Albert Jan (Hrsg.), Planning Efficient Arbitration Proceedings: The Law Applicable in International Arbitration, Den Haag 1996, S. 538–552 [zitiert: *Lazareff*, in: Law Applicable in International Arbitration].

*Lehmann, Matthias*: Wertpapierhandel als schiedsfreie Zone? – Zur Wirksamkeit von Schiedsvereinbarungen nach § 37h WpHG; in: SchiedsVZ 2003, 219–226.

*Lew, Julian D. M.*: Applicable Law in International Commercial Arbitration – A Study in Commercial Arbitration Awards, New York 1978 [zitiert: *Lew*, Applicable Law]

*Lew, Julian D. M. / Mistelis, Loukas A. / Kröll, Stefan*: Comparative International Commercial Arbitration, Den Haag 2003 [zitiert: *Lew/Mistelis/Kröll*, Comparative Arbitration].

*Liebscher, Christoph*: European Public Policy – A Black Box?, in: 17 Journ. Int'l Arb. (2000), 73–88.

*Lindacher, Walter F.*: Schiedsklauseln und Allgemeine Geschäftsbedingungen im internationalen Handelsverkehr – Einbeziehungsschranken nach Art. 2 Abs. 2 UN-Übereinkommen und autonomem deutschen Sachrecht, in: Lindacher, Walter F. / Pfaff, Dieter / Roth, Günter H. / Schlosser, Peter / Wieser,

Eberhard (Hrsg.), Festschrift für Walther J. Habscheid zum 65. Geburtstag am 6. April 1989, Bielefeld 1989, S. 167–175 [zitiert: *Lindacher*, FS Habscheid].

*Lindenmayr, Barbara*: Vereinbarung über die internationale Zuständigkeit und das darauf anwendbare Recht, Berlin 2002; zugl.: Passau, Univ., Diss. 2000 [zitiert: *Lindenmayr*, Vereinbarung über die internationale Zuständigkeit].

*Lionnet, Klaus / Lionnet Annette*: Handbuch der internationalen und nationalen Schiedsgerichtsbarkeit, 3. Auflage, Stuttgart 2005.

*Longrée, Sebastian / Wedel, Dominik*: Die Entscheidung über die Einrede der Schiedsvereinbarung nach § 1032 Abs. 1 ZPO als finaler verfassungs- und europarechtlicher Kontrollgegenstand – (K)ein Ende des Prozessmarathons im Fall *Pechstein* in Sicht?, in: SchiedsVZ 2016, 237–242.

*Lousanoff, Oleg de*: Neues zum Termin- und Differenzeinwand bei ausländischen Börsentermingeschäften, in: Bruchhausen Karl / Hefermehl, Wolfgang / Hommelhoff, Peter / Messer, Herbert (Hrsg.), Festschrift für Rudolf Nirk zum 70. Geburtstag am 11. Oktober 1992, München 1992, S. 607–638 [zitiert: *de Lousanoff*, FS Nirk].

*Lüttringhaus, Jan*: Eingriffsnormen im internationalen Unionsprivat- und Prozessrecht: Von Ingmar zu Unamar, in: IPRax 2014, 146–152.

*Magnus, Ulrich*: Sonderkollisionsnorm für das Statut von Gerichtsstands- und Schiedsgerichtsvereinbarungen?, in: IPRax 2016, 521–531.

*Maier, Hans Jakob*: Rechtsverfolgung und Rechtsvereitelung im internationalen Rechtsverkehr durch Gerichtsstandsvereinbarungen, in: NJW 1959, 1470–1473.

*Maier, Hans Jakob*: Anmerkung zu BGH, Urteil vom 30.1.1961 – VII ZR 180/60, in: AWD 1961, 104.

*Mankowski, Peter*: Anmerkung zu OLG Düsseldorf, Urteil vom 14.1.1994 – 17 U 129/93, in: RIW 1994, 421–424.

*Mankowski, Peter*: Seerechtliche Vertragsverhältnisse im Internationalen Privatrecht, Tübingen 1995; zugl.: Hamburg, Univ., Diss., 1994 [zitiert: *Mankowski*, Seerechtliche Vertragsverhältnisse].

*Mankowski, Peter*: Kurzkommentar zu OLG Düsseldorf, Urteil vom 8.3.1996 – 17 U 179/95, in: EWiR 1996, 577–578.

*Mankowski, Peter*: Zu einigen internationalprivat- und internationalprozeßrechtlichen Aspekten bei Börsentermingeschäften – Anmerkung zu OLG Düsseldorf, Urteil vom 26.5.1995 – 17 U 240/95 und OLG Düsseldorf, Urteil vom 8.3.1996 – 17 U 179/95, in: RIW 1996, 1001–1005.

*Mankowski, Peter*: Der Ausgleichsanspruch des international tätigen Handelsvertreters, in: MDR 2002, 1352–1356.

*Mankowski, Peter*: Handelsvertreterverträge im Internationalen Prozess- und Privatrecht, in: Hopt, Klaus J. / Tzouganatos, Dimitris (Hrsg.), Europäisierung des Handels- und Wirtschaftsrechts – Gemeinsame oder unterschiedliche Probleme für das deutsche und griechische Recht?, Tübingen 2006, S. 131–154 [zitiert: *Mankowski*, in: Europäisierung des Handels- und Wirtschaftsrechts].

*Mankowski, Peter*: Verbraucherkreditverträge und europäisches IPR: Internationale Zuständigkeit und Eingriffsrecht, in ZEuP 2008, 845–863.

*Mankowski, Peter*: Commercial Agents under European Jurisdiction Rules – The Brussels I Regulation plus the Procedural Consequences of Ingmar, in: Bonomi, Andrea / Volken, Paul (Hrsg.), Yearbook of Private International Law 2008, S. 19–35 [zitiert: *Mankowski*, in: Yearb. Priv. Int'l Law 2008].

*Mankowski, Peter*: Schiedsgerichte und die Verordnungen des europäischen Internationalen Privat- und Verfahrensrechts, in: Kronke, Bernd / Thorn, Karsten (Hrsg.), Grenzen überwinden – Prinzipien bewahren, Festschrift für Bernd von Hoffmann zum 70. Geburtstag am 28. Dezember 2011, Bielefeld 2011, S. 1012–1028 [zitiert: *Mankowski*, FS v. Hoffmann].

*Mankowski, Peter*: Rom I-VO und Schiedsverfahren, in: RIW 2011, 30–44.

*Mankowski, Peter*: Drittstaatliche Embargonormen, Außenpolitik im IPR, Berücksichtigung von Fakten statt Normen: Art. 9 Abs. 3 Rom I-VO im praktischen Fall (zu Cour d'appel de Paris, 25.2.2015 – 12/23757), in: IPRax 2016, 485–493.

*Mann, Frederick A.*: Schiedsrichter und Recht, in: Jakobs, Horst Heinrich / Knobbe-Keuk, Brigitte / Picker, Eduard / Wilhelm, Jan (Hrsg.), Festschrift für Werner Flume zum 70. Geburtstag, Band I, Köln 1978, S. 593–619 [zitiert: *Mann*, FS Flume].

*Mann, Frederick A.*: Börsentermingeschäfte und internationales Privatrecht, in: Ficker, Hans Claudius / König, Detlef / Kreuzer, Karl F. / Leser, Hans G. / Frhr. Marschall von Bieberstein, Wolfgang / Schlechtriem, Peter (Hrsg.), Festschrift für Ernst von Caemmerer zum 70. Geburtstag, Tübingen 1978, S. 737–756 [zitiert: *Mann*, FS v. Caemmerer].

*Mann, Frederick A.*: Die Gültigkeit der Rechtswahl- und Gerichtsstandsklausel und das internationale Privatrecht – Zugleich ein Beitrag zu den Haager Regeln, in: NJW 1984, 2740–2742.

*Mäsch, Gerald*: Schiedsvereinbarungen mit Verbrauchern, in: Bachmann, Birgit / Breidenbach, Stephan / Coester-Waltjen, Dagmar / Heß, Burkhard / Nelle, Andreas / Wolf, Christian (Hrsg.), Grenzüberschreitungen – Beiträge zum Internationalen Verfahrensrecht und zur Schiedsgerichtsbarkeit, Festschrift für Peter Schlosser zum 70. Geburtstag, Tübingen 2005, S. 529–543 [zitiert: *Mäsch*, FS Schlosser].

*Mäsch, Gerald*: Wirksamkeit einer formularmäßig verabredeten Schiedsklausel in einem Verbrauchervertrag, in: JZ 2008, 359–362.

*Maunz, Theodor / Dürig, Günter*: Grundgesetz, Kommentar, 81. Ergänzungslieferung (September 2017), München 2017 [zitiert: Maunz/Dürig/*Bearbeiter*].

*Mayer, Carl Ulrich*: Die Überprüfung internationaler Schiedsvereinbarungen durch staatliche Gerichte – Überlegungen zu BGE 121 III 38 und BGE 122 III 139, in: ASA Bull. 1996, 361–411.

*Mayer, Pierre*: Mandatory Rules of Law in International Arbitration, in: 2 Arb. Int'l (1986), 274–293.

*Mayer, Pierre*: Effect of International Public Policy in International Arbitration, in: Lew, Julian D. M / Mistelis, Loukas A. (Hrsg.), Pervasive Problems in International Arbitration, Alphen aan den Rijn 2006, S. 61–69 [zitiert: *Mayer*, in: Pervasive Problems in International Arbitration].

*McGuire, Mary-Rose*: Grenzen der Rechtswahlfreiheit im Schiedsverfahrensrecht? Über das Verhältnis zwischen der Rom I-VO und § 1051 ZPO, in: SchiedsVZ 2011, 257–267.

*Meinhardt, Marcel / Ahrens, Jan-Michael*: Wettbewerbsrecht und Schiedsgerichtsbarkeit in der Schweiz – Eine Würdigung des Entscheids des Bundesgerichts vom 8. März 2006, in: SchiedsVZ 2006, 182–188.

*Meixner, Rüdiger*: Das Zweite Finanzmarktnovellierungsgesetz, in: ZAP 2017, 911–916.

*Mentzel, Ralph*: Sonderanknüpfung von Eingriffsrecht im internationalen Vertragsrecht, München 1993; zugl.: Mainz, Univ., Diss., 1991 [zitiert: *Mentzel*, Sonderanknüpfung].

*Mezger, Ernst*: Das Europäische Übereinkommen über die Handelsschiedsgerichtsbarkeit, in: RabelsZ 29 (1965), 231–301.

*Moller, Hans*: Schiedsverfahrensnovelle und Europäisches Übereinkommen über die internationale Handelsschiedsgerichtsbarkeit, in: NZG 2000, 57–72.

*Mülbert, Peter O. / Bruinier, Stefan*: Die Anwendung inländischer Schutzbestimmungen am Beispiel ausländischer Kreditverträge, in: WM 2005, 105–115.

*Münch, Joachim*: Schiedsverfahren mit Verzicht auf Staatskontrolle – zum Residualschutz der fair-trial-Maxime, in: SchiedsVZ 2017, 114–119.

Münchener Kommentar zum Bürgerlichen Gesetzbuch, Band 1: Allgemeiner Teil, §§ 1–240, ProstG, AGG, 7. Auflage, München 2015 [zitiert: MüKo-BGB/*Bearbeiter*].

Münchener Kommentar zum Bürgerlichen Gesetzbuch, Band 2: Schuldrecht, Allgemeiner Teil, 7. Auflage, München 2016 [zitiert: MüKo-BGB/*Bearbeiter*].

Münchener Kommentar zum Bürgerlichen Gesetzbuch, Band 9: Familienrecht II, §§ 1589–1921, SGB VIII, 7. Auflage, München 2017 [zitiert: MüKo-BGB/*Bearbeiter*].

Münchener Kommentar zum Bürgerlichen Gesetzbuch, Band 11: Internationales Privatrecht I, Europäisches Kollisionsrecht, Einführungsgesetz zum Bürgerlichen Gesetzbuche (Art. 1–26), 7. Auflage, München 2018 [zitiert: MüKo-BGB/*Bearbeiter*].

Münchener Kommentar zum Bürgerlichen Gesetzbuch, Band 12: Internationales Privatrecht II, Internationales Wirtschaftsrecht, Einführungsgesetz zum Bürgerlichen Gesetzbuche (Art. 50–253), 7. Auflage, München 2018 [zitiert: MüKo-BGB/*Bearbeiter*].

Münchener Kommentar zum FamFG: Gesetz über das Verfahren in Familiensachen und in den Angelegenheiten der freiwilligen Gerichtsbarkeit (FamFG) mit Internationalem und Europäischem Zivilverfahrensrecht in Familiensachen (IZVR, EuZVR), 2. Auflage, München 2013 [zitiert: MüKo-FamFG/*Bearbeiter*].

Münchener Kommentar zum Handelsgesetzbuch, Band 1: Handelsstand, §§ 1–104a, 4. Auflage, München 2016 [zitiert: MüKo-HGB/*Bearbeiter*].

Münchener Kommentar zum Handelsgesetzbuch, Band 7: Transportrecht, Handelsgeschäfte (§§ 407–475h), Seehandel (§§ 476–619), CMR, CIM, MÜ, CMNI, 3. Auflage, München 2014 [zitiert: MüKo-HGB/*Bearbeiter*].

Münchener Kommentar zur Insolvenzordnung, Band 2: §§ 80–216, 3. Auflage, München 2013 [zitiert: MüKo-InsO/*Bearbeiter*].

Münchener Kommentar zur Zivilprozessordnung – mit Gerichtsverfassungsgesetz und Nebengesetzen, Band 1: §§ 1–354, 5. Auflage, München 2016 [zitiert: MüKo-ZPO/*Bearbeiter*].

Münchener Kommentar zur Zivilprozessordnung – mit Gerichtsverfassungsgesetz und Nebengesetzen, Band 3: §§ 946-1117, EGZPO, GVG, EGGVG, UklaG, Internationales und Europäisches Zivilprozessrecht, 5. Auflage, München 2017 [zitiert: MüKo-ZPO/*Bearbeiter*].

*Musielak, Hans-Joachim / Voit, Wolfgang*: Zivilprozessordnung – mit Gerichtsverfassungsgesetz, Kommentar, 14. Auflage, München 2017 [zitiert: Musielak/Voit/*Bearbeiter*].

*Nagel, Heinrich / Gottwald, Peter*: Internationales Zivilprozessrecht, 7. Auflage, Köln 2013 [zitiert: *Nagel/Gottwald*, IntZPR].

*Nairac, Charles / Aleynikova, Elina / Thadikkaran, Manu*: To What Extent Do Arbitral Tribunals Take into Account Public Policy in the Jurisdictions of Prospective Enforcement of an Award? An Analysis of ICC Awards, in: ICC Bull. 1/2016, 55–62.

*Nedden, Jan Heiner / Herzberg, Axel Benjamin*: ICC-SchO/DIS-SchO – Praxiskommentar zu den Schiedsgerichtsordnungen, Köln 2014 [zitiert: Nedden/Herzberg/*Bearbeiter*].

*Neuhaus, Paul Heinrich*: Die Grundbegriffe des Internationalen Privatrechts, 2. Auflage, Tübingen 1976 [zitiert: *Neuhaus*, IPR-Grundbegriffe].

*Neumayer, Karl*: Internationales Verwaltungsrecht, Vierter Band – Allgemeiner Teil, Zürich 1936 [zitiert: *Neumayer*, Internationales Verwaltungsrecht IV].

*Niedermaier, Tilman*: Schiedsgerichtsbarkeit und Finanztermingeschäfte – Anlegerschutz durch § 37h WpHG und andere Instrumente; in: SchiedsVZ 2012, 177–184.

*Niedermaier, Tilman*: Schieds- und Schiedsverfahrensvereinbarungen in strukturellen Ungleichgewichtslagen, Tübingen 2013; zugl.: Göttingen, Univ., Diss., 2012/13 [zitiert: *Niedermaier*, Schiedsvereinbarungen in strukturellen Ungleichgewichtslagen].

*Nieper, Franz / Westerdijk, Arjen*: Niederländisches Bürgerliches Gesetzbuch, Buch 6: Allgemeiner Teil des Schuldrechts, Bücher 7 und 7A: Besondere Verträge, München 1995 [zitiert: *Nieper/Westerdijk*, Niederländisches Bürgerliches Gesetzbuch].

Nomos Kommentar Bürgerliches Gesetzbuch, Band 1: Allgemeiner Teil, EGBGB, 3. Auflage, Baden-Baden 2016 [zitiert: NK-BGB/*Bearbeiter*].

Nomos Kommentar Bürgerliches Gesetzbuch, Band 6: Rom-Verordnungen, EuErbVO, HUP, 2. Auflage, Baden-Baden 2015 [zitiert: NK-BGB/*Bearbeiter*].

*Nueber, Michael*: Nochmals: Schiedsgerichtsbarkeit ist vom Anwendungsbereich der Rom I-VO nicht erfasst, in: SchiedsVZ 2014, 186–189.

*Oetker, Hartmut*: Handelsgesetzbuch, Kommentar, 5. Auflage, München 2017 [zitiert: Oetker/*Bearbeiter*].

*Ostendorf, Patrick*: Wirksame Wahl ausländischen Rechts auch bei fehlendem Auslandsbezug im Fall einer Schiedsgerichtsvereinbarung und ausländischem Schiedsort?, in: SchiedsVZ 2010, 234–243.

*Palandt, Otto*: Bürgerliches Gesetzbuch – mit Nebengesetzen, 77. Auflage, München 2018 [zitiert: Palandt/*Bearbeiter*].

*Papeil, Anne-Sophie*: Conflict of Overriding Mandatory Rules in Arbitration, in: Ferrari, Franco / Kröll, Stefan (Hrsg.), Conflict of Laws in International Arbitration, München 2011, S. 341–377 [zitiert: *Papeil*, in: Conflict of Laws in International Arbitration].

*Pfeiffer, Thomas*: Internationale Zuständigkeit und prozessuale Gerechtigkeit – Die internationale Zuständigkeit im Zivilprozess zwischen effektivem Rechtsschutz und nationaler Zuständigkeitspolitik, Frankfurt am Main 1995;

zugl.: Frankfurt a. M., Univ., Habil., 1993 [zitiert: *Pfeiffer*, Internationale Zuständigkeit].

*Pfeiffer, Thomas*: Die Abwahl des deutschen AGB-Rechts in Inlandsfällen bei Vereinbarung eines Schiedsverfahrens, in: NJW 2012, 1169–1174.

*Pocsay, Michael*: Privates Kartellrecht in internationalen Schiedsverfahren, Hamburg 2012; zugl.: Saarbrücken, Univ., Diss., 2011 [zitiert: *Pocsay*, Kartellrecht in Schiedsverfahren].

*Poudret, Jean-François / Besson, Sébastien*: Comparative Law of International Arbitration, 2. Auflage, London 2007.

*Prütting, Hanns*: Schiedsgerichtsbarkeit und Verfassungsrecht, in: Bachmann, Birgit / Breidenbach, Stephan / Coester-Waltjen, Dagmar / Heß, Burkhard / Nelle, Andreas / Wolf, Christian (Hrsg.), Grenzüberschreitungen – Beiträge zum Internationalen Verfahrensrecht und zur Schiedsgerichtsbarkeit, Festschrift für Peter Schlosser zum 70. Geburtstag, Tübingen 2005, S. 705–712 [zitiert: *Prütting*, FS Schlosser].

*Prütting, Hanns / Gehrlein, Markus*: Zivilprozessordnung, Kommentar, 9. Auflage, Köln 2017 [zitiert: Prütting/Gehrlein/*Bearbeiter*].

Queen Mary University of London (Hrsg.): 2015 International Arbitration Survey: Improvements and Innovations in International Arbitration [zitiert: QMU, International Arbitration Survey 2015]; abrufbar unter (Stand: 10.7.2018): <www.arbitration.qmul.ac.uk/media/arbitration/docs/2015_International_Arbitration_Survey.pdf>.

*Quinke, David*: Börsenschiedsvereinbarungen und prozessualer Anlegerschutz, Köln 2005; zugl.: Bonn, Univ., Diss., 2005 [zitiert: *Quinke*, Börsenschiedsvereinbarungen].

*Quinke, David*: Schiedsvereinbarungen und Eingriffsnormen – Zugleich Anmerkung zu OLG München, Urteil vom 17. Mai 2006, Az. 7 U 1781/06, in: SchiedsVZ 2007, 246–254.

*Rabe, Dieter*: Das Aus für Konnossementsbedingungen im Bereich der Bundesrepublik?, in: RIW 1984, 589–591.

*Rabe, Dieter*: Seehandelsrecht, Fünftes Buch des Handelsgesetzbuches mit Nebenvorschriften und Internationalen Übereinkommen, 4. Auflage, München 2000 [zitiert: *Rabe*, Seehandelsrecht].

*Radicati di Brozolo, Luca*: Antitrust: A Paradigm of the Relations between Mandatory Rules and Arbitration – a Fresh Look at the “Second Look”, in: 7 Int’l Arb. Law Rev. (2004), 23–37.

*Radicati di Brozolo, Luca*: Mandatory Rules and International Arbitration, in: 23 Am. Rev. Int’l Arb. (2012), 49–75.

*Raeschke-Kessler, Hilmar*: AGB-Schiedsvereinbarungen über Börsentermingeschäfte – Zugleich ein Beitrag zu AGB-Schiedsverträgen mit Verbrauchern, in: WM 1998, 1205–1210.

*Raeschke-Kessler, Hilmar / Berger, Klaus Peter*: Recht und Praxis des Schiedsverfahrens, 3. Auflage, Köln 1999.

*Rauscher, Thomas*: Europäisches Zivilprozess- und Kollisionsrecht, EuZPR/EuIPR, Kommentar, Band I: Brüssel Ia-VO, 4. Auflage, Köln 2016 [zitiert: Rauscher/*Bearbeiter*].

*Rauscher, Thomas*: Europäisches Zivilprozess- und Kollisionsrecht, EuZPR/EuIPR, Kommentar, Band III: Rom I-VO, Rom II-VO, 4. Auflage, Köln 2016 [zitiert: Rauscher/*Bearbeiter*].

*Redfern, Alan / Hunter, Martin / Blackaby, Nigel / Partasides, Constantine*: Redfern and Hunter on International Arbitration, 6. Auflage, London 2015.

*Redmann, Christoph*: Ordre public-Kontrolle von Gerichtsstandsvereinbarungen, Hamburg 2005; zugl.: Kiel, Univ., Diss., 2005 [zitiert: *Redmann*, Ordre public-Kontrolle].

*Reithmann, Christoph / Martiny, Dieter*: Internationales Vertragsrecht – Das internationale Privatrecht der Schuldverträge, 8. Auflage, Köln 2015 [zitiert: Reithmann/Martiny/*Bearbeiter*].

*Reuschle, Fabian*: Montrealer Übereinkommen – Übereinkommen zur Vereinheitlichung bestimmter Vorschriften über die Beförderung im internationalen Luftverkehr, Kommentar, 2. Auflage, Berlin 2011 [zitiert: *Reuschle*, Montrealer Übereinkommen].

*Risse, Jörg*: Wehrt Euch endlich! Wider das Arbitration-Bashing, in: SchiedsVZ 2014, 265–274.

Rödl & Partner (Hrsg.): Handbuch internationales Handelsvertreterrecht – Wettbewerbsvorteil auf ausländischen Märkten, 2. Auflage, Köln 2013 [zitiert: Rödl/*Bearbeiter*].

*Rogers, Catherine A.*: Context and Institutional Structure in Attorney Regulation: Constructing an Enforcement Regime for International Arbitration, in: 39 Stanford Journ. Int'l Law (2003), 1–58.

*Rogers, William / Markham, Jerry*: The Application of West German Statutes to US Commodity Futures Contracts: An Unnecessary Clash of Policies, in: 19 L. & Pol. in Int'l Busin. (1987), 273–324.

*Roth, Günter H.*: International zwingender Rechtsschutz: materiell und prozessual (zu BGH, 12.3.1984 – II ZR 10/83), in: IPRax 1985, 198–200.

*Roth, Wulf-Henning*: Handelsvertretervertrag und Rom I-Verordnung – Eine Skizze, in: Bernreuther, Jörn / Freitag, Robert / Leible, Stephan / Sippel,

Harald / Wanitzek, Ulrike (Hrsg.), Festschrift für Ulrich Spellenberg zum 70. Geburtstag, München 2010, S. 309–328 [zitiert: *Roth*, FS Spellenberg].

*Rühl, Gisela*: Die Wirksamkeit von Gerichtsstands- und Schiedsvereinbarungen im Lichte der Ingmar-Entscheidung des EuGH (zu OLG München, 17.5.2006 – 7 U 1781/06), in: IPRax 2007, 294–302.

*Rühl, Gisela*: Extending Ingmar to Jurisdiction and Arbitration Clauses: The End of Party Autonomy in Contracts with Commercial Agents?, in: 6 ERPL (2007), 891–903.

*Rüßmann, Helmut / Timár, Kingar*: The Laws Applicable to the Arbitration Agreement, in: Geimer, Reinhold / Schütze Rolf (Hrsg.), Recht ohne Grenzen, Festschrift für Athanassios Kaissis zum 65. Geburtstag, München 2012, S. 837–859 [zitiert: *Rüßmann/Timár*, FS Kaissis].

*Sachs, Klaus*: Schiedsgerichtsverfahren über Unternehmenskaufverträge – unter besonderer Berücksichtigung kartellrechtlicher Aspekte, in: SchiedsVZ 2004, 123–129.

*Sachs, Klaus / Niedermaier, Tilman*: Overriding Mandatory Provisions Before Arbitral Tribunals – Some Observations, in: Kronke, Bernd / Thorn, Karsten (Hrsg.), Grenzen überwinden – Prinzipien bewahren, Festschrift für Bernd von Hoffmann zum 70. Geburtstag am 28. Dezember 2011, Bielefeld 2011, S. 1051–1065 [zitiert: *Sachs/Niedermaier*, FS v. Hoffmann].

*Samtleben, Jürgen*: Warentermingeschäfte im Ausland – ein Glücksspiel? (zu BGH 15.6.1987 – II ZR 124/86 und BGH 13.7.1987 – II ZR 188/86), in: IPRax 1989, 148–155.

*Samtleben, Jürgen*: Zur Wirksamkeit von Schiedsklauseln bei grenzüberschreitenden Börsentermingeschäften, in: ZEuP 1999, 974–981.

*Samtleben, Jürgen*: Das Börsentermingeschäft ist tot – es lebe das Finanzgeschäft?, in: ZBB 2003, 69–77.

*Samtleben, Jürgen*: Schiedsgerichtsbarkeit und Finanztermingeschäfte – Der Schutz der Anleger vor der Schiedsgerichtsbarkeit durch § 37h WpHG; in: IPRax 2011, 469–479.

*Samtleben, Jürgen*: „Sandwich und Salat" – Zur Inhaltskontrolle von Schiedsklauseln in Formularverträgen, in: Kronke, Bernd / Thorn, Karsten (Hrsg.), Grenzen überwinden – Prinzipien bewahren, Festschrift für Bernd von Hoffmann zum 70. Geburtstag am 28. Dezember 2011, Bielefeld 2011, S. 1066–1076 [zitiert: *Samtleben*, FS v. Hoffmann].

*Sandrock, Otto*: Neue Lehren zur internationalen Schiedsgerichtsbarkeit und das klassische Internationale Privat- und Prozeßrecht, in: Hohloch, Gerhard / Frank, Rainer / Schlechtriem, Peter (Hrsg.), Festschrift für Hans Stoll zum 75. Geburtstag, Tübingen 2001, S. 661–689 [zitiert: *Sandrock*, FS Stoll].

*Sandrock, Otto*: „Scharfer" ordre public interne und „laxer" ordre public international?, in: Coester, Michael / Martiny, Dieter (Hrsg.), Privatrecht in Europa – Vielfalt, Kollision, Kooperation, Festschrift für Hans-Jürgen Sonnenberger zum 70. Geburtstag, München 2004, S. 615–649 [zitiert: *Sandrock*, FS Sonnenberger].

*Savigny, Friedrich Karl von*: System des heutigen römischen Rechts, Band 8, Neudruck der Ausgabe Berlin 1849, Aalen 1974 [zitiert: *v. Savigny*, VIII].

*Schack, Haimo*: Internationales Zivilverfahrensrecht mit internationalem Insolvenzrecht und Schiedsverfahrensrecht, 7. Auflage, München 2017 [zitiert: *Schack*, IZVR].

*Schäfer, Manuela*: Die Verträge zur Durchführung des Schiedsverfahrens – Analyse und Vergleich zweier Lösungsmodelle am Beispiel des deutschen und US-amerikanischen Rechtsraums, Teil I, Frankfurt am Main 2010; zugl.: Saarbrücken, Univ., Diss., 2009 [zitiert: *Schäfer*, Verträge zur Durchführung des Schiedsverfahrens].

*Schaps, Georg / Abraham, Hans Jürgen*: Das Seerecht in der Bundesrepublik Deutschland, Kommentar und Materialsammlung, Seehandelsrecht, 4. Auflage, Berlin 1978 [zitiert: Schaps/*Abraham*, Seehandelsrecht].

*Schiffer, K. Jan*: Normen ausländischen „öffentlichen" Rechts in internationalen Handelsschiedsverfahren, Köln 1990; zugl.: Köln, Univ., Diss., 1989 [zitiert: *Schiffer*, Handelsschiedsverfahren].

*Schilf, Sven*: Römische IPR-Verordnungen – kein Korsett für internationale Schiedsgerichte, in: RIW 2013, 678–692.

*Schlosser, Peter*: Das Recht der internationalen privaten Schiedsgerichtsbarkeit, 2. Auflage, Tübingen 1989 [zitiert: *Schlosser*, RipS].

*Schlosser, Peter*: Sonderanknüpfungen von zwingendem Verbraucherschutzrecht und europäisches Prozeßrecht – Eine Studie unter besonderer Berücksichtigung der deutschen Rechtsprechung zu Differenzeinwand und Börsentermingeschäftsfähigkeit, in: Baur, Jürgen F. / Hopt, Klaus J. / Mailänder, K. Peter (Hrsg.), Festschrift für Ernst Steindorff zum 70. Geburtstag am 13. März 1990, Berlin 1990, S. 1379–1391 [zitiert: *Schlosser*, FS Steindorff].

*Schlosser, Peter*: Das neue deutsche Recht der Schiedsgerichtsbarkeit, in: Gottwald, Peter (Hrsg.), Revision des EuGVÜ – Neues Schiedsverfahrensrecht, Bielefeld 2000, S. 163–210 [zitiert: *Schlosser*, in: Neues Schiedsverfahrensrecht].

*Schmidt, Karsten*: Kartellrecht im Schiedsverfahren – Neuorientierung durch VO 1/2003 und 7. GWB-Novelle?, in: BB 2006, 1397–1405.

*Schmidt-Ahrendts, Nils / Höttler, Philipp*: Anwendbares Recht bei Schiedsverfahren mit Sitz in Deutschland, in: SchiedsVZ 2011, 267–276.

*Schnyder, Anton K.*: Anwendung ausländischer Eingriffsnormen durch Schiedsgerichte – Überlegungen zu einem Grundsatzentscheide des Schweizer Bundesgerichts, in: RabelsZ 59 (1995), 293–308.

*Schroeder, Hans-Patrick*: Die lex mercatoria arbitralis – Strukturelle Transnationalität und transnationale Rechtsstrukturen im Recht der internationalen Schiedsgerichtsbarkeit, München 2007, zugl.: Hannover, Univ., Diss., 2004/2005 [zitiert: *Schroeder*, Lex Mercatoria Arbitralis].

*Scholtka, Boris*: Anmerkung zu EuGH, Urteil vom 6.3.2018 – C-284/16 (Slowakische Republik/Achmea BV), in: EuZW 2018, 243–244.

*Schulz, Markus / Niedermaier, Tilman*: Unwirksame Schiedsklausel in Franchiseverträgen durch Wahl eines Tagungsortes im Ausland? – Besprechung von drei OLG-Entscheidungen in Anerkennungs- und Vollstreckungsverfahren, in: SchiedsVZ 2009, 196–203.

*Schütze, Rolf A.*: Die Bedeutung der Durchsetzbarkeit eines Anspruchs im forum prorogatum für die Wirksamkeit einer internationalen Gerichtsstandsvereinbarung, in: RIW 1982, 773–778.

*Schütze, Rolf A.*: Zur Wirksamkeit von internationalen Schiedsvereinbarungen und zur Wirkungserstreckung ausländischer Schiedssprüche über Ansprüche aus Börsentermingeschäften, in: Glossner, Ottoarndt (Hrsg.), Jahrbuch für die Praxis der Schiedsgerichtsbarkeit, Band 1 (1987), Heidelberg 1988, S. 94–101 [zitiert: *Schütze*, in: Jahrbuch der Schiedsgerichtsbarkeit 1987].

*Schütze, Rolf A.*: Die Wirkungen ausländischer Rechtshängigkeit in inländischen Verfahren, in: ZZP 104 (1991), 136–149.

*Schütze, Rolf A.*: Zur Präzedenzwirkung von Schiedssprüchen, in: Plantey, Alain / Böckstiegel, Karl-Heinz / Bredow, Jens (Hrsg.), Festschrift für Ottoarndt Glossner zum 70. Geburtstag, Heidelberg 1994, S. 333–340 [zitiert: *Schütze*, FS Glossner].

*Schütze, Rolf A.*: Ausgewählte Probleme des internationalen Zivilprozessrechts, Berlin 2006 [zitiert: *Schütze*, Probleme des IZPR].

*Schütze, Rolf A.*: Kollisionsrechtliche Probleme der Schiedsvereinbarung, insbesondere der Erstreckung ihrer Bindungswirkung auf Dritte, in: SchiedsVZ 2014, 274–278.

*Schütze, Rolf / Tscherning, Dieter / Wais, Walter*: Handbuch des Schiedsverfahrens, Praxis der deutschen und internationalen Schiedsgerichtsbarkeit, 2. Auflage, Berlin 1990 [zitiert: Schütze/Tscherning/Wais/*Bearbeiter*].

*Schwab, Karl Heinz / Walter, Gerhard*: Schiedsgerichtsbarkeit, 7. Auflage, München 2005.

*Schwark, Eberhard / Zimmer, Daniel*: Kapitalmarktrechts-Kommentar, 4. Auflage, München 2010 [zitiert: Schwark/Zimmer/*Bearbeiter*].

*Schwarz, Simon*: Das internationale Handelsvertreterrecht im Lichte von „Ingmar“ – Droht das Ende der Parteiautonomie im Gemeinschaftsprivatrecht? – Eine Besprechung von EuGH, Urteil vom 9.11.200 – C-381/98, in: ZVglRWiss 101 (2002), 45–74.

*Schwennicke, Andreas / Auerbach, Dirk*: Kreditwesengesetz (KWG) mit Zahlungsdiensteaufsichtsgesetz (ZAG) und Finanzkonglomerate-Aufsichtsgesetz (FKAG), Kommentar, 3. Auflage, München 2016 [zitiert: Schwennicke/Auerbach/*Bearbeiter*].

*Scoles, Eugene F. / Hay, Peter / Borchers, Patrick J. / Symeonides, Symeon C.*: Conflict of Laws, 4. Auflage, St. Paul 2004.

*Semler, Franz-Jörg*: Deutscher Handelsvertreterausgleich und internationale Schiedsverfahren, in: Cascante Schemann, José Christian / Spahlinger, Andreas / Wilske, Stephan (Hrsg.), Global Wisdom on Business Transactions, International Law and Dispute Resolution, Festschrift für Gerhard Wegen zum 65. Geburtstag, München 2015, S. 743–749 [zitiert: *Semler*, FS Wegen].

*Semler, Franz-Jörg*: Der Ausgleichsanspruch des deutschen Handelsvertreters in internationalen Handelsvertreterverhältnissen – Rechtswahl und Schiedsverfahren, in: ZVertriebsR 2016, 139–144.

*Sheppard, Audley*: Interim ILA Report on Public Policy as a Bar to Enforcement of International Arbitral Awards, in: 19 Arb. Int’l (2003), 217–248.

*Sheppard, Audley*: Res Judicata and Estoppel, in: Cremades, Bernardo M. / Lew, Julian D. M. (Hrsg.), Parallel State and Arbitral Procedures in International Arbitration, Paris 2005, S. 219–242 [zitiert: *Sheppard*, in: Parallel State and Arbitral Procedures].

*Shore, Laurence*: Applying Mandatory Rules of Law in International Commercial Arbitration, in: 18 Am. Rev. Int’l Arb. (2007), 91–101.

*Sicard-Mirabal, Josefa*: Mandatory Rules: What’s a Lawyer to Do?, in: van den Berg (Hrsg.), Arbitration Advocacy in Changing Times, Alphen aan den Rijn 2011, S. 348–361 [zitiert: *Sicard-Mirabal*, in: Arbitration Advocacy].

*Silbermann, Linda / Ferrari, Franco*: Getting to the law applicable to the merits in international arbitration and the consequences of getting it wrong, in: Ferrari, Franco / Kröll, Stefan (Hrsg.), Conflict of Laws in International Arbitration, München 2011, S. 257–323 [zitiert: *Silbermann/Ferrari*, in: Conflict of Laws in International Arbitration].

*Siwy, Alfred*: The Award and the Courts, Mandatory Rules in International Commercial Arbitration, in: Klausegger, Christian / Klein, Peter / Kremslehner, Florian / Petsche, Alexander / Pitkowitz, Nikolaus / Power, Jenny / Welser, Irene / Zeiler, Gerold (Hrsg.), Austrian Yearbook on International Arbitration 2012, Wien 2012, S. 165–193 [zitiert: *Siwy*, in: Austrian Yearb. Int’l Arb. 2012].

*Soergel, Hans Theodor*: Bürgerliches Gesetzbuch mit Einführungsgesetz und Nebengesetzen, Band 10, Einführungsgesetz, 12. Auflage, Stuttgart 1996 [Soergel/*Bearbeiter*, EGBGB].

*Solomon, Dennis*: Das vom Schiedsgericht in der Sache anzuwendende Recht nach dem Entwurf eines Gesetzes zur Neuregelung des Schiedsverfahrensrechts, in: RIW 1997, 981–990.

*Sonnenberger, Hans-Jürgen*: Eingriffsrecht – Das trojanische Pferd im IPR oder notwendige Ergänzung?, in: IPRax, 2003, 104–116.

*Stebler, Simone*: The Problem of Conflicting Arbitration and Forum Selection Clauses, in: ASA Bull. 2013, 27–44.

*Staudinger, Ansgar*: Die ungeschriebenen kollisionsrechtlichen Regelungsverbote der Handelsvertreter-, Haustürwiderrufs- und Produkthaftungsrichtlinie, in: NJW 2001, 1974–1978.

*Staudinger, Julius von*: Kommentar zum Bürgerlichen Gesetzbuch, Einführungsgesetz zum Bürgerlichen Gesetzbuche/IPR, Art. 3–6 EGBGB, Neubearbeitung 2013, Berlin 2013 [zitiert: Staudinger/*Bearbeiter*].

*Staudinger, Julius von*: Kommentar zum Bürgerlichen Gesetzbuch, Einführungsgesetz zum Bürgerlichen Gesetzbuche/IPR, Einleitung zur Rom I-VO (Internationales Vertragsrecht I), Art. 1–10 Rom I-VO, Neubearbeitung 2016, Berlin 2016 [zitiert: Staudinger/*Bearbeiter*].

*Staudinger, Julius von*: Kommentar zum Bürgerlichen Gesetzbuch, Einführungsgesetz zum Bürgerlichen Gesetzbuche/IPR, Art. 11–29 Rom I-VO; Art. 46b, c EGBGB; Verfahrensrecht für internationale Verträge (IntVertrVerfR) (Internationales Vertragsrecht 2), Neubearbeitung 2016, Berlin 2016 [zitiert: Staudinger/*Bearbeiter*].

*Staudinger, Julius von*: Kommentar zum Bürgerlichen Gesetzbuch, Einführungsgesetz zum Bürgerlichen Gesetzbuche/IPR, Internationales Wirtschaftsrecht (IntWirtschR), Neubearbeitung 2015, Berlin 2015 [zitiert: Staudinger/*Bearbeiter*, IntWirtschR].

*Stein, Friedrich / Jonas, Martin*: Kommentar zur Zivilprozessordnung, Band 3: §§ 148–270, 23. Auflage, Tübingen 2016 [zitiert: Stein/Jonas/*Bearbeiter*].

*Stein, Friedrich / Jonas, Martin*: Kommentar zur Zivilprozessordnung, Band 4: §§ 253–327, 22. Auflage, Tübingen 2008 [zitiert: Stein/Jonas/*Bearbeiter*].

*Stein, Friedrich / Jonas, Martin*: Kommentar zur Zivilprozessordnung, Band 10: §§ 1025–1066, 23. Auflage, Tübingen 2014 [zitiert: Stein/Jonas/*Bearbeiter*].

*Stein, Ursula*: Punitive Damages – Eine Herausforderung für die Internationale Wirtschaftsschiedsgerichtsbarkeit, in: EuZW 1994, 18–25.

*Steinbrück, Ben*: Die Unterstützung ausländischer Schiedsverfahren durch staatliche Gerichte – Eine rechtsvergleichende Untersuchung des deutschen, österreichischen, englischen, schweizerischen, französischen und US-amerikanischen Schiedsrechts, Tübingen 2009; zugl.: Köln, Univ., Diss., 2008 [zitiert: *Steinbrück*, Unterstützung ausländischer Schiedsverfahren].

*Steiner, Udo*: Das Verhältnis von Schiedsgerichtsbarkeit und staatlicher Gerichtsbarkeit, in: SchiedsVZ 2013, 15–19.

*Steinle, Christian / Wilske, Stephan / Eckardt, Melanie*: Kartellschadensersatz und Schiedsklauseln – Luxemburg Locuta, Causa Finita?, zugleich Besprechung des Urteils des EuGH vom 21. Mai 2015 – C-352/13, in: SchiedsVZ 2015, 165–169.

*Streinz, Rudolf*: EUV/AEUV, Vertrag über die Europäische Union und Vertrag über die Arbeitsweise der Europäischen Union, 2. Auflage, München 2012.

*Stürner, Michael / Wendelstein, Christoph*: Das Schiedsvereinbarungsstatut bei vertraglichen Streitigkeiten, in: IPRax 2014, 473–480.

*Szagunn, Volkhard / Haug, Ulrich / Ergenzinger, Wilhelm*: Gesetz über das Kreditwesen, Kommentar, 6. Auflage, Stuttgart 1997.

*Thode, Reinhold*: Schiedsvereinbarungen in Verbraucher-Bauverträgen, in: DNotZ 2007, 404–412.

*Thorn, Karsten*: Termingeschäfte an Auslandsbörsen und internationale Schiedsgerichtsbarkeit, in: IPRax 1997, 98–106.

*Thorn, Karsten / Grenz, Walter*: The Effect of Overriding Mandatory Rules on the Arbitration Agreement, in: Ferrari, Franco / Kröll, Stefan (Hrsg.), Conflict of Laws in International Arbitration, München 2011, S. 187–210 [zitiert: *Thorn/Grenz*, in: Conflict of Laws in International Arbitration].

*Thume, Karl-Heinz*: Anmerkung zu OLG München, Urteil vom 17.5.2006 – 7 U 1781/06, in: IHR 2006, 169–170.

*Trappe, Johannes*: Zulässigkeit von Gerichtswahlklauseln im Konnossement (zu BGH, 30.5.1983 – II ZR 135/82), in: IPRax 1985, 8–10.

*Ulmer, Peter / Brandner, Hans Erich / Hensen, Horst-Diether*: AGB-Recht, Kommentar zu den §§ 305–310 BGB und zum UKlaG 12. Auflage, Köln 2016 [zitiert: Ulmer/Brandner/Hensen/*Bearbeiter*, AGB].

*Ungeheuer, Christina*: Die Beachtung von Eingriffsnormen in der internationalen Handelsschiedsgerichtsbarkeit, Frankfurt am Main 1996; zugl. Frankfurt (Main), Univ., Diss., 1995 [zitiert: *Ungeheuer*, Eingriffsnormen].

*van den Berg, Albert Jan*: The New York Arbitration Convention of 1958 – Towards a Uniform Judicial Interpretation, Den Haag 1981 [zitiert: *van den Berg*, NYC].

*Voit, Wolfgang*: Privatisierung der Gerichtsbarkeit, in: JZ 1997, 120–125.

*von der Groeben, Hans / Schwarze, Jürgen / Hatje, Armin*: Europäisches Unionsrecht, Band 4: Art. 174 bis 358 AEUV, 7. Auflage, Baden-Baden 2015 [zitiert: von der Groeben/*Bearbeiter*].

*Voser, Nathalie*: Current Development: Mandatory Rules of Law as a Limitation on the Law Applicable in International Commercial Arbitration, in: 7 Am. Rev. Int'l Arb. (1996), 319–357.

*Wagner, Gerhard*: Prozeßverträge – Privatautonomie im Verfahrensrecht, Tübingen 1998; zugl.: Göttingen, Univ., Habil., 1997 [zitiert: *Wagner*, Prozeßverträge].

*Wagner, Gerhard*: Rechtswahlfreiheit im Schiedsverfahren – in Probierstein für die juristische Methodenlehre, in: Gottwald, Peter / Roth, Herbert (Hrsg.), Festschrift für Ekkehard Schumann zum 70. Geburtstag, Tübingen 2002, S. 535–557 [zitiert: *Wagner*, FS Schumann].

*Wagner, Gerhard*: Schiedsgerichtsbarkeit in Kartellsachen, in: ZVglRWiss 114 (2015), 494–515.

*Wagner, Gerhard / Quinke, David*: Ein Rechtsrahmen für die Verbraucherschiedsgerichtsbarkeit, in: JZ 2005, 932–939.

*Waincymer, Jeff*: International Commercial Arbitration and the Application of Mandatory Rules of Law, in: 5 Asian Int'l Arb. Journ. (2009), 1–45.

*Walter, Gerhard*: Anmerkung zu BGH, Urteil v. 26.1.1989 – X ZR 23/87, in: JZ 1989, 590–592.

*Walter, Gerhard*: Anmerkung zu BGH, Urteil vom 14.9.2000 – III ZR 33/00, in: ZZP 114 (2001), 99–103.

*Walter, Gerhard*: Neuere Rechtsprechung des Schweizer Bundesgerichts zur Schiedsgerichtsbarkeit, in: SchiedsVZ 2005, 57–66.

*Wegen, Gerhard*: Die objektive Anknüpfung von Verträgen in deutschen internationalen Schiedsverfahren nach Inkrafttreten der Rom I-Verordnung, in: Baur, Jürgen / Sandrock, Otto / Scholtka, Boris / Shapira, Amos (Hrsg.), Festschrift für Gunther Kühne zum 70. Geburtstag, Frankfurt am Main 2009, S. 933–944 [zitiert: *Wegen*, FS Kühne].

*Weidemaier, W. Mark C.*: Toward a Theory of Precedent in Arbitration, in: 51 W&M Law Rev. (2010), 1895–1958.

*Weller, Matthias*: Ordre-public-Kontrolle internationaler Gerichtsstandsvereinbarungen im autonomen Zuständigkeitsrecht, Tübingen 2005; zugl.: Heidelberg, Univ., Diss., 2004 [zitiert: *Weller*, Ordre-public-Kontrolle internationaler Gerichtsstandsvereinbarungen].

*Weller, Matthias*: Keine Berücksichtigung ausländischer Eingriffsnormen bei der Wirksamkeitsprüfung der Schiedsvereinbarung nach § 1030 ZPO (zu OLG München 7.7.2014, 34 SchH 18/13), in: IPRax 2016, 48–51.

*Wengler, Wilhelm*: Die Anknüpfung des zwingenden Schuldrechts im internationalen Privatrecht – Eine rechtsvergleichende Studie, in: ZVglRWiss 54 (1941), 168–212.

*Wengler, Wilhelm*: Die allgemeinen Rechtsgrundsätze des internationalen Privatrechts und ihre Kollisionen, in: ZÖR 23 (1944), 473–509.

*Wieczorek, Bernhard / Schütze, Rolf*: Zivilprozessordnung und Nebengesetze, Großkommentar, Band 1/1: Einleitung, §§ 1–23, 4. Auflage, Berlin 2015 [zitiert: Wieczorek/Schütze/*Bearbeiter*].

*Wieczorek, Bernhard / Schütze, Rolf*: Zivilprozessordnung und Nebengesetze, Großkommentar, Band 11: §§ 916–1066, 4. Auflage, Berlin 2014 [zitiert: Wieczorek/Schütze/*Bearbeiter*].

*Wieczorek, Bernhard / Schütze, Rolf*: Zivilprozessordnung und Nebengesetze, Großkommentar, Band 12: §§ 1067–1109, Internationales Zivilprozessrecht (IntZPR), Rechtsquellen und Materialien, 4. Auflage, Berlin 2013 [zitiert: Wieczorek/Schütze/*Bearbeiter*].

*Wilske, Stephan / Markert, Lars / Bräuninger Laura*: Entwicklungen in der internationalen Schiedsgerichtsbarkeit im Jahr 2014 und Ausblick auf 2015, in: SchiedsVZ 2015, 49–68.

*Wilske, Stephan / Markert, Lars / Bräuninger Laura*: Entwicklungen in der internationalen Schiedsgerichtsbarkeit im Jahr 2015 und Ausblick auf 2016, in: SchiedsVZ 2016, 127–145.

*Wilske, Stephan / Markert, Lars / Bräuninger Laura*: Entwicklungen in der internationalen Schiedsgerichtsbarkeit im Jahr 2016 und Ausblick auf 2017, in: SchiedsVZ 2017, 49–72.

*Wolf, Manfred / Lindacher, Walter F. / Pfeiffer, Thomas*: AGB-Recht, Kommentar, 6. Auflage, München 2013 [zitiert: Wolf/Lindacher/Pfeiffer/*Bearbeiter*, AGB].

*Wolf, Manfred / Horn, Norbert / Lindacher, Walter F.*: AGB-Gesetz, Kommentar, 4. Auflage, München 1999 [zitiert: Wolf/Horn/Lindacher/*Bearbeiter*, AGB (4. Auflage 1999)].

*Wolff, Reinmar*: New York Convention on the Recognition and Enforcement of Foreign Arbitral Awards, München 2012 [zitiert: Wolff/*Bearbeiter*, NYC].

*Wolff, Reinmar*: Empfiehlt sich eine Reform des deutschen Schiedsverfahrensrechts?, in: SchiedsVZ 2016, 293–306.

*Wollenschläger, Peter*: Nehmen die Erfolgsaussichten der Zwangsvollstreckung Einfluß auf die Auslegung des Vermögensbegriffs in § 23 ZPO?, in: IPRax 2001, 320–322.

World Trade Organization Secretariat (Hrsg.): Overview of Members' National Competition Legislation, WT/WGTCP/W/128/Rev.3, 2003 [zitiert: WTO, Overview of National Competition Legislation]; abrufbar unter (Stand: 10.7.2018): <https://docs.wto.org/dol2fe/Pages/FE_Search/FE_S_S009-DP.aspx?language =E&CatalogueIdList=20939,20 795&CurrentCatalogueId Index=0&FullText Hash=&HasEnglishRecord=True&HasFrenchRecord=True&HasSpanish Record=True>.

*Zimmermann, Martin*: Das Verhältnis von Kartellrecht und Sportschiedsgerichtsbarkeit, in: ZWeR 2016, 66–81.

*Zöller, Richard*: Zivilprozessordnung – mit FamFG (§§ 1–185, 200–270, 433–484) und Gerichtsverfassungsgesetz, den Einführungsgesetzen, mit Internationalem Zivilprozessrecht, EG-Verordnungen, Kostenanmerkungen, Kommentar, 32. Auflage, Köln 2018 [zitiert: Zöller/*Bearbeiter*].

*Zuck, Rüdiger*: Die Gewährleistung effektiven Rechtsschutzes im Zivilprozess, in: NJW 2013, 1132–1135.

www.ingramcontent.com/pod-product-compliance
Ingram Content Group UK Ltd.
Pitfield, Milton Keynes, MK11 3LW, UK
UKHW022104051026
15623UKWH00003B/672

9 783631 788288